大学写作实用教程（第二版）

魏成春 主编

华中科技大学出版社
http://www.hustp.com
中国·武汉

内容简介

本教材除绪论外，共分三编。第一编文学写作，除概述外，涉及诗歌、小说、剧本、散文等四种体裁；第二编公文写作，除概述外，涉及通知、报请类公文、函等三种(类)法定公文，计划类公文、总结、规范类公文、简报等四种(类)非法定公文，以及合同、广告文案、起诉状、学术论文等四种专用公文；第三编新闻写作，除概述外，涉及消息一种体裁。

本教材知识新，例文新，习题多，适用于"大学写作""公文写作""应用写作"等课程，可满足本科、专科院校教师教学和学生学习的需要。

图书在版编目(CIP)数据

大学写作实用教程/魏成春主编. —2版. —武汉：华中科技大学出版社，2018.1(2021.7重印)
ISBN 978-7-5680-3671-9

Ⅰ.①大… Ⅱ.①魏… Ⅲ.①汉语-写作-高等学校-教材 Ⅳ.①H15

中国版本图书馆CIP数据核字(2017)第319513号

大学写作实用教程(第二版) 魏成春 主编
Daxue Xiezuo Shiyong Jiaocheng(Di-er Ban)

策划编辑：陈培斌
责任编辑：张汇娟
责任校对：何 欢
封面设计：原色设计
责任监印：周治超
出版发行：华中科技大学出版社(中国·武汉) 电话：(027)81321913
武汉市东湖新技术开发区华工科技园 邮编：430223
录 排：华中科技大学惠友文印中心
印 刷：武汉邮科印务有限公司
开 本：787mm×1092mm 1/16
印 张：18.75 插页：1
字 数：466千字
版 次：2021年7月第2版第2次印刷
定 价：46.00元

目录

第一章 绪 论

第一节 关于文章

一、文章的定义

“文章”一词，最早见于《论语》。《论语·泰伯篇》载：“巍巍乎，其有成功也！焕乎，其有文章！”意思是说，高大呀，那时的成功！光明呀，那时的礼乐法度。这里的“文章”是指“礼乐法度”，与现在所说的“文章”意义差别很大。《毛诗序》载：“《荡》，召穆公伤周室大坏也。厉王无道，天下荡荡然无纲纪文章，故作是诗也。”这里的“文章”也是“礼乐法度”之意。

“文章”的本义是错杂的色彩或花纹。如《庄子·胠箧》“灭文章，散五采”，《墨子·非乐上》“非以刻镂文章之色以为不美也”，其中的“文章”就是“错杂的色彩或花纹”之意。

“文章”最初也有“文绣”“文采”之意。如《荀子·礼论》“雕琢刻镂黼黻文章，所以养目也”，《楚辞·橘颂》“青黄杂糅，文章烂兮”，其中的“文章”均为“文绣”“文采”之意。

后来，“文章”才有了“文辞”之意，这是从它的本义引申出来的。如《史记·儒林列传》“文章尔雅，训辞深厚”，其中的“文章”就是指“文辞”。

到了东汉末年，“文章”的含义才与今天基本相同。如曹丕在《典论·论文》中说：“盖文章，经国之大业，不朽之盛事。”这里的“文章”就比较接近今天文章的含义了。

1922年，陈望道在《作文法讲义》中曾给文章下过一个定义：“用文字传达意义的制作，就是文章。”《辞海》对文章的解释是：“今通称独立成篇的、有组织的文字为文章。”《现代汉语词典》认为，文章是篇幅不长的单篇作品，有时“泛指著作”。以上解释虽比较简明、通俗，但都不够严密、准确，对文章的内涵和外延还没有进行科学的界定。

我们同意马正平的观点：文章是通过对语言（材料、句段）的选择、组织来表达、交流信息的秩序体。

这个定义与传统的文章的定义的不同之处在于以下几个方面。

第一，揭示文章的本质（本体）就是一种秩序体，或者说，文章即秩序。揭示文章的本体，有利于提高文章写作的组织化、秩序化程度，达到清通畅达的境界。秩序既包括语言秩序，又包括精神价值秩序，所以，树立文章即秩序的意识，也有利于培养作者的精神价值上的秩序感。

第二，指出文章的功能不仅仅是表达、交流信息，而且是作者安身立命的本体——理想世界。文章的作用首先是表达思想信息，然后是交流思想信息，但交流的功能是从实用主义角度而言的。从本体论角度看，文章这个秩序体是作者营造的不同于或优于现实的理想世界，是作者的安身立命之所，是作者生命的延续。

第三，强调文章是对语言的选择、组织。语言包括书面语言和口头语言。这个定义的适用程度较高，既适用于口头文章，又适用于书面文章。过去的文章定义只讲书面文章，适用面较

窄。古人曾说“言出有章”，今人也常说“出口成章”，可见，人们是把组织好的口头语言看成文章的，如没有形成文字的演讲稿、讲话稿等。在现代社会，口头文章和书面文章各有用处，所以，当代的文章定义应概括这两种文章的本质。

二、文章的分类

文章有两大类：一类是文学作品，一类是非文学作品。

（一）文学作品

三分法，即把文学作品分为抒情文学、叙事文学和戏剧文学三类。抒情文学包括抒情诗、抒情散文等；叙事文学包括叙事诗、叙事散文、小说等；戏剧文学包括话剧、歌剧、戏曲、广播剧、影视文学等。“三分法”是国外常用的文学作品分类法。

四分法，即把文学作品分为诗歌、小说、剧本（戏剧文学）、散文四类。“四分法”是我国五四运动以后常用的文学作品分类法。

（二）非文学作品

非文学作品以应用性的强弱和是否有惯用的格式为标准，可分为普通文章和应用文章。

普通文章，应用性较弱，没有惯用的格式，如新闻作品、政论等。

应用文章，应用性较强，具有惯用的格式，可分为私人文书和公务文书（公文）两类。

三、文章的作用

文章的作用主要表现在以下几个方面。

（一）认识作用

文章的内容十分广泛，包括科学、文化知识介绍，政治理论研究，生产及生活经验总结，风俗人情采撷，对自然风光的描摹，等等。凡是好的文章都能较准确地反映一定历史时期的政治、经济、科学、文化、自然风光、风俗人情，反映不同人物的精神面貌、内心世界，这些人物与现实及自然的关系，使人们从中获得相关的社会知识、自然知识，使其对有关历史与现实、时代情境与人生体验、社会与自然有较全面的了解和认识。好的文章可以向人们揭示自然和社会的发展规律，有益于人们认识自然，掌握自然规律，从而改造自然；同时帮助人们认识社会、评价社会，进而改造社会。文章还能帮助人们了解、认识人类自身，提高自己的认识能力和实践能力。这就是文章的认识作用。

文章既是各种信息交流的工具，又是思想文化传播的媒介。文章把古代的文明传承至今，又使今天的文明传诸后世。它帮助人们认识和了解各时代、各地区和各个民族的社会生活、文化传统，以及科学技术发展状况，同时促进民族之间的沟通和交流。各个民族都有自己光辉灿烂的文化，这些文化的广泛交流和影响，使民族之间能够相互了解和认识，能增强各民族的友谊和团结，还能促进各民族的进步和发展。

（二）教育作用

这与作者的世界观有着密切的关系。作者写作时必然受其世界观的影响，不管他自觉还是不自觉，文章中必然包含着他对生活乃至生命的评价，包含着他对事物的褒和贬、爱和憎。作者在文章中描绘了生活的情景，并且告诉读者，在这纷繁复杂的生活中，什么是真善美，什么是假恶丑，应该肯定和赞扬什么，应该否定和反对什么。文章的思想教育作用要通过叙述、描写、议论、说明、抒情来完成。文章通过叙述、描写、议论、说明、抒情，提高人们的认识，激励人们去积极改造客观世界，为创造更加美好的生活而努力奋斗。

（三）审美作用

在自然界和人类社会中，存在着大量美的事物（当然，也存在着丑恶的事物），作用于人们的感官，使人产生美感，进而形成一定的审美观念。作者写文章就是按照一定的审美观念，对自然和社会生活进行选择、概括、加工，然后创造出比自然界和实际社会生活更集中、更突出、更理想的美。当人们阅读这些文章时，必然获得强烈的美感，得到愉快和满足。所以说，文章具有审美的作用。文章的审美价值在于其体现人们特有的情感需求、心理需求、精神超越的需求；而优秀的文章，正是人类精神升华的一种重要体现形式。当然，不能笼统地说所有的文章都具有很高的审美价值，但有些记事、写人、状景、抒情的文章，写得很美，可以说是作者提供给人们的以审美的方式来认识事物、干预现实、创建美好生活的一种特殊的精神食粮，它能够使人在审美的享受之中陶冶性情、滋养心灵、升华思想、激发意志，从中吸取积极向上的精神力量。例如，苏轼的《念奴娇·赤壁怀古》，王安石的《游褒禅山记》，范仲淹的《岳阳楼记》及徐宏祖的《徐霞客游记》等，都具有相当高的审美价值。

（四）实用价值

在文章的大家庭中，有相当一部分文章是有实用价值的，它不但可以产生一定的社会效益，还能产生明显的经济效益。在这一点上，非文学作品与文学作品大不相同。公文和私人文书，都是为了解决某些实际问题而撰写的，同样都有各自的实用性。例如，合同、广告、产品说明书、市场调查报告和经济预测报告等，都有实用价值。一则有用的重要信息，甚至能给企业带来巨额利润。

（五）消遣娱乐作用

人们的生活应该丰富多彩，除了学习、工作以外，还需要休息、娱乐。消遣、娱乐的方式很多，除了各种文体活动之外，在节假日或业余时间读一些短小精悍、赏心悦目的文章，也是一种积极有益的休息和消遣。茶余饭后，读一些轻松愉快的文章，可以消除生活、工作中的烦恼和疲劳；心情不佳的时候，读一些特别喜欢的文章，能使自己的心情开朗起来。诸如妙趣横生的奇闻趣事、生动活泼的知识小品、意味深长的童话故事和寓言等，都能使人增智解颐，获得生活的乐趣，增进身心健康。一些文章所具有的消遣娱乐作用，虽然不是文章的主要社会作用，但也不应被忽视。“经济、科技的大堂固然是中国人必须努力建造的圣殿，可是，在这座大堂的后面，还应该经营出一处后花园：让台静农先生抽烟、喝酒、写字、著述、聊天的后花园。”（董桥《给后花园点灯》）文章恰好能给我们提供这样怡情养性、愉悦身心的“后花园”。

四、文章的构成要素

文章由内容和形式两部分构成。文章内容包括主题、材料等要素；文章形式包括结构、语言等要素。

（一）主题

1. 主题的定义

什么是主题？清人刘熙载将它称为“主脑”。他在《艺概》中说：“凡一作文，其用意俱可以

一言蔽之，扩之为千万言，约之则为一言，所谓主脑者是也。”刘熙载所说的“主脑”，也就是我们现在所说的中心思想或基本观点。

所以可以这样说，主题是作者运用各种材料和表现形式所传达出来的基本思想或基本观点。它渗透、贯穿于文章的始终，体现着作者写作的意图，包含着作者对文章中所反映的客观事物的基本认识、理解和评价，决定着文章的基调和主旋律。同时，主题又是读者对文章中心内涵的一种自我的理解，这种理解的深度和广度，常常与读者本人的文化背景、人生经历、知识结构、审美意识、情操境界等因素有关。所以，读者对文章主题的理解具有某种程度的宽泛性、多义性和灵活性。“一千个读者心中有一千个哈姆雷特”说的就是这个道理。

2. 主题的作用

“文以意为主”，意即主题。王夫之在《清诗话·姜斋诗话》中曾说：“无论诗歌与长行文字，俱以意为主。意犹帅也。无帅之兵，谓之乌合。”一篇文章质量的好坏、价值的大小，主要取决于它的主题是否正确、深刻。主题的作用十分重要，文章材料如何取舍、结构如何安排、表达方式如何运用，甚至如何遣词造句等，都要根据表现主题的需要来加以酌定。“提领而顿，百毛皆顺”，适用于各种体裁文章的写作，拿不住事物的“领”就不能顺文章的“毛”。文章主题的作用举足轻重，没有主题，即使材料再多也只能是一群没有统帅的乌合之众。

所以说，主题是文章的核心、灵魂和统帅。主题在文章中的这种作用具体表现在以下几个方面。

（1）主题决定材料的取舍。

存在于现实生活中的大量材料往往是分散的、缺乏活力的、彼此孤立的。我们只有根据主题的表达需要，对材料进行取舍和提炼，才有可能将其化成典型的、富有生命力的、表现主题的血肉。

（2）主题支配文章的结构。

文章的组织结构，是文章思想内容的骨架，是主题表达的外部表现形态。任何一个主题都要求有与之相适应的结构和布局，而主题的任何变化，都会引起文章结构的相应调整。

（3）主题制约表达手法的运用。

凡是文章的主题，总要寻找最适合于表现自己的表达手法。不同性质的主题，所运用的表达手法常常是不同的；即使是性质相同的主题，由于其具体内容的差异，作者采用的表达手法也会同中有异、互不雷同。例如，冰心于1920年写的散文《笑》，为了表达人类的爱心永远不会泯灭的主题，在景物的描写上，冰心总是让灰暗的色调透出亮丽的色彩来。

（4）主题影响遣词造句。

刘勰在《文心雕龙·神思》中强调的“言授予意”，就是说语言的运用必须由文章的内容来决定，并为表达文章的主题思想服务。文章如果没有明确、鲜明的主题，词汇就是再丰富多彩，也会如同瘦骨嶙峋的女子身着华丽的艳装一样，显得矫揉造作，惹人反感。而一旦有了明晰而深刻的思想、隽永而优美的感情，运用质朴无华的语言，字里行间同样也会闪现出思想的光辉。

（5）主题决定审美价值。

权衡一篇文章价值的分量，主要看其主题是否具有普遍和深远的意义，即是否有深刻的思想、科学的方法、有益的知识、健康的情感，是否具有时代的穿透力。

3. 主题的要求

(1) 要正确、鲜明。

文章主题不能含糊，要有明确的思想性、科学性和审美价值。作者在文章中要表现出鲜明的思想倾向、实证的科学立场和艺术的审美色彩。对文章中的敌我、是非、美丑等问题，应该表现出明确的态度和爱憎倾向。同样，主题应该符合客观世界的真实情况，符合科学规律，引导人们积极向上。它应着力宣传科学的世界观，歌颂新时代的新生事物，传授科学文化知识，揭示事物的客观规律，提升人们的文化水平和思想情操。刘宾雁写的《人妖之间》鲜明地表现了作者对大贪污犯王守信及其造成的人妖颠倒的社会弊端的愤恨。通讯《为了六十一个阶级弟兄》表达了作者对社会主义祖国的无比热爱之情。即使含蓄性较强的文学作品，其主题也是鲜明的。俄国著名作家契诃夫的小说《一个小公务员之死》讲述的是一个小公务员看戏时打喷嚏，不小心把唾沫星溅到前排的一位将军身上，他十分害怕，诚惶诚恐，反复道歉，乃至最后被吓死，情节很简单。该小说的中心并不是用作者的语言简单写出来的，而是隐藏在字里行间的，可是它的主题丝毫不含糊。作者十分同情这个处于社会底层的小公务员，憎恨罪恶的不平等的社会制度。

(2) 要集中、单纯。

主题是统摄全篇文章的总纲，必须单纯明确。一般说来，一篇文章只能有一个主题，特别是短篇文章，主题更要集中和单一。但有的鸿篇巨制内容复杂，作者的表达意向也是多层次、多方位的，则可以采用“复合性主题”。这就是既有一个基本主题，又有一个或多个副主题；但副主题仍要紧紧围绕着基本主题来展开，共同构成一个最主要的核心思想或主要意向。这样文章还是围绕一个中心来写，因此也就不能说它的主题不集中和不单一。

(3) 要新颖、深刻。

主题新颖，就是所提出的见解，所抒发的感受，应给人以新鲜之感。好的文章，读后能让人有新的启发，获得新的审美感受。要使文章立意新，文章的题材、角度、写法都要新。尤其是写作的角度，对同一问题，表现角度独特，就会显现出不同的思想意义。例如，王蒙写的《论“费厄泼赖”应该实行》，文章从半个世纪前鲁迅提出的“费厄泼赖应该缓行”这一著名论题出发，针对极“左”思潮长期以来奉行的“残酷斗争，无情打击”及其造成的现实思想混乱，鲜明地提出了在中国当时的情况下，“费厄泼赖”应该实行的论点。作者提倡平等讨论、民主宽容的“费厄泼赖”精神，阐述了在新的历史条件下实行这种精神的必要性、可能性和普泛性，并由此引申出对伟人的话也应该实事求是、具体分析、不能僵化地照搬和推行的具有现实指导意义的观点。由“缓行”到“实行”，立意十分新颖。

主题深刻，是指主题的深度。主题不能停留在对事物表面现象的罗列和叙述上，而应该揭示事物的某种本质，反映事物的内在规律。同时，深刻的主题也不可能是抽象的推论或凭空拔高的产物，而需寄寓在个性鲜明的具体材料之中。只有当深刻的主题和生动具体的形象巧妙地结合起来，文章才能既生动又深刻。文章的主题不仅要深刻还要别开生面，使人耳目一新，这就要求富有独创性，写前人所未写，发前人所未发。即使对同一事件或同一问题，我们也要从不同角度和不同方面去观察思考，悟出并写出新意。例如：

> 儒教中国以忠孝为立国之本。史书上对孝行的歌颂比比皆是。《新唐书》中记载，安徽寿州安丰县官员李兴的父亲患了重病，李兴就从大腿上割下一块肉来，送给

父亲当药物使用。后来著名文学家柳宗元还为李兴专门写了篇《孝门铭》。《淮安府志》记载，东汉时有个叫李妙宇的女子，为医治公公的病，从自己的左大腿割下三块肉，烧成汤给他吃。在这一孝举之后不久，她的公公就恢复了健康。美国学者郑麒来教授在研究明代历史时，仅根据《明史》和《古今图书集成》两种史料的记载，就统计出有619名贤惠女子割肉为长辈或丈夫疗伤，割肉的部位有大腿、上臂、肝脏、手指、耳朵、乳房、肋骨、腰、膝、腹等，她们被誉为"人类道德的典范"。

每个为中华文明感到陶醉的人，都是历史书读得太少的人，虽然有些人表面上似乎是博学鸿儒。

（余杰《心灵独白（二）》）

在这篇文章中，作者列举了古代"贤惠女子割肉为长辈或丈夫疗伤"的种种"孝行"，字里行间蕴涵着对中华文明的重新认识：文明并不是一个抽象的概念，文明要被重新审视。诸如此类立意深刻的文章，才能产生震撼人心的效果。

（二）材料

1. 材料的定义

材料是构成文章的基本要素之一。所谓材料，是作者为了写作的需要，从生活中摄取、搜集到的一系列事实现象和理论依据。简单地说，凡是用来表现主题的事物与观念都可称为材料。它不仅指用于具体文章中的材料，也指作者写作前搜集和积累的材料，其范围极为宽泛。世上万物以及人们的各种观念几乎都有可能成为文章写作的材料。

2. 材料的作用

（1）材料是提炼和形成主题的基础。

文章主题是在作者分析、研究、消化有关材料的过程中被提炼出来并逐渐得到确立的。恩格斯在对马克思的思想、学说、事业和人格有了全面深入的了解后，才提炼出了《在马克思墓前的讲话》这篇主题十分深刻的悼词。就文章写作而言，材料永远是第一性的东西，是文章的根基，而主题则是第二性的东西，是在这个根基上产生的观点、意念、感受。

（2）材料是表现和深化主题的手段。

虽然在阅读时我们经常可用简明的语句来概述一篇文章的主题，但是，主题在具体文章中不能孤立地、抽象地存在，而必须通过一定数量和质量的各种材料来表现、支持或证明。如叙事性文章的主题往往隐含在对事件和人物的描述中，议论性文章的基本观点即主题则需要用理论的或事实的论据来证明和阐述。这些事件、人物和论据就是材料，没有它们，文章的主题就无从具体表现出来，或者只能成为空洞的结论而缺乏说服力。

（3）材料传递和扩充文章的信息。

尽管文章的总体价值是由主题决定的，但读者常常不止于关注文章的主题，他们同时也被其中绚丽多彩的材料所吸引。这些材料蕴涵着十分丰富的知识和情感信息，而这些信息有很多就凝结在文字文本的材料当中，材料越丰富，文章传递的信息量也就越大。不过，人们接受材料传递的信息不是要把自己的头脑变成一个死的"数据库"，而是要进行筛选、鉴别、想象、联想、分析、综合，从而产生新的思想和感受，有时还要以文章的形式发表，这样就可以为人们提供更新、更准确的信息。从这个意义上讲，材料中的信息在一定条件下是可以扩充的。文学上的典型人物在很大程度上就是材料扩充信息功能的体现。鲁迅长期观察中国旧社会和"国人魂灵”,从生活和书本中获得了关于“国民劣根性”的许多信息,于是创造了阿Q的形象,而阿Q的“精神胜利法”又是这类信息的一个扩充。

(4) 材料影响和制约结构的安排。

结构的一个重要任务就是组织材料,反过来材料又对结构安排产生影响和制约作用。材料对结构的作用多半是间接地通过主题来体现的,但有时也可能是直接的。写记叙性文章,如果事件复杂曲折,时空跨度大,就有必要采用多线索并进的叙事结构,反之,事件很单纯则不必故弄玄虚,还是用比较朴实的结构为好。写议论性的文章也是如此。论题小,就不要拉很大的框架;若是讨论高难度的复杂课题,因为材料多,势必要对材料进行分类考察和综合研究,这样文章的结构就相应要复杂,框架也就相应要大得多。

3. 材料的要求

对材料的要求实际上包括了对聚材和选材的要求。一般情况下,采集的材料当然是越多越好,它追求材料的充足、广泛、全面,重在量。而选材则越精越好,重在质,古代有“博收而约取”和“深探力取”的说法,鲁迅则提出了“选材要严,开掘要深”的主张。这里我们主要谈谈选材。

那么,写作时究竟该选择哪些材料呢?

(1) 要选择真实可靠的材料。

文章的生命在于真实,所以我们在写作时,一定要选择真实可靠的材料,力戒虚妄,如实地反映客观事物和生活的本质。

(2) 要选择典型的材料。

所谓典型材料,就是能够深刻地揭示事物本质、具有广泛代表性和强大说服力的材料。对于文章来说,材料典型,可以做到以少胜多,以一当十,使所要表达的事物更有说服力和普遍意义。著名作家魏巍在谈到自己创作的《谁是最可爱的人》的选材时说:“在朝鲜时,我曾写了一篇《自豪吧,祖国》的通讯,里边写了二十多个我认为最生动的例子。带回来给同志们看了看,他们感到不好,就没有拿去发表。因为例子堆得太多了,好像记账,哪一个也说得不清楚、不充分,后来写《谁是最可爱的人》,就只选择了几个例子,在写完后又删掉了两个。事实告诉我,用最能代表一般的典型例子,来说明本质的东西,给人的印象是清晰明白的,也是突出的。”在这段话中,魏巍以自己创作的切身体会启发我们:典型的材料,能够说明事物本质的东西,在文章中的作用是巨大的。

典型材料,可能是一个典型人物,一桩典型事件,一个典型场面,一个典型故事,也可能是人物的典型语言或典型动作。凡是典型材料,不论大小都具有普遍意义,用到文章中有助于使主题深化,使文章精粹有力,给人们留下深刻的印象。譬如,同样描写吝啬鬼的性格,吴敬梓在《儒林外史》中刻画严监生,用的是他临死前还嫌点两根灯草费油而迟迟不肯咽气的细节;巴尔扎克却这样描写老葛朗台临终表现,“……神甫把镀金的十字架送到他唇边,给他亲吻基督的圣像,他却做了一个骇人的姿势想把十字架抓在手里,这一下最后的努力送了他的命”。

在选择典型材料的时候,还必须注意:不同体裁的文章,对典型材料的要求不尽相同,写作时,要选择与之相应的典型材料。

(3) 要选择生动的材料。

生动,是说材料本身以及作者对材料的表述都非常灵活、富有感染力,这样能够增加读者

的阅读兴趣和作品的可读性。这种材料常常显示出鲜明的感性特征，有形、有色、有声。如鲁彦在《杨梅》中写道："颜色更可爱呢。它最先是淡红的，像娇嫩的婴儿的面颊，随后变成了深红，像是处女的害羞，最后黑红了——不，我们说它是黑的。然而它并不是黑，也不是黑红。原来是红得太红了，所以像是黑。轻轻地啄开它，我们就看见了那新鲜红嫩的内部，同时我们已染上了一嘴的红水。说它新鲜红嫩，有的人也许以为一定像贵妃的肉色似的荔枝吧？嗳，那就错了。荔枝的光色是呆板的，像玻璃，像鱼目；杨梅的光色却是生动的，像映着朝霞的露水呢。"

（4）要选择新颖的材料。

新颖的材料，就是新鲜、活泼、生动、有趣、具有时代精神和特色的材料。如报告文学《聂卫平面面观》中"本国手平生最爱一赌输赢"一节就是一个很好的例子。关于聂卫平驰骋棋坛的报道，已经刊发很多，大家已很熟悉，正面采写这方面的题材，就有炒冷饭的感觉，很难激发人们的兴趣。但是在这位人们熟悉的人物身上，仍有大家欲知未知的内容。所以作者抓取聂卫平对文学艺术几近于一无所知，嗜好一决胜负、一赌输赢的另一面，特别是跟黄德勋打赌比赛吃饺子的行为，这些鲜为人知的小事件，既非常新奇有趣，又恰到好处地反映了国手这种爱拼敢搏的性格特点。

（5）要选择自己最熟悉的材料。

熟悉的材料，是指了解得最清楚和感受最深刻的材料。选择熟悉的材料，就能找到最佳的反映角度，写起来也就会得心应手、左右逢源，写出别人看不见、想不到、没有体会到的东西。这样，文章才能显出鲜明的个性特点，而且深刻动人。写文章是要创新的，新才有生命、才有力量，而创新必须建立在对生活熟悉、感受深刻的基础上。如《事业单位》写开会场景：

> 尤其是开个会，老官恨死了这些前演员和前艺术家们，通知上说好三点钟准时点名，可都三点一刻了，她们才扭扭搭搭，三三两两，有的手里拿着瓜子，有的脚上穿着拖鞋，打着哈欠发着牢骚，"天天没事干，老开什么会呀！"——孩子一样边走边揉惺忪的眼睛，来了。
>
> 进了会议室，一点迟到了的羞愧都没有，依然老张老李地打着招呼，见缝插针地坐下来，依然是交头接耳地说话，好像院里开会，就是为她们义务组织的沙龙。气得老官是一肚子的火儿，也只能在心里骂一骂：搞艺术的人脸皮就是厚！厚得你拿她们一点办法都没有。一天到晚都没事儿干，还连个会也不想开，光让你们白拿钱了。这些人就欠改革，把她们都革回家，到时候让她们想开会，都开不成！没人给她开了。
>
> 可是要把这些人都撵回家，这个会也真是不好开了，偌大的一间会议室，就剩些咳嗽哮喘的老头儿们，他们坐在那里，倒不像女人们那样喊喊喳喳，可他们有另一特点，比如支起一条腿，在椅子上认认真真地修脚，或歪在椅背上，用小拇指上的长指甲，没完没了地剔牙，再就是弄张破报纸，哗啦哗啦翻过来掉过去地看，好像要全背下来一样。而那些低头睡着了不打呼噜只流点口水的老人家，就算好样的了。

这场景逼真传神，如果不身临其境，不熟悉这种生活，是写不出的。写真人真事的文章，作者要做到选用自己最熟悉的材料，就要深入生活，尽可能多地掌握第一手材料，特别是要努力熟悉暂时还不熟悉而又应当熟悉的生活和材料。第一手材料是作者身历其境、耳闻目睹、深切体验到的，有的则是亲身实践的结果。选用这样的材料，写作时才有条件做到真实具体、形象传神、富有现场感和立体感。

（三）结构

1. 结构的定义

我们把文章部分与部分、部分与整体之间的内在联系和外部形式的统一称为文章的结构。外部组织形式是可见的，如标题、开头、结尾、段落、行文线索等，可称为外部结构；内在联系则是深隐的，如逻辑条理、意念脉络、情调、氛围、气韵等，可称为内部结构。

2. 结构的项目

（1）标题。

标题是文章的名称，可以说，它是一篇文章的眼睛、旗帜和路标。作者常常用它来暗示文章的体裁，引导读者去深入理解文章的内容，探索文章的内在主题，其也可以画龙点睛，给读者一个鲜明深刻的印象。

标题形式，主要有大标题、副题、小标题三种。大标题，也称主标题、正题，主要相对文章中的小标题、副题而言。大标题主要用于直接或间接揭示主题、点明文章主要内容、暗示文章体裁，是文章标题的基本形式。副题，也称辅题，是相对文章正题而言的。副标题主要用于补充正题的不足，或指出文章的内容范围，或补充交代事实，或点明主题的来源、依据等。小标题，也称分题、插题，是篇幅较长的文章中每一小部分的标题，它同大标题是纲与目的关系，有着不可分割的内在联系。小标题主要用于概括文章中每一相对独立部分的中心内容，使长文章眉目清楚、条理分明。

（2）开头。

文章的开头，古人叫“起笔”。它是组成文章的第一层“阶梯”，它的位置比较特殊且又带有“奠基性”，因此历来文章大家对它都相当重视。文章的开头，可能是头几句话，也可能是第一个自然段。

“万事开头难”，写文章也如此，所以历来有经验的作者都特别注重设计文章的开头，特别是第一句话。

（3）段落。

段落是指文章内容在表达时由于转折、间歇、强调等情况所造成的分隔、停顿，这是行文时自然形成的基本单位。这里说的段落仅指“自然段”，即作者在文章中设置的，以首段空两格为标志、自成起讫、相对独立完整的结构单位。

设置段落是为了表示相对完整、单一的意义，并使读者在视觉上形成清晰的结构层次印象。把丰富或复杂的内容分成若干段落来写，各层意义以及相互间的关系就更显得清晰醒目。

（4）层次。

层次是文章思想内容的表现次序，是事物发展的阶段性与人的思维发展的阶段性在文章中的反映，它体现作者思路展开的步骤。层次又可称为“意义段”“逻辑段”“大段”“部分”。层次是用来体现文章总体布局或作者思路演变轨迹的，因此它是表示内容逻辑联系的结构单位。

安排层次，划分段落，是布局谋篇的重要一环。不可能一下子把文章所包含的内容全部推出，需要一段一段、一层一层地写。文章段落层次的安排情况比较复杂，不同的文体有不同的安排方法。

（5）过渡。

过渡是指体现段落与段落、层次与层次等各种衔接关系的形式或手段。它在文中起着承

上启下的作用，使文中前后相关的两个段落或层次上下连贯，文脉贯通。必要的过渡可强化文章的逻辑性和层次感，使结构更严谨。

常见的过渡形式有以下三种。一是关联词语。如“因此”“由此观之”“然而”“但是”“此外”“不仅如此”“总之”“综上所述”“简言之”等。它们通常被置于段首或句首。二是过渡句。即承前启后、搭桥过渡的句子，一般将其置于前段之末或后段之首。三是过渡段。其作用略同于过渡句，只是它们自身也是相对独立的段落，置于两段或两层之间。有时，过渡段就是一个句子，所以它同时也是过渡句。

(6) 照应。

照应是指文章内容的前呼后应。文章前面说过的后面要有着落，后面准备提到的前面要有伏笔或暗示。互相呼应，文章的结构会显得非常紧凑，层次也就更为分明。照应也是一种衔接手段，但必须由成双或成组的词语、句子乃至段落构成。通常是：交代在前，呼应在后；暗示在前，挑明在后；伏笔在前，应笔在后。

照应的作用是显示文脉的贯通和强化关键的内容，从而给读者以深刻印象和某种启示。

常见的照应形式有以下几种：开头与结尾照应，正文与标题照应，行文中前后照应。

(7) 结尾。

俗话说：“编筐编篓，全在收口。”精心制作一个生动有力、深刻隽永的结尾，可使文章首尾圆合，通篇灵动，完好达意。需要着重指出的是，文章结尾要力求新颖，最忌雷同。“墨守成规”是不行的。综观古今中外优秀文章的结尾，总是“特色各异”“百花齐放”。

3. 结构的要求

(1) 结构要反映对象的内在联系。

写作对象的内在联系体现着事物存在和发展的客观规律，因此是谋篇布局最根本的依据；作者安排结构必须充分尊重、正确反映对象固有的内在联系和规律。

以表现对象发展过程（包括人的心理活动过程）为特征的记叙性文章的结构，要符合一般事物发展的阶段性、秩序性。

议论文的一般结构便是先提出具体问题，然后从各个层面进行剖析，最后得出结论——对论述对象本质、特点进行概括而后综合。但是，这种一般结构形态在具体写作中是经常被突破的，只要不违背认识规律，完全可以以自己独特的思路创造出新颖的论述结构。譬如从叙述甚至描写开始，或边分析边下结论，或首先作出结论，等等。

抒情性文章也是按照感情、心理变化规律和特点来安排结构的。抒情散文是这样，心理氛围小说也不例外。

(2) 结构要适应文章体裁的特点。

一般来说，文章结构要受文体制约，如记叙性文章以时空为序来写人记事，叙述线索要分明；议论性文章则侧重于横向分类或纵向深入，各部分的联系是内在的、连贯的；有些应用性文章（如书信、公文等），在结构格式上还有固定的要求。

(3) 结构要服从表现主题的需要。

写作是一种创造性的劳动，是作者对客观事物及写作对象的能动认识的结晶。因此，一篇文章不能简单地复制对象固有的结构形态，而是要根据表达主题的需要，富有创造性地重新加以妥帖、巧妙的安排。

(4) 结构要考虑读者的接受心理。

写文章总是有针对性的，这就要求作者有清醒的、自觉的意识，不仅在选材、立意、运用语言诸方面考虑读者的需求，而且要了解各种读者在接受心理上对各种结构方式的适应性。

读者对文章结构的适应性当然有许多共同点，譬如都要求结构完整、严密、连贯、灵活，但是不同的读者群对文章结构的要求会有所不同。比方说，儿童读物，结构宜简单，而且力求开头就唤起他们的阅读兴趣，可多用描写或对话等；写给成人看的文章，结构就可以根据表达内容的深浅多寡采取相应的结构形式。

(四) 语言

1. 语言的定义

语言是人类交流思想的最有效的物质媒介。也就是说，语言是思想的表现形式，思想与语言是内容与形式的关系。

语言依附于思想，但离开了语言，赤裸裸的思想也是无法存在的。思想与语言的相互作用，贯穿于整个写作过程。

2. 语言的作用

(1) 语言是构造文章和传递信息的重要工具。

文章语言是以口头语言为基础，经过选择和加工而成的书面符号系统。组成这个系统的基本要素是字、词、句。刘勰在《文心雕龙·章句》里说："夫人之立言，因字而生句，积句而成章，积章而成篇。"这说明文章是由一个一个的字、词、句扩展而成的。语言的各个单位，由点到线，由线到面，逐级组合，才能表达复杂的思想。可见，字、词、句是思想存在的物质形式，是作者表达思想的工具。因此，高尔基称语言是文学的"第一要素"。老舍先生也指出："我们既然搞写作，就必须掌握语言技巧。……一个画家不会用颜色，一个木匠而不会用刨子，都是不可想象的。"古往今来，许多伟大的作家，都是善于运用语言的巨匠；许多传世的作品，都以精湛的语言著称。而我们在写作时，往往感到找不到恰当、生动的语言来表达思想感情，这正说明我们驾驭语言的能力差。"工欲善其事，必先利其器"，我们要想写好文章，就必须提高语言素养，熟练地掌握和运用语言这一工具。

(2) 语言是使文章优美、生动、感人，从而便于读者接受的重要保证。

人们常说的美文所仰仗的就是美的语言。从某种意义上讲，美的语言本身就是我们的审美对象。许多名篇佳作，论证有力，解说明确，叙述别具一格，描写逼真传神，无不与其语言的丰富表现力密切相关。反之，语言粗劣、魅力乏陈，就无法构成文情并茂、辞理俱佳的好文章。有些初学写作者的文章之所以不够感人，除了其他因素，在语言方面用词不当、句子不通、修饰不力、表述不雅也是重要原因。

3. 语言的要求

我们将文章语言的基本要求概括为准确、精练、生动、谐畅。

(1) 准确。

所谓准确，是要求语言与思想做到最大限度的对应，真实地再现事物，贴切地表达思想。内外一致，即"词意相符"是用语准确的基本要求。法国著名作家福楼拜的"一词说"、中国传统的"一字师""推敲"典故以及王安石的"春风又绿江南岸"的故事，都要求我们精选最准确的词

语来叙事、状物、表情、达意。

（2）精练。

所谓精练，是指用最少的文字表达最丰富的内容，做到言简而意丰，没有多余的词句。也就是说，用语要经济，要讲究实效，要以质取胜，在不影响表意的前提下，能少说一句就少说一句，能省一个字就省一个字，以突出精要的东西。

精练常常同含蓄联系在一起。老舍曾经说过，写东西一定要精练含蓄，要给人留有回味的余地。例如，曹雪芹在《红楼梦》里写贾宝玉向林黛玉表达心意时，有这么一段对话：

> 宝玉瞅了半天，方说道："你放心。"黛玉听了，怔了半天，说道："我有什么不放心的？我不明白你这个话。你倒说说，怎么放心不放心？"

作者没有让他们卿卿我我地甜言蜜语，而是用这样精练而含蓄的语言表达他们藏在心头的千言万语。"你放心"这三个字隐含着宝玉对黛玉的难以言状的炽烈感情，这种感情黛玉是完全能够理解的，但黛玉又故意设问，这一设问正是黛玉对宝玉作出的最坚定的回答，是藏在黛玉心头的熊熊燃烧的爱情烈火！

（3）生动。

所谓生动，是指语言要新鲜、活泼、形象、富于变化，能将客观事物以及所描写的人物活灵活现地表现出来。请看《项羽本纪》中的一段文字：

> 项籍少时，学书不成，去，学剑，又不成。项梁怒之。籍曰："书，足以记名姓而已。剑，一人敌，不足学，学万人敌。"于是项梁乃教籍兵法，籍大喜，略知其意，又不肯竟学。

这里，寥寥数语就将好高骛远的少年项羽刻画得栩栩如生。写人、叙事具体而形象，语言简约而生动。

如果说，准确、精练强调语言要恰当地反映客观实际，那么，生动则强调语言的表达效果。语言生动，首先要求的是材料的新鲜、见解的独到。生动的语言形式同新颖的思想内容是一致的，语言的创新常常就是内容的出新。缺乏这个基础，语言是生动不起来的。此外，还必须注意语言形式：擅用描绘性的词语和具体形象的写法；多用贴切的比喻和拟人等修辞格；多用新颖的词语。

（4）谐畅。

谐畅就是和谐、畅达。和谐指的是文章语言具有音乐之美，也就是作者自觉地运用了汉语声调的高低升降而使语言的音节平仄交错，从而产生抑扬顿挫的声音之美。畅达即通畅达远，主要是指语言的情感色彩，是作者通过语言的声音调谐传出的悠扬缅邈的情感韵律。下文便是一个极好的范例：

> 艺术是个精灵，这家伙千变万化，其中一招是遮掩。
>
> 神龙见首不见尾，遮去一半……
>
> 雪上空留马行处，掩去一半……
>
> 待月西厢，迎风户开，妙在一半……
>
> 怀抱琵琶，美人遮面，魅在一半……
>
> 江湖术士称"半仙"，地头土豪称"半城"，风雅宰相贾似道自题"半闭堂"，风韵梁妃半老徐娘常作"半面妆"……大千世界，众生百态，半遮半露，引人入胜。

（魏明伦《半遮的魅力》节选）

这篇文章有着诙谐、慧黠的独特魅力。其中，语言的音韵与作品的基调相得益彰，虽然是散文，却具有词、曲的跳荡流转，抑扬顿挫。语言错落有致，骈散杂糅，有着很强的韵律感，这充分体现了语言谐畅的要求。

五、文章的表达方式

文章的表达方式有叙述、描写、抒情、议论和说明。

（一）叙述

1. 叙述的定义

叙述是把人物的经历和事物的发展变化的过程表述出来的一种写作方法。它是写作中最基本、应用最广泛的表达方式。它是记叙性文章和文学作品主要的表达方式。

叙述往往与描写、抒情、议论、说明结合使用。古华在《话说〈芙蓉镇〉》中说："我读小说就特别喜欢巴尔扎克作品中浮雕式的叙述，自己写小说也常常津津乐道于叙述。"

叙述有多种功能：①介绍事件发生、发展的过程，给读者以整体感。如东晋文学家陶渊明曾经写过25字的小说《陨盗》："蔡裔有勇气，声若雷震，尝有二偷儿入室，裔附床一呼，二盗俱陨。"故事叙述有头有尾、形象生动。②介绍人物的经历和事迹，给读者以概述性的了解。③介绍人物生活的环境和事件发生的背景，交代时间、场面的变化和转移。④为议论说理的文章提供论据材料。⑤黏合作品中散乱无章、支离破碎的描写，可以联系故事情节，过渡、转换上下文的意思。

2. 叙述的分类

叙述按不同的标准、不同的角度有不同的类别。

(1) 按叙述详略分。

按叙述详略分，有概括叙述和具体叙述。

概括叙述又称概叙、略叙，是对人物或事件进行简略的叙述或交代。

具体叙述又称详叙、细叙，是对人物的经历或事件发生、发展的经过所进行的详尽、具体的叙说。

(2) 按叙述人称分。

按叙述人称分，有第一人称叙述、第三人称叙述和第二人称叙述。

第一人称叙述又称"我字叙法""自称叙法"，文章用"我"的口气进行叙述，写"我"的所见、所闻、所想。用第一人称写的文章中的"我"有两种指代，一种"我"即是文章的作者，另一种"我"只是文章里所写到的一个人物，并非本人。如鲁迅先生所写的《狂人日记》里的"我"是小说的主人公，他是封建宗法社会里的一个"狂人"，不是作者自己；而《自题小像》中"我以我血荐轩辕"中的"我"是作者自己。

第三人称叙述又称"他字叙法"或"他称式"叙述。第三人称叙述中的叙述人在文章里被隐去，用"他"或"他们"的人称来叙述。第三人称叙述大都是"全知叙事"，文章的叙述者对被叙述者的一切情况全然知晓，他有权利知道并且能说出文章中任何一个人物都不可能知道的情况，《水浒传》第三十三回叙述武松景阳冈打虎的事情便是如此。

第二人称叙述比较特殊，有的人甚至否定有"第二人称叙述"，认为"你"既然指代的是读者或被叙述的对象，就不可能在文章里替代叙述人来叙述，像这样的以第二人称出现的叙述，实

际上是“我”在向“你”说话，所用的还是第一人称。

（3）按叙述方式分。

按叙述方式分，有顺叙、倒叙、插叙、平叙等。

所谓顺叙，是指按照客观事物发生、发展的先后次序进行叙事。

所谓倒叙，是指把事情的结局，或事情中最突出的片断提到前面，然后再按事情的发展顺序进行叙述。

所谓插叙，是指在原来叙述进行中，由于表达的需要，中断了原来的叙述而插入另一段叙述。插叙有追叙、补叙、逆叙等几种情况：追叙是把追忆过去的片断插入其中；补叙是对上文补充叙述，对下文进行必要的交代；逆叙则是指插入的叙述是逆行的，即由近及远、由今至古的叙述。

所谓平叙，是指叙述两件（或更多件）同时发生的事。平叙有两种情况：一是先述一件，再叙一件，所谓“花开两朵，各表一枝”；另一种是并行交叉叙述。

此外，还有预叙、复叙、意识流叙述、环状叙述等，这里不作介绍。

3. 叙述的要求

（1）头绪清楚。

有些事件错综复杂、千头万绪，叙述起来要交叉采用多种方法，因而必须理出一条主要线索，以使叙述有条不紊。如果叙述线条清楚、层次井然，就能头绪不乱。那么，怎样才能叙述清楚呢？①要抓住主要线索；②要抓住人物（主人公）活动、场面来转换叙述；③要处理好叙述的断与续，衔接要自然；④人称要统一。

（2）交代明白。

叙述有六要素（时间、地点、人物、事件、原因、结果），要向读者交代清楚，使读者有一个完整的概念。交代的方法有直接交代和间接交代。在不影响理解和接受的情况下，有的文章可省略某些要素，文学作品则可写得含蓄些。

（3）详略得当。

根据主题要求或故事情节的需要，对事件的叙述有详有略、有繁有简。对重要的内容要写得具体详细，浓墨重彩；对一些次要材料则应概括简略，惜墨如金。

（4）波澜起伏。

写文章切忌平铺直叙，记流水账。写作要有高潮有低潮、有松有弛、有快有慢、波澜起伏、曲折动人，所谓“文似看山不喜平”。

（二）描写

1. 描写的定义

描写就是对人物、事件和环境进行具体细致的描绘和刻画。描写是文学中最基本、最生动的东西，是文学作品最感染人的地方，但描写在议论文和应用文中的应用很少。

描写和叙述方式相近，它们都是对具体事物的反映与表达。但描写与叙述有本质的区别。叙述的着眼点是交代、介绍，是对事物的总体概括和过程的反映，其作用在于使广大读者明白了解某个客观事实；描写则着眼于刻画、描摹，重在表现事物的细微之处或侧面局部。描写的作用在于使读者感受客观对象，唤起想象，得到情感的体验。叙述的任务是记叙事件的过程；描写的任务是塑造形象。叙述是最常见、运用最广泛的表达方法；描写是最生动、最感人的表达方法。叙述具有整体性、概括性、独立性、客观性的特点；描写则具有局部性、细致性、辅助性、主观性的特点。

2. 描写的分类

描写的种类因划分的角度不同而有不同的分法。这里把描写分为：细描与白描，直接描写与间接描写，人物描写与景物描写。

（1）细描与白描。

细描即细腻的描写，一笔一画地精雕细刻，颇像绘画里的“工笔画”，如《荷塘月色》中对荷花的描写。

白描即抓住描写对象的主要特征，用最简练的笔墨，不加烘托，勾勒出鲜明生动的形象，如《荷花淀》对水生肖像的描写，《背影》对父亲背影的描写。

（2）直接描写与间接描写。

直接描写即正面描写，是通过对人物的肖像、语言、动作、心理、细节以及环境等直接描绘和摹写，来塑造人物形象、表达主题思想。

间接描写即侧面描写，是对所要描写的人物与环境不进行直接描绘，而是通过对与之有关的其他人物与事物的描述，用烘托、衬托的手法来塑造人物形象、表达中心，如用“衣带渐宽”来写“人憔悴”。

（3）人物描写与景物描写。

人物描写是文章中对人物的刻画与描绘。人物描写可分为肖像描写、行动描写、心理描写和语言描写。

肖像描写是对人物的外貌、体态、神情、服饰等的描写。肖像描写不只是介绍人物的长相，重要的是通过外貌的描写表达人物的精神世界，刻画人物的思想性格，要“以形传神”，使所写的人物“形神兼备”。

行动描写也叫“动作描写”，是对人物的行为和动作的刻画。高尔基说：“为了使艺术作品有教育说服的力量，必须尽可能地使主人公多行动，少说话。”由此可见行动描写的重要性。

心理描写是对人物的思想活动和内心世界的描写。它包括对人物的思想、情感、精神、梦幻等方面的描述。常见的心理描写方法有直接描写、内心独白和通过对话、梦境、幻觉等进行描写。心理描写可以直接表现人物的内心世界，使人物富有“立体感”，因此，心理描写是打开人物心灵奥妙的钥匙，是刻画人物性格、表达主题思想的手段。

语言描写是指文章中对人物言语的描写，包括人物的独白和对话的描写。语言是人物思想和性格的表现，所谓“言为心声”。文章主要通过个性化的语言表达人物的思想、性格。

景物描写是对社会环境，特别是自然环境中的景色、风土、物体、设施等各种事物所进行的形象描绘，如对春夏秋冬、晨午昏夜、阴晴雨雪、风云雷电、山川湖海、花草树木、鸟兽虫鱼、烈日星空等的描写。

3. 描写的要求

（1）有的放矢。

描写是手段而不是目的，描写的目的是刻画人物、表现主题，所以一切描写均要与人物、主题相关联，并为之服务。

(2) 捕捉特征。

抓住特征描写人物、事物和环境是描写的最基本要求。只有抓住特征才能突显人物个性，只有抓住特征才能表现事物本质，只有抓住特征才能营造典型环境。没有特征的描写必然千篇一律、千景一色、千人一面，毫无意义。

(3) 真实可信。

描写是很富主观色彩的表达手法，但不能过于夸张，以致使人明显感到失真。鲁迅说"燕山雪花大如席"，但如果说"广州雪花大如席"就不真实、不可信了。

(4) 形象生动。

形象性是描写的基本特征，所以描写时要求绘声绘色、活灵活现、形象逼真，描写什么像什么。不仅要"形似"，更要"神似"，做到形神兼备、形神毕肖。只有这样才能给人如闻其声、如临其境、如见其人、如睹其物的效果，从而给人留下深刻印象。

（三）抒情

1. 抒情的定义

抒情是指用来表现和抒发作者和作品中人物的主观感情的表达方法。刘勰在《文心雕龙》中说："五情发而为辞章。"《毛诗·序》云："情动于中而形于言。"狄德罗说："没有感情这个品质，任何笔调都不可能打动人心。"

抒情的作用是：①以情动人，感染读者；②创设情境，深化主题；③显示基调，贯通文脉。

2. 抒情的分类

古人云："感人心者，莫先乎情。"抒情主要是为了打动人心，但是"打动人心"的方法也不同，可以直接抒情以打动他人，也可以间接抒情以感动他人。

(1) 直接抒情。

直接抒情即直抒胸臆，是指作者或作品中的某一人物直接表达或倾吐自己的感情。真切动人的直接抒情能感染读者，引起共鸣。直接抒情大致有以下三种方法：

一是针对所写内容抒发感受，表达对所写的人、事、景的强烈感情。如余秋雨在《自发苏州》第三部分中先叙述了关于西施的种种传说，然后写道："可怜的西施姑娘，到今天，终于被当作一个人，一个女性，一个妻子和母亲，让后人细细体会。"

二是以所写内容为基础生发开去，扩大抒情范围，表现对同类事物的一种感情。

三是以所记叙的内容为基础，由表及里地抒发自己的感情，透过抒情的文字来显示由所记内容引起的体会、感受。

(2) 间接抒情。

抒情还包括叙述抒情、议论抒情、描写抒情等，这些便是间接抒情。

寓情于事，把情寓于叙事之中，即叙事抒情。这又可分为叙中带情，以情带叙，情叙相间三种。朱自清的《背影》是典型的叙事抒情。

寓情于景，把感情抒发寄寓于写景之中。这种写法移情入景、借景抒情，看似写景，实则抒情。作者将主观感情融入对客观景物的描写之中，使描写对象渗透了浓郁的主观情调。正如王国维所说："一切景语皆情语。"

寓情于物，通过记叙、状写某种事物来抒发感情的方法。这种方法又叫"托物言志"，它通过对具体物象的描写，寄托、传达作者的某种感情、志向，常借用比喻、象征、拟人的手法。作者往往借助咏物，曲折委婉地将情感透出，使文章情深意远。

寓情于理，通过议论来抒发感情。理与情是孪生兄弟，有理才有情，有情才有理，情总是产生于理性判断之后，如“冬天到了，春天还会远吗?”。

3. 抒情的要求

(1) 自然而然。

所谓自然而然是说所抒发的感情应该是在非倾诉不可的时候，从心底自然地流淌出来的。抒情忌生硬、别扭，忌故作深沉。抒情要掌握好“火候”，“该出手时才出手”方为上品。

(2) 深切真挚。

“为情造文”是文章的本意、正道，“为文造情”则从根本上违背了写作的宗旨。所以，文章所抒发的感情必须是真挚的、发自肺腑的。虚情假意、故作多情、矫揉造作、无病呻吟，不仅不感人，反而会令人作呕。

(3) 丰富细腻。

感情的丰富性、复杂性要求写文章抒情时要多因素、多层次地表达情感，这样的抒情才丰富细腻。古诗《思夫》写道：“欲寄君衣君不还，不寄君衣君又寒。寄与不寄间，妾身千万难。”短短四句把一个思念丈夫的妇女复杂的心理表现得淋漓尽致。

(4) 蕴藉含蓄。

对于艺术来说，含蓄是重要的审美追求。艺术总是既让人明白，又让人思索回味的。抒情的艺术也是这样，要含而不露，让人回味。

(四) 议论

1. 议论的定义

议论即评议论说、讲道理。作者通过事实材料和逻辑推理来阐明自己的观点，表明赞成什么或反对什么。刘勰说“理形于言，叙理成论”，用语言把道理表达出来便成为议论。

议论要有三要素，即论点、论据和论证。论点是议论的中心要素，它是作者的思想、观点和主张。论据是基础要素，作为材料为论点服务。论证是联集要素，即用论据证明论点的过程。论点统帅论据，论据为论点服务。论点是论证的目标，论据是论证的材料、手段，三者缺一不可。

议论可以与其他表达方法连用。议论如果与叙述一起使用，就是“夹叙夹议”；如果与描写相结合，就是“借端生议”；如果与抒情相结合，就称为“寓理于情”；如果与说明一起使用，就称为“寓理于事”。

2. 议论的分类

议论的方法很多，大致可归纳为两大类，即立论与驳论。

(1) 立论。

立论又称“证明”，它是一种正面阐述自己的观点，运用论据证实论点的真实性与合理性的一种方式。证明常用的方法有以下几种。

①例证。例证就是摆事实讲道理，是一种直接列举事实证明论点的论证方法。这种事实可以是具体的事例，也可以举个别的典型例子进行分析解剖。

②引证。引证是引用别人的论点或论据，以证明自己的论点的方法。这些被引用的材料包括经典作家的言论、名人格言、民间谚语、寓言故事、公理、定律、法律条文等。引用分为直接引用和间接引用两种。直接引用是指直接引某原文，将其作为论据；间接引用指摘引大意，并

不完全引用原文。

③考证。考证指的是通过考核论据的真实性证明论点。它可以用于立论，又可以用于驳论。考证方法，一般是先提出要考证的问题，说自己的见解；而后列出不同的说法；接着进行考核、鉴别真伪是非，否定错的，肯定对的；最后得出结论。

④喻证。这是一种通过类比推理来证明论点的方法，也称“类比论证”。作者往往能通过讲个故事，打个比方或引用一些成语典故等，就把较为抽象的道理说清楚。

（2）驳论。

驳论又称反驳，它是通过驳斥对方的错误，以此证明自己的观点是正确的一种方法。反驳通常有反驳论点、反驳论据和反驳论证三种方法。

①驳论点。它是指对论敌的论点进行批驳，通常用正确的理论和确凿的事实来指出论敌谬论的荒谬和虚假。

②驳论据。它是针对论敌的虚假论据进行批驳，指出这些论据是不真实的。因为论点是由论据来支撑的，批驳了论据，论点就站不住脚了。

③驳论证。它是指出论敌的论点与论据之间的逻辑错误，进而指出其论点错误。在有的文章中，作者常常使用诡辩或运用一些似是而非的推理，把错误的论点说得似乎很有道理，对于这种文章，就要反驳其中的论证。

3. 议论的要求

（1）论点要正确、鲜明、集中、新颖和深刻。

论点是作者针对某一个所要论述的问题提出的主观见解、个人主张。发议论时，首先要有自己的论点，这样才能“言之有理”。自己的论点要正确、鲜明、集中、新颖和深刻。所谓正确就是论点要符合客观事实。所谓鲜明就是论点要旗帜鲜明，反对什么就反对什么，赞成什么就赞成什么，决不含糊。所谓集中，就是论点要单一，一篇文章只能有一个论点，并且要将论点概括成一两句话，或标题显旨，或开宗明义，或片言居要，或卒章言志。所谓新颖，就是要言前人所未言，发前人所未发，论点有创见。所谓深刻，是指论点能反映人的认识规律、社会发展的规律、事物发展的规律，要含哲理，理论有高度。

（2）论据要确凿、权威、典型、充分和生动。

论据是用以证明论点的根据，它是议论主体用以确立自己所提的论点的理由。为使论点能建立，使人信服，论据必须确凿、权威、典型、充分和生动。所谓确凿，是指材料来由具有可信度，论据引用值得相信。所谓典型，是指论据具有代表性，能起到以一当十的作用。所谓充分，是指论据能充分地论证论点。论据不以多少作为是否充分的标准，而是看能否充分证明论点。所谓生动，是指论据具体、新颖，让人读来亲切、耳目一新。

（3）论证要周密，合乎逻辑。

议论文概念要清楚、判断要正确、推理要合乎逻辑。用论据论证论点时，不应留有漏洞，要缜密、完整，要做到证明可信、反驳有力。

（五）说 明

1. 说明的定义

言简意赅，把事物的形状、性质、特征、成因、关系、功用等，解说清楚；或者把人物的经历、特征等表述明白的方法，就是说明。简言之，说明就是对事物、事理、人物进行简明扼要的解说和阐释。

说明运用广泛，教材讲义、科学报告、字典辞书、类书方志、著作注释、文物介绍、产品说明等，都离不开说明。

2. 说明的分类

常用的说明有八大类。

(1) 定义说明。

定义说明就是用简洁而明确的语言把事物的本质属性揭示出来，给人以清晰的概念。定义说明要求把事物的内涵解说清楚，下的定义与被定义事物的外延彼此应该相等。

(2) 分类说明。

分类说明就是把被说明的事物，按照一个统一的标准划分成不同的类别，然后逐类进行说明。通过对说明对象的分类，显示出不同类别的差异性，使人们掌握不同类型事物的特征。叶圣陶在《作文论》中说："分类的事情有三端必须注意的：一是包举；二是对等；三要正确。"他的意思是，说明事物划分要穷尽，级别要清，子项与母项不可混淆，并且划分要有标准。

(3) 举例说明。

举例说明就是选取某种事物、现象中最有代表性的实例，用以说明诸多事物、现象的共同点、共同规律。有三种方法，一是典型举例法。如茅以昇在《没有不能造的桥》中列举了泉州的"洛阳桥"、赵县的"赵州桥"、四川的"泸定桥"，用以说明我国古桥中的梁桥、拱桥和吊桥。二是列举法。中国著名的大学有很多，如北京大学、清华大学、复旦大学……三是设例说明。如《语言的演变》中有一个假设：孔子与弟子谈话，朱熹闯了进去；朱熹估计也听不懂孔子他们在说什么。

(4) 比较说明。

比较说明就是用比较的方法来说明事物，揭示事物的特点，把握事物的本质。这种方法是用已知之物比附当前要说明之物。比较说明的方法很多：有用同类事物的纵比和横比；也有相近事物的比较和相反事物的对比。

(5) 引用说明。

引用说明就是援引权威性资料、典籍、名言、诗词等对说明对象加以充分说明。

(6) 数字说明。

有些事物、现象的本质和特点，表现在数量上，这就需要用数字加以说明。运用数字说明，一要准确无误，二要来源可靠。

(7) 比喻说明。

比喻说明就是在两件性质不相同的事物之间找到相似点，用比喻的方法来突出被比喻的事物的特点。比喻说明有助于确切具体、简洁生动地说明事物，还可以使文章的语言活泼生动。

(8) 图表说明。

有些问题用文字不容易说明清楚，需要借助图、表，与文字的解说配合起来，才能使人一目了然。一般来说，图表说明孤立使用比较少，它往往是一种辅助性说明，与文字解说、介绍结合使用，其说明力量不可低估，有时候甚至比其他手段更清楚、更引人注目。

3. 说明的要求

(1) 抓住特征。

任何事物都具有自身的质的规定性，一个事物的特征就是其区别于其他事物的标志。如果我们介绍事物时能抓住特征，就能把事物的本质、特点解说清楚。要抓住特征，首先要透彻地了解说明的对象。

(2) 客观冷静。

说明要有尊重客观事实的科学态度，所以一般不以主观好恶而随意褒贬。作者要置身局外，用客观的态度，冷静科学地说明事物。说明时尽量不掺杂作者个人的主观见解、评论或感想，以防变成抒情、议论。

(3) 条理清楚。

写文章要言之有序，说明要层次分明、有条不紊。一般来说，依据事物本身的条理就能把事物说明清楚。如果要说明事物的结构，可按照其构成部分的顺序来说明。如果是写发展，则要按照时间顺序来说明。

(4) 通俗易懂。

说明的事物，要让人一看就明白，就要求说明文字准确、简洁、通俗。对于有些较深奥的或人们陌生的事物，说明时最好不要用专业性的术语，以免影响读者接受，而要用比喻、比较等手法，做到通俗易懂。

第二节 关于写作

一、写作的定义

“写作”是现代汉语中的一个词语，大约形成于20世纪30年代，意思是写文章。在古代汉语中，与“写作”相当的词语是“修辞”“造论”“著说”“属文”“作文”“为文”“缀文”等。

写作是什么，这并不是一个很容易得到满意回答的问题，于是关于写作的定义就有了很多说法。写作可以抒情言志、说明事理，也可以交流思想、传播信息，但这只是对表面现象的描述。写作的定义要揭示写作的功能，然而写作既有表面的、实用的功能，又有深层的、务虚的功能，前者是现象，后者才是本质。

(一) 流行的写作定义

1. 写作是对客观世界的反映行为

作为对写作现象的一种描述，这个看法不能说有什么不对。的确，文章的内容以及作者思想都是对客观世界的直接或间接的反映。问题在于，有哪一种意识形态和艺术行为不是对客观世界的反映呢？这种认识论的写作本质观，混淆了写作与其他意识形态和艺术行为。更重要的是，写作行为更主要的特征、本质还不是对客观世界的反映，而是对客观世界的判断评价和对不在场的理想世界的虚构——想象联想中的建构。

2. 写作是一种抒情言志的语言行为

有的学者认为，写作是一种宣明事理、抒情言志的行为。这个定义主要想说明的是写作行为的目的和意图，这是一种对象论。但是，写作行为的主要特征并不是表现在自己的目的和意图上，因为口头言说的种种形式——演讲、发言、讨论、哭嫁……其目的也是说明事理、抒情言志。显然，认为写作行为的本质是抒情言志并不恰当。

3. 写作是信息的交流和传播行为

从传播学的视阈来看，写作是一种传意行为，或者说是一种信息传播行为。其实这也是不错的，因为写作的目的确实是将思想、感情、信息传递给别人，进行跨时空的传播，这是写作之所以受人垂青的重要原因之一。但是，写作的信息传播性仍然是文章写成后所产生的一种功能，同样是写作的目的，而不是写作的本质特征。

总之，以上几种关于写作的定义，都不是对写作行为本身的界定，而是对写作以外的概念（如写作目的、功能等）的界定，因此，都无法反映出写作行为的最本质的特征。

（二）写作的新定义

通过对写作的特征和本质的分析和思考，我们认为，对于写作，一方面可以从写作操作层面上给出定义，另一方面也可以从写作本体层面上给出哲学化的定义。

1. 操作性定义

我们同意马正平的观点：写作是作者为实现写作功能而运用思维操作技术和书面语言符号，对表达内容进行语境化展开的修辞性精神创造行为。

第一，写作是一种精神创造行为。无论是实用文章的写作还是文学作品的写作，都是一种精神产品的创造。这种精神产品，一方面是指文章内容、主题里所包含的人文价值或科学成果，另一方面还包括文章的语言符号体系的创造。从这两层意义上讲，写作是一种文化原创行为。

第二，写作是一种展开性行为。所谓展开，就是由写作者企图向读者表达的基本语义、话语的主旨、句旨向功能性语义（能实现写作功能、征服读者的语义、言说语句）转化的过程，即双重转化论中所谓的“外化”“文辞化”的过程。孔子说“辞达而已矣”，这个“达”，其本意就是展开式充分、充足、充沛地言说（书面或口头）。《左传》上说“诗以足志，文以足言”，这里的“足”就是展开地表达。

第三，写作的展开首先是一种思想、思维、思路的展开。在宏观、中观的写作行为中，写作展开主要是思想、思维、思路的展开，从而生成文章的宏观、中观的枝干、意思网络、语义层次。因此，这个时候的展开就要运用一整套思维操作的模型、技术进行各种各样的分析和综合，来形成文章的内容和形式。在这时的写作展开中，认识性、思维性就是写作的主要特征。而思维操作的模型就是进行写作展开的工具和技术、艺术。写作者的主体建构中如果没有这些东西的存在，写作展开是寸步难行的。中学生、大学生作文时感到无话可说的主要原因也在这里。

第四，写作的展开最终是一种语言修辞性的精神创造行为。写作这种精神创造行为的创造性主要体现在词语表达的修辞性上。虽然写作行为充满了认识性、思维性，但是，这并不是写作的本质，写作的本质在于产生认识之后将这种认识写给别人看，因此行文措辞才是最狭义的写作，也是写作的本质。而这种行文措辞的传达行为的本质就是修辞——对行文措辞进行修饰限制以增强表现力，从而征服读者。我们对写作行文措辞学的研究表明，写作的修辞性主要包括说服性、审美性、策略性、语感性、秩序性、具体性、确切性、鲜明性、生动性、强化性、得体性、节奏性、韵律性，等等。正因为如此，西方把修辞学作为写作学的基础理论是有道理的。在

写作中，人们的思维往往能够展开，但就是难以把文章写好——语言没有语感、美感，因而没有征服力，其根本原因就是语言缺乏修辞性。

2. 本体性定义

我们同意马正平的观点：写作是人类运用书面语言文字创造生命生存自由秩序的建筑行为、活动。

这个定义要表述的写作原理是，写作行为本身的本质在于寻求生命生存的依托、"家园""故土"。中国古代圣贤所谓"立言不朽""发愤著书"体现出来的优秀写作文化精神的最终本质正是在这里；当代西方学者所谓"我写故我在"的哲学依据也正是在这里。

二、写作的特征

马正平对写作特征进行了很好的阐释，他认为写作特征表现在以下几个方面：

(一) 写作成品的特征

1. 写作成品的有迹性

写作是语言交际行为的一种，与它最为相似的语言交际行为就是口头交际。与口头交际相比，写作的最大特点和优势就是写作的有迹化。写作以书面语言符号作为表达思想的媒介和工具，因此，写作成品（文章）具有与口头言说不同的信息的痕迹性。这种痕迹性具有记录、记载的功能，而这种记载功能又使文章写作具有一种跨时空的信息传承性。这种跨时空的信息传承性对人类具有重大意义。一方面，它作为文化的载体，使人类在各个时期所创造的精神产品得以传承、延续、流传，以构成人类文化的历史，并作为一种凝重丰厚的文化资源，为各个时代的人类的生存发展服务；另一方面，这种信息的传承性又使写作者的精神生命得以延续，以抗拒时间之流对写作者的生理生命的限制与终止，从而使写作者实现生命永恒的梦想和理想。西班牙现代著名哲学家乌纳穆诺在《生命的悲剧意识》一书中最触动人心的东西，就是它的中心命题：生命的悲剧意识来自对于不朽的渴望。从某种意义上说，写作就是满足人类不朽愿望的一种途径，是超越生理生命的诗意存在。

2. 写作成品的间接性

从上面的讨论中可以看出，写作比口头交际具有更多的艺术性。也就是说，写作是一种艺术性的语言交际行为。与其他艺术形式相比，写作的最大特点是它的间接性。写作是一种精神生产行为，艺术创作也是一种精神生产行为，二者的区别就是写作在表现媒介上的抽象性和内容的间接性。例如，音乐、电影、书法、绘画等都是以具体可感的材料、艺术语言媒介进行精神生产，制作出精神产品——艺术作品的，而写作——无论文学写作还是实用写作——都是以语言作为材料、媒介，建筑精神的语言建筑物——文章。语言的效用不是作用于视觉、听觉、触觉，而是作用于心理、思维。文章语言所表达的写作内容都是在读者的思维中形成概念或形象的，思维具有抽象性。正是这种抽象性，实现了对现实的间接反映、表现和精神的构筑。所以，写作这种精神生产方式具有与其他精神生产方式不同的特点：抽象性、间接性。

3. 写作成品的创造性

写作具有很强的创新性。每篇成功的文章都是一种创新，或在思想上，或在内容上，或在语言上，或在表现技巧上，即使是表现同一主题、同一题材，甚至用同一表达方式，也有写作者的创新。没有创新的文章没有生命力。从“写作”一词的词源上考证，“写作”之“写”在古文献上很少与文章写作发生联系；即使有联系，也仅是指将口头语言书面文字化的过程，即记录的过程。比较起来，“作文”之“作”才真正具有文章写作的意思。从现代汉语的角度来看，“作”有制作、制造之意，而制作、制造就是一个创造过程，当一个制造物、制成品成形的时候，这种创造性就诞生了。由此看来，写作的本性应该是创造性。

（二）写作行为的特征

1. 写作行为的操作性

操作性即文章的制作性，这种制作是通过写作思维的操作技术、操作程序来生成文章的结构、语言。操作性意味着写作行为具有三个特征：一是思维语言的程序性、过程性，即文章是一句一句写成的；二是写作主体的控制性，即写作思维的操作模型性、写作意识性；三是写作行为的成品性，写作行为一定要生成成品——文章。

2. 写作行为的动力性

写作是一项伟大的事业，是一种高级的智力活动，是一种高级的精神生产，其艰巨性是可想而知的。要使写作行为能够顺利完成，必须要有强大的情感动力和意志动力——写作兴趣、写作意志、写作事业心。没有这些强大的写作动力，写作是很难成功的。

3. 写作行为的综合性

作为一种精神生产方式，人类写作行为的最大特点是综合性。所谓综合性，是指在写作行为过程中，写作者的写作行为与多种因素相联系，并受其影响、制约。没有这些因素，就很难产生成功的写作成品。

三、写作的流变

马正平认为，中国现代写作学的发展经历了以下几个阶段。

（一）20 世纪前 80 年

1. 西方语法学、修辞学、文体学的引进与中国现代写作学的基本形成

五四新文化运动以后，汉语写作由传统的文言文写作变革为白话文写作。中国古代传统的写作理论无法适应这种变革，于是当时的白话文运动倡导者、教育者便引进了西方的语法学、修辞学、文体学，并结合汉语写作的实际，建立了一种全新的白话文写作知识体系。

2. “八大块”文本主义写作学的形成

20 世纪 40—60 年代，苏联的文艺学知识被逐步介绍到中国来。其中，关于文学作品的内容和形式的分析知识，成了中国写作学关于文章构成要素分析的基本范式。20 世纪 50—80 年代，我国各地出版的写作教材的基本框架为：绪论、材料、主题、结构、表达、语言、修改和文风，这就是后来所谓的“八大块”。

（二）20 世纪 80 年代

1. 1978—1983 年：从“八大块”文本主义转向文体技法论

进入 20 世纪 80 年代以后，写作学界一些人感到“八大块”知识体系太偏重于文章理论知识，对提高学生写作能力作用不大，因而主张进行写作技能训练，尤其是文体技法训练。于是从 1980 年起，他们把写作研究与教学的中心转移到了文体技能训练上。

2. 1983—1985 年：从“八大块”文本主义转向写作过程论

在从“八大块”文本主义转向表层写作行为的过程中，首先，刘锡庆提出了“双重转化”论——写作中首先是现实生活、客观事物向主体认识的转化，形成观念、情感，然后是作者观念、情感向文字表述的转化（“物→意→文”的写作过程模型）。后来，朱伯石提出“三级飞跃”论——一篇文章或一部作品的产生，一般要经过三级飞跃，即“感知飞跃”“内孕飞跃”“外化飞跃”（“物→意→孕→文”的写作过程模型）。林可夫又提出了“三重转化”论——写作要经过三重转化，即内化、意化和外化（“物→感→思→文”的写作过程模型）。

在从“八大块”文本主义转向深层写作行为的过程中，温振宇首先提出了“环链系统”论，接着马正平提出了“深层结构”论。

3. 1986—1988 年：从写作过程论转向写作主体论

1986 年前后，写作学研究的主要兴趣由写作过程转向了写作主体。

王东成提出：“长期以来，有关写作研究多注意于作文技巧、文体知识表层汇集，较少致力于写作思维、心理、审美意识、语言机制等深层结构的概括和探索。”“写作学科的研究对象不仅是静态的文章、作品，更重要的是动态的写作主体。”王东成的写作主体论的对立面是“文章”“作品”“文体技巧”研究，因此，它既包括写作行为因素，又包括主体审美意识、心理等文化心理结构，不过，需要强调的是，它是一种深层的思维、语言机制，不是包括感受、情感、想象、构思在内的表层行为和表层心理结构。

颜纯钧也提出：写作学知识不可能真正提高写作能力，至多只能为写作者建立一个写作行为模式。要真正提高写作能力，关键在于改变写作者的“准备状态”。所谓“准备状态”，包括写作主体的认知结构，决定写作的眼光、胸襟等。写作主体对写作过程、行为技能有宏观控制的功能，因此，主体论写作学认为，写作学不仅要研究写作行为过程的规律，还要研究写作主体如何在生活实践中，要通过各种方式积学、养气、修德、炼才，培养良好的思维品质和思维能力，形成良好的文化心理和高尚人品。

4. 1988—1990 年：从写作主体论转向写作文化论

随着写作主体论研究的深入，人们渐渐发现，优化写作主体的作用在于，这种审美意识和人格胸襟有助于主体发现“写什么”，对发现题材、主题有重大决定性意义，但写作主体还无法解决“怎么写为好”——对技法的调动和对技巧的创造——的宏观控制问题，这些研究者们发现后者取决于特定时代，以及人们关于文章写作的规范。

马正平指出，写作文化不是写作内容（文章信息）的文化，而是写作形式、写作载体、写作行为、写作技巧的文化。它是某一特定时代、特定社会、特定地域、特定群体关于文章写作的新时空情绪、价值取向、行为规范、文章图样。它是写作形式上的现实的审美规范，可以调动写作技法或创造新的写作技巧、表达方式，因此有人把写作文化称为写作的“大技巧”——技巧的技巧。

（三）20 世纪 90 年代

1. 从梯级模型到场论模型

“梯级模型”是马正平提出的。马正平认为，写作能力是“虚无”的。它黏着于写作动机、写作意志、知识信息、智能、人格、文化上面。这七种因素层层递进，依次作用，形成“梯级模型”。这种理论仍犯了机械决定论的毛病。

“场论模型”也是马正平提出的。马正平认为,写作能力产生于同时性的若干因素的相互影响和多维控制。当多种因素作为一个控制力量共同分布于作者思维空间区域,便形成了作者思维控制力空间范围,即“写作控制场”。

2. 从非线性、非稳态到写作分形生长

“非线性、非稳态”(简称“双非”)是颜纯钧提出的。颜纯钧认为,写作是一个复杂的行为系统,在实际写作中,任何随机的干扰都可能引起写作行为整体上的改变,绝非简单的线性因果所能揭示。这种理论有悖于写作本质,即写作是秩序化的。

“写作分形生长”是马正平提出的。马正平认为,文章胚胎即最先使作者产生写作冲动的情节、形象、感受,浓缩了后来文章整体的主要信息。文章整体上是这个文章胚胎的生长、展开、放大、变形,也即自我复制(像DNA一样)。

3. 从非理性写作到非构思写作

非理性写作是于成鲲、李白坚、沈汉达等提出的。非理性写作强调写作经验的积累。写作经验积累的过程就是写作技能增长的过程。其短期效果明显,但没有持续发展的后劲。

非构思写作是马正平提出的。非构思写作通过运用思维操作模型(赋形思维、路径思维),在策略思维的调控下展开主题,直接生成写作思维网络,思维伴随运笔,思维的过程也就是行文的过程,思维完成,文章也即生成。

四、写作的过程

写作过程是一种非常复杂的精神活动过程。不同作者的写作实践,甚至同一作者的不同文章的写作实践都是千差万别的,写作过程具有个别性、特殊性。一篇文章的诞生过程是不可重复的,也是难以复制的,但是,这并不意味着文章写作毫无规律可循。无论是刘锡庆的“双重转化”论、朱伯石的“三级飞跃”论、林可夫的“三重转化”论,还是马正平的“知行递变”论、“写作分形”论和“非构思写作”论,都在不同层次上揭示了写作过程的规律。

就一般而言,写作过程包含着三个主要的阶段:采集感知的准备阶段、立意选材谋篇的构思阶段和起草修改的表述阶段。

(一)准备阶段

1.采集

写作的准备阶段首先是一个长期的采集、积累材料的过程,写作离不开材料。写作过程中,很多人会出现思路不畅、内容空洞、表达不生动等问题,这些都往往和材料的不足有关。

一个好的作者往往非常注意日常生活中的材料积累。有“诗鬼”之称的唐朝诗人李贺常常骑着毛驴到处游览,遇有所得,便写在纸上,投入身边锦囊中。俄国伟大作家契诃夫不管去哪里总是随身带着一个小本子,随时把听到、看到或想到的一些事情记在上面,并称之为“生活手册”。很多作家都是在积累材料的过程中获取灵感,最后完成巨著的。

积累材料是一项长期的工作,并不是当写作发生时的临时行为。材料采集的过程直接影响作者视野的深度与广度,也直接影响作者的观察力、感知力、洞察力、创造力等写作能力。

材料的来源一般有三个途径:社会生活,文字资料,音像材料(包括图画、摄影、录音、录像、电影、电视等)。采集材料的方法主要有三种:观察、调查、阅读。

(1) 观察。

观察是人认识世界获取信息的一个最重要的方法。写作材料很大一部分是由观察所得。心理学研究表明，一个人对外界的感知85%来自于视觉，观察能力是写作能力中一个非常重要的组成部分。很难想象一个不会观察的人会具有较好的写作能力。

观察也是积累材料最便捷的方法。它不像阅读、调查、检索有一定条件的限制，只要带上你的眼睛，观察随时随地都可以进行。日常生活中，人人都在"看"，但并不是人人都会观察。面对同样的事物、同样的画面，有的人能创作出佳作，有的人却心里空空，什么收获都没有，因为观察不是简单地看，观察需要特殊的品质。

(2) 调查。

调查是有目的、有计划地采集写作材料。生活中发生的许多情况，我们不可能都亲眼看见。有许多事情，只能在发生之后，再到现场考察或者访问当事人、知情者。相比观察，调查更自觉、更有目的性。蒲松龄创作《聊斋志异》的时候，经常到乡村野巷、市井街头进行民间采访，搜集故事素材。杰克·伦敦为完成《深渊中的人们》的创作，深入贫民窟中，以流浪汉的身份同他们一起出入，一同聊天，经过几个月的调查访问，获得了十分宝贵的第一手材料和真实深刻的体验，写成了这部令世界文坛为之震撼的文章。至于新闻报道、报告文学、调查报告等文体的写作，更需要依赖调查采访。20世纪30年代，著名作家夏衍，为了反映日本资本家残酷剥削中国女工的事实，在亲戚的帮助下，化装进入被日本人严格控制的纱厂，冒着生命危险深入包身工当中，实地考察中国女工的生活和劳动现状，最后创作出轰动全国的报告文学《包身工》。

调查方法有很多，主要有开座谈会、个别采访、书面问卷、现场察访、网络调查等。

(3) 阅读。

阅读是采集材料获得知识的间接途径。人的一生不管是在时间上还是在空间上，都是非常有限的，而宇宙是浩瀚无限的。一个人可以通过阅读体验他从没有体验过的经历，获取他在现实生活中不可能直接获取的见识。通过阅读，知天地、通古今，获取前人的经验，感受他人的丰富人生，就是在很大程度上扩展了自己的生存空间。所以，阅读成为除观察、调查之外不可缺少的采集写作材料的方法。

古往今来，很多伟大的著作都是作家在大量阅读的基础上写就的。列夫·托尔斯泰写《战争与和平》，查阅了700多种历史著作；法国科学幻想小说家儒勒·凡尔纳，为了写作《月球探险记》，阅读了500多种图书资料，他一生之中共创作了104部科幻小说，读书笔记达25000多本；福楼拜写《布法与白居榭》，阅读了1000多册参考书。我国汉代学者王充为写《论衡》，竟读完了《汉书·艺文志》所提到的文艺、诸子、诗赋、军事、术数、方技等六大类书，多达13000卷；鲁迅写《中国小说史》，查阅摘抄过90余种、1500多卷书。

面对浩如烟海的书籍，古今中外的文人学者发明了很多有效的阅读方法，如陶渊明的"不求甚解法"，郑板桥的"善诵精诵法"，毛泽东的"旁注评点法"，老舍的"印象法"，爱因斯坦的"总、分、合三步读书法"等。21世纪是一个知识爆炸的时代，也是一个信息技术高速发展的时代，书刊出版业的繁荣、网络技术的发达，为阅读带来更广阔的空间和更便捷的途径，也对阅读提出了更高的要求。目前，全世界每年出版的图书60余万种，期刊10余万种，各类资料400多万种。当代图书文献不仅数量庞大、类型复杂、文种繁多，而且分散、重复、交叉，给阅读带来了极大困难，这迫使人们去寻求适应掌握现代知识的读书方法。

2. 感知

感知是感觉和知觉的合称。感觉是人脑对直接作用于感觉器官的客观事物的个别属性的反映，知觉是人脑对直接作用于感觉器官的客观事物的整体反映，是各种感觉信息相互联系和综合的结果。感觉和知觉不是孤立的心理过程，而是紧密联系的。人对世界的认知是通过感觉和知觉同时进行获得的，比如我们对苹果的认知，就是我们感觉到苹果的颜色、气味、滋味、硬度等之后，在大脑里形成关于苹果的综合形象，形象是个别的又是综合的。由于感觉和知觉的不可分，我们通常将它们合起来称为"感知"。

感知不是被动的而是主动的，是对客观世界的主观把握，相同的事物在不同的人的心里会产生不同的感知觉，同一个人在不同时期对同一事物的感知也不一样。感知是基于个人心理的对客观世界生动具体的感性认识。感知是认识世界的基础，也是写作的基础。

写作以感知为基础，客观事物摆在面前，如果没有被深刻感知，就不能成为写作材料，也不能在写作过程中被运用。没有感知，拥有再多的材料也没有用，感知既是观察、调查、阅读的目的，也是其结果。观察、调查、阅读以感知为核心，观察需要感知，调查需要感知，阅读需要感知，感知是完成从客观外物向主观内识转化的关键。感知能力的好坏直接决定观察、调查、阅读的深度和写作质量。

感知能力是每个人都具有的，但写作对感知力有特别的要求。一般的感知是对客观事物的常态与表象特征的感知，比如火的热、冰的冷、雪的白、墨的黑……只有一般感知是写不出好文章的。写作需要一种特殊的感知力，一种比一般感知更敏锐、更丰富、更深刻、更独特的感知，能发现普通人所忽略的细节，能准确地捕捉客观事物所蕴含的真、善、美，并在自我内心形成强烈的感应。"微黄的阳光斜射在山腰上，那点薄雪好像忽然害了羞，微微露出点粉色。"（老舍《济南的冬天》）作家的感知就是如此独特。

提高感知力的方法有以下几种：运用联想和想象，注重情感的投入与分离，提高主体自身的修养。

（二）构思阶段

有了材料的积累与感知，要想挥笔成文，中间还要经过一个凝思默想的构思阶段。构思是一个在感知的基础上对材料进行加工的思维活动过程，是一个苦思冥想的过程。构思的进行程度直接影响到表达的脉络与流畅。鲁迅在谈到文学创作时说："静观默察，烂熟于心，凝思结想，一挥而就。""一挥而就"是建立在"烂熟于心，凝思结想"的基础之上的。

1. 立意

立意通俗地说就是提炼主题。主题是文章的灵魂，立意就成为进入写作阶段首要的必不可少的思维阶段。立意的深刻、新颖程度往往成为衡量文章好坏、价值高低的标准。而且，主题对材料的取舍、结构的安排、表达方式的运用都起着制约的作用。

立意是一个思维运动变化的过程。"意"在确立之前，是飘忽不稳定的，可能是作者心中一个不确定的想法，也可能是萦绕胸中的一种情绪或者脑海里翻腾的某种愿望，经过写作者的反复琢磨、深思熟虑，最后跳出感性的表层，进入理性的深层。"意"在被提炼出之后，在表达的过程中，还有一个不断深化的过程，有时候文章成形后的主题和构思阶段所立之"意"是不尽相同的。

（1）丰富的生活积累和情感蓄积是立意的基础。

高尔基曾经说过："主题是从作者经验中产生，由生活暗示给他的一种思想，可是它聚集在他的印象里还未形成，当他要求用形象来体现时，他会在作者心中唤起一种欲望。"这句话说明丰富的生活积累和情感的蓄积，会在作者内心激起一种写作期待。这种写作期待会使作者对他所感知的素材念念不忘，时时琢磨，最后形成主题，所以立意也是一个提炼材料的过程。

有时候，立意是因为受客观外物的偶然触发而开始的，某个人、某件事、某个场面甚至某句话，可能来自日常生活，也可能来自图书或影像作品，在作者内心引发一种情感、想法、愿望，促成一篇作品的完成。例如《边城》的创作，沈从文一次去崂山游玩，在一条小溪边，看见对岸有一位十五六岁的少女，她身穿一身孝服，先是在岸上焚烧了一堆纸钱，然后从溪里拎起一桶水向远处走去。看着这个少女孤单的背影，沈从文很有感触，马上对同行的夫人张兆和说：要以她写一个故事。列夫·托尔斯泰有一次在野外发现一棵牛蒡花，它有三个枝丫，一枝被折断，上头吊着一朵沾满泥浆的小白花；另一枝也被折断，溅满污泥，断茎压在泥里；第三枝也因落满尘土而发黑，但它依然顽强地活下来了，花朵火红耀眼。看到它，托尔斯泰心里立即迸出一个鲜活的人物形象，很快写出了《哈吉·穆拉特》这一名篇。

这些看似非常偶然，可遇不可求的感触，其实都是作者长期生活积累、情感蓄积的结果。如果没有沈从文从小生活在湘西，对故乡山水人情的了解与热爱，这个他乡溪边的少女就不会成为《边城》写作的开始，最后走进"边城"，成为"翠翠"的雏形。如果列夫·托尔斯泰的脑海里没有封存着对民族英雄哈吉·穆拉特的丰富情感信息，一棵路旁顽强生长着的牛蒡花也不会引起他内心的震颤。王蒙小说《如歌的行板》的灵感来自柴可夫斯基的《如歌的行板》，王蒙说："八一年听一次《如歌的行板》，用了五分钟。而《如歌的行板》的人物、情节、感情，我已经积累了四十年，这积累的代价有血、有泪，更有一万四千六百一十个日日夜夜。"在灵感迸发的那一瞬间，内心的积淀早已经在进行。

所以，丰富的生活积累和情感的蓄积才是立意萌芽的肥沃土壤。外物的触发，只是惊醒了还处于混沌沉睡状态的生活情感积累。

（2）思想情感的升华是立意的关键。

生活的积累、情感的蓄积只是提供了"意"萌发酝酿的条件，立意的完成还需要一个挖掘深化的过程。从一个感性的材料中得出一种理性的认识一般人都会，一篇文章有一个观点并不难，问题是立意是否深刻、是否高远，怎样从生活现象中挖掘出深刻的内涵。获取最有价值的思想意义，是需要不断推敲与学习的。

同样的材料可以从不同的角度进行立意。立意的深浅和写作者的思想修养，分析问题、洞察问题的能力有关。

（3）创新是立意的生命。

文章最忌陈词滥调、人云亦云。一篇文章如果能在某一点上有所突破，哪怕是一小点，也是非常可贵的。新颖的立意能体现出文章的生命力，几乎所有被大家传阅的名篇佳作，在立意上都有着自己的独到之处。成功的写作被称为创作，所谓"创"就是"创造""创新"。立意的创新是每一个写作者都应该去追求的。

怎样使文章立意出新呢？如果能开辟一个新的领域，获取全新的、从没有人写过的材料，那当然好，但是大多数的情况不是这样。立意创新的价值主要体现在面对同样的生活、相同的

材料，怎样挖掘出更独到新颖的主题，让人眼前一亮。同时，对大家所谈过的话题、写过的材料，也可以有所创新。

2. 选材

人们通过观察、调查、阅读、感知等得来的材料还只是原始的素材，素材纷繁复杂、粗糙杂乱，要使这些素材为写作所用，必须根据表现主题的需要，进行筛选与加工。作家要像雕刻家和裁剪师一样，对原料进行选择、加工、剪裁，最后创造出作品。

材料的选择加工有以下几个过程：充分调集与主题相关的材料，围绕主题选择材料，剪裁。

3. 谋篇

所谓“谋篇”就是对具体“篇章”的谋划，“篇”是整篇文章，“章”是章节或段落，“谋篇”即安排文章从整体到局部的结构格局，也称“布局”。谋篇布局的目的是使材料有序化，最后拥有一个错落有致、完整统一的结构。结构是谋篇结果的呈现。有人说主题是文章的灵魂，材料是文章的血肉，那么结构就是骨架。没有骨架，灵魂与血肉将无所依托。同样的材料到了不同作者的手里，会呈现出不同的面貌，就是因为谋篇的技巧不同。

谋篇要解决的问题很多，大的方面，要决定采取哪种整体结构，是时空结构、情节结构还是心理结构等，以什么为线索，单线还是复线等；小的方面，要考虑文章分哪些部分，先讲什么，后讲什么，从哪里开头，在哪里收尾，各部分靠什么来串联，哪些部分是重点，哪些部分次要一点，还要考虑内容组织上的起伏变化。短小的文章，作者可能在很短的时间里完成谋篇布局，特别是一些短诗的写作。如果篇幅长，作者就要花很多心思与时间在谋篇布局上，特别是一些长篇小说的写作。俄国作家冈察洛夫说：“单是一个结构，即大厦的构造，就足以耗尽作者的全部智力：思量和周密考虑参与主要任务的人物、他们彼此之间的关系、事件的安排和进程、人物的作用，还要小心地检查和批评有关真实或不真实、欠缺或过分等问题。总而言之——像喝干海水一样困难。”但是，艰辛的付出会换来好的成果，若在结构轮廓都还没有想好之前就落笔，很可能会使写作的思路紊乱、不畅甚至堵塞，写出来的文章材料松散，主题不明，最后白白糟蹋了好材料。多花一点时间在谋篇布局上，动笔之后才会得心应手，水到渠成。所以，历来写作都很强调落笔前列提纲，列提纲就是对结构进行布局的书面形式。

事实上，结构的布局并不是一步就能到位的，无论一开始的构思是大略的，还是精细的，在表达阶段都要进行一些具体的调整，特别是细节，如过渡、照应、伏笔、结尾、起伏等，作者会在落笔的过程中对这些部分继续构思、改进，直到文章成形为止，所以谋篇其实是贯穿构思与整个表达过程的。

布局谋篇的具体操作大致可以分为：梳理思路，设置线索，安排整体结构，安排局部结构这样几个环节。

（三）表述阶段

表述是一个将构思好的“蓝图”用书面语言表达出来的过程，也是一个再创造的过程。动笔之前，无论构思多么详细，也不可能将要写的所有细节都预先想好；即便什么都想好了，表述也不是把原来的构思都“搬出来”，而是对写作内容进行再一次的运思与整合。表述将混沌模糊的内语言转化为明朗清晰的外语言，是一个分析与判断、斟酌字句、推敲修辞的过程。

1. 起草

起草就是写初稿。作者第一次把谋篇构思的成果用语言文字书写出来，这是一个从不清

晰到清晰、不具体到具体的过程，也是作者思想认识不断深化的过程。这期间，会不断有新的东西从脑海里涌现出来，会对原有的构思进行修改、补充和完善，使文章最后成形。

起草一般有两种方式，一是一气呵成，一是分节完成。对于篇幅短小的文章，可以采用一气呵成的方式，就是在构思充分成熟的基础上，不间断地一次性完成全篇初稿写作。对于篇幅较长的文章，可以分节完成，在列提纲的基础上按计划分节来写。这种分"节"完成并不是可以随意间断写作，而是应该在完成一个相对独立、完整的部分之后才暂时停笔，这是为了保证表述时思路、文脉的畅通连贯。

起草的具体形式因人而异，但一般应该注意以下几点。

（1）开笔定调。

表述的第一步就是写开头。万事开头难，构思一个新颖别致的开头，是要花一些心思的。其实，文章开头并不仅仅是语言形式的技巧问题，还关系到文章基调和写作角度的问题。

每一篇文章都有一种基调，如鲁迅的小说，《狂人日记》是一种激愤的调子，《在酒楼上》是一种辛酸的调子，《祝福》是一种沉痛的调子，《故乡》是一种压抑、忧郁的调子，《白光》是一种冷嘲的调子，《伤逝》是一种怆恸的调子。这些调子往往在一开头就被确定下来。高尔基说："最难的是开头，就是第一句话，如同在音乐上，全曲的音调都是它给予的，平常得需要很久去寻找它。"应用文体也有自己的基调，如果用幽默风趣的笔调来写述职报告，就会不伦不类。一则新闻要根据所要表达的内容定语调，语调定错，新闻报道就不会成功。

文章基调不是凭空产生的，它来源于作者对材料的深入研究，对材料性质的准确把握，文章的内容与体裁往往决定作者传达时所持的基调：悲情的材料，一般不会用欢快的调子来处理；轻喜剧也不宜采用忧郁伤感的题材，除非为了制造特殊的效果；公文的严整，不同于新闻的明快；演讲的热情，不同于外交辞令的灵活；情书的缠绵，也不同于总结的简朴。

开笔的基调还来自作者对主题深刻的体会。有的文章一开始就把人引入一种情调，"穿过县界长长的隧道，便是雪国，夜空下一片白茫茫"，这是川端康成《雪国》的开头，一下子就将人引入凄清、苍凉、忧伤的情调里去。余华《兄弟》的开头是这样的：

> 我们刘镇的超级巨富李光头异想天开，打算花上两千万美元的买路钱，搭乘俄罗斯联盟号飞船上太空去游览一番。李光头坐在他远近闻名的镀金马桶上，闭上眼睛开始想象自己在太空轨道上的漂泊生涯，四周的冷清深不可测，李光头俯瞰壮丽的地球如何徐徐展开，不由心酸落泪，这时候他才意识到自己在地球上已经是举目无亲了。

这个开头，基本上奠定了全文的叙述风格，荒诞不经却又带着深深的悲哀。同样是余华的作品，《在细雨中呼喊》以一个孩子在雨夜中听见"一个女人哭泣般的呼喊声从远处传来，嘶哑的声音在当初寂静无比的黑夜里突然响起"为开头，使整篇小说笼罩在梦魇般的絮语之中。

基调起着统摄全篇、引领全文的作用。调子找对了，后面的内容就会顺势而下，思路顺畅，调子找错了，很可能造成思路堵塞，停滞不前。高晓声在《创作谈》中说："情绪很重要。有句套话叫'酒逢知己千杯少，话不投机半句多'。写小说也是如此。如果情绪不对头，就写不下去。你是什么样的情绪，你就会有什么样的语言，而一连串什么样的语言，就决定一篇作品的意境。如果你是深沉的情绪，就会有一串表现深沉情绪的语言流出来，那么，作品的意境也必然是深沉的。你是欢快的情绪，那就会有欢快的语言……给作品定调子，如果掌握不住自己的情绪，调子就定不下来，你就会不知所措，就觉得无话可说，每写一个词，每写一个细节，都是事务主义，无可奈何，好似写不写它都无所谓，甚至越写越窝囊，以至于写不下去。如果情绪定了，每写一个字的时候都会感到有味，就有信心，容易写成功。”

（2）利用情境进行语段写作。

开笔定调以后，在写作基调的孕育把握中，在开始书写第一句、第一段之后，作者渐渐地进入到自己所要传达的内容中，思想情感与自己文字书写所要表达的内容完全融合在一起，这便是进入了写作情境。进入情境的写作，会文思泉涌，很多内容自然生发，没有进入写作情境的写作，会运思不畅，甚至文思枯竭。

为了进入写作情境，作家们往往运用联想与想象，设身处地去感受，将自我完全融入写作内容当中。法国著名作家福楼拜谈到他写《包法利夫人》的经过时说：“写书时把自己完全忘却，创造什么人物就过什么人物的生活，真是一件快事。比如我今天同时是丈夫和妻子，是情人和他的姘头，我骑马在树林里游行，看着秋天的薄暮，满林都是黄叶，我觉得自己就是马，就是风，就是他俩的甜蜜的情话，就是使他们的填满情波的眼睛眯着的太阳。”这便是一位作家完全进入写作情境的内心体验。为获得真切感受，为写好马，作家把自己想象成马，为描写吝啬鬼，作家把自己想象为吝啬鬼。契诃夫为写好偷马贼，时时以他们的心理来感受，用他们的腔调来说话；屠格涅夫替自己作品中的主人公写日记，达两年之久；汤显祖写到春香祭奠杜丽娘时，好像自己成了春香，掩袖痛哭。

实用性文体的写作体验虽然没有这么强烈，但是写作者也要集中注意力，完全沉浸在自己的写作思维中，使写作行为与思维活动融合在一起，有的文体还要进入一个和阅读者对话的情境。所以，不管是怎样的写作，文学性的还是非文学性的，长篇幅的还是短篇幅的，都需要安静的环境和充分的时间，心无旁骛，全身心投入，进入写作状态。

（3）运用修辞追求审美效果。

随着句子、语段的生成，内在的构思不断外化成可以阅读的语言形式。在这个外化的过程中，除了要把原先的意思、设想表达出来，还要表达得更好、更生动、更精彩，这是每一个作者都希望的，所以作者还会在文章修辞上努力，尽量使自己的文章更有审美效果。

修辞，一般指的是运用各种表现手法对文字词句进行修饰润色。文章修辞，指的是运用各种表现手法、写作技巧对文章进行修饰润色。文章修辞分篇章修辞、语句修辞、词语修辞等。

篇章修辞，包括整体文章结构及内容安排上的变化，“文如看山不喜平”，为了兴波蓄势和达到节奏上曲折变化的效果，经常采用抑扬交错、疏密相间、虚实相宜等手法；为了使结构连贯整一、全文文气畅通，经常使用过渡、照应、映衬、伏笔、首尾圆合等手法；还可以使用悬念、巧合、意识流、蒙太奇等手法获得特殊效果。

语句修辞，就是通过“炼句”，使句子通畅、精练、生动。其中包括句式的搭配，如长句、短句，整句、散句的灵活搭配、交错使用，使语言富有节奏的变化，还包括运用各种修辞使句子更加生动，如比喻、比拟、排比、反复、顶针、拈连、对偶、回环、反语等。

词语修辞，就是注意语言运用的准确简练，形象生动，即通过精心挑选的词语，使文章的语言生动活泼起来。

各种表现手法和技法的恰当运用，会使一篇文章不管在形式上还是在内容上都得到优化，但是文章修辞运用得不恰当会起反作用，特别是初学者总是想把文章写得美一点，就尽可能多

地用各种手法来修饰，结果弄得辞藻堆砌、结构繁复，反而影响了表达效果。所以，文章修辞并不是用得越多越好，而是恰到好处才好。怎样才是恰到好处呢？就是要服从主题表达的需要，服从内容表达的需要，而不是为修辞而修辞，为形式而形式。修辞只为内容和主题服务，该开门见山的时候，就不要故弄玄虚，该直抒胸臆时，就不要隐约其词，不做作，不卖弄，平平淡淡也是真。

2. 修改

（1）修改的意义。

文章不厌百回改。修改是写作过程的最后一个步骤，也是提高文章质量的重要步骤。文章是作者将头脑中的思想情感用书面语言的形式表达出来的成果，思想情感是复杂变化的，对一个事物的认识也是不断深入的，再加上语言本身的局限和运用语言的能力不足，一篇文章写成之后，总是会有很多不尽人意的地方。要想使文章的思想内容和表现形式和谐统一起来，达到文质兼美的地步，绝非易事，认真修改、反复推敲是必不可少的。

历史上没有哪一个作家不重视修改、不勤于修改，几乎每一部经典作品都是经过多次甚至艰难的修改才诞生的。果戈理的《钦差大臣》现存 6 种修改稿，《死魂灵》有 5 种；海明威的长篇小说《永别了，武器》的结尾，被改了 39 次之多；曹雪芹的《红楼梦》“披阅十载，增删五次”；杨朔写《雪浪花》，仅 3000 字的篇幅，修改了 200 多处，到定稿时，完全没有改动的仅剩 15 句。

作家们对自己作品的修改达到了苛刻的程度，但是不少初学写作的人，却并没有意识到修改的重要性，或者认为反正不发表改也没有用，或者认为改和不改差不了多少。其实修改文章，除了可以提高文章的质量外，还是提高写作水平、思想水平的好方法。修改是一个不断进行分析、揣摩、掂量、推敲的过程，对内容进行增删，对篇章进行调整，对语句进行锤炼，实际上就是语言和思想一次又一次不停地进行交流转化的过程，长此以往，对语言的运用会达到非常熟练准确的程度，写作水平自然得到提高。

（2）修改的内容。

深化主题。深化主题是第一位的工作，因为其他方面的修改都要围绕主题思想进行。虽然在动笔之前，对主题已经有一个比较明确的认识，但在书写过程中，很可能力不从心，没有表达到位，所以修改时要先看看有没有文不对题或题不能“统帅”文的问题，还要看看主题的社会效应和现实意义如何，如果主题选择不合适，不能使全篇材料“活”起来，就需要根据全部材料重新进行分析研究。新闻报道《县委书记的榜样——焦裕禄》，在原来的写作计划中，搜寻的目标并不是个人，而是“豫东人民抗灾斗争的英勇事迹”，但在采访中，焦裕禄的事迹实在太动人了，使得记者临时改变了计划。初稿执笔的是周原，他含泪一气呵成，而穆青看后直摇头，评价是：泪太多了，悲而不壮，必须修改。12000 字的初稿写得确实动情，但写焦裕禄不是为了让读者陪着流眼泪，用意既不在此，说明主题出现偏颇。为深化主题，他们提出了这样几个问题：焦裕禄对人民的感情从哪里来？焦裕禄在灾害面前顶天立地，在病魔面前视死如归，力量源泉何在？作为县委书记，他的工作方法、领导作用是如何形成的？该如何体现？稿子一直改到第九稿才满意，这时初稿已经“无影无踪”，除了基本素材，只字未改的原话只剩下一句：“他心里装着全体人民，唯独没有他自己。”

增删材料。修改时，如果发现材料不足以凸现主题或和主题不符，就要对材料进行增删，或选择新的材料进行补充，或对原材料进行删改。选材是否恰当、典型，直接影响到主题的表

达。理论性文章中的理论论据、事实论据，文学作品中的情节、细节等用得是否合适，要仔细推敲。巴尔扎克写《欧也尼·葛朗台》时，修改了十年，一些材料一改再改，如老葛朗台的财产数字就改动了，甚至葛朗台的领带也从初版中的白领带改为了黑领带。列夫·托尔斯泰写《复活》时，从起草到定稿发表，前后用了十年时间，仅对女主人公玛丝洛娃的肖像描写，作者就修改了 20 次之多。第一稿把玛丝洛娃写成一个"丑陋的黑发女人。她之所以丑陋，是因为她那个扁塌的鼻子"。定稿时已经成了"她两只眼睛又黑又亮，虽然浮肿，却仍旧放光……跟那惨白的脸恰好成了有力的对照"。这样就把女主人公美好而又饱受摧残的形象，鲜明地展现在读者面前。

锤炼语言。初稿的完成比较匆忙，会留下很多语言纰漏，如语句不通、句子繁复、选词错误、用词不当等，修改时要对语言进行推敲，使语言流畅、精确、生动。沈从文的小说《边城》曾经被改编成电影剧本，已经年近八旬的沈从文先生对剧本进行了一丝不苟的审阅，进行了多处修改，有的地方还添加了说明。

检查文面。文面即文章的外表面貌。文章的内容固然重要，但也不要忽视文面。文面反映作者的书写基本功和写作态度。检查文面就是要检查文章的书写形式是否规范化，这其中包括：行文格式是否符合要求；标点符号是否符合书写规定；是否有错字、别字和不合规范的简化字；数字的书写是否符合要求，注释、附录等格式是否规范。

(3) 修改的方法。

间时法。间时法就是写好文章以后，不要马上就修改，而是过一段时间再进行修改。因为刚写完时，写作者仍然处于写作的思维情绪状态中，无法跳出既成的思维套路，所以很难发现文章的毛病。写作是需要投入情感的，而修改应该是冷静客观的，让情绪和思维"冷"下来，才能较为客观地对待自己的文章。

读改法。读改法就是通过读来改。"读"指读出声音，而不是默读，就是把无声的书面语言转换成有声的口头语言。读，可以通过耳、心、目的同时作用，充分调动一个人的语感，对语言是否通顺流畅、是否准确形象进行判断。通过读，更能体会文气是否通畅。如同自然界万物都有自己的运动节律一样，好文章的语言也有自身的节奏感，以及由节奏感而产生的音韵美。不但诗讲究节奏，散文、小说也讲究音调的和谐；不但文学作品讲究"文气"，非文学作品也讲究以"一"贯之。读，可以使人充分体会文章的节奏感和语言韵味，品味出何处"通"，何处"堵"，最后进行修改，"理气化淤"。

问改法。问改法就是多问、多请教他人。和"间时法"相似，这种方法也可以达到"旁观者清"的客观效果。不同的人有不同的思路，有不同的看问题的角度，而且一个人的能力、阅历、学识都是有限的，有时自己解决不了的问题，或者没有发现的问题，借他人的指点或许会茅塞顿开。我国古人很讲究"以文会友"，和他人一起切磋，讨论写作体会、经验，也是提高写作水平的一个好办法。需要注意的是，对别人的意见也要认真分析，切不可一味盲从、放弃独立思考的权利，如果这样，修改将失去它应有的意义。

五、写作的基本规律

写作规律有很多，编者将从表层和深层两个方面对写作规律进行概括。

（一）表层写作规律

（1）语言。详见“文章的构成要素”。

（2）结构。详见“文章的构成要素”。

（二）深层写作规律

1. 文内写作规律

（1）主题。详见“文章的构成要素”。

（2）材料。详见“文章的构成要素”。

2. 文外写作规律

南宋著名诗人陆游在《示子遹》中写道：“汝果欲学诗，功夫在诗外。”这两句看似浅显的诗句，却道出了写作的奥秘。“诗外”，推而广之就是“文外”。“文外”是一个模糊概念，包括的内容极其丰富。这里主要强调两个问题：头脑和生活。

（1）头脑。

关于头脑，编者最看重两个方面：一是存储与记忆，二是思考与思路。

能否写好文章，关键是看作者向自己的头脑里输入了多少信息，换句话说就是看作者头脑里存储了多少信息。头脑里存储的信息越多，写作就越得心应手；反之，头脑里空空如也，没有存储多少信息，写作必将举步维艰、寸步难行。

作者向自己的头脑里输入的信息，不能原封不动地输出。原封不动地输出，那是“鹦鹉学舌”“人云亦云”，没有意义。输出的信息要想与众不同，“发前人之所未发”，就必须在已输入的信息的基础上不断思考，思考的结果，作为新信息不断地存储在头脑里，而这种“新信息”才弥足珍贵。所以，思考很重要。

思路是指作者把零散杂乱的材料经过分析和综合，经过肯定-否定--肯定的过程之后梳理而成的具有条理性的思维轨迹。有人问：“什么是写作？”一学者答：“写作就是把思路写出来。”所以，思路很重要。

（2）生活。

要想写好应用文，在日常生活中要做到“三多”：多看（观察、阅读）、多听、多想。“多看”“多听”是输入信息，“多想”是处理信息。

第一编

文学写作

第二章　文学写作概述

第一节　文学的定义

“文学”一词，最早见于《论语》。《论语・先进篇》载：“子曰：‘从我于陈、蔡者，皆不及门也。’德行：颜渊、闵子骞、冉伯牛、仲弓。言语：宰我、子贡。政事：冉有、季路。文学：子游、子夏。”意思是说：“孔子说：‘曾跟随我从陈国到蔡国去的学生，现在都不在我身边受教了。’德行好的有颜渊、闵子骞、冉伯牛、仲弓。善于辞令的有宰我、子贡。擅长政事的有冉有、季路。通晓文献知识的有子游、子夏。”这里的“文学”为孔门四教之一，与现代所说的“文学”概念不同。

在先秦时代，文学兼有“文章”“博学”两重意义，即包括现代所说的文学、哲学、历史等。

到了两汉，人们开始把“文”与“学”、“文章”与“文学”区别开来，称有文采的、富于艺术性的作品为“文”或“文章”，而把学术著作称为“学”或“文学”——这与现代所说“文学”一词的含义差别很大。

到了魏晋南北朝时期，一方面许多人仍然沿用汉代的说法，把现代所说的文学称为“文章”，把现代所说的学术著作称为“文学”；另一方面也有许多人开始在同一种意义上来使用“文学”和“文章”，即把这两个词都用来表示现代所说的文学，而将学术著作另外称为“经学”“史学”“玄学”等。需要注意的是，魏晋时期，文学的审美性质正式被确认，并且扩展开来，如曹丕在《典论・论文》中首次提“诗赋欲丽”，还有一些文论家把文学与“性情”“神明”“气韵”“空灵”等联系起来，在陆机、钟嵘、刘勰、萧统、沈约等人的共同努力下，文学的审美性质获得普遍的和明确的认可。自此以后，从审美角度看文学，文学即审美，便成为中国文学理论中占据显要地位的一个固有观点。

到了唐宋时期，由于强调“文以明道”或“文以载道”，社会出现了重道轻文的倾向，于是又不大重视“文”与“学”的区别，重新把“文章”与“博学”合为一谈，“文学”一词又成了一切学术的总称。

一直到清代，“文学”一词通常都是在这种意义上被使用的。如清末民初的学者章炳麟在《文学总略》一文中就说：“文学者，以有文字著于竹帛，故谓之文，论其法式，谓之文学。”

在西方，18世纪之前，文学也往往是在广义上使用的，是指用语言文字记录下来的具有社会意义的人的思维的一切作品，属于一般文化，没有被称为“艺术”。古希腊时代尚无一般文学概念，而只有特定的史诗、颂诗、演讲术、悲剧等概念。在英语世界，“文学”(literature)一词是14世纪才自拉丁文lit(t)eratura和lit(t)eralis引进的，但仍旧没有与哲学、历史、演讲术等明确区分开来，仍然是广义上的文学。

可见，无论在中国还是在西方，最初的文学概念都是广义的和文化的。一方面，文学还没有从历史、哲学、演讲术等一般文化现象中分离出来；另一方面，它还没有像后来那样被明确地赋予特殊的审美性质。

文学作为专指语言艺术的美学术语，在中国是20世纪初，特别是"五四"新文学运动以后才被确定下来，并被广泛使用的。自此，"文学"这个概念才比较严格地排除了非艺术的含义，而成为艺术的一种样式的名称。在西方，审美的文学观念从文化的文学观念中分离出来，大约是在18世纪完成的。审美的文学观念的确立，一方面是长期的文学活动经验总结的结果，另一方面则是18—19世纪启蒙运动和浪漫主义思潮的理论成果之一，继柏拉图、贺拉斯等先驱之后，卢梭、康德、席勒、黑格尔等美学家从不同角度探索文学的审美性质，这一点又与歌德、拜伦、雪莱、爱默生等文人在创作领域的审美追求相呼应。这样，对文学的审美性质的确认与重视成为西方现代文学理论的重要传统之一。

在粗略地梳理了文学概念的演变之后，我们可以这样定义文学：文学是显现在话语蕴藉中的审美意识形态，是艺术的基本样式之一；它以语言文字为媒介和手段塑造艺术形象，反映现实生活，表现人们的精神世界，通过审美的方式发挥其多方面的社会作用。

第二节　文学的分类

一、文学作品的类型

文学作品的类型是指文学作品反映现实的方式。根据文学创作的主客体关系和文学作为意识形态对现实的不同反映方式，可以把文学作品分为现实型、理想型和象征型三种类型。现实型文学是一种侧重以写实的方式再现客观现实的文学形态，其基本特征是再现性和逼真性。理想型文学是一种侧重以直接抒情的方式表现主观理想的文学形态，其基本特征是表现性和虚幻性。象征型文学是一种侧重以暗示的方式寄寓审美意蕴的文学形态，其基本特征是暗示性和朦胧性。

古代是文学类型的初步形成时期，以我国为例，《诗经》可以说是现实型文学的源头，其后，司马迁的《史记》、杜甫和白居易的诗作、明清小说等，均体现出现实型文学的基本特征。而《楚辞》最早体现了理想型文学的基本倾向，其后，李白的诗作、《西游记》《聊斋志异》等作品也都体现出奇思妙想、超越现实的特征。在《庄子》中，作者通过大量的幻想形象隐喻自己对人生、社会的哲思，带有突出的象征意味。在其后的体现禅趣的山水诗作中，象征文学特征得到进一步发展，如王维、李贺、李商隐等人的诗作。再看西方，西方最早的文学如古希腊神话、史诗和戏剧亦已初具三种文学类型的基本特征，但当时文学尚属初步发展阶段，几种类型因素往往是结合在一起的。到了近代，相继出现了浪漫主义、现实主义和象征主义等文学思潮和文学运动，使理想型文学、现实型文学和象征型文学得以独立和充分发展，而浪漫主义文学、现实主义文学和象征主义文学也分别成为理想型文学、现实型文学和象征型文学的典型形态。浪漫主义的代表人物有雪莱、济慈、华兹华斯等，现实主义的代表人物则有列夫·托尔斯泰、陀思妥耶夫斯基、狄更斯、巴尔扎克等，象征主义的代表人物是爱伦·坡、波德莱尔等。人类文学活动发展到20世纪，文学作品的类型形成了新的结构形态，产生了多向的演变。这一时期，批判现实主义文学继续发展，使现实型文学得以深化，代表人物有高尔斯华绥、托马斯·曼、罗曼·罗兰等人。随着社会主义的产生与发展，社会主义现实主义文学在20世纪也成为重要的文学思潮，高尔基的《母亲》是社会主义现实主义文学的奠基之作。同时，在浪漫主义和象征主义文学基

础上又兴起了现代主义文学思潮，理想型与象征型文学发生了衍化，相继出现了后期象征主义、表现主义、超现实主义、存在主义、荒诞派等文学流派。

二、文学作品的体裁

文学作品的体裁，是指文学作品话语系统的结构形态。文学作品按照其话语系统的不同结构形式，可以分成不同的文学体裁，文学体裁是历史地形成的。各种文学体裁在其形成和发展的过程中，在表情达意、塑造形象、结构安排、语言运用等方面，逐渐形成各自相对稳定的特点和规律，成为文学体裁分类的依据。

在欧洲历史上，自古希腊的亚里士多德起，到德国的黑格尔、俄国的别林斯基等美学家、文艺理论家，在文学分类上都主张一种三分法，即按文学表情达意、塑造形象的不同方式把各种文学体裁分为三大类：叙事类、抒情类和戏剧类。叙事类文学侧重于通过主体对客观世界及人物、事件的具体描述，来反映其对社会人生的认识和体验。现实感、真实性、典型人物的塑造及故事情节的完整性和复杂性，可视为此类文学作品的主要艺术特征，其包括叙事诗、小说、史诗、史传文学等。抒情类的作品主要由作者以主人公的口吻抒写内心的思想感情和主观感受，一般不要求完整的情节和人物形象。此类体裁包括抒情诗、抒情散文等。戏剧类作品主要由作品中人物以自己的语言和行动来完成艺术形象的创造。它不同于叙事类和抒情类文学，又兼有两者的某些特征，如它既有叙事类文学所具有的完整的故事情节和人物形象，又有抒情类文学所具有的抒情性的特点(特别是诗歌和歌剧)。戏剧类文学一般包括悲剧、喜剧、正剧等。这种三分法着眼于文学创作的主要特征和内部规律，具有较强的概括性和科学性。

中国历史上对于文体的分类，早在周秦时代就已萌芽，如在《论语》中就曾出现过“诗”“书”和“诗”“文”等名目，但当时文学作品和一般学术性著作还没有严格地区别开来。到了魏晋南北朝时期，随着文学创作的发展、文学体裁的日益多样化，文学分类理论逐渐形成。曹丕在《典论·论文》中的所谓“夫文本同而末异”之说，可以看作是文体分类的滥觞。他根据这个原则把当时认为属于文学的著作分为奏议、书论、铭诔、诗赋四科。齐梁时代，刘勰在《文心雕龙》中总结了历代文体分类的经验和当时学者的看法，提出了以“文”“笔”归类的主张，即所谓“今之常言有文有笔，以为无韵者笔也，有韵者文也”。这种分类法的着眼点主要是作品的语言特点，即把各种作品按其语言之有韵与否，分为韵文与散文两大类。这就是中国传统文体分类的两分法。它曾被后世所普遍采用，成为一种占统治地位的分类法。宋元以后，小说、戏曲文学有很大的发展，但由于被传统的文学观念排斥于文学之外，在文学分类上并没有引起多大的变化。晚清以后，随着西方近代文化思潮包括文学思潮的传入，外国的小说和戏剧作品逐渐被翻译介绍过来，本国创作的近代小说和近代戏剧也开始引起了人们的重视，因而在当时的某些文学杂志和文学论著中出现了把小说和戏剧文学列为独立的文学体裁的倾向。五四运动前后，随着文学革命运动的兴起，新诗歌(自由体诗)、新小说(现代白话小说)、新戏剧(现代话剧)得到迅速发展，中国传统的文体分类法已不再能说明日益多样化和现代化的文学样式在表情达意、塑造形象方面的不同方式和特点。

“五四”以来流行的现代文学分类法主要是三分法和四分法，而尤以后者为人们所习用。“五四”文学革命也涉及文学的分类理论，当时的一些先驱者在这方面提出了不少新的见解，为新的文学分类法特别是四分法奠定了基础。胡适在《文学改良刍议》一文中从提倡白话文学的

立场出发，奉施耐庵、曹雪芹、吴趼人等的白话小说为文学正宗。钱玄同响应其说，认为戏曲、小说"为近代文学之佳者"。"五四"以后，诗歌、小说、散文、戏曲（包括一切戏剧文学）成为文学创作中的主要体裁，并成为人们所习惯的文体分类。20 世纪 30 年代编集的《中国新文学大系》即采取了诗歌、小说、散文、戏剧的四分法。自此以后，四分法便成为中国现代文学刊物和文学理论、文学史著作中普遍采用的文学分类法。

这种四分法是在中国传统分类法和外来分类法的基础上，并结合中国现代文学体裁的特点而形成的，不仅注重文学分类的科学性，而且尊重了中国传统文体分类的习惯，因此具有较强的生命力。在中国文学发展史上，诗歌和散文这两种文学体裁出现最早，有悠久的传统。其中诗歌一类包括三分法抒情类中的抒情诗和叙事类中的叙事诗，因为两者在塑造形象、组织结构、语言特点方面的相同点多于相异点。至于把散文列为独立的一个大类，除了尊重中国传统的分类习惯外，主要是因为这种文学体裁范围广泛，在反映现实、塑造形象以及体制结构、语言特点等主要方面又有别于诗歌、小说、戏剧文学等文学体裁。小说一类，由于在中国成熟较晚，在传统的分类法中没有引起重视，在西方的三分法中，长期以来也没有被列为独立的体裁，但是，它在反映生活的广度和深度方面，在描写和表现生活的容量方面，都长于其他体裁的文学作品，而且，它是以人物塑造为中心的一种文学样式，在性格刻画、环境描写、情节叙述、结构安排、语言运用等方面都有突出的特点，与诗歌、散文相比有明显的区别。由于这些原因，小说这一体裁在近现代的世界各国都获得了高度的发展，成为最流行的一种文学体裁。至于戏剧文学，则基本上采用了外来的分类法，不过所包括的品种比西方更丰富。

文学的分类，无论是三分法还是四分法，都是采取综合、归纳的方法，把特点、体制相似的各个文学品种归为一类；而就某一类体裁的作品而言，还可进行更细的分类，如诗歌又可分为抒情诗、叙事诗或格律诗、自由诗等；小说又可分为长篇、中篇、短篇或历史小说、科幻小说等；戏剧又可分为诗剧、歌剧、话剧等；至于散文，则更是品种繁多。

我们还应看到，文学体裁的分类是相对的，也有一个发展变化的过程。比如，在我国，小说戏曲文学虽然在宋元以后有很大的发展，但依然被排斥在传统的文体分类之外，直到"五四"以后才被认可；而有些体裁在形成和发展的过程中又往往吸取其他体裁的因素，从而出现不同体裁的汇合或交叉，如散文诗、诗体小说、诗剧等，这说明对文体的分类不能绝对化，要看到其中的发展变化。

第三节　文学的特征

文学从本质上说是一种意识形态。而作为意识形态，文学既具有普遍性质，也具有特殊性质。文学的普遍性质在于，它是一般意识形态；文学的特殊性质在于，它是审美意识形态。要理解文学的特征，就要把握文学的一般意识形态性质、审美意识形态性质，以及文学不同于其他艺术形态的特殊呈现方式，即文学是语言的艺术。

一、文学的一般意识形态性质

要认识文学的特征，首先要明确文学的一般意识形态性质是对文学特征的一个大的定位和总体把握。社会结构由两个基本层次构成：经济基础和上层建筑。经济基础是与一定物质生产力相适应的、由社会生产关系的总和构成的、社会赖以生存和发展的现实物质基础。上层建筑是由经济基础影响和制约的各种制度及情感、信念、幻想、思想方式和世界观的总和。上层建筑包括两个层面：一是政治、法律制度；二是社会意识形态，如哲学、宗教、艺术（包括文学）等。文学以及其他艺术，同政治思想、法律思想、道德、哲学、宗教等一起，都是社会意识形态，属于一定经济基础上的上层建筑。因此，文学首先具有社会意识形态共有的普遍品格。它归根结底要为一定的经济基础所决定和制约，随经济基础的变化而变化——这决定了任何文学现象都必然具有一定的历史具体性，没有超时代、超社会、超历史的文学；而且任何文学现象都不是与社会无关的纯个人的事，而是具有或大或小的社会普遍性。文学同其他社会意识形态一样，一旦产生，就具有相对的独立性。它绝不仅仅是经济基础的消极结果，而会对经济基础发生或大或小的反作用，表现出积极的社会倾向性；文学的发展除最终决定于经济基础之外，还受其他社会意识形态的影响，同时文学还有其自身的历史继承关系，表现出它内在的客观规律性。而且，经济基础对文学的影响一般而言也不是直接的，而是经常通过文学自身的发展因素，以其他意识形态为层层中介来发生作用。这就涉及文学这种社会意识形态的特殊品格。

虽然所有的社会意识形态最终都是经济基础的反映并都反作用于经济基础，但它们与经济基础之间的距离并不是等同的，而是处于不同的位置，以自己特殊的方式与经济基础发生联系。最接近经济基础的是政治和法律；其次是道德；再次是哲学、艺术（文学）、宗教。政治法律总是直接反映并直接反作用于经济基础的；道德相对于哲学、艺术（文学）、宗教而言，与经济基础的关系也更密切；而艺术（文学）同哲学、宗教一起属于“更高的即更远离物质经济基础的意识形态”，因而具有较大的相对独立性。它与经济基础之间的关系，不是那么直接，而是隔着一些“中间环节”。这些“中间环节”就是政治、法律以及道德。一般而言，艺术（文学）和哲学、宗教总是通过政治、法律、道德这些中介物与经济基础发生联系的。

二、文学的审美意识形态性质

文学虽然属于意识形态，却是一种特殊的意识形态——审美意识形态。它以其特殊的审美性质而拥有相当的独立自主性，从而比之一般意识形态而与经济基础保持更远的距离。由于同其他意识形态一样，文学最终决定于经济基础，这表明文学具有一般意识形态性质；又由于与其他意识形态不同，文学呈现出特殊审美风貌，这表明文学具有审美意识形态性质。文学的审美意识形态性质告诉我们，文学的性质不是单一的而是双重的：文学具有审美与意识形态双重性质。

文学是审美的，表明文学具有自己的特殊性质。这种特殊性决定了文学不同于其他意识形态、上层建筑。这种特殊性在于，文学意味着对现实不抱有功利目的，采取形象方式，表现主体情感评价。正因为如此，我们说文学是审美的。但文学同时又是意识形态的，正是这种一般性质决定了文学又同其他意识形态、上层建筑乃至经济基础具有普遍的复杂联系。这种一般性在于，文学可以被视为反映现实生活的社会性话语活动，从而必然带有间接的功利目的，有时运用理性方式并具有认识因素。例如，即便到了近现代，梁启超等人的文学观念都服从于“新民”的目的；周树人兄弟尽管强调文学有“远功”而“非实用”，但终究希望可以通过文学对民族精神、国民灵魂的潜移默化的熏陶、影响来达到振兴民族的目的。也正因为此，我们说文学是意识形态的。

文学既是审美的又是意识形态的，但需要注意的是，在这双重性质中，审美性质总是直接的和突出的，而意识形态性质则是间接的和隐蔽的。文学并不直接体现其意识形态性质，而总是保持自身的审美风貌。但是，保持审美风貌并不仅仅意味着超乎现实社会之上而升入纯审美境界，而可能同时意味着更充分地和巧妙地体现意识形态性质。因为文学正是在直接的审美风貌中呈现间接的意识形态性质的。真正成功的文学作品，总是善于把隐秘的意识形态意图掩藏或渗透在审美的诗意世界之中，并赋予这种审美的诗意世界以多重解读的可能性。

应该指出的是，审美的和意识形态的双重性质也不只是文学独有的，其他艺术如绘画、雕刻、音乐、舞蹈、戏剧、电影等也具备。应当说，这种双重性质是一切艺术的共同性质。但文学的特殊性在于，文学的审美意识形态性质是蕴含于话语系统之中的，文学是语言的艺术。

三、文学是语言的艺术

文学不仅作为一种审美意识形态表现出同其他意识形态的许多不同之处，而且还作为一种特殊的艺术样式表现出与其他艺术样式（绘画、雕刻、音乐、舞蹈、戏剧、电影等）的一系列相异之处。

文学虽然和其他艺术一样，都要以形象思维的方式掌握世界，反映人的全面的社会生活，表现人的精神世界，但是，文学是以语言文字为塑造形象的媒介和手段的，这就决定了它同绘画（以色彩线条）、雕刻（以立体材料）、音乐（以声音的节奏旋律）、舞蹈（以人的形体和表情）、戏剧（以演员为中心的综合舞台手段）、电影（以银幕映象所造成的时、空、视、听综合造型效果）等其他艺术样式有着一系列不同的特点。文学之外的其他艺术样式，由其塑造形象的媒介和手段的性能所决定，它们的艺术形象诉诸人的五官，具有直接的物质可感的形式。而读一部小说或一首诗，看到的只是语言文字，不具直接的物质可感性。在阅读文学作品时，只有理解了语言文字所包含的意思，激发起相似或相同的生活经验和体验，才能在读者的想象中构造起作家所描绘的艺术形象。同其他艺术样式相比，文学是语言的艺术，是更多地诉诸读者审美想象力和创造力的一种艺术，因此有“一千个读者心中有一千个哈姆雷特”的说法，这是其他艺术样式所不可企及的。正因为以语言文字为媒介和手段，文学形象的塑造可以不像绘画、雕刻、音乐、舞蹈、戏剧、电影等艺术那样受时空、主客观条件的限制，因而文学可以有非常广阔的自由天地。同其他艺术样式所使用的媒介和材料相比，文学所使用的语言文字是最灵活、可塑性最强、使用最方便的一种“万能”的材料，它具有一种穿越时空的能力，它可以描绘声音、色彩、舞蹈等，可以做到其他艺术样式所做不到的事情。

语言是思维的体现，因而以语言为媒介和手段的文学，在所有艺术中的思想性较强。

第四节　文学的作用

文学作为一种审美意识形态，是为满足社会的一定需要而存在的，这就说明文学必然要发挥种种作用。

人类对文学作用的认识，是不断深化、发展的，有一个由单一逐渐走向复杂的过程。中国古代的《尚书·舜典》里有“诗言志”的说法，认为诗是用以表达人的志趣、意愿的。孔子进一步提出了“诗可以兴，可以观，可以群，可以怨” 的观点，这概括了他对文学作用的认识。其后，曹

丕在《典论·论文》中说："盖文章，经国之大业，不朽之盛事。"白居易在《读张籍古乐府》中认为，诗"上可裨教化，舒之济万民；下可理情性，卷之善一身"。梁启超在《论小说与群治之关系》一文中说："欲新一国之民，不可不先新一国之小说。"他们都认为文学的社会作用是十分重大的。

在西方，人们对文学的作用也很早就有了认识。柏拉图在《文艺对话录》中谈到优秀的文学作品能引起人们的"快感"；亚里士多德提出了悲剧的"陶冶"说；贺拉斯认为诗人写诗应该给人以快感，同时应对生活有帮助，并提出了"寓教于乐"的著名观点。后来，有的学者认为诗可以使人提升和向上，如培根；有的认为文艺可以移风易俗，如狄德罗；而席勒认为只要通过审美教育，社会就可以得到改造；别林斯基、车尔尼雪夫斯基等人则认为文学是"生活的教科书"，强调文学对人民群众的启蒙教育作用。

文学作为一种审美意识形态，其作用是不容忽视的，但是，我们不能把文学的作用人为抬高到无以复加的地步，那样，文学会承担不起（当然，在某种社会条件下也是有其合理性的）。比如，在我国，五四新文化运动时，许多扛思想启蒙大旗的知识分子几乎都把文学视为思想启蒙的工具，梁启超的文学观念都服从于"新民"的目的；鲁迅之所以写起小说来，也是出于要改变愚弱国民的精神这一目的。一直到新中国成立后改革开放前，文学都被放在不胜寒的高处，被寄予厚望，承担其生命不能承受之重。20 世纪 80 年代以后，文学渐渐回归其本位。总结起来，文学的作用大致有以下几种。

一、审美娱乐作用

作为一种审美的意识形态，文学的最基本作用就是审美作用。文学的教育作用、认识作用都是以审美作用为前提的，它们不可能采取独立的方式存在，而只能寓于文学的审美作用之中。这种审美作用主要表现为文学作品的艺术感染力。文学作品经过主体的感受、体验并进而升华为具有审美意义的特殊客体。主体在创造文学作品时，把外在世界主体化为充满情感、个性的审美意象，然后又借助语言形式等物化手段，再将头脑中的审美意象凝练为可触、可感的艺术形象；如果艺术形象不能给人以美感，它与作品内容共同生成的审美意义也难以实现。文学作品的美唤起读者美好感情的过程，就是读者的感情受到陶冶的过程，亦即他的审美能力得到提高的过程。对于一定的文学作品来说，读者的审美能力越高，他从文学作品中所感受的美就越多，文学作品所发挥的作用就越大，而人们的欣赏能力的提高，又不能离开文学作品中美的熏陶。

二、审美认识作用

无论是中国还是西方，都非常重视文学的认识作用。亚里士多德认为，文学之所以给人以快感，就是"因为我们一面看，一面求知"。因为文学的认识不像科学那样，是通过抽象思维的途径来实现的，而是寓于活生生的审美形象之中。读者在审美过程中受到启迪，获得认识，实际上是一种情感的升华和理智的提升的综合感应，是同读者的心灵息息相关的。比如文学独特的认识作用，首先表现在作家对时代生活的变动、民族心态和社会心理的变化往往具有独特的敏感性，因而在作家所描写的感性形象或画面中，它所传达的主体对社会生活的典型体验，往往要比抽象概念和理论判断的理性认知丰富和敏锐得多。如《红楼梦》就可以作为了解封建

社会的一部“百科全书”，列宁也曾把托尔斯泰称为“俄国革命的镜子”，这些都说明文学具有重要的认识作用。这种认识作用不仅可以帮助读者了解过去社会的风尚人情，而且往往可以帮助读者深入地认识事物的内在本质。

文学的认识作用还表现在它能帮助人们认识到自身，认识自己的思想、灵魂。黑格尔说，欣赏就是“在艺术里重新发现自己”。高尔基说：“文学的目的在于帮助人理解自己。”如卢梭的《忏悔录》、陀思妥耶夫斯基的《白痴》等著作都为人类认识自身打开了一扇窗。

三、审美教育作用

文学在帮助人们提高对社会、人生、自身的认识的同时，还起到了教育人、净化人，从而影响人的意志、行动的作用。如果说文学的认识作用偏于认知方面，那么教育作用则主要作用于读者的思想、情操以至于意志或行动。

但这种特殊的审美教育作用是同文学的特殊本质特征相联系的。文学的审美本质决定了它不同于一般的宣传教育工具。一般的宣传教育以事实说话，晓之以理即可，而文学的教育作用是一种审美的教育作用，这种作用是在审美认识的基础上形成的，需通过艺术形象或典型的创造，让读者在经验与情感的投入中产生共鸣，进而获得美的享受和思想的提升。因为文学描写并不是纯客观的，它灌注了作家主观的理想和愿望，形成主客观相结合的审美趣味和理想。审美的趣味显示着作者对生活现象的好恶、对他所描写的事物的褒贬态度，从而形成一种审美评价。这种审美评价往往为读者在艺术享受中不知不觉地接受，从而影响到他们的思想和精神面貌，陶冶着他们的心灵，这就是“寓教于乐”。“寓教于乐”是一种潜移默化的审美感情活动，也可以说是艺术的感情教育。

文学还有其他多方面的作用。如文学具有一定的社会组织功能和社会调节功能，它可以促使一些人去改变或形成一种风尚，可以推动人们参与社会的改造活动等。再如，文学还具有宣传、鼓动、激奋人的情绪，以及使人们获得快乐的作用等。文学的种种作用都要通过人的精神层面起某种作用，有时明显，有时隐蔽，需要具体对待。

第三章 诗 歌

第一节 诗歌的定义

何为诗歌，古今中外的学者论述颇多。《说文》说："诗，志也。从言，寺声。"《尚书・尧典》说："诗言志，歌永言，声依永，律和声。""志"，本义是停止在心上，也就是藏在心里的意思。

先秦时代，"志"主要有思想、志向、抱负之义，但也蕴含着情感的基因。屈原时代，产生了诗歌"抒情说"。《楚辞・惜涌》说："惜涌以致，发愤以抒情。"魏晋时代，"人的觉醒"带来了"文的觉醒"。陆机在《文赋》中说："诗缘情而绮靡，赋体物而浏亮。"严羽在《沧浪诗话》中说："诗者，吟咏情性也。"进入明代，谢榛在《四溟诗话》中说："作诗本乎情。"而清代，费锡璜在《汉诗总说》中说："诗主言情，文主言道，诗一言道，则落腐烂。"这说明中国人的诗歌观念逐渐趋同，人们认识到诗歌的本质特征在于"吟咏性情"。

对于诗歌的定义，还有很多论述，主要有言志说、缘情说、想象说、感觉说，法度说、押韵说、语言结构说、综合说等。这些定义都是从某个方面来界定的。相比而言，《毛诗序》中的"诗者，志之所之也，在心为志，发言为诗"一说，为多数人所认同；但到底什么是诗歌，我们并没有确切的答案。

"五四"新文化运动以来，对什么是诗歌的论述众说纷纭。郭沫若说："诗的本质专在抒情。"穆木天在《中国诗歌会》中说："我们要捉住现实，歌唱新世纪的意识。"何其芳则说："诗是一种最集中地反映社会生活的文学样式，它包含着丰富的想象和感情，常常以直接抒情的方式来表现，而且在精练与和谐程度上，特别是在节奏的鲜明上，它的语言有别于散文的语言。"这些论述都从不同角度阐明了诗歌的含义。

黑格尔说："诗，语言的艺术，是第三种艺术，是把造型艺术和音乐这两个极端，在一个更高的阶段上，在精神内在领域本身里，结合于它本身所形成的统一整体。"进入近代以来，人们对什么是诗歌也有更直接的表述：诗是人的精神的挣扎、反叛和斗争；诗的本质是人生复杂经验的聚结；诗是梦境似的一种先验性神秘的东西；著名美学家车尔尼雪夫斯基却说"诗是女人"。

综上所述，我们可以这样给诗歌下一个定义：诗歌是通过精练的语言、和谐的韵律、鲜明的节奏、丰富的想象、优美的意境来表达作者对生活的独特感悟，从而表现创作主体心理活动的文学体裁。

第二节 诗歌的分类

一、中国古代诗歌的分类

（一）按音律分

按音律，可把中国古代诗歌分为古体诗、近体诗、词和曲四类。

1. 古体诗

古体诗是在唐代形成的，它包括古诗（唐以前的诗歌）、楚辞、乐府。“歌”“行”“引”“曲”“吟”等也属古体诗。古体诗不讲对仗，押韵较自由。古体诗的发展轨迹是：《诗经》→楚辞→汉赋→汉乐府→魏晋南北朝民歌→建安诗歌→陶诗等文人五言诗→唐代的古风、新乐府。

（1）楚辞体。

楚辞体是战国时期楚国屈原所创的一种诗歌形式，其特点是运用楚地方言、声韵，具有浓厚的楚地色彩。东汉刘向编辑的《楚辞》，全书十七篇，以屈原作品为主，而屈原作品又以《离骚》为代表，后人因此又称“楚辞体”为“骚体”。

（2）乐府诗。

乐府本是汉武帝时掌管音乐的官署的名称，后变成诗体的名称。汉、魏、南北朝乐府官署采集和创作的乐歌，简称为乐府。魏晋和唐代及其以后诗人拟乐府写的诗歌虽不入乐，也称为乐府和拟乐府，如《敕勒歌》《木兰诗》、曹操的《短歌行》。一般来说，乐府诗的标题上有的加“歌”“行”“引”“曲”“吟”等。

（3）歌行体。

歌行体是乐府诗的一种变体。汉、魏以后的乐府诗，题名为“歌”“行”的颇多，二者虽名称不同，其实并无严格区别，都是“歌曲”的意思。其音节、格律一般都比较自由，形式采用五言、七言、杂言的古体，富于变化，以后遂有“歌行体”。到了唐代，初唐诗人写乐府诗，除沿用汉魏六朝乐府旧题外，已有少数诗人另立新题，虽辞为乐府，已不限于声律，故称新乐府。此类诗歌，至李白、杜甫而大有发展，如杜甫的《悲陈陶》《哀江头》《兵车行》《丽人行》。白居易的许多作品采用乐府歌行体，大多三言、七言错杂运用。

2. 近体诗

近体诗又称今体诗，它是于唐代形成的一种格律诗。其字数、句数、平仄、用韵等都有严格规定，分为绝句和律诗两种。

（1）绝句。

绝句又称绝诗、截句、断句，每首四句，五言的简称五绝，七言的简称七绝。

（2）律诗。

律诗每首八句，五言的简称五律，七言的简称七律，超过八句的称为排律（或长律）。律诗格律极严，篇有定句（除排律外），句有定字，韵有定位（押韵位置固定），字有定声（诗中各字的平仄声调固定），联有定对（律诗中间两联必须对仗工整）。

3. 词

词又称诗余、长短句、曲子、曲子词、乐府等。其特点是：调有定格，句有定数，字有定声。按字数不同可分为长调（91字以上）、中调（59～90字）、小令（58字以内）。词有单调和双调之分，双调就是分两大段，两段的平仄、字数是相等或大致相等的；单调只有一段。词的一段叫一阕或一片，第一段叫前阕、上阕、上片，第二段叫后阕、下阕、下片。

4. 曲

曲又称为词余、乐府，元曲包括散曲和杂剧。散曲兴起于金，兴盛于元，体式与词相近。其特点是：可以在字数定格外加衬字，较多使用口语。散曲包括有小令、套数（套曲）两种。套数是连贯成套的曲子，至少是两曲，多则几十曲。每一套数都以第一首曲的曲牌名作为全套的曲牌名，全套必须是同一宫调。套数无宾白、科介，只供清唱。

（二）按内容分

按内容，可把中国古代诗歌分为怀古诗、咏物诗、山水田园诗、边塞诗、送别诗、行旅诗和闺怨诗等类。

1. 怀古诗

怀古诗又叫咏史诗，一般是为怀念古代的人物和事迹而作。它往往将史实与现实联系在一起，或感慨个人遭遇，或抨击社会现实。如苏轼在《念奴娇·赤壁怀古》中就是感慨个人遭遇，表现理想和现实的矛盾（年过半百，功业无成）；辛弃疾在《永遇乐·京口北固亭怀古》中表达对朝廷苟且偷安的不满，抨击社会现实。也有的怀古诗（咏史诗）只是对历史进行冷静的理性思考与评价，或仅是客观的叙述，诗人自身的遭遇不在其中，诗人的感慨只是画外之音而已，如刘禹锡的《乌衣巷》，通过今昔对比，诗人感叹于历史沧桑变化。

2. 咏物诗

咏物诗在内容上以某一物为描写对象，抓住其某些特征着意描摹；思想上往往托物言志，由物到人，由实到虚，写出精神品格；常用比喻、象征、拟人、对比等表现手法。

3. 山水田园诗

南朝谢灵运开山水诗先河，东晋陶渊明开田园诗先河。山水田园诗发展到唐代，有山水田园诗派，代表人物是王维、孟浩然。山水田园诗以描写自然风光、农村景物以及安逸恬淡的隐居生活见长，诗境隽永优美，风格恬静淡雅，语言清丽洗练。

4. 边塞诗

边塞诗又叫战争诗，先秦就有了以边塞、战争为题材的诗，发展到唐代，由于战争频繁，统治者重武轻文，士人邀功边庭以博取功名比由科举晋升容易得多，加之盛唐那种积极入世、昂扬奋进的时代气氛，奇情壮丽的边塞诗便大大发展起来了，形成一个新的诗歌流派，其代表人物是高适、岑参、王昌龄。

5. 送别诗

古代由于交通不便，通讯极不发达，亲人朋友之间往往一别数载难以相见，故古人特别看重离别。离别之际，人们往往设酒饯别、折柳相送，有时还要吟诗话别，因此离情别绪就成为古代文人一个永恒的主题。因各人的情况不同，故送别诗的具体内容及思想倾向往往有别。有的直接抒写离别之情，有的借以一吐胸中积愤或表明心志，有的重在写离愁别恨，有的重在劝勉、鼓励、安慰，有的兼而有之。

6. 行旅诗和闺怨诗

古人或久宦在外，或长期流离漂泊，或久戍边关，这些总会引起浓浓的思乡怀人之情，所以这类诗歌就特别多。它们或写羁旅之思，或写征人思乡，或写闺中怀人。写作上或触景伤情，或感时生情，或托物传情，或因梦寄情，或妙喻传情。

二、现代诗歌的分类

（一）按作品内容的表达方式分

按作品内容的表达方式，可把现代诗歌分为叙事诗和抒情诗两类。

1. 叙事诗

叙事诗是一种刻画人物、描绘环境、叙述事件的诗歌。叙事诗有一定的故事情节，完整的人物形象，但是它的叙述方式不是连续铺陈的，一方面是故事的叙述，另一方面又饱含着诗人对故事中人物的丰富感情，因此，叙事诗不像其他叙事作品那样注重人物的细致刻画，环境的多侧面、多层次的描述。叙事诗虽有完整的故事情节，但情节有较大的跳跃性。这种叙事情节的大幅度跳跃性，是诗歌区别于其他叙事作品的重要特点。史诗、故事诗、诗体小说等都属于这一类。史诗如古希腊荷马的《伊利亚特》和《奥德赛》；故事诗如我国诗人李季的《王贵与李香香》；诗体小说如英国诗人拜伦的《唐璜》，俄国诗人普希金的《叶甫盖尼·奥涅金》等。

2. 抒情诗

抒情诗是一种以抒发作者激情和理想为主要内容的诗歌。它直接抒发作者的思想感情，着重表现由某一具体事物引发的典型感受，并借此反映现实生活。抒情诗的主观感情色彩和个性色彩比较强烈。一般说来，抒情诗不详细地叙述生活事件的过程，没有完整的人物形象和故事情节，作者只借诗中的艺术形象来表达自己炽热的感情。有时抒情诗虽然也有人物形象和情节，但极为概括，往往只有一个侧面或片断。抒情诗包含情歌、颂歌、哀歌、挽歌、牧歌和讽刺诗等。这类作品很多，如在中国古典诗歌中，就有很多出色的抒情诗。具有广泛影响的有屈原的《离骚》，张若虚的《春江花月夜》，李白的《蜀道难》《将进酒》《梦游天姥吟留别》，陈子昂的《登幽州台歌》，杜甫的《茅屋为秋风所破歌》等。在自由诗中，较为典型的抒情诗篇有郭沫若的《凤凰涅槃》、艾青的《大堰河》、贺敬之的《回延安》和《雷峰之歌》、郭小川的《团泊洼的秋天》、柯岩的《周总理，您在哪里？》、舒婷的《致橡树》和《祖国，我亲爱的祖国》、梁小斌的《雪白的墙》和《中国，我的钥匙丢了》等。

当然，叙事和抒情也不是完全分开的。叙事诗也有一定的抒情性，不过它的抒情要与叙事紧密结合。同时，抒情诗也常有对某些生活片断的叙述，但不能铺展，叙述应服从抒情的需要。

（二）按作品语言的音韵格律和结构形式分

按作品语言的音韵格律和结构形式，可把现代诗歌分为格律诗、自由诗、散文诗、民歌四类。

1. 格律诗

格律诗是按照一定的格律写成的诗歌，它在字数、行数、平仄、押韵等方面都有严格的规定。我国古代诗歌中的律诗、绝句、词、曲，欧洲的“十四行诗”，都是格律诗。

2. 自由诗

自由诗又叫新诗，它是与格律诗相对而言的在语言形式上较为自由的诗体，也是近代欧美国家新发展起来的一种诗体。它在段落、行数、句数、字数、音韵等方面都比较自由，不受固定的格律限制，没有统一的格式。它虽不讲究格律，却有节奏，有韵律，有的也要押韵，但是押什么韵不限，可根据诗的内容和基调而定。自由诗，要求语言凝练、节奏鲜明、音韵和谐。如郭沫若的《天上的街市》、徐志摩的《再别康桥》、戴望舒的《雨巷》、闻一多的《死水》、臧克家的《有的人》、余光中的《乡愁》、北岛的《回答》等，都是自由诗的典范之作。美国诗人惠特曼是欧美自由诗的创始人，《草叶集》是他的主要诗集。

3. 散文诗

散文诗是兼有散文和诗歌的特点的一种文学体裁，或者说是介于抒情散文和诗歌之间的

一种文体。它用抒情散文的语言形式来表达抒情诗的内容。它篇幅短小，抒情浓郁，有诗的意境。它不分行，语言一般不讲究节奏，可押韵，也可不押韵。它的文字自由活泼，如行云流水，具有内在的自然节奏。它类似抒情散文，但比抒情散文更凝练；它是诗，又比诗更灵活。它的表现手法不拘一格。散文诗往往采用联想、象征等手法，通过不长的篇幅，把诗情画意、深刻的哲理融为一体，创造一种优美而又深邃的艺术境界。散文诗的名篇主要有高尔基的《海燕》、鲁迅《野草》中的大部分篇章。

4. 民歌

民歌又叫歌谣诗，它是劳动人民创作出来的一种诗体。它内容质朴、丰富，形式多样，短小精悍。一般以七言、五言居多，句数不限，押韵自由；语言生动活泼，节奏明快和谐，便于朗诵咏唱；表现手法多样，常用夸张、比喻、拟人、排比、对比、重叠、反衬等修辞手法来写人状物和抒情达意。在我国，民歌流行的地区不同，因而民歌的种类繁多、名目纷杂，如陕北的信天游、东北的民歌、内蒙古的爬山歌、川北陕南的盘歌、安徽的山歌、青海甘肃的花儿、江苏的吴歌、浙江的越歌等。

第三节　诗歌的特征

诗歌大体上具有以下六个特征：

一、抒情性

车尔尼雪夫斯基说“诗是女人”，可谓是一个高明的论断。它形象地说明了诗歌作为抒情艺术的特性。女性是美的化身，她们有着丰富而细腻的情感；而诗歌包含着人类所有美好的情感。别林斯基说得更明白：“没有情感，就没有诗人。”真正的诗，往往是心的诗，是心的歌。对此，中国的古人似乎早有清醒的认识：“诗缘情而绮靡”（陆机）；“诗者，吟咏性情也”（严羽）；“诗非他，人之性灵之所寄也”（焦闳）；“诗以道性情”“诗之为道，从性情而出”（黄宗羲）。

“性灵”也好，“性情”也罢，其实就是一个“情”字。没有情，就没有诗。诗是感情的结晶，是诗人情感爆发的产物。“桃花潭水深千尺，不及汪伦送我情”是诚挚深厚的友情；“春蚕到死丝方尽，蜡炬成灰泪始干”是痛苦执着的爱情；“大道如青天，我独不得出”是怀才不遇、壮志难酬的愤懑抑郁之情；“多情自古伤离别，更哪堪，冷落清秋节”是哀婉凄楚的生离死别之情；而屈原的《离骚》、陆游的《示儿》所表达的则是高于一切情感的爱国之情。友情、爱情、喜情、悲情，壮怀激烈之情、缠绵悱恻之情、慷慨高歌之情、哽咽长吟之情……无往而不是情，无往而不是诗！情，构成了诗；情是诗的生命，诗的灵魂！诗也写人、叙事，可是在叙事写人的过程中同样融注了诗人强烈的情感；诗也写景，可诗中的景无不浸透了诗人浓郁的诗情。

“感人心者，莫先乎情”，唯有有情之人方能写诗，唯有含情之诗方能感人。且看南唐后主李煜前期的作品：“晓妆初过，沉檀轻注些儿个。向人微露丁香颗”，“红日已高三丈透，金炉次第添香兽。红锦地衣随步皱”等，风花雪月、宫廷宴乐，艳则艳矣，读之却不耐咀嚼，了无余味。再看他后期的作品：“春花秋月何时了？往事知多少。小楼昨夜又东风，故国不堪回首月明中”；“最是仓皇辞庙日，教坊犹奏别离歌，垂泪对宫娥”！一字一滴血，一句一行泪，感人至深，催人泪下。前期的李煜，贵为天子，纵情声色，何愁之有？即使有，也只是一些光阴易逝、人生

如梦的淡淡闲愁。后期却由帝王一变而为阶下囚，过着“以泪洗面”的俘虏生活，真是“流水落花春去也，天上人间”，故国之思，伤己之感，满腹愁、怀恨意全部在长歌短吟里倾泻出来，怎能不感人，怎能不动人？同样，如果没有对祖国河山的无比热爱和对人生理想的执着追求，又怎么会有李白的充满豪情逸气的纵情高歌？没有对下层劳动人民的深切同情和对统治者的无比痛恨，又怎么会有杜甫沉郁顿挫的悲情长吟？

诗就是情，情就是诗；无诗没有情，无情即非诗。但并不是说所有的诗都必须具有浓重热烈的感情色彩，否则就不是诗或不是好诗。诗人的情感有的如滔滔洪流、汹涌澎湃，如屈原的《离骚》、蔡文姬的《胡笳十八拍》、李白和杜甫的歌行体、苏轼和辛弃疾的长短句，都是直抒胸臆，充满浓情厚谊，读之令人荡气回肠。而有的诗歌则如山涧小溪，潺潺流淌，《诗经》的“国风”，陶渊明、孟浩然的田园诗，感情清新明朗、真挚自然，同样具有感发人心的艺术力量。还有的诗歌作品，其表现出来的情感色彩却如淡云轻烟，缥缥缈缈，似有似无，如王维的《辛夷坞》《鸟鸣涧》，或写远山空阔，反影斜照，或写夜静月明，山鸟惊啼，画面优美而情思淡薄，真是“任是无情亦动人”！

诚然，抒情性并非诗歌独有的特征。“文章不是无情物”，任何文学艺术都离不开情感，只是诗歌中的情感表现得更集中、更丰富。

二、概括性

任何文学艺术作品都是通过典型化的方法，集中概括地反映社会生活和人的内心活动的，但是诗歌要求更集中、更凝练。它要求在有限的诗行里，容纳丰富的内容。清人吴乔说：“意喻之米，文喻之炊而为饭，诗喻之酿而为酒。”这个比喻，生动地说明了诗歌比其他文学样式在集中概括和加工提炼上要求更高。

正因为诗歌是一种最凝练的文学样式，所以它在刻画形象、表达思想感情、反映社会生活时，往往选取生活中最激动人心的片断和最富有艺术表现力的事物，通过个别的具体形象，以一当十，凝练地概括生活，抒发诗人的思想感情。我们把《长恨歌》与《长生殿》、《会真诗》与《莺莺传》、《胡笳十八拍》与《蔡文姬》、《木兰诗》与《花木兰》等相比较，就不难发现前者是对生活的反映概括，后者是对生活的反映具体。我们再拿黄宗英的散文《天上人间》和柯岩的诗歌《周总理，您在哪里?》进行对比，更可以看出诗歌在对生活进行艺术概括时要求更加高度集中的特点。他们透过各自的作品，所表达怀念周总理的主题相同，所采用的从人间到天上、用丰富的联想来寄托深情的构思方式也相同；但由于体裁不同，在叙写和描述现实生活时，前者显得具体、细腻，后者则概括、凝练。《天上人间》以酣畅的笔墨，真实地记叙了淮安人民悼念周总理的悲痛之情，描绘了总理童年、少年时代的生活片断和投身革命后为共产主义事业而辛勤奔走的高贵品质，这篇散文是通过具体描写来表达主题的；而《周总理，您在哪里?》的作者摒弃了对具体生活的描写，用虚实相生和反复咏叹的艺术手法，抒发了人民对总理的深切怀念之情，这正是诗歌概括、凝练所显示出来的艺术魅力。由此可见，诗歌对社会生活和人的内心活动加以浓缩、概括，高度集中地反映社会生活和人的内心活动，这些是与散文有很大的区别的。

三、跳跃性

关于诗歌的时空意识，论者颇多。这里只谈谈与诗歌思维特点有关的时空的大跨度跳跃，即诗歌的跳跃性。请看李商隐的《夜雨寄北》：

君问归期未有期，巴山夜雨涨秋池。
何当共剪西窗烛，却话巴山夜雨时。

首句一问一答，虽是平铺直叙，却意味无穷。一个在夜雨朦胧的巴山异地，一个在遥远的北国他乡，一个来书殷勤探问归期，一个虽欲早归而不得归，拳拳之心，切切之情，已跃然纸上。第二句借景抒情，诗人的满腹羁旅愁思就如那脉脉秋霖，绵绵密密，淅淅沥沥，涨满池塘，弥漫夜空。“巴山夜雨”是眼前之景，两地相思是此刻之情。但诗人的思绪并没有局限在现实的时间和空间，滞留于眼前的人情和物象，而是飞越时空界限，拓展到美好的未来。“何当共剪西窗烛，却话巴山夜雨时”，什么时候能与你共倚西窗，剪烛夜话，那时再谈起今日两地相思的苦情，又该是一番什么滋味！诗人归期未卜，无法回答友人的询问，只好借对未来的憧憬安慰友人，同时也作为对自己心灵的慰藉，而设想未来相聚时的欢乐，这些更增添了眼前相思的苦况。诗的前两句写的是现在，后两句是诗人的设想，写的是未来，而到那时，现在的一切都已成为过去，最后的“却话”又从未来回到现实（那时的过去）。诗人的想象从此地的巴山飞到彼地的西窗，从此时的分离到未来的欢聚，又从未来的欢聚闲谈飞回到过去（今日）的相思，在时间和空间上打了一个回旋，使过去、现在、未来得到和谐的交融和统一，理想与现实同时展现，真境与幻境共相叠印，构成了一个浑融完整的艺术意境，使这首短短的七言绝句显得深婉曲折，含蓄隽永，余味无穷。

这种在时间和空间上的大跨度跳跃，是由诗歌跳跃性的思维特点决定的。有人说，小说是线，是面，而诗歌是点，是一个个跳荡跃动的点。说得更形象一点，如果说小说是一条绵延不断的路，是一幅长长的卷轴，那么，诗则是茫茫雪原上的足印，是连缀在一起的颗颗玄珠。在诗人情感勃发的时候，各种不同的场景、物象、意绪就如狂泉喷发，在诗人的脑海里纷纷涌现，诗人就像一个高明的摄影师，抢拍下一个个闪光的镜头，然后把它们组织成一幅完整的图画，呈现于读者的面前。所以，诗并不像绘画那样，只能描绘一个场景，表现一种物态人情，而是可以纵览古今，贯通南北，把历史与现实、过去与未来、此景与彼景、真境与幻境统一在一个画面里。再如，刘禹锡的《西塞山怀古》：

王濬楼船下益州，金陵王气黯然收。
千寻铁锁沉江底，一片降幡出石头。
人世几回伤往事，山形依旧枕寒流。
今逢四海为家日，故垒萧萧芦荻秋。

三国之时，吴晋争雄，晋将王濬率领楼船战舰沿江而下，突破千道铁索的封锁线，直捣吴都建康，石头城里，一片降旗飘飘而出，宣告孙吴政权的崩溃。诗人首先为我们描绘了一幅历史的画卷，把读者带入战火纷飞的古战场。接着，诗人又把读者的视线引向眼前的现实，山形依旧、寒波澹澹、秋风萧萧、荻花瑟瑟，这一切都是诗人看到的实景，却又如此紧密地同已往的历史联系在一起。在这里，历史与现实获得了如此和谐的统一，不仅寄托了诗人的兴衰感叹，而且启发读者对历史与现实进行深刻的思考。

在诗的国度里，诗人的想象可以超越现实时空的界限，在无限广阔的天地里自由地翱翔。不同地点的物象可以一起出现，如“桂岭瘴来云似墨，洞庭春尽水如天”（柳宗元）；不同时间的场景可以同时并列，如“楼船夜雪瓜洲渡，铁马秋风大散关”（陆游）；现实空间和想象空间可以互共相叠，如“晓镜但愁云鬓改，夜吟应觉月光寒”（李商隐）等。但是，这些不同时间与空间的不同场景物象的组合，并非杂乱无章地随意堆砌，而是统一于诗的内在情感意绪，诗人的情思就如一条红线贯穿其中，否则，它们就成了散珠碎玉、断瓦残砖，而无法构筑成金碧辉煌的诗的殿堂。

四、绘画美

歌德在把诗歌与绘画进行比较之后说：“造型艺术对眼睛提出形象，诗却对想象力提出形象。”也有人说：“诗是有声的画，画是无声的诗。”这些论述与我国古典诗论中“诗中有画”的美学原理不谋而合，都说明了诗歌绘画美的特点。

陶渊明的诗：“暧暧远人村，依依墟里烟。狗吠深巷中，鸡鸣桑树颠……”时已傍晚，天色朦胧，远处的几户农家在一片迷离的暮色里若隐若现，几缕炊烟袅袅上升，深巷中隐隐传来几声狗叫，几只雄鸡傲立桑树枝头，呜呜啼鸣，更给人宁静安谧之感……好一幅和平恬静的乡村生活图景！画面清新优美，色调平和，意境迷人，使读者如入其境，如闻其声，获得真切的形象感受。而王维的“大漠孤烟直，长河落日圆”所描绘的则是塞外漠北壮丽的风光：茫茫一片大漠，空寂苍凉，唯见一缕孤烟连云直上，滔滔黄河从地平线上的那端蜿蜒而来，一轮通红的落日悬挂在天边，把灿烂的余晖洒在地上，映在河里。多么新颖的构图，多么瑰丽的色彩！如果说陶诗是一幅清新淡远的水墨画，那么，王维的诗则是浓抹重彩的风景画。

“诗中有画”是佳境，然而诗究竟不是画。画以直观的感觉形象诉诸观众的感官，而诗以语言形象诉诸读者的想象。画只能表达静态的美，诗却可以借助形象性的语言描绘动态的美，即所谓化美为媚。如同样描绘一个美人，绘画总要画出人的长相、身材、服饰等，即使如此，也总给人不足之感。但诗只用一句“回眸一笑百媚生”就可以把美人的千娇百媚、风姿神韵在回首嫣然一笑里表现无余，能给读者留下广阔的想象空间。诗给予读者的不仅仅是画面的美感，读者的想象也不仅仅停留在事物的静态美。如“疏影横斜水清浅，暗香浮动月黄昏”（林逋），这句不仅能使读者想象出朦胧月色里梅花的秀丽姿容，而且使读者似乎闻到了画面上浮动的缕缕幽香。再如“蝉噪林愈静，鸟鸣山更幽”，这是画，又非画，说它是画，是因为空山、密林、鸣蝉、山鸟确能组成一幅优美的图画，可在静态的画里，观众既听不见“蝉噪”，又闻不到“鸟鸣”，又怎能体会出“愈静”“更幽”的境界呢？所以它不是画，仍是诗。只有诗才能把静和动、声和色巧妙地融为一体，并把读者引入一个清幽宜人的艺术胜境。

五、音乐美

诗歌发展的历史告诉我们，它在几千年的发展演变过程中与音乐结下了不解之缘。“诗歌”，顾名思义，“诗”原本是可以“歌”的。尤其是我国古代的各种诗体都是从各种音乐曲调的歌词发展而来的，而作为歌词的语言有它独特的要求，必须和谐流畅，悦耳动听，能够合于音乐的节奏和弦律，这就使诗歌先天就具有音乐美这一基本特点。

诗歌的音乐美，首先表现为诗的语言富有鲜明的音乐性。谢榛在《四溟诗话》里说，诗的语言应是“诵之行云流水，听之金声玉振”，这指的就是诗歌语言的音乐美。而节奏、韵律是构成诗歌语言音乐性的重要因素。所谓节奏，即某种声音相隔同等时间重复出现。对于音乐来说，节奏就是曲调的快慢节拍。诗歌的节奏，指的是诗歌的语言在一定时间内有规律地间歇和停顿。如七言诗的节奏是二\二\二\一，五言诗的节奏是二\二\一，即每词为一组，一组就是一个节拍，最后一字加上尾音占一个节拍，从而形成这样的语言停顿。如朝辞—白帝—彩云—间，千里—江陵——日—还；或空山—新雨—后，天气—晚来—秋。由此可见，节奏是诗歌形式的一个重要特点，正是因为有了音乐般的节奏，诗歌才具有音乐般的美感。

如果说停顿体现为跳跃顿挫的节奏美，那么押韵则使诗歌产生一种循环往复、和谐流畅的旋律美。节奏是停顿、是间断，而押韵是黏合、是连续。押韵把一行行语音上独立的诗句连接在一起，使读者诵之如清音绕梁，绵绵不绝，形成循环往复的音乐旋律。另外，中国古典诗歌还非常讲究平仄，即把高低长短不同声调的调按一定的规则组合在一起，使诗歌的声调错落而又整齐，变化而又有规律，以形成高低抑扬的诗歌声调美。

跳跃顿挫的节奏，循环往复的旋律，高低抑扬的声调，使一首诗在音律上“宫羽相变，低昂互节”，悠扬宛转，悦耳动听。诗人正是在语言的回旋往复、抑扬顿挫之间，创造出一种音乐般的旋律与节奏，给人以优美的听觉感受。

当然，诗歌的韵律节奏离不开诗歌的内在情感，而高昂低回的诗情则成为诗歌内在的旋律。如前所述，诗表现情，而情有不同，或苍凉悲壮，或凄婉缠绵，或自然平和。情不同，诗歌的韵律节奏也就不同，有的如急管繁弦，铿锵短促；有的如哀丝豪竹，凄厉感人；有的如月夜笛声，清丽悠扬；有的则如隔水洞箫，低诉慢吟，一唱三叹。如杜甫的《闻官军收河南河北》，表现的是诗人听到失地收复后愉快的心情，全诗节奏跳跃欢畅，七阳韵韵脚高昂嘹亮，使诗人欢欣狂喜的内心情感洋溢纸面。而李清照的《声声慢》则押的几乎全是入声韵，音调急切短促，节奏缓慢凝滞，与诗中国破家亡的苦痛、寂寞孤独的愁思正好合拍。在同一首诗里，诗歌音律节奏的徐疾快慢，抑扬顿挫也是与诗歌内在的情感旋律相吻合的，声情文情，丝丝入扣。如张若虚的《春江花月夜》，诗中之情既有对幸福生活的热烈向往，又有对他乡游子的刻骨相思，还有对宇宙人生怅惘低沉的感伤，悲凉缠绵，凄楚哀婉，流动的诗情就如小提琴上奏出的小夜曲或梦幻曲，如泣如诉、如怨如慕，而诗的韵律节奏也随着诗情的起伏相应地抑扬回旋，与诗中热烈深沉而又自然平和的情感共同构成了全诗缥缈迷离、如梦似幻的美妙动人的艺术之境，使读者释卷之后仍觉得余情绵绵、余音袅袅、深远悠长、回味无穷。

六、意象美

意象是诗歌美学的一个重要理论范畴。什么是诗歌的意象？其美学内涵是什么？要回答这些问题，还是让我们先跳出那些抽象理论界说，分析具体的作品再下结论吧。元代马致远的《天净沙·秋思》是众所周知的一首小令：枯藤老树昏鸦，小桥流水人家，古道西风瘦马。夕阳西下，断肠人在天涯！诗的题目为《秋思》，但除了“断肠”二字外，作者并没有直截了当地告诉读者“思”的是什么，只是用笔描绘了几种不同的自然景物，这一个个单独的景物就如一组组移动的镜头，在读者眼前缓缓而过，同时又在读者的脑海里构成一幅萧瑟凄凉的秋郊晚景图。可是，透过画面，读者又能深切地感受到那洋溢纸面的天涯游子的满腹羁旅之思。诗人并没有言情，也没有说愁，可那枯藤老树、夕阳古道、黄昏归鸦等暮秋景象不是已含蓄地烘托出在外游子

的落寞伤感的心情吗？如果读者再细细品味咀嚼一下，所感受到的又岂止是羁旅之愁，对困顿的人生、渺茫的前途的深沉喟叹不也是作品所表现的更深一层的含义吗？羁旅之人的秋思，人生失意的感慨，这些主观的内在之意都没有在作品中直接明白地陈述出来，而是隐藏在一个个单独的客观物象中，这些蕴藉诗人内在主观情感的外在物象（枯藤、老树、昏鸦、小桥、流水、人家、古道、西风、瘦马、夕阳）就是这首诗的意象。

由此可见，所谓意象，就是表意之象。意象派大师庞德曾说，意象包含着一团有意思的物象。一团者，非一点、一种矣。意象，它既有内在的主观之“意”，又有外在的客观之“象”，是抽象的“意”与具体的“象”的结合，是主观与客观的统一。就其客观方面而言，意象首先是“象”，即一定的客观事物的具体形象。它必须是具体的、生动可感的；就其主观方面而言，它又必须包含诗人的情感、意志和认识等内在之“意”。但是，意象的“象”并不仅仅是纯客观的自然之象，透过诗人凝视的取景框，读者所看到的已经不是单纯的、没有生命意义的种种客观物象，而是满含着诗人美好的理想与追求的“第二自然”；意象的“意”也不是直接陈述出来的抽象的“意”，而是融化、寄托在“象”中的诗人的审美情感、审美认识和审美理想。“意”是抽象的观念和情感，“象”是具体生动的感性形象，用具体的“象”来表现抽象的“意”，这正是诗歌美学的一般原则。意寓于象，象明乎意，二者不可分离。意离开象，就剩下一堆抽象的概念、定义、口号，也许真实、正确，却不能给人以无限丰富的美感；象离开意，就成了没有任何现实内容的机械摹本，同样不具有感发人心的艺术力量。烂漫春花，袅袅秋风，流水翠竹，丽日晴空，夕阳晚照，朝日初升，鸣雷闪电，怒涛狂风……它们都是美的自然，美的“象”，然而只有当它们进入诗人心灵眼睛的视界，被诗人跃动的诗情所捕捉，与诗人美的情感、美的思想、美的追求在美的语言中和谐交融时，才能成为美的意象。

意象是构成诗美的原件。可以说，诗歌创作的过程就是意象的捕捉、提炼和凝铸的过程。生活的种种现象引起诗人的创作冲动后，诗人的情感就如一股巨流，激越澎湃，滔滔涌出，但诗人并不是让其漫无目的地随处而流，而是要为之找到一个附着体，这就是客观景物的“象”。诗人把诗思凝结在“象”中，把各种客观的景物形象作为情感寄托和伸展的外在形体，使抽象的、无形的情感在具象中得到表现，而客观的自然景物也因为浸透了诗人的情感、蕴含着诗人的思想而具有了不同于原始状态的现实生命的意义。这就是意象的创造，也是美的创造。古今中外优秀的诗人都非常善于创造美的意象。例如，“迟日江山丽，春风花草香。泥融飞燕子，沙暖睡鸳鸯”（杜甫《绝句》其二）。春日迟迟，百花初放，绿草如茵，燕子衔泥，鸳鸯懒睡，多么美妙动人的意象！而透过春日景色的描写，诗人在大乱初定后安居草堂的闲适愉快心情以及诗人有感于初春时节自然界一派生机、欣欣向荣而产生的欢悦情怀不是跃然纸上了吗？再如，撑着油纸伞，独自/彷徨在悠长，悠长/又寂寥的雨巷/我希望逢着/一个丁香一样地/结着愁怨的姑娘……（戴望舒《雨巷》）那独自彷徨的主人公，那悠长而又寂寥的雨巷，那丁香一样结着愁怨的姑娘……一组组意象所构成的“梦一般的凄婉迷茫”的意境，不正是诗人哀怨、彷徨、迷惘、惆怅的复杂微妙的内心情感的真实写照吗？

意象是诗人情感的载体，又是读者审美欣赏的中介。诗人以象寓意，以象传意，读者以象明意，因象悟意。在欣赏的过程中，读者首先接触的是美的意象，美的画面，只有透过美的形式，读者才能把握深含其内的美的意象。没有美的意象，就不能吸引读者的审美注意，就不能把蕴含的内在情感传达给读者，从而引起读者的审美共鸣。但是，也有一些优秀的诗歌并不创

造意象，如裴多菲的“生命诚可贵，爱情价更高。若为自由故，二者皆可抛”。直抒其情，直言其理，全诗没有一个意象，却同样能警顽起懦、振奋人心，世代传唱、历久弥新。所以在欣赏诗歌时，要对具体的作品进行具体的分析，千万不能胶柱鼓瑟，只是一味地探求意象的美，而忽视了诗作本身的情感意蕴和思想价值。

第四节 诗歌的写作

诗歌创作是一个复杂、系统的心理活动和书写“工程”。它要求诗人的审美体验、情趣理想、语言表达及艺术表现等融为一体，经提炼、加工后才能形成诗歌的艺术形象。

一、诗歌创作的基本原则

（一）捕捉诗意

1. 诗意要深刻

刘攽曾说“诗以意为主，文词次之；或意深义高，虽文词平易，自是奇作。”所以，写诗要善于从现实生活中捕捉那些“意深义高”的诗意，去发现那些“闪光的东西”。如海涅的《西里西亚纺织工人》，是一首反映德国工人阶级觉醒和反抗的战歌，马克思十分赞赏这首战歌，他说：“无产阶级在这支歌中一下子就毫不含糊地、尖锐地、直截了当地、威风凛凛地厉声宣布，它反对私有制社会。”由此可见，诗意来源于生活，而诗歌的思想光华与作者的生活深度、思想境界有着密切的关系。诗歌写作要想捕捉到“意深义高”的新意，作者必须对生活有敏锐的透视力、深切的感受力。否则，只能是“眼前好景无人领，堪笑寒窗费苦吟”。

2. 诗意要新颖

所谓诗意新颖，就是诗人要独辟蹊径，发人先声。这正如陆机所说：“谢朝华于已披，启夕秀于未振。”杰作必定要破格，好诗一定要创新。古今咏梅的名篇迭出，但各有独秀之处。林逋的《山园小梅》：“众芳摇落独暄妍，占尽风情向小园。疏影横斜水清浅，暗香浮动月黄昏。霜禽欲下先偷眼，粉蝶如知合断魂。幸有微吟可相狎，不须檀板共金樽。”全诗突出了梅花的美丽和高洁，表达了诗人对梅花的挚爱与深情。陆游的《卜算子·咏梅》：“驿外断桥边，寂寞开无主。已是黄昏独自愁，更著风和雨。无意苦争春，一任群芳妒。零落成泥碾作尘，只有香如故。”陆游并未步林逋的后尘，而以新颖的诗意，表达了梅花的孤高与劲节。再看毛泽东的《卜算子·咏梅》：“风雨送春归，飞雪迎春到。已是悬崖百丈冰，犹有花枝俏。俏也不争春，只把春来报。待到山花烂漫时，她在丛中笑。”既描绘了梅花在严冬时的凛然无畏依然俏丽的精神，又赞颂了梅花在山花烂漫时，不争享春天的幸福的高贵品格。三首咏梅的诗，捕捉诗意的角度各异，显示出不同的审美价值。

（二）精心构思

1. 构思要用形象思维

所谓形象思维，就是用生动具体的形象反映现实生活和人类内心世界的一种思维方式，它是诗歌构思的基本规律。诗人遵循形象思维构思的艺术规律，运用想象、联想与比、兴等手法，把抽象的、无形的事物转化为具体可感的艺术形象，使之产生巨大的艺术魅力。如李白的《梦游天姥吟留别》、李贺的《梦天》、郭沫若的《天上的街市》等，就是很典型的例子。

2. 构思要精湛奇巧

诗忌直,诗要婉转别致,用最富有表现力的艺术手段再现生活,到达“曲径通幽”的境界,如此才能在更高的层次上给读者提供含蓄优美的艺术享受。毛泽东的《蝶恋花·答李淑一》就是巧于构思的典范。整首诗篇将人间天上、现实与幻想连在一起,创造了一个神奇美丽的艺术境界,表现了诗人对烈士的无限怀念和崇敬之情。

3. 构思要脱俗出新

所谓构思要脱俗出新,就是要匠心独运,不落窠臼,做到“人人心中所有,人人笔下所无”。如柯岩的《周总理,您在哪里?》,全诗以悼念周恩来总理为感情线索,通过喊高山、大地、森林、大海、广场等,然后又用比拟的手法,让山谷、大地、松涛、海浪作证。几问几答,跌宕有致,构思独具特色,尽情地抒发了诗人对总理的无限崇敬、无比怀念的思想感情。

(三)创造意境

1. 情景交融,虚实相生

在诗歌的意境中,作者的主观感情为“虚”,客观事物为“实”。事物靠感情获得生命,感情借事物得以表现。在创造意境时,诗人使主观感情和客观事物交融在一起,达到主观和客观的统一,这就是“情景交融,虚实相生”。而“情景交融,虚实相生”又分为两种情况。①触景生情,因物缘情。诗人看到某种富有特征的景物,受到感染,激起悲喜、爱憎之情,把这种感情融入景物之中,使客观事物与主观感情融为一体,即所谓“触景生情”。这是一种由外而内的感情触发过程。这种借景抒情的表现方法,是诗歌创造意境的一个重要手法。如王之涣的《登鹳雀楼》,就是借助于白日、黄河这些明朗、雄伟的景物描写,抒发了诗人一种积极向上的心态,表现出一种富有哲理的诗意。②移情于景,物我合一。诗人将主观感情,有意识地移到景物身上,使它带有感情色彩,达到物我合一的境界。这是一个由内而外的感情推移过程。在这个过程中,要选择最能表现主观感情的形象,并把自己的感情移入其中,求其似我。如李贺的《老夫采玉歌》,其中“蓝溪之水厌生人,身死千年恨溪水”两句,写出了溪水与人相“厌”“恨”,内情与外物相融合,表现了采玉老人对官府强征暴敛的愤慨之情。

2. 相反相成,互为映衬

诗歌中的情与景是谐调一致的,但有时为了创造新的意境,却把相反的、互相矛盾的情与景放在一起,使彼此相成、交相辉映,造成一种别开生面、出人意料的情趣。这种造境方法,具有隐曲性和深藏性,其基本特点是:在创造意境时,从常规折入反常,利用“正”与“反”的辩证关系,创造一种“看似反常却正常”的艺术境界。如臧克家的《有的人》,诗人通过强烈的对比,使人民公仆的高大形象和与人民为敌的败类的嘴脸形成了鲜明的对照,使高大者更见高大,卑下者更见卑下;抒发了强烈的爱憎之情,激起读者的深思和共鸣。

3. 以少胜多,含蓄不露

杨载说:“绝句之法,要婉曲回环,删芜就简,句绝而意不绝。”这说明,诗歌要用最简洁的语言描绘形象,而构成意境的感情则要含而不露,巧妙地融入形象的描写之中。如此才能达到艺术上的含蓄,才能把最丰富的思想感情,浓缩到“以一当十”的艺术形象里,使意境深邃。金昌绪的《春怨》:“打起黄莺儿,莫教枝上啼。啼时惊妾梦,不得到辽西。”短短几句诗,把闺中少妇思念出征的丈夫的离情别绪、缕缕情思,非常含蓄地表现了出来。

（四）锤炼语言

诗歌的语言要求精练。精练，是诗歌语言的显著标志。因为诗歌形式短小，又要对所抒发的对象进行高度集中的艺术概括，这就要求用最精练的语言去表现丰富的内容，做到言简意赅。我国古代诗人都十分讲究锤炼语言，根据诗意反复推敲、琢磨，选用那些表现力强、音响色彩与诗意相符的词语。王安石的《泊船瓜洲》中的“春风又绿江南岸”的“绿”字，贾岛的《题李凝幽居》中的“僧敲月下门”的“敲”字，都是反复锤炼的结果。所以，臧克家说：“我坚决认为，以经济的字句去表现容量较大的思想内容，这是诗歌的一个重要特点。草率、啰唆，是诗的致命伤。”

锤炼语言的主要内容就是修辞加工。诗歌的语言要达到精练的程度，必须进行认真的修辞加工。只有注重修辞加工，语言才能诗化，诗意才会含蓄而隽永。诗的语言修辞加工手法多种多样，最常用的有比喻、借代、夸张、拟人、对比、对偶、反复、反衬、排比、设问、反问、起兴等。如《水浒》中的一首民歌：“赤日炎炎似火烧，野田禾苗半枯焦；农夫心内如汤煮，公子王孙把扇摇。”其中“似火烧”“如汤煮”是比喻，“半枯焦”是夸张，“公子王孙把扇摇”是反衬，具体形象地反映了当时贫苦富乐的社会生活。短短一首民歌，交错使用了几种修辞手法，将诗的内容和形式完美地结合在一起，这充分显示了修辞的功能。

二、诗歌创作的表现手法

诗歌创作的表现手法主要有以下几种。

（一）用典

用典有用事和引用前人诗句两种。

用事即借用历史故事来表达作者的思想感情，包括对现实生活中某些问题的立场和态度、个人的意绪和愿望等，属于借古抒怀。“想当年，金戈铁马，气吞万里如虎”（辛弃疾《永遇乐·京口北固亭怀古》），写的是刘裕当年北伐抗敌的英雄气概，作者借赞扬刘裕，讽刺南宋王朝主和派屈辱求和的无耻行径，表现出作者抗金的主张和恢复中原的决心。

引用或化用前人诗句的目的是加深诗词中的意境，促使人联想而寻意于言外。“过春风十里，尽荠麦青青”（姜夔《扬州慢》），“春风十里”引用的是杜牧的诗句，表现往日扬州十里长街的繁荣景况，是虚写；“尽荠麦青青”，写词人今日所见的凄凉情形，是实写。这两幅对比鲜明的图景寄寓着词人对昔盛今衰的感慨。

（二）联想

联想是指由一事物联系到与之有关的另一事物，或把事物中类似的特点联系起来构成一个典型。例如，“碧玉妆成一树高，万条垂下绿丝绦。不知细叶谁裁出，二月春风似剪刀”（贺知章《咏柳》）。诗人由柳枝的纷披下垂、婀娜多姿联想到翠绿的丝带，运用巧妙的比喻，塑造出一个别具浪漫色彩的新颖形象，一改杨柳抒离情的象征含义。

（三）想象

想象是指人们在已有材料和观念基础上，经过联想、推断、分析、综合，创造出新的观念的思维过程。例如，“湖光秋月两相和，潭面无风镜未磨。遥望洞庭山水色，白银盘里一青螺”（刘禹锡的《望洞庭》）。这首诗选择了月夜遥望的角度，通过极富想象力的描写，将洞庭的湖光山色别出心裁地再现于纸上。

（四）虚实结合

虚实结合是指现实的景、事与想象的景、事互相映衬，交织在一起表达主观情感。例如，“寒蝉凄切，对长亭晚，骤雨初歇。都门帐饮无绪，留恋处，兰舟催发。执手相看泪眼，竟无语凝噎……”（柳永《雨霖铃》）。上片除“念去去，千里烟波，暮霭沉沉楚天阔”外，写的都是眼前实景实事实情，写词人和心爱的人不忍分别又不得不分别的心情，是实写；下片写对别后生活的设想，是虚写，着意描绘词人孤独寂寞的心情。虚实结合，淋漓尽致写出了离别的依依不舍。

（五）渲染

渲染是指对环境、景物进行多方面的描写、形容，以突出形象，加强艺术效果。例如，“风急天高猿啸哀，渚清沙白鸟飞回”（杜甫《登高》），首联写俯仰所见所闻，一连出现六个特写镜头，渲染秋江景物的特点。

（六）象征

象征是指通过对特定的、容易引起联想的具体形象的描写，表现与之相似或相近特点的概念、思想和感情。例如，“青山似欲留人住，百匝千遭绕郡城”（李德裕《登崖州城作》）。这两句描写青山环绕、层峦叠嶂，自己所处的郡城正在严密封锁、重重阻隔之中。象征了自己被政敌迫害的景况，书写思归不得的忧伤。

（七）通感

通感是指打通视觉、嗅觉、触觉、味觉、听觉等感觉的界限，让它们彼此沟通，造成强烈的艺术效果。例如，“终南阴岭秀，积雪浮云端。林表明霁色，城中增暮寒”（祖咏《终南望余雪》）。前两句写景色如现，后两句的上句写山林树梢景观——所见，下句写城中暮寒——所感，由视觉转换成触觉，含有雪景虽美终南秀，但城中人受到寒气威胁的深意。

（八）抑扬

抑扬是指把要贬抑否定的方面和要肯定的方面同时说出来，只突出强调其中一个方面以达到抑此扬彼或抑彼扬此的目的。抑扬有先扬后抑和先抑后扬之分。例如，“闺中少妇不知愁，春日凝妆上翠楼。忽见陌头杨柳色，悔教夫婿觅封侯”（王昌龄《闺怨》）。这首诗采用先扬后抑的手法，先写少妇“不知愁”，后面才说她“悔”，通过对少妇情绪微妙变化的刻画，深刻表现了少妇因触景而产生的感伤和哀怨的情绪，突出了“闺怨”的主题。

（九）照应

照应是指诗中对前面所写的进行必要的回答，恰当运用这种方法能使结构显得紧凑、严谨。例如，“楚江微雨里，建业暮钟时。漠漠帆来重，冥冥鸟去迟”（韦应物《赋得暮雨送李胄》）。首联两句写黄昏时分诗人伫立在细雨蒙蒙的江边，这里点明了诗题中的“暮雨”，又照应了诗题中的“送”字。

例文分析

例文：

思　念

舒　婷

一幅色彩缤纷但缺乏线条的挂图

一题清纯然而无解的代数
一具独弦琴，拨动檐雨的念珠
一双达不到彼岸的桨橹

蓓蕾一般默默地等待
夕阳一般遥遥地注目
也许藏有一个重洋
但流出来，只是两颗泪珠

呵，在心的远景里
在灵魂的深处

分析：

“思念”本就是一个极其美好的词。古往今来，无数的骚人墨客都曾以思念为题材写下流芳千古的华章丽句。“衣带渐宽终不悔，为伊消得人憔悴”（柳永），“从别后，忆相逢，几回魂梦与君同”（晏几道），“剪不断，理还乱，是离愁。别是一番滋味在心头”（李煜），“酒入愁肠，化作相思泪”（范仲淹），“春色三分，二分尘土，一分流水。细看来，不是杨花，点点是离人泪”（苏轼），如哀似诉、凄婉低回的诗句穿越了时空的限制，千百年来在无数的读者中引起共鸣。在当代女诗人的笔下，“思念”依旧以其纯美真率让多少人伤怀落泪。

再看这首诗，第一节便以独特的构思和形式展现此诗的与众不同。“一幅色彩缤纷但缺乏线条的挂图”——能感其美却无法触其形；“一题清纯然而无解的代数”——能晓其情却无法觅其果。如此无奈和悲哀不正是如烟似梦的思念吗？琴弦孤身只影，琴声破碎欲绝，希望与失望在若断若续“檐雨的念珠”中闪现。有桨却无法致岸，有情却无法会面，不正如“溯游从之，宛在水中央”及“盈盈一水间，脉脉不得语”的痛楚吗？缠绵悱恻的相思愁苦满溢字里行间，令人不忍触摸。

“蓓蕾一般默默地等待”，“默默”一词使“蓓蕾”这个意象更加形象突出，等待的热切和希望的深切之情溢于纸上；“夕阳一般遥遥地注目”，“遥遥”更突出了等待的悲哀和思念的痛苦。两个意象把人们思念的心定格在这温暖的画面里。而心的深处，是海洋。泪如海，思念如海，期待如海。最终翻腾不息的海语，溢满了两汪深湖，两颗晶莹剔透的泪珠，映现了世间一切的真情。思念的真切，在此从内到外，由浅及深，得到了淋漓尽致的体现。

相思不是简单之物，诗人也从多角度多侧面出发，用形象帮助思维说话。四个意象虽无逻辑关联，但每一意象的本质都能让人联想起意味相似的相思。此时，诗人的思维是跳跃的、抽象的，找不到明显的逻辑痕迹，但给人的情感感受空间是立体的，回味是深远的。

实践训练

一、请根据个人的感受，写一篇反映大学生活的诗歌。

二、请根据个人的感受，写一篇赞美人民教师的诗歌。

第四章　小　　说

第一节　小说的定义

“小说”一词，最早见于《庄子》。《庄子·外物》载：“饰小说以干县令，其于大达亦远矣。”意思是说，粉饰浅识小语以求高名，那和明达大智的距离就很远了。这里将“浅识小语”称为“小说”，其与今天所说的“小说”的含义相差甚远。

什么是小说？想要给小说下一个精确的定义是困难的。在“小说”这一概念提出之前，小说更多时候被西方人称为故事、史诗、传奇、虚构作品，而在东方则被称之为志怪、传奇、话本。也就是说，小说的含义从来就是动态的、发展的。它没有固定不变的理论，甚至也没有典范意义上的小说文本。人们对小说的理解，如同对存在、人、文化、文明、文学等概念的理解一样，是多样化的。

小说并非自古就有，实际上，真正意义上的小说的产生，在国外大概是 18 世纪早期的事情。一般而言，在西欧，笛福、理查逊、费尔丁被认为是其肇始者；而在中国，成熟的小说大约应该算是唐宋时期的“传奇”，也即彼时，“小说”才具备了今天我们所理解的意义。

众所周知，在人类的文学史上，最先出现的是诗歌。在中国，《诗经》的出现意味着文学先河的开启；而古希腊的神话和传说，以及《荷马史诗》的出现，则意味着西方诗歌的繁荣。其后，在中国，先秦散文的兴起推动着文学的发展；而国外，法国的《蒙田试笔》，带动了西方散文的繁荣发展。在这期间，小说在哪里呢？它实际上是夹杂和附带在诗歌和散文之中，逐步成长和壮大的——这并不是说小说源自诗歌和散文，正相反，小说有自己的源起。纵观世界各国，小说都是从神话传说开始的，中国的小说也是这样。有人说我国小说有很多起源，如寓言、史传、诸子散文等，其实真正的源头只有一个，那就是神话传说。

班固在《汉书·艺文志》“九流十家”之末列出了小说家：“小说家者流，盖出于稗官。街谈巷语，道听途说者之所造也。”可见，古人所说的小说的特点就是一个“小”字。同时，我国最初的小说，同历史归于一类，直到梁代萧统编《文选》，才第一次把文学和历史区分开来；而小说脱离历史领域成为文学创作，是进入唐代之后的事。明清时期的《金瓶梅》的出现在中国小说史上意义重大——中国的小说，从《东周列国》到《三国演义》《水浒》等基本难脱以历史为载体的模式，文人独立创作的《金瓶梅》，才更能体现出小说的本质特征。国外情形大致相仿。

五四运动时期，在引入自由和民主的同时，白话运动使我们将许多文学概念直接建立在了外来定义的基础上。这就导致了中国文学的断裂，在这种断裂中，诗歌无疑表现出了最惨烈的与传统的断裂。自由体诗歌的兴起占统治地位，这几乎就割断了中国诗歌的传统，而小说则表现得更隐蔽和更能触及灵魂。换言之，现在的小说概念，正是国外的小说概念。例如，有一定长度的虚构的故事，用散文体进行叙述，要有人物、性格等小说的特征，就是从西洋和东洋（日本）传输过来的。

国内“小说”概念流变的历史大约如此：“所谓小说者，野史之流也。”“小说”这个词的训诂意义表明：中国古代文人认为小说是靠不住的野史。类似的观念到了明清时期有所改变，定义里开始有了“人”的意思；到了五四运动前后，西方观念引进，小说也就有了和今天的概念相似的定义：“小说是通过典型的人物形象、典型的社会生活环境和完整的故事情节的具体描写，用以反映现实生活的一种文学体裁。”法国批评家谢活利给“小说”下的定义是：“小说是用散文写成的某种长度的虚构故事。”

综上所述，小说的定义大致可以归结为：小说是一种运用文学语言，以叙述为主要表达方式，通过完整的故事情节的安排、典型形象的塑造和典型环境的描写，多方面地反映和再现现实生活的一种文学体裁。

第二节　小说的分类

小说的分类是非常复杂的，我们可以按照以下标准进行分类：

一、按反映生活的规模、容量大小和篇幅长短分

（一）长篇小说

长篇小说篇幅较长，内容丰富，情节复杂，人物众多，能够在比较广阔的范围内多方面地反映一定历史时期的社会生活面貌，因此，优秀的长篇小说常常被誉为“时代的百科全书”。长篇小说的特点是：广泛地反映社会生活，可以容纳丰富复杂的生活内容，描绘各种各样的人物和人物性格的变化；多方面地描写人物性格，可以把人物放在复杂的矛盾斗争中去表现他们的性格变化和成长；有复杂的情节和结构。长篇小说描绘的是广阔复杂的社会生活，各种各样的人物，因而有众多的生活场面的变换和发展，故事线索也不仅是一条，往往是几条线索交织在一起，而众多的人物之间又有复杂的关系。这一切形成长篇小说情节和结构的复杂情况。由于内容丰富复杂，一部长篇小说一般又分为若干章、回和部。《红楼梦》《子夜》《李自成》《复活》等都是著名的长篇小说。

（二）中篇小说

中篇小说容量大小、篇幅长短、人物多寡、情节繁简介于长篇小说和短篇小说之间。其故事情节不像长篇小说那样环绕着好几组人物展开，而大多是描写一两个人物较长时期的遭遇或一生的命运。中篇小说虽没有长篇小说那样宏大的规模，却比短篇小说规模要大一些。鲁迅的《阿Q正传》、赵树理的《李有才板话》、从维熙的《大墙下的红玉兰》、谌容的《人到中年》等都是优秀的中篇小说。

（三）短篇小说

短篇小说的特点是篇幅短小，情节简洁，人物集中。它往往选取和描绘富有典型意义的生活片断，着力刻画主要人物的性格特征，反映生活的某一侧面，使读者“借一斑略知全豹”。正如茅盾所说：“短篇小说主要是抓住一个富有典型意义的生活片断，来说明一个问题或表现比

它本身广阔得多、也复杂得多的社会现象的。”这“也就决定了它的篇幅不可能长，它的故事不可能发生于长年累月（有些短篇小说的故事只发生于几天或几小时之内），它的人物不可能太多，而人物也不可能一定要有性格的发展”（《试谈短篇小说》）。在中国文学中，自唐宋以来，短篇小说日趋发展、丰富，如清代蒲松龄的《聊斋志异》是一部文言短篇小说集，鲁迅的《药》《祝福》等是著名的短篇小说。

二、按小说描写的特定内容分

（一）言情小说

言情小说以男女爱情为基本题材。此类小说文笔优美，情意缠绵，故事复杂曲折，或历尽磨难终成眷属，或坎坷多变遗恨绵绵，以情为主，以情动人，以情展示社会图景。中国的言情作品，可以上溯到唐代的爱情传奇，至明清之际，“人情小说”“市井言情小说”一度兴盛。“五四”前后，“鸳鸯蝴蝶派”言情小说迎合小市民的趣味，在普通读者中，影响较大，代表作家为张恨水。近年来，新形式的言情小说重又出现，艺术表现手法上也有了一定创新，影响最大的是台湾女作家琼瑶的作品。

（二）武侠小说

武侠小说盛行于清代后期，一般为章回体长篇小说。内容主要写武侠仗义，因而又称侠义小说。武侠仗义往往又和清官断案结合在一起，让侠士协助清官破案，因此又称为侠义公案小说或公案小说，如《三侠五义》《施公案》《彭公案》等。这类作品多以情节取胜，思想内容较单薄。20 世纪 50 年代以后，香港、台湾出现了一批新的武侠小说，这类作品融进了现代意识，想象丰富、情节离奇，如金庸的《射雕英雄传》等，较有吸引力，引起了理论界的重视。

（三）谴责小说

谴责小说是中国旧小说的一种。清末社会黑暗，政治腐败，官吏贪污媚外，人民不觉悟，有些作家用小说口诛笔伐，进行揭发和指责。鲁迅在《中国小说史略》里对这种小说曾加以评论，并称之为“谴责小说”。这种小说在内容上广泛揭露和批判现实，大力宣传资产阶级改良主义，但批判不彻底，并寄幻想于封建最高统治者；在艺术上多用讽刺手法，笔无藏锋，极度夸张，但概括和典型化不够。李伯元的《官场现形记》、刘鹗的《老残游记》、曾朴的《孽海花》等就是谴责小说的代表作。

（四）历史小说

历史小说以历史人物和事件为题材，反映一定历史时期的生活面貌；长篇历史小说可以展示某一时期的生活面貌和历史发展的趋势。这类作品所描写的主要人物和事件都有历史根据，但容许适当的虚构。因此，它虽然可以向读者提供一些历史知识，但它的主要目的在于给读者以启示和教育。《三国演义》《李自成》等就是历史小说。

（五）侦探小说

侦探小说是 19 世纪末产生和盛行于欧美资本主义社会的一种通俗小说。它主要描写刑事案件的发生和破案经过，常以专门协助司法机关从事侦察活动的侦探作为中心人物，描写他们的勇敢机智和冒险行为，表现他们高超的侦探才能，故事情节曲折离奇，引人入胜。但这类作品大多肆意描写凶杀、偷盗、抢劫和奸淫等情节，散布神秘主义和唯心主义思想，宣扬资产阶级人生哲学和道德观，带有消极成分，著名的侦探小说有英国柯南道尔的《福尔摩斯探案集》。中国在20世纪初即有模仿之作，如程小青的《霍桑探案》。

（六）科幻小说

科幻小说是现代小说的一个重要种类，以表现现代人的科学幻想为基本特征，是19世纪资本主义社会工业革命的产物。法国作家儒勒·凡尔纳以一生的创作，把科幻小说推向成熟，被称为“科幻小说之父”。科幻小说大多以充沛的感情、神奇的科学幻想，表现一定的社会价值观念和对人类未来的理性思考。有些还将科学幻想同政治讽刺相结合，拓展这类作品的题材。优秀的科学幻想小说，把科学和艺术很好地结合起来，用丰富的科学知识武装人们的头脑，鼓舞人们展望科学的美好前景，激发人们求知与探索的热情，对青少年读者的智力开发能起积极的作用。它的特点是：科学性，即所描写的故事尽管不是事实，属于尚未实现的人类未来的生活，充满着奇特的幻想，但必须有科学理论上的依据；预见性，即所描述的内容，应当是人类科学实践所未曾达到的领域；文艺性，即要求具有小说的一般特征，有典型环境的描绘，有栩栩如生的人物形象，有曲折生动的故事情节。深受青少年欢迎的童恩正的《古峡迷雾》、叶永烈的《世界最高峰的奇迹》就是科学幻想小说。

（七）推理小说

推理小说是侦探小说的一种，是以逻辑推理方法侦破案件的小说。20世纪20—30年代在欧美得到发展；20世纪60—70年代以来在日本风行，当时日本的推理小说居世界首位，推理小说这个名称，也是首先在日本起用的。推理小说的内容大体与侦探小说一致，主要区别在于它注重科学的逻辑推理，运用推理手段拨开疑云迷雾，揭示案情和破案过程。优秀的推理小说，不仅情节曲折离奇，引人入胜，而且其深入细致的分析和精到准确的判断使人佩服；不仅使人获得艺术上的享受，而且使人得到思想方法上的启发。美国的弗德累·达奈与曼弗里德·李合著的《希腊棺材之谜》，日本松本清张的《奇怪的被告》等就是推理小说。

（八）惊险小说

惊险小说是现代小说的重要种类，是对内容惊险的各种小说的统称。惊险小说的源头是各民族古代的惊险故事传说，往往带有神话或迷信色彩。18—19世纪以来，惊险小说的题材逐渐增多，成为相对独立的现代小说样式，一般可分为：侦探小说、间谍小说、探险小说、犯罪小说、神秘小说和部分科幻小说。法国大仲马的《基督山伯爵》是拥有广泛读者的惊险小说。伴随着商品经济的发展，西方惊险小说也出现了粗制滥造的现象。另外，有人将中国清代以来由公案小说演变而来的武侠小说、剑侠小说也归入惊险小说的范畴。这类作品多以惊险奇巧的情节取胜，缺乏人物性格的塑造，格调通常不高。

（九）纪实小说

纪实小说是现代小说的一种，指在搜集事实材料基础上加以概括、提炼、艺术虚构而写成的小说。这种小说是现实主义小说发展的一个分支，同时也受到新闻、报告文学发展的影响。纪实小说往往根据报刊文章、法庭记录、档案文献等写成，也可根据通过调查、访问等搜集到的第一手材料写成。作品多具有较强的政治倾向和道德意识。当代中国文坛，纪实小说也在报告文学的基础上发展起来。

三、按表现形式或手法分

（一）诗体小说

诗体小说是具有诗的特点的一种小说。与一般叙事诗比较，诗体小说不仅篇幅长，更主要的是它像小说那样，比较细致地描绘了人物性格，有完整的情节结构，但描写没有小说细致具体，它是用诗的语言写成的，能抒发更强烈的感情。拜伦的《唐璜》、普希金的《叶甫盖尼·奥涅金》就是著名的诗体小说。

（二）章回小说

章回小说是长篇小说的一种，是我国古典小说的主要形式，由宋元讲史话本发展而来。讲史说的是历史兴亡和战争故事，如《全相平话五种》《五代史平话》《宣和遗事》等。说话人不能把每段故事有头有尾地在一两次说完，必须连续讲若干次，每讲一次就等于后来的一回。在每次讲话以前，要通过题目向听众揭示主要内容，这就是章回小说回目的起源。从章回小说中经常出现的“话说”和“看官”字样，可以看出它和话本之间的继承关系。经过宋元两代的长期孕育，元末明初出现了一批章回小说，如《三国志通俗演义》《残唐五代史演义》《水浒传》等。这些小说都在民间长期流传，经说话和讲史艺人补充内容，最后由作家加工改写而成。它们比起讲史有很大发展，其中人物和故事的核心虽然是历史的，但更多的内容是后人所创造的，篇幅比讲史更长了，主要是供读者阅览的，而且明确分为若干卷，每卷又分为若干节，每节前面有一单句目录，如“刘玄德斩寇立功”。到了明中叶，章回小说的发展更加成熟，出现了《西游记》《金瓶梅》等。这些章回小说故事情节更趋复杂，描写更为细腻，内容和“讲史”已没有一定的联系，只是体裁上保持着“讲史”的痕迹。这时章回小说已不分节，而明确地分成多少回，回目也由单句发展成为参差不齐的双句，最后成为工整的对句。如明嘉靖后出现的各种版本的《三国演义》，人们把明嘉靖本《三国演义》的两节合并成一回，两节的节目作为回目的两句，起初两句不是对偶的，到了毛宗岗修改《三国演义》时，为了“务取精工，以快阅者之目”，就把“以参差不对，错乱无章”的回目改为对偶整齐的二句。

（三）书信体小说

书信体小说是用书信的形式写成的小说，以第一人称“我”为主人公讲解故事、塑造形象，写人叙事都以“我”的亲身经历、亲眼见闻展开，使人感到亲切，增加了真实感。著名的书信体小说有德国歌德的《少年维特之烦恼》、卢梭《新爱洛绮丝》。

（四）意识流小说

“意识流”是现代西方的一种小说写作技巧。19世纪末，美国心理学家威廉·詹姆士提出人的意识像流水一样斩不断，形成“流”，人们称这种理论为“意识流”的理论。其后法国小说家艾杜阿·杜夏丹率先在他的作品中运用了“内心独白”的写法。这之后意识流小说发展很快，在英国、美国都出现了代表作家和作品，逐渐形成了小说创作的独立流派；这种小说强调自由联想、内心独白和旁白，带有很大的思维跳跃性和随意性，不讲求情节的连贯和完整性，写作章法突然多变。

（五）“新小说”

“新小说”在20世纪五六十年代形成于法国，严格地说，它只是一个松散的俱乐部式的文学团体，主张打破传统小说模式，进行激进的语言实验，颠覆传统的小说架构，被称为“反传统小说”。从总体上看，其影响力不大，基本局限于法国一国。

“新小说”的特点：第一，划清两个界限：文学与政治，“新小说”与传统文学。第二，读者参与创作。比如，马克·萨波塔《作品第一号》，像一副扑克牌，共52页，每页50～100字，独立成章，散页。第三，主张回到文学本身。其认为小说的存在价值，要从它自身寻找；否定小说的社会意义；注意力转到了形式方面。

第三节 小说的特征

小说是通过人物、情节和环境的具体描写来反映现实生活的叙事作品。因此，有人把人物、情节、环境称为小说的三要素。关于小说的特征，别林斯基说，它“结合了一切其他类别的诗：既有作者对所描写事件的感情的吐露——抒情诗，也有使人物更为鲜明突出的手段——戏剧因素。其他类的诗所不能容忍的旁白、议论，在长篇和中篇小说里都有其合法的地位”(《别林斯基论文学》)。这说明小说比诗、戏剧都自由得多，它能更广泛地反映社会生活。大致上说，小说具有如下一些基本特征：

一、能多方面细致地刻画人物

文学作品大都是以刻画人物形象为中心的，而小说能最全面地体现文学的这一特性。它能够多方面地再现人物的绚丽多彩的生活整体。小说既可以描写人物当前的现实活动，也可以描写他以往的经历；既可以描写平凡生活的内容，也可以描写激烈的斗争；既可以描写人物的一个横断面，也可以描写人物的一生以至数代人的生活史；既可以描写人物的动作、语言、神情姿态和容貌等外部特征，也可以描写人物的思想感情、道德情操以及种种外部事物所引发的隐秘的内心活动。

同时，小说在塑造人物性格方面，比其他文学体裁更自由，小说描写人物和生活场景，比叙事诗细致入微，比戏剧更为灵活。小说还可以通过多种多样的表现手段，多方面地、多层次地刻画人物。它既可以借助叙述人的语言，也可以借助作品中的人物行为来直接揭示人物性格，还可以通过肖像描写、心理描写、概括描写、细节描写等手段来刻画人物性格，使人物形象鲜明、生动，富有典型意义。例如，巴尔扎克对老葛朗台的肖像描绘；托尔斯泰对聂赫留朵夫的心理剖析；吴敬梓对胡屠夫的行动刻画；曹雪芹对林黛玉生活环境的渲染；罗贯中在“煮酒论英雄”一回中写曹操和刘备的对话；高尔基对巴维尔成长的抒情议论，都无一不鲜明地刻画了人物的性格。多方面刻画人物是小说的主要特征。因此，小说人物形象塑造的优劣成败，对小说的美学价值有至关重要的影响。

二、有完整生动的故事情节

小说的中心任务是塑造人物形象，而情节是人物性格成长发展之历史。因此，小说就必须充分展示人物性格，具有生动、复杂而又完整的故事情节。小说篇幅较长、容量较大，它可以深入细致地去描绘各方面的社会生活，表现多种多样的矛盾冲突，把各种人物性格都刻画得栩栩如生。和其他文学体裁相比，这个特点就更为突出。抒情诗一般没有情节；叙事诗虽有情节，

但比较简单；有的叙事散文和报告文学虽有情节，但往往也是片断的，或在作品中不占主要地位；戏剧与小说类似，都需要有完整的故事情节，但二者比较起来，小说的情节更为复杂、曲折和多样。如长篇小说《红楼梦》就是围绕贾府由盛到衰这个情节主干，以贾宝玉、林黛玉和薛宝钗之间爱情纠葛为主要情节，展示封建统治阶级内部的相互倾轧和弱肉强食、叛逆者的反抗、荣宁二府的兴衰、贾雨村的宦海浮沉、甄士隐的穷困潦倒、尤三姐的爱情悲剧等。一个个故事此起彼伏，交织穿插，构成了一幅色彩斑斓、气象万千的封建社会的生活历史画卷。即使是短篇小说，它的情节比较单纯，但完整曲折，跌宕起伏，引人入胜，如鲁迅的《药》、契诃夫的《变色龙》、莫泊桑的《项链》等短篇小说。

三、能具体灵活地描绘各种复杂的人物活动环境

小说中的环境，实际就是指人物生活的历史背景、社会背景、自然环境以及人物活动和事件发生的具体场所。比较而言，在各种文学体裁中，小说在时间和空间上都不受任何限制。它可以进行纵的历史叙述，也可以截取横断面进行具体生活场景的描绘；既可以描写与人物和事件直接相关的环境，也可以描写与人物、事件只有间接关系的各种因素。当然，其他文学体裁（如长篇叙事诗、戏剧文学等）也需要进行某些具体的环境描写，但一般都很简洁、集中，或高度浓缩与概括，有的（如散文）还有较多的抒情色彩。而小说，则完全可以根据人物性格刻画的需要，具体地描绘各种环境。小至一草一木，大至万里河山，都可以淋漓尽致地再现出来。小说的环境描写非常重要，如果离开了一定的时代和具体的环境，不仅人物性格得不到充分的展示，而且也会失去作品的真实性。

第四节　小说的写作

小说的种类繁多，不同小说的写作有共性亦有其特性，因此，在此谈小说的写作，难免挂一漏万。本章节拟以短篇小说的写作要求为例，来分析小说写作的基本特性。

短篇小说是一种人物、情节比较单纯，场景具体，篇幅短小的小说形式。短篇小说以反映人生的横截面为其显著的特点而与长、中篇小说明显地区别开来。它多选取生活中最富有典型意义的片断或侧面作为描写对象，情节单一，场面集中，一般抓住一条主线来展开情节，不可枝蔓过多。人物不宜太多，人物关系也应尽量集中。集中力量突出一两个人物的性格中的主要特征，不可面面俱到，要展示人物性格的全貌。但短篇小说能以小见大、见微知著，能在较短的篇幅中展示深刻的思想内涵。“在巍峨灿烂的巨大的纪念碑底的文学之旁，短篇小说也依然有着存在的充足的权利。不但巨细高低，相依为命，也譬如身入大伽篮中，但见全体非常宏丽，炫人眼睛，令观者心神飞越，而细看一雕栏，一画础，虽然细小，所得却更为分明，再以此推及全体，感受遂愈加切实，因此那些终于为人所注重了。”“只顷刻间，而仍可借一斑而略知全豹，以一目尽传精神。”（鲁迅《三闲集·近代世界短篇小说集小引》）

短篇小说这一特点就要求写作者要做到以下几点：精选典型材料；挖掘出小事件中的大道理；涵蕴内潜，不需全盘托出；情节单纯，人物集中。由此可见，短篇小说的写作要领有以下几点：

一、善于感受，精于构思

短篇小说的题材往往比较细琐，是生活中的小事件。这就要求在构思的时候善于抓住核心材料。生活中的一个精彩的故事，一个给人留下深刻印象的人物，一个美好的画面，深埋于心的一点回忆、情绪、印象都可能触发打动作者，使作者对它产生深刻的感受，这些东西往往成为触发构思的核心材料。由此出发，再进一步虚构、开掘生发，由小到大，由点到面，从而进入艺术构思。

截取有典型意义的生活片断是短篇小说构思中的重要一环。短篇小说容量有限，展示的生活面不宜过大，需要写作者有高度的概括力，精心截取人物最具典型意义的生活片断。茅盾说："短篇小说主要是抓住一个富有典型意义的生活片断，说明一个问题或者表现比它本身广阔得多，也复杂得多的社会现象的。"(《试谈短篇小说》，见《鼓吹集》)

截取生活片断有两种情况。一种是横切，指截取人物在较短时间里具有典型意义的生活横断面，情节、画面都很集中。大多数短篇小说都是以这种形式来构思的，比如《一件小事》、《乡场上》、欧·亨利的《麦琪的礼物》。另一种是直缀，是从较长的时间中，截取人物的几个重要生活片断，将其组接起来，连缀成篇，以展现人物的遭遇和命运，比如莫泊桑的《项链》，老舍的《月牙儿》，鲁迅的《祝福》。

二、巧妙设置情节

情节是小说必不可少的要素：它是展示人物性格的基础；它是揭示人物与人物关系的依托；它是结构小说形态的重要依据。

(一) 对小说情节的基本要求

(1) 真实。情节必须反映符合生活本质的艺术真实，一是要求情节内含的矛盾真实，二是要求细节的真实。

(2) 完整。情节必须有头有尾，连贯完整，有始有终。

(3) 生动。情节必须丰富多彩，曲折紧张，扣人心弦。

(二) 构思、安排情节的艺术手法

1. 紧扣人物，突出性格

情节是人物活动的历史轨迹，不同人物具有不同的性格，也有不同的行为方式。因此，在构思情节时，必须充分尊重人物的个性，让他自己去选择他特有的故事和情节，不能因情节而扭曲性格。在众多的故事中，要重点写那些对展示人物性格有利的情节。

2. 一点因由，生发出去

无穷无尽发展着的事物和现象，各具特点而又互相联系，作家置身其中，往往被其中的某一点吸引，产生强烈的创作欲望。然后由此一点出发，多方联想、挖掘，生发加工，构思出完整的情节。"所写的事迹，大抵有一点见过或听到过的缘由，但决不全用这事实，只是采取一端加以改造，或生发开去，到足以几乎完全发表我的意思为止。"(鲁迅的《我怎样做起小说来》)

3. 综合虚构，优选典型

在大量素材中，作者进行反复选择，沙里淘金，把最有价值的情节优选出来，然后进行改造、加工、补充，使之成为具有典型意义的情节。故事情节的典型化原理与人物典型化的原理

是一致的。

三、塑造人物，突出典型

人物是小说的核心。小说就是通过对人物及其活动的叙述、描写来表现主题、展开情节，从而感染读者、影响读者的。因此，塑造人物是短篇小说的命脉。“塑造人物是创作的首要任务。”（沙汀语）

（一）人物性格刻画的要求

1. 要具有鲜明独特的个性

社会生活中没有两个一模一样的人，鲜明独特的个性是指人物生动活脱、有血有肉、呼之欲出，是不同于其他任何人的“这一个”。刻画人物不仅要写出人物的外部特征，同时还要展现它的内部世界。“人物的性格不仅表现在他做什么，而且表现在他怎样做。”（恩格斯《致斐·拉萨尔》）

2. 要具有一定的概括性和代表性

独具个性的人物性格只有涵盖较为广阔的社会内容，才具有普遍性、典型性，这样的人物才有深远的社会价值。

3. 性格要进行多方面的描写

小说中的人物和任何事物一样是一个矛盾对立的统一体，他带着各种各样的愿望并将它们表现于动作。只有多方面描写人物性格，才能塑造血肉丰满的人物形象。片面描写人物性格，把人物神化或鬼化，这样的人物是绝无生命力的。在多方面描写人物性格时，又需着重表现其性格的主要特点，以达成性格的统一和完整。

4. 性格要有发展

人物性格要依一定的社会条件的改变而演变。小说的人物塑造通常要表现性格的成长和演变，使其主要性格特点显得更清晰。

短篇小说由于篇幅的限制和取材的特点，不应强调性格发展的历史过程。但是，它在创造鲜明、丰满的人物性格时，着力表现性格的发展也并非完全不可能。尤其是截取人物一生中几个关键片断来反映人物命运的短篇，常使人物性格有明显的发展，比如《祝福》中的祥林嫂。

（二）人物典型化的方法

首先要弄清楚典型性的含义。性格的典型性不是先个性化再概括或反之，而是两者同时进行的过程。在对生活素材进行概括的时候，注意集中富有特征的生动细节。

典型化有两种方法：一种是以真人为模特儿，即以某个生活原型为基础，吸取其他类似的生活素材使人物血肉丰满、个性突出，使之成为典型人物。柳青说：“由模特儿变成作品里的人物，这就是创作的主要过程。”（柳青《创作经验谈》）另一种是“杂取种种，合成一个”。鲁迅说：“人物的模特儿也一样，没有专用过一个人，往往嘴在浙江，脸在北京，衣服在山西，是一个拼凑起来的角色。”高尔基说：“假如一个作家能从20个到50个，以至从几百个小店铺老板、官吏、工人中的每个人身上，把他们最有代表性的阶级特点、习惯、嗜好、姿势、信仰和谈吐等抽取出来，再把它们综合在一个小店铺老板、官吏、工人的身上，那么这个作家就能用这种手法创造出‘典型’来，而这才是艺术。”（高尔基《谈谈我是怎样学习写作》）

刻画人物形象的具体方法有很多，下面介绍的是其中的几种方法：

1. 对比法

对比法也称对照法，是指通过人物与人物的对比描写，使人物形象鲜明地突现出来。比如，《一件小事》中"我"和车夫的对比；故事影片《红色娘子军》中描写琼花和红莲结伴去参加娘子军，做的是同一件事，但在怎么做上显示了不同性格。这里，作者在性格的对比中为我们进行了精确的个性描写，吴琼花是南霸天的女奴，面对着南霸天的皮鞭和水牢，她的回答是"跑！看不住就跑"。红莲也不满非人的生活，但她并不像琼花那样，而是很有心计地选择公公婆婆进城烧香的时机，并且还用腰带布包头，女扮男装，然后出逃。同样是逃跑，不同性格特点的人，就有不同的逃跑方式。

2. 烘云托月法

多方映衬、烘托以突出主要人物，即所谓"众星捧月""绿叶衬红花"。金圣叹评《西厢记》："欲画月也，月不可画，因而画云。画云者，意不在云也。意不在云者，意固在月也。"

3. 铺垫法

先进行人物、事物、景物描写以衬托出主要人物。这种手法多用于描写尚未出场的主要人物或重要人物。《老残游记》中"明湖居听书"一节，先写琴师不凡的演技和黑妞的美妙歌喉，为白妞的出场和表演做好铺垫。

4. 转折法

描写特定环境中人物性格由一面突然转向另一面，以揭示人物的本性真情，如契诃夫的《变色龙》中的主人公。

5. 渲染法

用对环境气氛的渲染来代替正面描写以突出中心人物，如《三国演义》第五回"关公温酒斩华雄"。

6. 夸张法

把人物性格的某些特征加以夸张、放大，使人物性格鲜明突出，如《三国演义》中张飞喝断当阳桥的情节；显现人物性格的细节多次出现以突出人物形象的某一特征，再如《风波》中九斤老太"一代不如一代"的口头禅。

7. 梦幻法

用梦境、幻觉表现人物性格，揭示人物内心世界，如《红楼梦》中多处梦境。

四、注重环境描写

小说中的环境是指作品中所描写的人物赖以存在、情节赖以展开的社会背景或具体场面，分为社会环境和自然环境两个方面。

人总是在一定的环境中生活，故事也总是在一定的环境中展开。因此，人物的性格或情节的发展走向必然要受到环境的影响和制约。为了更好地揭示人物的性格，必须准确地表现他所赖以存在的环境。恩格斯说："现实主义的意思是：除细节的真实外，还要真实地再现典型环境中的典型人物。"（《致玛·哈克奈斯》）

（一）自然环境的描写

自然环境描写就是对日月星辰、山川河流、花草树木、鸟兽虫鱼、时序节令、风雨雪霜等自然景物的描写。自然景物也是现实生活的一部分，文章或作品是对现实生活的反映，自然也少

不了对景物的描写。

景物描写的作用是多方面的：

（1）为人物活动和事件发展提供必要的环境。

（2）渲染、烘托气氛。如鲁迅的小说《药》的末尾有这样一段文字："微风早已停息了；枯草支支直立，有如铜丝。一丝发抖的声音，在空气中愈颤愈细，细到没有，周围便都是死一般静。"

（3）抒发或寄托作者和人物的感情。

（4）有的环境描写可以推动情节的发展。如《水浒传》第十六回"智取生辰纲"一节，作者用诗词反复描写和渲染天气炎热。这炎热难耐的天气成为一系列情节发展的推动力——天不热，杨志等人就不会买酒喝，不喝酒、不被麻倒，吴用等人如何得手？

（二）社会环境的描写

社会环境的描写是指对一定历史时期的社会生活、社会风尚、风土人情的描写；在具体的文章中则指对人物的活动有影响的阶级关系、人际关系、居室陈设等环境因素的描写。

社会环境比自然环境有更为重要的作用，它不仅可以交代背景、渲染气氛、提供人物活动的典型环境，而且对人物的活动内容和活动方式有重要的影响，使人物的性格和作品的主题富有时代感。

社会环境的描写一般以两种方式展开。

（1）通过对特定历史时期的社会生活情景的展示，为人物活动提供大的社会历史背景。古华的小说《芙蓉镇》开头有这样一段描写：

> 芙蓉镇街面不大，十几家铺子，几十户住家仅仅夹着一条青石街。铺子和铺子是那样的挤密，以至一家煮狗肉，满街闻香气，以至谁家娃儿跌跤碰脱牙、打了碗，街坊邻里心中都有数……不是逢圩的日子，街两边的住户还会从各自的阁楼上朝街对面的阁楼搭长竹竿，晾晒一应布物，衣衫裤子，裙子被子。

这里对一个古老、偏僻的乡镇风貌和人们的生活风俗进行了描绘，给下一步人物的活动和故事的展开提供了一个典型而真实的社会环境。

（2）通过对人物生活的具体环境的陈设、格局、色调的描绘，来烘托人物的秉性、气质和志趣爱好。曹雪芹在《红楼梦》中对林黛玉所住的"潇湘馆"的描写，就清楚地说明了这一点。那夹路的翠竹，满地的苍苔，还有那垂地的湘帘，都笼罩在"悄无人声"的寂静中。"一缕幽香从碧纱窗中暗暗透出……"这幅抒情诗似的工笔画，与林黛玉高洁的心灵及悲凄的人生境遇相吻合。这种环境，只有林黛玉可以当之。

俄国19世纪批判现实主义作家冈察洛夫在其长篇小说《奥勃洛摩夫》中，在利用环境描写来映衬人物性格方面也为我们树立了光辉的榜样。请看作家对主人公奥勃洛摩夫居室的描写：

> 四壁上，在画幅的周围，花彩似的挂着一簇簇灰尘蓬蓬的蜘蛛网；镜子呢，照不出东西了，倒可以当作记事牌，在灰尘上面记录着什么事情来帮助记忆。地毯都脏污了；一条毛巾忘在沙发上。差不多没有一天早晨不剩有一只头天晚上用了晚餐尚未拿去的、上面有一枚器皿和一块啃光的骨头的盘子，摆在撒满面包渣子的桌子上。
>
> 要不是这只盘子，以及倚在床边的一支刚吸完的烟斗和躺在这床上的主人，人们也许以为这间房子是没有人住的——什么东西都这么灰尘蓬蓬，褪了色，绝没有人住

> 着的痕迹。不错，书架上放着两三本摊开的书和一张报纸，写字桌上摆着一具墨水台和几支鹅毛笔；可是摊开的那几页已经发黄，蒙了灰尘——显而易见，它们给丢在那里已经很久了；报纸的日期还是去年的；如果把鹅毛笔向墨水里蘸去，说不定就有一只吓慌了的苍蝇嗡嗡地从里面冲飞出来。

奥勃洛摩夫的形象是19世纪50年代俄国腐朽寄生的贵族地主的形象，是俄国文学史上最后一个"多余人"的典型。懒散怠惰是他性格的基本特征，无所事事和沉睡是他生活的主要内容。上面这段描写的典型意义在于，房间的陈设和面貌与主人的性格完全吻合，互为表里。

五、丰富艺术细节

细节描写是对富有表现力的细小事物的描写。细节是刻画人物，展开情节和构成环境的最基本单位，是记叙性文体的最小结构单位，一篇叙事性文章或一部叙事性文学作品就是由大大小小的一系列细节连缀而成的。高尔基说："创作就是把若干细节结成或大或小有完美形式的整体。"

需要指出的是，细节描写不是对所有细节的描写。任何事件或场景都有许多的细节，这些细节有的反映了事物的本质，是富有特征的；有的细节是一般的，与事物的本质相距较远。在进行场面描述时，要有所选择，把具有特征性的细节写进去，把一般的细节摒弃掉。这就要求，观察时应该着力把握反映事物的特征的细节，尽力写出事物的灵魂和精髓。

真实典型的细节描写是刻画人物、丰富情节、表现主题的重要手段，没有精湛的细节描写，就不可能有生动的艺术形象，作品就没有感染力。富有表现力的典型细节是艺术的试金石。

有人对小说的情节和细节进行比较，认为："细节仿佛作家的财宝，情节则好比他们手中的玩具。比较成熟的作家大多不甚在意情节的保密，有的在动笔之前要向别人讲述自己编织的情节，以听取意见，求得改进。但对新颖而典型的细节，无论是苦苦搜寻得来不易的，还是偶然巧遇不费工夫的，他们总要珍藏起来，秘不示人。"（崔道怡：《小说创作十二讲》）由此可看出细节在写作中的特殊价值。

细节描写的要求是真实、准确、典型。

（一）真实

细节的真实是指反映现实生活本质、人物性格的艺术真实，并不要求一定要合乎生活的真实。首先，细节要合乎时代的规定性，合乎这一时代里一般人的自然能力和社会属性；其次，要合乎具体生活环境的规定性，合乎在这一环境里矛盾冲突的特殊性；最后，要合乎人物性格的规定性，合乎人物性格与其所处具体生活环境的一致性。简言之，细节的真实，就是要合乎人情事理。真实的细节描写，使读者如临其境，如历其事，如见其人，而虚假的细节则会使读者大伤胃口。巴尔扎克说："当我们在看书时，每碰到一个不正确的细节，真实感就向我们叫着：'这是不能相信的！'如果这种感觉叫的次数太多，并且向大家叫，这本书现在和将来都不会有任何价值了。"

（二）准确

细节的准确性是指细节要恰如其分地展现出人物或事件的情状，准确性是真实的基础。高晓声的小说《陈奂生上城》中，就有一些真实的、给人深刻印象的细节：陈奂生进城卖油绳，病倒在车站候车室中，被县委书记送进标准不低的招待所住了一夜。第二天醒来后，房间中豪华

的陈设使他惊恐无措，躺在床上怕弄脏了被子，“不由自主地立刻在被窝里缩成一团”；怕弄脏了地板，“把鞋子拎在手里，光着脚跑出去”；沙发“不敢坐，怕压瘪了弹不饱”。可是，当他付了五元钱的住宿费后，完全改变了模样：大摇大摆地走进房间，故意三番五次地直起身子向弹簧椅子上猛坐，用枕巾擦脸。这些细节生动地写出了陈奂生这位生活俭朴的农民，对城市高级招待所一夜就花掉一个社员七天才能赚到的五元钱的不满和抗议，以一个农民特有的方式，以带有破坏性的报复的方式表现出来。这些细节，就准确地将陈奂生在特定情境中的表现活灵活现地描画出来。

（三）典型

典型细节是指那些能够以一当十，逼真而深刻地反映出人物或事物的情貌，展示其本质的细节。只有典型的细节才堪称艺术细节，赋予形象以丰满的血肉，使形象永葆其艺术魅力。细节是否典型，主要看它在表现人物性格上具有多大功能。典型细节，就是“这一个”人物在内心、外形、语言和行动等方面最突出最有力的具体特征。《聊斋志异·镜听》中有这样一个细节，郑氏兄弟都是文士，哥哥早得功名，父母喜欢哥哥及其夫人。弟弟尚无功名，父母厌恶他及其夫人。一天，正是兄弟俩人闱战归来的盛暑季节，妯娌两人都在厨房做饭。突然有报子报哥哥高中，婆婆就来到厨房对嫂子说：“大男中式矣！汝可凉凉去！”弟媳一边干活一边流泪。这时又有人报弟弟也高中，他夫人不等婆婆招呼，便把饼杖扔在一边站起来，说：“侬也凉凉去！”在这个看似平常的生活细节中，包含着深刻的思想内涵，揭示了封建社会中“贫穷则父母不子，富贵则亲戚畏惧”的炎凉世态。细节应该富有典型性，但不能要求所有的细节都具有典型性，作品中的从属叙述、一般过场、交代性的细节，就可以没有典型性。

例文分析

例文：

受　戒

汪曾祺

明海出家已经四年了。

他是十三岁来的。

这个地方的地名有点怪，叫庵赵庄。赵，是因为庄上大都姓赵。叫做庄，可是人家住得很分散，这里两三家，那里两三家。一出门，远远可以看到，走起来得走一会，因为没有大路，都是弯弯曲曲的田埂。庵，是因为有一个庵。庵叫苦提庵，可是大家叫讹了，叫成荸荠庵。连庵里的和尚也这样叫。“宝刹何处？”——“荸荠庵。”庵本来是住尼姑的。“和尚庙”、“尼姑庵”嘛。可是荸荠庵住的是和尚。也许因为荸荠庵不大，大者为庙，小者为庵。

明海在家叫小明子。他是从小就确定要出家的。他的家乡不叫“出家”，叫“当和尚”。他的家乡出和尚。就像有的地方出劁猪的，有的地方出织席子的，有的地方出箍桶的，有的地方出弹棉花的，有的地方出画匠，有的地方出婊子，他的家乡出和尚。人家弟兄多，就派一个出去当和尚。当和尚也要通过关系，也有帮。这地方的和尚有的走得很远。有到杭州灵隐寺的、上海静安寺的、镇江金山寺的、扬州天宁寺的。一般的就在本县的寺庙。明海家田少，老大、老

二、老三，就足够种的了。他是老四。他七岁那年，他当和尚的舅舅回家，他爹、他娘就和舅舅商议，决定叫他当和尚。他当时在旁边，觉得这实在是在情在理，没有理由反对。当和尚有很多好处。一是可以吃现成饭。哪个庙里都是管饭的。二是可以攒钱。只要学会了放瑜伽焰口，拜梁皇忏，可以按例分到辛苦钱。积攒起来，将来还俗娶亲也可以；不想还俗，买几亩田也可以。当和尚也不容易，一要面如朗月，二要声如钟磬，三要聪明记性好。他舅舅给他相了相面，叫他前走几步，后走几步，又叫他喊了一声赶牛打场的号子："格当嘚——"，说是"明子准能当个好和尚，我包了！"要当和尚，得下点本，——念几年书。哪有不认字的和尚呢！于是明子就开蒙入学，读了《三字经》、《百家姓》、《四言杂字》、《幼学琼林》、《上论》、《下论》、《上孟》、《下孟》，每天还写一张仿。村里都夸他字写得好，很黑。

舅舅按照约定的日期又回了家，带了一件他自己穿的和尚领的短衫，叫明子娘改小一点，给明子穿上。明子穿了这件和尚短衫，下身还是在家穿的紫花裤子，赤脚穿了一双新布鞋，跟他爹、他娘磕了一个头，就随舅舅走了。

他上学时起了个学名，叫明海。舅舅说，不用改了。于是"明海"就从学名变成了法名。

过了一个湖。好大一个湖！穿过一个县城。县城真热闹：官盐店，税务局，肉铺里挂着成边的猪，一个驴子在磨芝麻，满街都是小磨香油的香味，布店，卖茉莉粉、梳头油的什么斋，卖绒花的，卖丝线的，打把式卖膏药的，吹糖人的，耍蛇的……他什么都想看看。舅舅一劲地推他："快走！快走！"

到了一个河边，有一只船在等着他们。船上有一个五十来岁的瘦长瘦长的大伯，船头蹲着一个跟明子差不多大的女孩子，在剥一个莲蓬吃。明子和舅舅坐到舱里，船就开了。明子听见有人跟他说话，是那个女孩子。

"是你要到荸荠庵当和尚吗？"

明子点点头。

"当和尚要烧戒疤呕！你不怕？"

明子不知道怎么回答，就含含糊糊地摇了摇头。

"你叫什么？"

"明海。"

"在家的时候？"

"叫明子。"

"明子！我叫小英子！我们是邻居。我家挨着荸荠庵。——给你！"

小英子把吃剩的半个莲蓬扔给明海，小明子就剥开莲蓬壳，一颗一颗吃起来。

大伯一桨一桨地划着，只听见船桨拨水的声音："哗——许！哗——许！"

……

荸荠庵的地势很好，在一片高地上。这一带就数这片地势高，当初建庵的人很会选地方。门前是一条河。门外是一片很大的打谷场。三面都是高大的柳树。山门里是一个穿堂。迎门供着弥勒佛。不知是哪一位名士撰写了一副对联：

大肚能容容天下难容之事

开颜一笑笑世间可笑之人

弥勒佛背后，是韦驮。过穿堂，是一个不小的天井，种着两棵白果树。天井两边各有三间

厢房。走过天井，便是大殿，供着三世佛。佛像连龛才四尺来高。大殿东边是方丈，西边是库房。大殿东侧，有一个小小的六角门，白门绿字，刻着一副对联：

一花一世界

三藐三菩提

进门有一个狭长的天井，几块假山石，几盆花，有三间小房。

小和尚的日子清闲得很。一早起来，开山门，扫地。庵里的地铺的都是箩底方砖，好扫得很，给弥勒佛、韦驮烧一炷香，正殿的三世佛面前也烧一炷香、磕三个头、念三声"南无阿弥陀佛"，敲三声磬。这庵里的和尚不兴做什么早课、晚课，明子这三声磬就全都代替了。然后，挑水，喂猪。然后，等当家和尚，即明子的舅舅起来，教他念经。

教念经也跟教书一样，师父面前一本经，徒弟面前一本经，师父唱一句，徒弟跟着唱一句。是唱哎。舅舅一边唱，一边还用手在桌上拍板。一板一眼，拍得很响，就跟教唱戏一样。是跟教唱戏一样，完全一样哎。连用的名词都一样。舅舅说，念经：一要板眼准，二要合工尺。说：当一个好和尚，得有条好嗓子。说：民国二十年闹大水，运河倒了堤，最后在清水潭合龙，因为大水淹死的人很多，放了一台大焰口，十三大师——十三个正座和尚，各大庙的方丈都来了，下面的和尚上百。谁当这个首座？推来推去，还是石桥——善因寺的方丈！他往上一坐，就跟地藏王菩萨一样，这就不用说了；那一声"开香赞"，围看的上千人立时鸦雀无声。说：嗓子要练，夏练三伏，冬练三九，要练丹田气！说：要吃得苦中苦，方为人上人！说：和尚里也有状元、榜眼、探花！要用心，不要贪玩！舅舅这一番大法要说得明海和尚实在是五体投地，于是就一板一眼地跟着舅舅唱起来：

"炉香乍爇——"

"炉香乍爇——"

"法界蒙薰——"

"法界蒙薰——"

"诸佛现金身……"

"诸佛现金身……"

……

等明海学完了早经，——他晚上临睡前还要学一段，叫做晚经，——荸荠庵的师父们就都陆续起床了。

这庵里人口简单，一共六个人。连明海在内，五个和尚。有一个老和尚，六十几了，是舅舅的师叔，法名普照，但是知道的人很少，因为很少人叫他法名，都称之为老和尚或老师父，明海叫他师爷爷。这是个很枯寂的人，一天关在房里，就是那"一花一世界"里。也看不见他念佛，只是那么一声不响地坐着。他是吃斋的，过年时除外。

下面就是师兄弟三个，仁字排行：仁山、仁海、仁渡。庵里庵外，有的称他们为大师父、二师父；有的称之为山师父、海师父。只有仁渡，没有叫他"渡师父"的，因为听起来不像话，大都直呼之为仁渡。他也只配如此，因为他还年轻，才二十多岁。仁山，即明子的舅舅，是当家的。不叫"方丈"，也不叫"住持"，却叫"当家的"，是很有道理的，因为他确确实实干的是当家的职务。他屋里摆的是一张账桌，桌子上放的是账簿和算盘。账簿共有三本。一本是经账，一本是租账，一本是债账。和尚要做法事，做法事要收钱，——要不，当和尚干什么？常做的法事是放焰口。正规的焰口是十个人。一个正座，一个敲鼓的，两边一边四个。人少了，八个，一边三个，也凑合了。荸荠庵只有四个和尚，要放整焰口就得和别的庙里合伙。这样的时候也有过，通常只是放半台焰口。一个正座，一个敲鼓，另外一边一个。一来找别的庙里合伙费事；二来这一带放得起整焰口的人家也不多。有的时候，谁家死了人，就只请两个，甚至一个和尚咕噜咕噜念一通经，敲打几声法器就算完事。很多人家的经钱不是当时就给，往往要等秋后才还。这就得记账。另外，和尚放焰口的辛苦钱不是一样的。就像唱戏一样，有份子。正座第一份。因为他要领唱，而且还要独唱。当中有一大段“叹骷髅”，别的和尚都放下法器休息，只有首座一个人有板有眼地曼声吟唱。第二份是敲鼓的。你以为这容易呀？哼，单是一开头的“发擂”，手上没功夫就敲不出迟疾顿挫！其余的，就一样了。这也得记上：某月某日、谁家焰口半台，谁正座，谁敲鼓……省得到年底结账时赌咒骂娘。……这庵里有几十亩庙产，租给人种，到时候要收租。庵里还放债。租、债一向倒很少亏欠，因为租佃借钱的人怕菩萨不高兴。这三本账就够仁山忙的了。另外香烛、灯火、油盐“福食”，这也得随时记记账呀。除了账簿之外，方丈的墙上还挂着一块水牌，上漆四个红字：“勤笔免思”。

仁山所说当一个好和尚的三个条件，他自己其实一条也不具备。他的相貌只要用两个字就说清楚了：黄，胖。声音也不像钟磬，倒像母猪。聪明么？难说，打牌老输。他在庵里从不穿袈裟，连海青直裰也免了。经常是披着件短僧衣，袒露着一个黄色的肚子。下面是光脚趿拉着一对僧鞋，——新鞋他也是趿拉着。他一天就是这样不衫不履地这里走走，那里走走，发出母猪一样的声音：“呣——呣——”。二师父仁海。他是有老婆的。他老婆每年夏秋之间来住几个月，因为庵里凉快。庵里有六个人，其中之一，就是这位和尚的家眷。仁山、仁渡叫她嫂子，明海叫她师娘。这两口子都很爱干净，整天的洗涮。傍晚的时候，坐在天井里乘凉。白天，闷在屋里不出来。

三师父是个很聪明精干的人。有时一笔账大师兄扒了半天算盘也算不清，他眼珠子转两转，早算得一清二楚。他打牌赢的时候多，二三十张牌落地，上下家手里有些什么牌，他就差不多都知道了。他打牌时，总有人爱在他后面看歪头胡。谁家约他打牌，就说“想送两个钱给你。”他不但经忏俱通（小庙的和尚能够拜忏的不多），而且身怀绝技，会“飞铙”。七月间有些地方做盂兰会，在旷地上放大焰口，几十个和尚，穿绣花袈裟，飞铙。飞铙就是把十多斤重的大铙钹飞起来。到了一定的时候，全部法器皆停，只几十副大铙紧张急促地敲起来。忽然起手，大铙向半空中飞去，一面飞，一面旋转。然后，又落下来，接住。接住不是平平常常地接住，有各种架势，“犀牛望月”、“苏秦背剑”……这哪是念经，这是耍杂技。也许是地藏王菩萨爱看这个，但真正因此快乐起来的是人，尤其是妇女和孩子。这是年轻漂亮的和尚出风头的机会。一场大焰口过后，也像一个好戏班子过后一样，会有一个两个大姑娘、小媳妇失踪——跟和尚跑了。他还会放“花焰口”。有的人家，亲戚中多风流子弟，在不是很哀伤的佛事——如做冥寿时，就会提出放花焰口。所谓“花焰口”就是在正焰口之后，叫和尚唱小调，拉丝弦，吹管笛，敲鼓板，而且可以点唱。仁渡一个人可以唱一夜不重头。仁渡前几年一直在外面，近二年才常住在庵里。据说他有相好的，而且不止一个。他平常可是很规矩，看到姑娘媳妇总是老老实实的，连一句玩笑话都不说，一句小调山歌都不唱。有一回，在打谷场上乘凉的时候，一伙人把他围起来，非叫他唱两个不可。他却情不过，说：“好，唱一个。不唱家乡的。家乡的你们都熟，唱个安

徽的。"

姐和小郎打大麦,一转子讲得听不得。

听不得就听不得,

打完了大麦打小麦。

唱完了,大家还嫌不够,他就又唱了一个:

姐儿生得漂漂的,

两个奶子翘翘的。

有心上去摸一把,

心里有点跳跳的。

……

这个庵里无所谓清规,连这两个字也没人提起。

仁山吃水烟,连出门做法事也带着他的水烟袋。

他们经常打牌。这是个打牌的好地方。把大殿上吃饭的方桌往门口一搭,斜放着,就是牌桌。桌子一放好,仁山就从他的衣服里把筹码拿出来,哗啦一声倒在桌上。斗纸牌的时候多,搓麻将的时候少。牌客除了师兄弟三人,常来的是一个收鸭毛的,一个打兔子兼偷鸡的,都是正经人。收鸭毛的担一副竹筐,串乡串镇,拉长了沙哑的声音喊叫:"鸭毛卖钱——!"

偷鸡的有一件家什——铜蜻蜓。看准了一只老母鸡,把铜蜻蜓一丢,鸡婆子上去就是一口。这一啄,铜蜻蜓的硬簧绷开,鸡嘴撑住了,叫不出来了。正在这鸡十分纳闷的时候,上去一把薅住。

明子曾经跟这位正经人要过铜蜻蜓看看。他拿到小英子家门前试了一试,果然!小英的娘知道了,骂明子:"要死了!儿子!你怎么到我家来玩铜蜻蜓了!"小英子跑过来:

"给我!给我!"

她也试了试,真灵,一个黑母鸡一下子就把嘴撑住,傻了眼了!

下雨阴天,这二位就光临荸荠庵,消磨一天。

有时没有外客,就把老师叔也拉出来,打牌的结局,大都是当家和尚气得鼓鼓的:"×妈妈的!又输了!下回不来了!"

他们吃肉不瞒人。年下也杀猪。杀猪就在大殿上。一切都和在家里一样,开水、木桶、尖刀。捆猪的时候,猪也是没命地叫。跟在家人不同的,是多一道仪式,要给即将升天的猪念一道"往生咒",并且总是老师叔念,神情很庄重:"……一切胎生、卵生、息生,来从虚空来,还归虚空去往生再世,皆大欢喜。南无阿弥陀佛!"

三师父仁渡一刀子下去,鲜红的猪血就带着很多沫子喷出来。

……

明子老往小英子家里跑。

小英子的家像一个小岛,三面都是河,西面有一条小路通到荸荠庵。独门独户,岛上只有这一家。岛上有六棵大桑树,夏天都结大桑椹,三棵结白的,三棵结紫的;一个菜园子,瓜豆蔬菜,四时不缺。院墙下半截是砖砌的,上半截是泥夯的。大门是桐油油过的,贴着一副万年红的春联:

向阳门第春常在　积善人家庆有余

门里是一个很宽的院子。院子里一边是牛屋、碓棚;一边是猪圈、鸡窠,还有个关鸭子的栅栏。露天地放着一具石磨。正北面是住房,也是砖基土筑,上面盖的一半是瓦,一半是草。房子翻修了才三年,木料还露着白茬。正中是堂屋,家神菩萨的画像上贴的金还没有发黑。两边是卧房。隔扇窗上各嵌了一块一尺见方的玻璃,明亮亮的,——这在乡下是不多见的。房檐下一边种着一棵石榴树,一边种着一棵栀子花,都齐房檐高了。夏天开了花,一红一白,好看得很。栀子花香得冲鼻子。顺风的时候,在荸荠庵都闻得见。

这家人口不多,他家当然是姓赵。一共四口人:赵大伯、赵大妈,两个女儿,大英子、小英子。老两口没得儿子。因为这些年人不得病,牛不生灾,也没有大旱大水闹蝗虫,日子过得很兴旺。他们家自己有田,本来够吃的了,又租种了庵上的十亩田。自己的田里,一亩种了荸荠,——这一半是小英子的主意,她爱吃荸荠,一亩种了茨菇。家里喂了一大群鸡鸭,单是鸡蛋鸭毛就够一年的油盐了。赵大伯是个能干人。他是一个"全把式",不但田里场上样样精通,还会罩鱼、洗磨、凿砻、修水车、修船、砌墙、烧砖、箍桶、劈篾、绞麻绳。他不咳嗽,不腰疼,结结实实,像一棵榆树。人很和气,一天不声不响。赵大伯是一棵摇钱树,赵大娘就是个聚宝盆。大娘精神得出奇。五十岁了,两个眼睛还是清亮亮的。不论什么时候,头都是梳得滑溜溜的,身上衣服都是格挣挣的。像老头子一样,她一天不闲着。煮猪食,喂猪,腌咸菜,——她腌的咸萝卜干非常好吃,舂粉子,磨小豆腐,编蓑衣,织芦篚。她还会剪花样子。这里嫁闺女,陪嫁妆,磁坛子、锡罐子,都要用梅红纸剪出吉祥花样,贴在上面,讨个吉利,也才好看:"丹凤朝阳"呀、"白头到老"呀、"子孙万代"呀、"福寿绵长"呀。二三十里的人家都来请她:"大娘,好日子是十六,你哪天去呀?"——"十五,我一大清早就来!""一定呀!"——"一定!一定!"

两个女儿,长得跟她娘像一个模子里托出来的。眼睛长得尤其像,白眼珠鸭蛋青,黑眼珠棋子黑,定神时如清水,闪动时像星星。浑身上下,头是头,脚是脚。头发滑溜溜的,衣服格挣挣的。——这里的风俗,十五六岁的姑娘就都梳上头了。这两个丫头,这一头的好头发!通红的发根,雪白的簪子!娘女三个去赶集,一集的人都朝她们望。

姐妹俩长得很像,性格不同。大姑娘很文静,话很少,像父亲。小英子比她娘还会说,一天咭咭呱呱地不停。大姐说:"你一天到晚咭咭呱呱——"

"像个喜鹊!"

"你自己说的!——吵得人心乱!"

"心乱?"

"心乱!"

"你心乱怪我呀!"

二姑娘话里有话。大英子已经有了人家。小人她偷偷地看过,人很敦厚,也不难看,家道也殷实,她满意。已经下过小定,日子还没有定下来。她这二年,很少出房门,整天赶她的嫁妆。大裁大剪,她都会。挑花绣花,不如娘。她可又嫌娘出的样子太老了。她到城里看过新娘子,说人家现在绣的都是活花活草。这可把娘难住了。最后是喜鹊忽然一拍屁股:"我给你保举一个人!"

这人是谁?是明子。明子念"上孟下孟"的时候,不知怎么得了半套《芥子园》,他喜欢得很。到了荸荠庵,他还常翻出来看,有时还把旧账簿子翻过来,照着描。小英子说:"他会画!画得跟活的一样!"

小英子把明海请到家里来，给他磨墨铺纸，小和尚画了几张，大英子喜欢得了不得："就是这样！就是这样！这就可以乱孱！"——所谓"乱孱"是绣花的一种针法：绣了第一层，第二层的针脚插进第一层的针缝，这样颜色就可由深到淡，不露痕迹，不像娘那一代绣的花是平针，深浅之间，界限分明，一道一道的。小英子就像个书童，又像个参谋：

"画一朵石榴花！"

"画一朵栀子花！"

她把花掐来，明海就照着画。

到后来，凤仙花、石竹子、水蓼、淡竹叶，天竺果子、腊梅花，他都能画。

大娘看着也喜欢，搂住明海的和尚头："你真聪明！你给我当一个干儿子吧！"

小英子捺住他的肩膀，说："快叫！快叫！"

小明子跪在地下磕了一个头，从此就叫小英子的娘做干娘。

大英子绣的三双鞋，三十里方圆都传遍了。很多姑娘都走路坐船来看。看完了，就说："啧啧啧，真好看！这哪是绣的，这是一朵鲜花！"她们就拿了纸来央大娘求了小和尚来画。有求画帐檐的，有求画门帘飘带的，有求画鞋头花的。每回明子来画花，小英子就给他做点好吃的，煮两个鸡蛋，蒸一碗芋头，煎几个藕团子。

因为照顾姐姐赶嫁妆，田里的零碎生活小英子就全包了。她的帮手，是明子。

这地方的忙活是栽秧、车高田水，薅头遍草、再就是割稻子、打场子。这几茬重活，自己一家是忙不过来的。这地方兴换工。排好了日期，几家顾一家，轮流转。不收工钱，但是吃好的。一天吃六顿，两头见肉，顿顿有酒。干活时，敲着锣鼓，唱着歌，热闹得很。其余的时候，各顾各，不显得紧张。

薅三遍草的时候，秧已经很高了，低下头看不见人。一听见非常脆亮的嗓子在一片浓绿里唱：栀子哎开花哎六瓣头哎……姐家哎门前哎一道桥哎……明海就知道小英子在哪里，三步两步就赶到，赶到就低头薅起草来，傍晚牵牛"打汪"，是明子的事。——水牛怕蚊子。这里的习惯，牛卸了轭，饮了水，就牵到一口和好泥水的"汪"里，由它自己打滚扑腾，弄得全身都是泥浆，这样蚊子就咬不通了。低田上水，只要一挂十四轧的水车，两个人车半天就够了。明子和小英子就伏在车杠上，不紧不慢地踩着车轴上的拐子，轻轻地唱着明海向三师父学来的各处山歌。打场的时候，明子能替赵大伯一会，让他回家吃饭。——赵家自己没有场，每年都在荸荠庵外面的场上打谷子。他一扬鞭子，喊起了打场号子：

"格当嘚——"

这打场号子有音无字，可是九转十三弯，比什么山歌号子都好听。赵大娘在家，听见明子的号子，就侧起耳朵："这孩子这条嗓子！"

连大英子也停下针线："真好听！"

小英子非常骄傲地说："一十三省数第一！"

晚上，他们一起看场。——荸荠庵收来的租稻也晒在场上。他们并肩坐在一个石磙子上，听青蛙打鼓，听寒蛇唱歌，——这个地方以为蝼蛄叫是蚯蚓叫，而且叫蚯蚓为"寒蛇"，听纺纱婆子不停地纺纱，"唦——"，看萤火虫飞来飞去，看天上的流星。

"呀！我忘了在裤带上打一个结！"小英子说。

这里的人相信，在流星掉下来的时候在裤带上打一个结，心里想什么好事，就能如愿。

……

荸荠，这是小英最爱干的生活。秋天过去了，地净场光，荸荠的叶子枯了，——荸荠的笔直的小葱一样的圆叶子里是一格一格的，用手一捋，哔哔地响，小英子最爱捋着玩，——荸荠藏在烂泥里。赤了脚，在凉浸浸滑滑溜的泥里踩着，——哎，一个硬疙瘩！伸手下去，一个红紫红紫的荸荠。她自己爱干这生活，还拉了明子一起去。她老是故意用自己的光脚去踩明子的脚。

她挎着一篮子荸荠回去了，在柔软的田埂上留了一串脚印。明海看着她的脚印，傻了。五个小小的趾头，脚掌平平的，脚跟细细的，脚弓部分缺了一块。明海身上有一种从来没有过的感觉，他觉得心里痒痒的。这一串美丽的脚印把小和尚的心搞乱了。

……

明子常搭赵家的船进城，给庵里买香烛，买油盐。闲时是赵大伯划船；忙时是小英子去，划船的是明子。

从庵赵庄到县城，当中要经过一片很大的芦花荡子。芦苇长得密密的，当中一条水路，四边不见人。划到这里，明子总是无端端地觉得心里很紧张，他就使劲地划桨。

小英子喊起来：

“明子！明子！你怎么啦？你发疯啦？为什么划得这么快？”……

明海到善因寺去受戒。

“你真的要去烧戒疤呀？”

“真的。”

“好好的头皮上烧十二个洞，那不疼死啦？”

“咬咬牙。舅舅说这是当和尚的一大关，总要过的。”

“不受戒不行吗？”

“不受戒的是野和尚。”

“受了戒有啥好处？”

“受了戒就可以到处云游，逢寺挂褡。”

“什么叫‘挂褡’？”

“就是在庙里住。有斋就吃。”

“不把钱？”

“不把钱。有法事，还得先尽外来的师父。”

“怪不得都说‘远来的和尚会念经’。就凭头上这几个戒疤？”

“还要有一份戒牒。”

“闹半天，受戒就是领一张和尚的合格文凭呀！”

“就是！”

“我划船送你去。”

“好。”

小英子早早就把船划到荸荠庵门前。不知是什么道理，她兴奋得很。她充满了好奇心，想去看看善因寺这座大庙，看看受戒是个啥样子。

善因寺是全县第一大庙，在东门外，面临一条水很深的护城河，三面都是大树，寺在树林子里，远处只能隐隐约约看到一点金碧辉煌的屋顶，不知道有多大。树上到处挂着“谨防恶犬”的牌子。这寺里的狗出名的厉害。平常不大有人进去。放戒期间，任人游看，恶狗都锁起来了。

好大一座庙！庙门的门坎比小英子的胳膝都高。迎门矗着两块大牌，一边一块，一块写着斗大两个大字："放戒"，一块是："禁止喧哗"。这庙里果然是气象庄严，到了这里谁也不敢大声咳嗽。明海自去报名办事，小英子就到处看看。好家伙，这哼哈二将、四大天王，有三丈多高，都是簇新的，才装修了不久。天井有二亩地大，铺着青石，种着苍松翠柏。"大雄宝殿"，这才真是个"大殿"！一进去，凉嗖嗖的。到处都是金光耀眼。释迦牟尼佛坐在一个莲花座上，单是莲座，就比小英子还高。抬起头来也看不全他的脸，只看到一个微微闭着的嘴唇和胖敦敦的下巴。两边的两根大红蜡烛，一搂多粗。佛像前的大供桌上供着鲜花、绒花、绢花，还有珊瑚树，玉如意、整根的大象牙。香炉里烧着檀香。小英子出了庙，闻着自己的衣服都是香的。挂了好些幡。这些幡不知是什么缎子的，那么厚重，绣的花真细。这么大一口磬，里头能装五担水！这么大一个木鱼，有一头牛大，漆得通红的。她又去转了转罗汉堂，爬到千佛楼上看了看。真有一千个小佛！她还跟着一些人去看了看藏经楼。藏经楼没有什么看头，都是经书！妈吔！逛了这么一圈，腿都酸了。小英子想起还要给家里打油，替姐姐配丝线，给娘买鞋面布，给自己买两个坠围裙飘带的银蝴蝶，给爹买旱烟，就出庙了。

等把事情办齐，晌午了。她又到庙里看了看，和尚正在吃粥。好大一个"膳堂"，坐得下八百个和尚。吃粥也有这样多讲究：正面法座上摆着两个锡胆瓶，里面插着红绒花，后面盘膝坐着一个穿了大红满金绣袈裟的和尚，手里拿了戒尺。这戒尺是要打人的。哪个和尚吃粥吃出了声音，他下来就是一戒尺。不过他并不真的打人，只是做个样子。真稀奇，那么多的和尚吃粥，竟然不出一点声音！他看见明子也坐在里面，想跟他打个招呼又不好打。想了想，管他禁止不禁止喧哗，就大声喊了一句："我走啦！"她看见明子目不斜视地微微点了点头，就不管很多人都朝自己看，大摇大摆地走了。

第四天一大清早小英子就去看明子。她知道明子受戒是第三天半夜，——烧戒疤是不许人看的。她知道要请老剃头师傅剃头，要剃得横摸顺摸都摸不出头发茬子，要不然一烧，就会"走"了戒，烧成了一片。她知道是用枣泥子先点在头皮上，然后用香头子点着。她知道烧了戒疤就喝一碗蘑菇汤，让它"发"，还不能躺下，要不停地走动，叫做"散戒"。这些都是明子告诉她的。明子是听舅舅说的。

她一看，和尚真在那里"散戒"，在城墙根底下的荒地里。

一个一个，穿了新海青，光光的头皮上都有十二个黑点子。——这黑疤掉了，才会露出白白的、圆圆的"戒疤"。和尚都笑嘻嘻的，好像很高兴。她一眼就看见了明子。隔着一条护城河，就喊他：

"明子！"

"小英子！"

"你受了戒啦？"

"受了。"

"疼吗？"

"疼。"

"现在还疼吗？"

"现在疼过去了。"

“你哪天回去?”

“后天。”

“上午? 下午?”

“下午。”

“我来接你!”

“好!”

……

小英子把明海接上船。

小英子这天穿了一件细白夏布上衣,下边是黑洋纱的裤子,赤脚穿了一双龙须草的细草鞋,头上一边插着一朵栀子花,一边插着一朵石榴花。她看见明子穿了新海青,里面露出短褂子的白领子,就说:“把你那外面的一件脱了,你不热呀!”

他们一人一把桨。小英子在中舱,明子扳艄,在船尾。

她一路问了明子很多话,好像一年没有看见了。

她问,烧戒疤的时候,有人哭吗? 喊吗?

明子说,没有人哭,只是不住地念佛。有个山东和尚骂人:“俺日你奶奶! 俺不烧了!”

她问善因寺的方丈石桥是相貌和声音都很出众吗?“是的。”

“说他的方丈比小姐的绣房还讲究?”

“讲究。什么东西都是绣花的。”

“他屋里很香?”

“很香。他烧的是伽楠香,贵得很。”

“听说他会做诗,会画画,会写字?”

“会。庙里走廊两头的砖额上,都刻着他写的大字。”

“他是有个小老婆吗?”

“有一个。”

“才十九岁?”

“听说。”

“好看吗?”

“都说好看。”

“你没看见?”

“我怎么会看见? 我关在庙里。”

明子告诉她,善因寺一个老和尚告诉他,寺里有意选他当沙弥尾,不过还没有定,要等主事的和尚商议。

“什么叫‘沙弥尾’?”

“放一堂戒,要选出一个沙弥头,一个沙弥尾。沙弥头要老成,要会念很多经。沙弥尾要年轻,聪明,相貌好。”“当了沙弥尾跟别的和尚有什么不同?”

“沙弥头,沙弥尾,将来都能当方丈。现在的方丈退居了,就当。石桥原来就是沙弥尾。”

“你当沙弥尾吗?”

“还不一定哪。”

“你当方丈，管善因寺？管这么大一个庙?!”

“还早呐！”

划了一气，小英子说：“你不要当方丈！”

“好，不当。”

“你也不要当沙弥尾！”

“好，不当。”

又划了一气，看见那一片芦花荡子了。

小英子忽然把桨放下，走到船尾，趴在明子的耳朵旁边，小声地说：

“我给你当老婆，你要不要？”

明子眼睛鼓得大大的。

“你说话呀！”

明子说：“嗯。”

“什么叫‘嗯’呀！要不要，要不要？”

明子大声地说：“要！”

“你喊什么！”

明子小小声说：“要——！”

“快点划！”

英子跳到中舱，两只桨飞快地划起来，划进了芦花荡。芦花才吐新穗。紫灰色的芦穗，发着银光，软软的，滑溜溜的，像一串丝线。有的地方结了蒲棒，通红的，像一枝一枝小蜡烛。青浮萍，紫浮萍。长脚蚊子，水蜘蛛。野菱角开着四瓣的小白花。惊起一只青桩（一种水鸟），擦着芦穗，扑鲁鲁鲁飞远了。

……

一九八〇年八月十二日，写四十三年前的一个梦

分析：

《受戒》发表于《北京文学》1980 年第 10 期，获 1980 年度“《北京文学》奖”，开创了新时期文学文体自觉的先声。那时的文学创作还没有从“伤痕”中脱离出来，《受戒》使人耳目一新，所展示的散文化的艺术风格，完全与众不同，让人们恍悟“原来小说还可以这样写”。它承接、丰富了废名、沈从文这一支中断已久的中国抒情小说的传统，“从纯粹文学的意义上来看，新时期文学所迸发出来的汹涌澎湃的文学大潮，都源自那一次文学的‘受戒’”（李锐语）。

其一，小说的主题。《受戒》里体现出来的那种水墨画般的诗化的韵致和对生活状态的临摹有着浓重的传统的中国风味。汪曾祺的小说较接近散文，是散文化了的小说。他说：“我的作品不是悲剧，我的作品缺乏崇高的、悲壮的美，我所追求的不是深刻而是和谐。”正因如此，他有意识地将晶莹剔透、纯真的爱情领入了诗的境界。作品里，高邮水乡充满了人间的烟火气，同时又有一种超功利的潇洒与美，那里的风光最自然亲切，那里的寺庙和农家最悠闲最温馨，那里的人们总是做着最充实最诗意的事情：他们的生活方式是世俗的，又是率性自然的，作品并没有着力描述宗教对人性的异化过程或结果，而是以幽默的语言风格展示了宗教环境中世俗化的一面，把明海当作一个普通人来描写。在当地，出家仅仅是一种谋生的职业，它既不比

别的职业高贵，也不比别的职业低贱，庵中的和尚不高人一等，也不矮人三分，他们照样有人的七情六欲，也将之看作是正常的事情，并不以之为耻："这个庵里无所谓清规，连这两个字也没人提起。"他们可以娶妻、近女色，唱"妞儿生得漂漂的，两个奶子翘翘的，有心上去摸一把，心里有点跳跳的"，也可以杀猪、吃肉，人的一切生活方式都顺乎人的自然本性，自由自在，原始纯朴，不受任何清规戒律的束缚。他在肯定世俗化的僧侣生活的同时，也就否定了佛规佛法。"大肚能容容天下难容之事，开颜一笑笑世间可笑之人"，原本消极出世的超然态度，在这特定的生活氛围中，完全变成了对违背自然、违背人性的宗教制度的嘲讽。小说中自然、纯朴的民俗世界实际上是汪曾祺自然、通脱、仁爱的生活理想的一个表征。在作品中，到处可以使人感到一种扑面而来的温暖，一种令人心平气静的柔和，一种旷达超脱的微笑，内蕴的乐观消融了丑恶，作者的性情已经转变成了作品别样的情感趋向和艺术风格。一切都显得那么淡然，那么通脱，那么和谐。

其二，人物的塑造。其作品中的人物着色浅淡，绝少铅华，不作故意的褒贬和抑扬，好人并不强其所好，坏人也不故添其坏，能人并不样样俱能，庸人也不一无所长。全都实实在在，不掺半点虚假。《受戒》中的仁山和尚是荸荠庵的"当家的"，他能把账一点一滴地算清楚，可当好和尚的三个条件，他一条也不具备。他的相貌黄、胖，"声音也不像钟磬，倒像母猪。聪明吗？难说，打牌老输"。再如那个正经人"偷鸡的"，他平庸乏味的谋生本领——利用铜蜻蜓偷人家的鸡，可谓身无一技之长，但他的身上给人以某种生活的启示，透视着某种生活的哲理。对于明海的描写，17 岁，一个多么美好的年龄，也正是一个对于人生、爱情有了懵懂的认识和向往的年龄，难怪，只在看到一个小女孩的小脚印后，便会心乱了。他天生的羞涩却使他不敢表白，只是在被动地等待和接受初恋的到来，但他又坚定地相信自己对小英子的爱和小英子对自己的爱。于是，在他等到了爱狂风暴雨般来袭时，他大声说出了心里话，复苏的人性让他把幸福紧紧攥在了自己手中。小说对于小英子的描写，充分体现了作者对世俗以及自由人性的倾心。作者描绘出了荸荠庵与英子家两个不同的环境。一个是了无生气的世界：弥勒佛、对联、白果树、大殿佛龛、几块假山石、几盆花。另一个却是一片生机勃勃：牛棚猪圈鸡巢鸭舍、明亮的玻璃、石榴树、栀子花以及冲鼻的花香。荸荠庵是冷寂的，而英子家是温馨的。明子在这两个世界中的生活也是不同的。在荸荠庵中，明子的日子很清闲，同时也是单调乏味的。无非就是：开山门、扫地、烧一炷香、磕三个头、念三声"南无阿弥陀佛"。而英子家的生活虽然辛苦，却是丰富而快乐的：描画、栽秧、车高田水、薅头遍草、割稻子、打场子。生活在这两个世界的人对明子的态度也是不一样的。除了舅舅教他念经外，他与庵里的其他人并没有什么感情交流。而在英子家，明子感受到的是浓厚的亲情。两个不同的世界，两种不同的生活，两类不同的人际关系。小说写道："明子老往小英子家里跑。"在这种解放人性、和谐温暖的环境里，小英子和明海的恋情的产生也就显得水到渠成，合乎情理了。方丈石桥，这是一个隐喻式的人物，他没有正面登场，但他以世俗价值与功利价值的符号形式对明海形成诱惑。小说在方丈石桥这个人物的塑造上显然有意淡化了其"方丈"一面，而重点介绍了其在世俗生活中有一个"会画画""有美丽的小老婆"，正是基于这种隐喻关系，在英子向明子提出"我给你当老婆，你要不要"的大胆要求之后，明子先是"大声地说"要，之后却又"小小声说"要。这是作者的一个倾向性的导向：毕竟，人世的亲情、友情、爱情等世俗之情是一个人生活在这个世界中绝对不能缺少的。

其三，小说的结构艺术。长期以来，人们已习惯于小说传统的"性格—事件"的结构模式，而汪曾祺的小说转折自然，不求严谨，接近散文，贴于生活状态。它不但没有集中的故事情节，

其叙述也好像是在不受拘束地信马由缰。表现在小说文本中就是，叙述者的插入成分特别多，如果按照传统小说"情节"集中的原则，这很可能会被认为是跑题。例如，小说的题目是《受戒》，但"受戒"的场面一直到小说即将结尾时才出现，而且是通过小英子的眼睛侧面描写的，作者并不将它当成情节的中心或者枢纽。小说一开始，就不断地出现插入成分，叙述当地"当和尚"的习俗、明海出家的小庵里的生活方式、英子一家及其生活、明海与英子一家的关系等。不但如此，小说的插入成分中还不断地出现其他的插入成分，例如讲庵中和尚的生活方式的一段，连带插入叙述庵中几个和尚的特点，而在介绍三师傅的聪明时又连带讲到他"飞铙"的绝技、放焰口时出尽风头、当地和尚与妇女私奔的风俗、三师傅的山歌小调等。虽然有这么多的枝节，小说的叙述却自然流畅，仿佛水的流动，既是安安静静的，同时又是活泼的、流动的。这种顺其自然的闲话文体表面上看来不像小说笔法，却尽到了小说叙事话语的功能。正是这种随意漫谈，营造了小说的自然的虚构世界。《受戒》叙述上的信马由缰，实际上也与作者自己的生活理想相一致，是一种对"超功利的率性自然的思想"的有意追求。

其四，语言的操作。这里，人物语言的接近口语、简洁晓畅、鲜活自然却隽永雅致的个性化自不必说，突出而重要的是汪曾祺的叙述语言。《受戒》按作家自己的说法，是"写四十三年前的一个梦"。作品的开头，一上来就是两段梦幻式的"呓语"，简短得不能再简短了："明海出家已经四年了。""他是十三岁来的。"开头的简短，意在强调语言的自然直白，用一种平静质朴的"语气"给整个小说定下一个基调（语调）：故事虽与梦幻有关，与爱情有关，但文字不华丽，不失自然朴素之美。正如作家自己所说，"语言不是一句一句写出来'加'在一起的。语言不能像盖房子一样，一块砖一块砖，垒起来。那样就会成为'堆砌'。语言的美不在一句一句的话，而在话与话之间的关系"，"语言像树，枝干枝叶，液汁流转，一枝摇，百叶摇；它是'活的'"，也就是说，他不讲求一字一词的推敲的奇特，而追求整体的氛围和韵味。"包世臣论王羲之字，看来参差不齐，但如老翁携带幼孙，顾盼有情，痛痒相关。好的语言正当如此。"寓人生哲理于凡人小事的叙述中，寓真善美于平庸琐碎的事件描写之中，化神奇为平淡：这不但是文章三昧，也是一种人生态度。

其五，故事的隐喻。《受戒》描写的主要环境是荸荠庵，小说描写的是"受戒"，想要表现的却是"不受戒"的人生理想。汪曾祺借自己的理想为人们未被压抑、自由生长的天性打了一个绝美的比喻：人的生存中，若没有人性的自由来参与，则再自由的物质世界也无法填补这种心灵世界的虚空。《受戒》是乡土自然清新得不容许一粒灰尘的呼吸，它把一直在其中自自在在行走、生活、哭哭笑笑、说话的淳朴人们的美揭发出来，让读者徒然心羡怅然，向往那种原始的自由和恣意。它激起的更多的是对那种迥然不同的美得遥不可及的遗憾，深沉到伤及他人的自信。作为狭隘空间中的文明人，我们少有超越理性的天性，那些被称为冲动和错误的，或是蒙上了不真实的色彩，所以猛然间停住脚面对一片梦般叫你心有戚戚的美的影射时，才发现有种天赋很早就被遗弃了。宣扬复苏的人性，引领人性的复苏，这正是《受戒》的伟大之处。

实践训练

一、请以校园生活为题材写一篇小小说。

二、请以反腐倡廉为题材写一篇小小说。

第五章 剧　本

第一节　剧本的定义

剧本是一种文学体裁，是指为戏剧表演所创作的脚本，也称戏剧文学。它直接规定了戏剧的主题、人物、情节、语言和结构，是戏剧艺术家们塑造舞台形象的依据。

“剧本”与“戏剧”是两个不同的概念，它们之间有着十分密切的联系。剧本是构成戏剧的条件之一。从戏剧史的发展情况来看，戏剧之所以成为戏剧，它的第一个基本因素是演员的表演。但是光有演员的表演而没有故事情节，也不会有戏剧。没有完整的剧本，戏剧艺术就难以得到发展。正因为有了古希腊三大悲剧家的作品和阿里斯托芬的喜剧，有了我国关汉卿、王实甫等的剧作，我们才能具体认识古希腊戏剧的特点和成就，以及我国戏剧艺术在元明时期已经达到的高度。中国和西方剧作的出现，都提高了戏剧艺术的价值，加强了戏剧的效果，为演技提供了丰富的思想内容。戏剧史上曾经出现过的即兴表演和文明戏为什么经不起时间的考验，原因就在于它没有剧本，无论它在表演上发展到如何高的水平，也永远难以有力地、有效地表达个中完整的思想，因此它也无法留传下来。戏剧艺术的基础是剧本创作，没有剧本创作，舞台上其他的一切艺术创造都将失去依据。所谓“剧本是一剧之本”，正好可以说明这一点。

剧本是为了适应戏剧的发展与演出的需要而产生的。世界上最早的剧本大概要追溯到古希腊悲剧诗人科里洛斯于公元前 523 年发表的第一部剧作。现在所能见到的最早的完整剧本，是埃斯库罗斯的一些剧作。我国戏剧最初是没有剧本的，到了宋元时，才有了剧本的轮廓，到 12 世纪 90 年代，则出现了正式的剧本，写剧本的人被称为书会先生。自书会先生的成文剧本出现之后，中国戏剧才成为比较完整的戏剧形式。南宋时的南戏剧本《张协状元》，是我国现存最古老的剧本。比较完整的固定的剧本的出现，是戏剧发展的重大进步与飞跃。作为与诗歌、散文、小说并列起来的一种文学样式，它具有可脱离戏剧演出而独立存在的文学审美价值，可以发表，可以出版，可供读者阅读、鉴赏与研究。在剧本创作中，就出现过为数不少的只供阅读而不能被搬上舞台的“案头剧”或“书斋剧”，雪莱的《解放了的普罗米修斯》、雨果的《克伦威尔》即为其中的代表。但是这样的剧本，即使它有再高的文学欣赏价值，由于它不能通过演出而更好地体现出来，也不能算是好剧本。好的剧本，应当具有双重价值标准，即文学价值与戏剧价值，而且首要的是戏剧价值。正如果戈理所说：“戏剧只活在舞台上；没有舞台，它就像没有灵魂的躯壳。”鲁迅也曾指出：“剧本虽有放在书桌上的和演在舞台上的两种，但究以后一种为好。”剧本作为戏剧文学，它首先是属于戏剧的。

从上面的讨论中可以看到，剧本与戏剧的联系是十分紧密的，剧本的创作在戏剧艺术的发展过程中起着举足轻重的作用。但是，这两个概念的区别也是非常明显的。其区别主要表现

在以下几个方面。①戏剧包含有文学、绘画、音乐、舞蹈、建筑等多种艺术因素，是一种综合艺术；而剧本则是一种与诗歌、散文、小说并列的文学样式。②戏剧是由剧作家、美术师、化妆师、灯光师、音乐家、演员等同心协力共同完成的，是集体创作的成果；而剧本则是剧作家劳动的结晶。③戏剧的成就在于演出，演出才是戏剧艺术的成品；而剧本的成就在于剧本创作的完成。④戏剧演出是人类文明史上很早就已存在的集体活动，而剧本的创作则经历了一个较长的历史过程（原始的戏剧演出是没有剧本的）。

第二节　剧本的分类

戏剧形成的历史十分悠久，且数量庞大，种类繁多。依据不同的标准，可以将戏剧分成不同的类型，归纳起来，主要有以下几种。

一、按戏剧冲突的性质及审美效果分

按戏剧冲突的性质及审美效果，可将戏剧分为悲剧、喜剧、正剧。

（一）悲剧

悲剧是一种反映现实生活中带有一定社会意义的悲剧性事件的戏剧。其显著特点是剧作中的主人公和他所处的环境之间发生了必然性的冲突，代表善的一方以失败或毁灭的方式而告终，但他们的理想和信念预示着胜利和成功的到来。正如鲁迅先生所说："悲剧将人生的有价值的东西毁灭给人看。"在历史发展过程中，人们所希冀的东西，其发展过程并非一帆风顺，无论善的一方如何努力和积极参与，总与现实之间存在着不可调和的矛盾，如《哈姆雷特》中的丹麦王子、《屈原》中的屈原，是深刻的社会原因而非偶然因素导致了他们的失败，悲剧由此诞生。而且，一方面，这种结果往往与人们美好的愿望、迫切的期待心理相违背，因而人们对他们的失败会产生深深的同情；另一方面，悲剧主人公的英勇顽强的精神能唤醒人们的道德意识，激发人们不断奋发向上。通过体验悲剧主人公的失败，读者或观众可获得崇高的道德感和心灵的涤荡。

悲剧最早产生于欧洲，起源于祭祀酒神的仪式，取材大都是神话传说；文艺复兴运动时期，出现了莎士比亚的悲剧作品，它以人文主义的观点宣传了新兴资产阶级的政治理想和生活愿望；18 世纪启蒙运动期间，又出现了着重宣扬自由、平等、博爱等思想的悲剧，并开始打破悲剧、喜剧的严格界限；19 世纪则产生了具有批判现实主义精神的社会悲剧。欧洲悲剧作品中不乏优秀的传世之作，如埃斯库罗斯的《被缚的普罗米修斯》、莎士比亚的《哈姆雷特》和《奥赛罗》、高乃伊的《荷拉斯》、席勒的《阴谋与爱情》、雨果的《欧那尼》、小仲马的《茶花女》等。中国悲剧的产生也很早，在传说戏曲中就有许多描写悲剧性矛盾的优秀作品，如元代著名的四大悲剧作品《窦娥冤》《汉宫秋》《梧桐雨》《赵氏孤儿》。中国没有像欧洲那样在不同时期受到不同思潮影响而产生各种类别的悲剧作品，并且，诸如性格悲剧、命运悲剧、英雄悲剧等的区别也不像欧洲悲剧那样细致，而且常常杂糅在一起。

最早提出"悲剧"这一概念的，是古希腊的亚里士多德。他在谈到戏剧的分类时，提出了"悲剧"与"喜剧"的概念。后来，有人沿用这种戏剧的分类时，把它们看成是两大戏剧体裁。亚

里士多德系统地总结了古希腊悲剧艺术的实践经验，并在这个基础上，形成了最早的悲剧理论。

（二）喜剧

喜剧是一种运用夸张、对比等艺术手法，在出乎意料的情节中，用诙谐、调侃、幽默的语言表现人物性格，以鞭笞丑恶，讽刺落后的戏剧。它把严肃的具有社会意义的内容与轻松愉快的形式有机地统一起来。用鲁迅先生的话来说，就是"将那无价值的撕破给人看"。喜剧既可以用来揭露与嘲笑社会现实中的各种否定现象和落后人物，也可以用来肯定和颂扬普通人物和先进人物。

喜剧产生于希腊，尽管其历史晚于悲剧，但它也和悲剧一样，随着时代的变化而不断变化着。早在古希腊时期，就出现了以"喜剧之父"阿里斯托芬为代表的剧作家所创作的运用讽刺手法抨击不合理的社会现实的喜剧；16—17 世纪又出现了以莎士比亚和莫里哀为代表的剧作家所创作的宣扬人文思想的喜剧；18 世纪又出现了以意大利哥尔多尼和法国的博马舍为代表的剧作家创作的开启欧洲启蒙运动的喜剧；19 世纪则出现了以俄国的果戈理为代表的剧作家创作的充满强烈批判现实主义精神的喜剧。中国的喜剧在宋元兴起，其发展不像在欧洲那么明显，但都以讽刺或嘲笑丑恶落后现象，肯定美好、进步的现象为主要内容。它所追求的是通过表现充满社会意义的美与丑的冲突，来达到否定丑肯定美的目的，使人类笑着和自己的过去告别，去迎接美好的明天。

由于描写对象与手法的差别，喜剧可分为讽刺喜剧与幽默喜剧。讽刺喜剧是由主人公荒谬的行为或错误所引起的戏剧冲突；幽默喜剧则以对一般有缺点的人进行善意批评为内容，它也有讽刺，但都是善意的讽刺。在我国喜剧舞台上，还有一种幽默性喜剧，也叫歌颂性喜剧，它是和上述喜剧性质不同的一种喜剧。这类喜剧以误会和巧合的手法展开剧情，造成既出人意料又在情理之中的喜剧冲突。这类喜剧在格调上是诙谐的，如《大李、老李和小李》《五朵金花》等。

（三）正剧

所谓正剧，指的是一种既能反映重大严肃的社会事件，又能反映普通人的日常生活；既能表现悲又能表现喜的复杂情感变化，以塑造多种多样性格特征的人物为目的的戏剧。也就是说，正剧是介乎悲剧与喜剧之间的一种戏剧类型，是把"悲剧的和喜剧的两种快感糅合在一起"的戏剧。因此，人们也把它称为悲喜剧或严肃剧。

与悲剧、喜剧相比，正剧的出现要晚得多。18 世纪欧洲启蒙运动时期，为了适应反映新兴资产阶级理想和生活愿望的需要，在著名戏剧理论家狄德罗和莱辛的倡导下，正剧才作为一种新兴的戏剧类型登上舞台。正剧的出现，是戏剧发展的一大进步。它突破了悲剧和喜剧的界限，扩大了反映生活的范围，增强了戏剧的现实性和群众性，题材限制更少，表现手段更真实自然。正剧所表现的内容可以是波澜壮阔的政治斗争，也可以是人民群众日常生活中的平凡小事。由于表演内容接近于普通民众的实际生活，易于被观众所接受，所以，在 19 世纪后，正剧得到充分发展，逐渐成为戏剧艺术的主流。我国戏剧舞台上，大量上演的就是正剧。

二、按表现形式和表现手段分

按表现形式和表现手段，可将戏剧分为戏曲、话剧、歌剧、舞剧、影视剧、广播剧等。

（一）戏曲

戏曲是一种集歌、舞、说、表、音、美于一体的综合艺术，是具有中国民族特色的艺术形式。王国维在《宋元戏曲史》中，把宋元南戏和元杂剧、明清传奇及明清以来兴起的各种地方戏（包括京剧）统称"戏曲"。中国戏曲的特点是形神兼备，以神似为主，用虚拟的方法来反映社会生活，用源于生活而加以舞蹈化的固定形式来表现生活。一根马鞭可以表演出千姿百态的骑马动作，一张桌子、两把椅子可以变换出门、窗、床、桥等各种道具，而这些都是通过演员的表演手段来实现的。欣赏戏剧讲究会意，让观众从想象中获得艺术的满足。

（二）话剧

话剧是通过剧中人的台词和表情动作来塑造人物、展开冲突、揭示主题的戏剧样式，欧洲各国通称其为戏剧。话剧在清末传入我国，其历史不过一百年，最初被称为"文明戏"或"白话戏"，20 世纪 20 年代末，由戏剧家洪深提议定名为"话剧"。我国著名的戏剧艺术家创作了许多优秀的话剧。如曹禺的《雷雨》《日出》，田汉的《丽人行》《文成公主》，郭沫若的《屈原》《蔡文姬》，老舍的《茶馆》等，在思想上、艺术上都有很高的成就。

（三）歌剧

歌剧是一种以歌唱为主要表现手段并配以音乐舞蹈来表达剧情的戏剧样式，如《白毛女》《洪湖赤卫队》《江姐》《红珊瑚》等。

（四）舞剧

舞剧是一种以舞蹈为主要表现手段，综合音乐、哑剧、武术等艺术门类的艺术形式，如法国的古典芭蕾传统剧《吉赛尔》，中国的传统舞剧《宝莲灯》及一批反映历史题材的舞剧《小刀会》《丝路花雨》等。

（五）影视剧

影视剧是一种运用蒙太奇表现手法，通过具有视觉造型性和听觉造型性的画面语言来展开情节、刻画人物、突出主题的戏剧样式。

（六）广播剧

广播剧是一种借助现代化传播媒介而形成的戏剧形式。广播剧不像一般戏剧在舞台上演出给人看，它只能出现在收音机里供人听，是一种用听觉形象唤起视觉形象的"家庭艺术"。

三、按剧本的容量的大小和结构长短分

按剧本的容量的大小和结构长短，可将戏剧分为多幕剧、独幕剧。

（一）多幕剧

多幕剧是一种根据时间的间隔、地点的转换或人物关系的变化，将全部剧情分成若干段落进行表演的大型戏剧。它一般具有篇幅长，容量大，人物多，情节复杂，能够反映较为广阔而深刻的社会生活的特点。多幕剧在剧作结构上包括序幕、开端、发展、高潮、结局等几个环节。创作多幕剧时要特别注意妥善安排场次结构，注意场幕间的衔接。多幕剧的结构方式多种多样，从剧情和冲突总体看，主要有开放式、锁闭式、人像展览式；从情节线索组织方式看，大致有单结构和网状结构；从冲突和场面特点看，可分为中心事件式和散文式。

（二）独幕剧

独幕剧是一种全部剧情只用一幕演完的戏剧。独幕剧篇幅虽短，但仍要求情节曲折，出人

意料。如契诃夫的《求婚》、丁西林的《一只马蜂》等,只有三个人物,情节极为简单,却曲折有趣,引人入胜。

四、按题材内容分

按题材内容,可将戏剧分成现代剧和历史剧。

(一)现代剧

现代剧以现实社会生活为题材。

(二)历史剧

历史剧以历史生活为背景,借古人的事情,表达今人的情感。如莎士比亚的《李尔王》、雨果的《欧那尼》、郭沫若的《屈原》、田汉的《关汉卿》等,都是著名的历史剧。

第三节 剧本的特征

写戏,总应是为了演戏。因为,只有通过演出,戏剧作为一种综合艺术,其概括生活的能力和对于广大观众的感染、教育作用,才能充分地表现出来。黑格尔说过:"舞台表演确实就是作品好坏的试金石。"因此,首先,戏剧舞台演出的特点,就使作为其组成部分的剧本的创作受到了其他文学样式所没有的限制。因为戏剧的演出时间被限定在了两三个小时内,这必然影响到剧本的长度与容量;戏剧的演出场地总是有限的,如果人物过多、场面过大,换景过于频繁,便难以甚至无法表现剧情与主题。其次,要受到观众的限制。写戏是要通过演出给观众看的,要使由形形色色的个人聚集而成的观众聚精会神地一连看上两三个小时,并乐此不疲,剧作家得想方设法写得简洁、集中、紧凑,富有戏剧性。最后,还要受演员的限制。剧作家在创作过程中,他的艺术构思往往是把演员的条件和表演的可能性放在心上的。正是由于有以上这些限制,剧本形成了不同于其他文学体裁的特征。

一、情节的冲突性

戏剧离不开冲突。所谓戏剧冲突,是指最足以展示人物性格、人物关系,反映社会生活本质特征、高度典型化了的矛盾冲突。

人们常说:"没有冲突就没有戏。"这里的"戏"就是指引人入胜的戏剧。高尔基也说:"除了文学才能以外,戏剧还要求有造成愿望或意图的冲突的巨大本领,要求有用不能反驳的逻辑来迅速解决这些冲突的本领。"老舍先生也曾说:"写剧须先找矛盾与冲突,矛盾越尖锐,才越会有戏。戏剧不是平板地叙述,而是随时发生矛盾,碰出火花来,令人动心,在最后解决了矛盾。"剧中人物因阶级立场、政治观点、社会地位、生活经历、文化教养、思想水平、兴趣爱好、生理气质等的不同,必然会形成不同的性格、不同的利益要求、不同的关系和对问题采取的不同态度,从而构成各种各样的矛盾冲突;同一个人物有时也会因为主客观条件的变化而造成性格自身的内在冲突。反过来,人物之间和人物自身如果经过真正的交流,那么,不管是扣人心弦的生死搏斗,还是和风细雨般的情绪感受,都有可能产生强烈的戏剧魅力。这就要求剧作者能从生活真实出发,根据特定主题的需要,挖掘和选择那些最能体现人物性格特征和人物关系的语言、动作和事件,形成典型化的冲突来构成剧本的情节,否则,就不会有真正的剧本产生。阿契尔

就曾对此进行过总结，他说："冲突是生活中最富有戏剧性的要素之一。"可见，戏剧冲突一方面是构成戏剧的根本因素，是塑造人物性格、推动剧情发展的基本手段，另一方面是剧本的必然特点，是剧作家对生活中的矛盾进行选择、提炼、集中概括和艺术加工的结果。

莎士比亚四大悲剧之一的《哈姆雷特》是充分体现了剧本上述特点的一部戏剧。丹麦王国的老国王老哈姆雷特突然死去，而王后葛楚德在其死后不久就与国王的弟弟克劳狄斯成婚。对自己父亲有着深厚感情的小哈姆雷特陷入了深深的悲痛之中。他为父亲的突然去世而痛苦，为母后的举动而羞愧，而最使他苦闷的是不知道父亲是怎么死的。接着老国王的鬼魂出现，间接告诉他自己的死因，这就越发使王子陷入苦闷和困惑之中。全剧的矛盾就这样显示出来了。接下来就是写哈姆雷特如何一步一步查清父亲的死因，以及由此引发的作为人文主义者的哈姆雷特与封建贵族的代表克劳狄斯之间的一系列激烈、尖锐的矛盾冲突：哈姆雷特装疯、演戏试探、与母亲密谈、误杀情人的父亲和放逐英国的诡计、奇特的海战、奥菲利娅的葬礼、比剑的阴谋……戏剧的矛盾冲突一浪高过一浪，越来越尖锐。在尖锐、激烈的冲突中，人物性格的魅力得到了充分的显现，戏剧主题得到了充分的揭示，收到了撼人心魄的艺术效果。

戏剧冲突贯穿于一部戏的始终，它是情节能够不断地发展的基础和动力，是戏剧艺术的生命。戏剧正是通过它引来生活的激流，激起观众的感情波澜，从而产生动人的艺术力量的。戏剧冲突是剧本最重要、最本质的特征。

二、语言的台词性

戏剧艺术舞台的规定性决定了台词是剧本中塑造人物形象，展现矛盾冲突的最主要手段，这一点也是剧本区别于其他文学样式的特征。小说创作可以有叙述人语言，不管是第一人称还是第三人称，都可以用叙述人语言详尽地根据主题的需要去描写、叙述、议论和抒情，可以写人物的外貌，也可以把笔触深入人物内心，叙述人像导游一样，引导读者看清人物灵魂的方方面面。在散文和诗歌中，作家也可以直接抒情、议论，去抒发自己的情感，表明自己的观点。但是，在剧本中，戏剧语言是有着它自己的特殊要求的。在剧本中，剧情的进展、人物形象的刻画、戏剧冲突的展开、戏剧情景来龙去脉的交代等，都要靠人物语言即台词来完成。

剧本的台词性具体表现在两个方面。

（一）对话性

戏剧语言的台词性主要表现在其对话性方面。对话是戏剧刻画人物的主要手段，也是表现矛盾冲突、推动剧情向前发展的根本手段，它有时还起着交代人物身世、经历和人物关系的作用。例如，老舍的戏剧创作就以对话见长。他善于让不同性格的人物在对话中互相较量、互相影响，从而引起各自的心情和相互关系的变化。他在《茶馆》第一幕中写马五爷时，只用了三次对话，人物的性格就跃然纸上，给人们留下了鲜明深刻的印象。当打手二德子闯进茶馆要动手打常四爷的时候，这位马五爷原先坐在一角喝茶，不被人们所注意，此时正襟危坐冷冷地说："二德子，你威风啊！"一句话，把正在耀武扬威的二德子给镇住了。二德子连忙点头哈腰请安，责备自己眼拙，没看见马五爷在此。接着第二句话是："有什么事好好地说，干吗动不动就讲打？"于是二德子就服帖地到后头去了。这里，常四爷凑过去，要对马五爷发牢骚，让他评评理，他却站起来，不冷不热地说了句"我还有事，再见"，用手在胸前划着十字，旁若无人地走出了茶馆。短短的三句对话，既巧妙地展示了人物关系，又透露了他非同一般的身份与教养，把这个吃洋饭、信洋教、说洋话的恶霸在此时此地的性格特点活灵活现地揭示了出来。

(二) 动作性

所谓剧本语言的动作性指的就是富有动作性的戏剧语言,它是人物行动过程中的语言,是人物内心活动的代用语言,也是隐含着未来行动、包含着情节的语言。

戏剧语言的动作性主要表现在以下几个方面。

(1) 台词应能推动剧情的发展,深入展开剧中人物之间的矛盾冲突。前面已经说过,剧本是供舞台演出用的,而一大出戏的演出时间往往只有三个小时左右,因此不允许剧情停滞。它要求剧本通过人物的语言和行动很好地揭示矛盾、激化矛盾,从而使戏剧进入高潮。尽管戏剧语言还有介绍、交代、叙述等任务,但这种叙述性台词,既要用得合乎人物思想性格,又要符合特定人物的行动目的,也要考虑到和后面情节的衔接。这就要求台词不能是一般化的平淡语言,而是能推动剧情发展、动作性很强的台词。

(2) 善于展示出人物的内心活动。这是运用语言艺术刻画戏剧人物的有力手段。我们大家都有这样的体会,在日常生活中,一件比较重要的事情,总会在自己的情感深处泛起波澜,从而表示出赞成或者反对,并决定自己的行动。既然生活是如此,那么作为反映生活的戏剧艺术中的剧本创作就更应该牢牢把握这个特点,使戏剧中的人物形象更加丰满,更具有艺术感染力。

(3) 与表演艺术相结合,为演员在创造角色时留下广阔的天地。剧本并非案头文学,是要供剧场上演用的,因此台词的写作就应当考虑到表演,要同表演艺术结合起来,这是台词能否具有动作性的一个重要标志。为什么有许多戏剧场面尽管台词不多,但一上舞台便能成为有声有色的戏剧,能紧紧吸引观众,揭示出比较深刻的社会内容?究其原因,就是这些台词同表演艺术水乳交融,给演员的表演提供了坚实的基础。

三、场景的限制性

戏剧由于受舞台演出的限制,要求在舞台这个有限的空间和一次演出的有限时间里表现戏里的生活情景,必然会产生反映生活场景的无限空间(从相对意义上说)和舞台的有限空间之间的矛盾,会产生戏剧情节延续的无限时间(从相对意义上说)和实际演出的有限时间之间的矛盾。要解决这两个矛盾,就要把舞台当作相对固定的空间,采取分幕分场、换地换景等办法,截取生活的横断面,把戏剧矛盾放到这个特定的场景中来表现。这时,就要特别注意以下几点。

(一) 台词的设计要切合人物的身份、心理及当时的场景

试看曹禺的《家》中"洞房"一幕,觉新本来不愿意和瑞珏成亲,他那冷淡的情绪也曾给瑞珏带来过恐惧。可是,后来两人都逐渐发现了对方的可爱之处,特别是当觉新知道瑞珏也是非常喜欢并且善于绘绣梅花的时候,更是感到一种如逢故友的亲切。这时候——

觉新:(立刻走到床前,向帐檐凝了一刻,回头)你绣的?

瑞珏:(低头腼腆地)嗯。

觉新:(不由得低声称赞)好。(望望窗后迟疑了一下,忽然去把妆台上油灯吹熄了,像是征问她的赞许)吹了灯?

(灯熄了,窗外月光如水,泻进屋内。屋里只有桌上龙凤烛的低弱的光,照着一角。)

瑞珏：（没有惊讶，自然而宁贴地）嗯，吹了灯，好看月亮。

这简单的对话，既十分切合当时“洞房”的情景，又极为符合当时这一对新人的心理。特别是瑞珏末了的那一句话，看起来很平常，实际上非常富有韵味。它活脱脱地写出了一个少女已经决心把自己的全部感情，呈现给她所中意的对象时的那种甜蜜中带着羞涩、温顺中显露俏皮的神情。

（二）人物出场的安排必须与当时的场景相切合

如老舍的《茶馆》，人物众多（50 多个），历史时间比较长（从维新变法运动失败到军阀割据、新中国成立前夕，经历了三个历史阶段），人物关系复杂，矛盾冲突尖锐，但全剧只有三幕，场景就是一个茶馆，这样，形形色色的人物就只能通过茶馆的盛衰和茶馆主人的今昔变化、茶馆里的茶客的变化来表现。

（三）场景变换不能太频繁

因为舞台上换景是需要时间的，频繁变换场景势必增加舞台布置迁移时间，从而影响剧情发展的时间，所以剧本的场景总是比较集中。如《雷雨》涉及的生活有三十多年，有复杂的家庭纠葛，有尖锐激烈的社会冲突，人物关系也错综多变。但剧作家把这一切浓缩在了两个场景之中，即周朴园的客厅、鲁四凤的卧室，时间也集中在“一个初夏的上午”到“当夜两点钟的光景”。这样，一切矛盾、纠葛和冲突都要在此时此处展开。同时，要通过人物的对话、回忆，把历史和现实交织，把过去和当前交叉，以展示故事的演进过程，让人们了解故事产生的历史原因，因为不可能在这样两个场景中表演几十年来的生活变迁，表演四凤到周家帮佣一年多来的情景，表演矿工闹罢工的情况等。

第四节 剧本的写作

剧本既是戏剧表演的基础，又是一种可供阅读的案头文学，具有独立的文学价值。剧本的创作需要注意以下几点。

一、选取戏剧性的题材，提炼戏剧冲突

戏剧冲突在戏剧中占据核心的地位，“对在具体情境下的个别人物的内心世界的描绘和表达还不算尽了戏剧的能事，戏剧应该突出不同目的的冲突，自己挣扎着向前发展”。适合于演出的剧本必须有尖锐的戏剧冲突。剧作家在创作时，受了他生活中所接触到的事件的诱导，而那些富于变化的戏剧性的题材，尤其能促使他展开想象的翅膀，来考虑这些事件的前因与后果，并将其连接成完整的戏剧冲突。具有戏剧性的题材，是剧作家们创作的契机。老舍的《茶馆》虽然没有引人入胜的情节冲突，但每一幕中都有令人难忘的戏剧场面，如第一幕中的太监买媳妇，第二幕中的两个逃兵娶一个女人和第三幕中的三个老人撒纸钱的场面，这些场面都达到了出人意料的戏剧效果。在创作剧本的过程中，我们应及时抓住“有戏”的题材，因为这其中经常蕴藏着变化的玄机，预示着新的事件的发生，最能抓住观众的心灵。

二、选用动作化、个性化的戏剧语言塑造戏剧形象

剧本既是用来演出的，又可以作为文本进行阅读，这对戏剧语言提出了更高的审美要求。

剧本与小说、诗歌、散文等其他的文学体裁不同:小说除了对话外,还可以用叙述、议论、描写等艺术手段,而戏剧人物的性格、戏剧冲突的展开和矛盾的发展,主要依靠戏剧人物之间的对话来推进,即使偶然用到叙述、议论与描写等手段,也被限制在"舞台提示"和"旁白"上,且在剧本中所占比重很小,只能起辅助作用。戏剧人物的塑造主要靠人物自身的语言来完成。因此,戏剧人物的语言对于一个剧本的成功与否十分重要。

戏剧人物的语言主要有"独白"和"对话"。对话指舞台上两个以上的人物之间的相互表述,在大多数的剧本里,对话都是戏剧语言最主要的部分。独白就是戏剧人物的自言自语,与对话相比,它是一种主动性较强的言语,它往往被用来表达戏剧人物的内心愿望或显示行为的动机。

戏剧人物语言应该符合个性化、动作化的要求。个性化即戏剧人物语言要与他的身份地位、年龄性格相对应,几乎每个戏剧人物都有着与其他人不同的语言风格和特定的表达方式。歌剧《白毛女》开始的一段唱词,就准确地传达出喜儿这个贫寒的农家少女的纯朴、善良、懂事的性格特征,以及她对生活的热爱和对未来的憧憬,这和她以后的悲惨的命运形成了鲜明的对照,为她的强烈的反叛性格进行了铺垫。要达到戏剧语言的个性化要求还需把握戏剧人物性格的发展,把握特定的戏剧情境。例如,在曹禺的《北京人》中,曾文清与他的表妹愫方曾经是青梅竹马的恋人,但两人无法结成眷属。一天,文清的一幅画被耗子咬了,他的妻子曾思懿嫉妒他和表妹愫方的感情,就假意提出让愫方修补,却又语中带刺,于是有了这么一段对话:

曾文清:(过来解围)还是请愫妹妹动动手补补吧,怪可惜的。

曾思懿:(眼一翻)真是怪可惜。(自叹)我呀,我一直就想着也有愫妹妹这双巧手,针线好,字画好。说句笑话,(不自然地笑起来)有时想着想着,我真恨不得拿起一把菜刀,(微笑的眼光里突然闪出可怕的恶毒)把你这双巧手(狠毒)斫下来给我接上。

愫方:(惊恐)啊!(不觉缩进去那双苍白的手腕)

曾文清:你这叫什么笑话。

曾思懿:(得意大笑)我可是个粗枝大叶,有嘴无心的人。(拿起愫方的手,轻轻抚弄着)愫妹妹,你可别介意啊。我心直口快,学不来一点文绉绉的秀气样子,我常跟文清说(斜睨着文清)我要是个男人,我就不要像我这样的老婆,(更亲昵地)愫妹妹你说是不是?你说我……

此时的思懿充满着对愫方的嫉恨,虽然愫方一味忍让,但她将这视为更大的挑衅,极力用尖酸刻薄的话来嘲讽、挖苦愫方和文清,希望达到刺伤他们的目的。思懿在表现自己粗鲁与阴毒性格的同时,也展示了内心的伤痛。

戏剧的语言不仅要求个性化,它还应是发自人物内心深处的,能引起人物的外部形体的动作,推动事件、冲突的发展,所以也应该是动作化的。戏剧语言的动作化在讲剧本的特征时已经讲得比较详细了,在此就不再赘述。

戏剧语言除了个性化和动作化的要求外,还要注意口语化和体现音乐美。戏剧的语言要通过舞台上演员的口才能入观众的耳,只有朗朗上口,才能声声入耳,所以大剧作家如莎士比亚、老舍等都非常注意戏剧语言的音乐性。

三、设置戏剧情节结构

戏剧是综合艺术,兼有时间艺术与空间艺术两种性质,它比单纯的时间艺术或单纯的空间艺术要复杂。剧作家需对戏剧的时空关系进行适当的选择与安排。因此，与其他的文学体裁相比较，戏剧结构的作用更为突出。戏剧的结构形式可以多种多样，但必须遵循维持艺术完整性的宗旨。戏剧结构应表现一个完整而又明朗的冲突过程，一般包括开端、发展、高潮、结局四个部分。有的剧本在开场之前还有序幕，结尾之后还有尾声。

开端：戏剧开端得向观众交代剧中的主要人物、事件、时代背景及环境。一般的戏剧往往在开始就设置悬念，提出引人注目的问题，这就是人物性格和人物之间矛盾的起因，也将确定矛盾发展的性质和方向。

发展：这是戏剧主要矛盾展开的阶段，也是戏剧人物性格充分展示的阶段，它在全剧中占有较大的分量。

高潮：矛盾冲突最为激烈，并将急剧转化而接近于矛盾解决的时刻，所占篇幅虽短，却是全剧的关键。

结局：事件的收尾阶段，人物性格到此塑造完毕。

郭沫若的历史剧《屈原》在结构的安排上就具有典范意义。为了使戏剧冲突更加典型与集中，作者把屈原长达三十年的政治生涯加以高度概括，从一天之内的冲突落笔，点明了屈原所处环境的险恶，秦国特使张仪与南后郑袖相勾结，以卑劣的手段破坏屈原在楚王心目中的地位，从而达到他们挑拨楚国和齐国关系的目的，为秦灭六国扫除障碍。全剧围绕着对屈原的迫害与屈原的反迫害展开，从诬陷、罢官、侮辱、囚禁，直至最后欲置他于死地，步步紧逼，愈演愈烈，将剧情推向高潮，在一天中集中屈原一生中最激烈、最危急、最紧张的时刻。

戏剧情节是戏剧矛盾展开的过程。戏剧情节的设置比其他文学体裁的情节设置更为突出与集中。老舍的《茶馆》表现了前后三十年的时间，七八十号人的生活变迁，但他仅仅选取了小小的北京茶馆，并且只用了三幕戏，这就使戏剧情节显得精炼、集中，收到了强烈的戏剧效果。

剧本的结构在形式上具体表现为幕和场，幕和场的划分视具体的剧情发展而定。如剧情简单就使用独幕剧的形式，如剧情较复杂，地点变化较多，则可分为多幕剧。另外，如一幕中地点需要变化，可再分为“景”。如郭沫若的《卓文君》就是独幕剧，《孔雀胆》为四幕剧，而《棠棣之花》和《屈原》都是五幕剧。

现代戏剧的发展，除了寻找内容上的扩充，也注意到了形式上的探索。古典戏剧的集中整饬、统一严谨对戏剧的结构形式产生了深远的影响，但新的结构形式总在不断地打破这种“大一统”的态势，西方的荒诞戏剧对传统戏剧产生了巨大的冲击。我国自20世纪80年代以来的先锋戏剧也曾经轰动一时，当时的剧作家高行健的剧作《绝对信号》《车站》等在突破旧的戏剧形式、促进戏剧的发展上进行了新的尝试。

例文分析

例文：

雷　雨

曹禺

第一幕

开幕时舞台全黑，隔十秒钟，渐明。

景——大致和序幕相同，但是全屋的气象是比较华丽的。这是十年前一个夏天的上午，在周宅的客厅里。

壁龛的帷幔还是深掩着，里面放着艳丽的盆花。中间的门开着，隔一层铁纱门，从纱门望出去，花园的树木绿荫荫地，并且听见蝉在叫。右边的衣服柜，铺上一张黄桌布，上面放着许多小巧的摆饰，最显明的是一张旧相片，很不调和地和这些精致东西放在一起。柜前面狭长的矮几，放着华贵的烟具同一些零碎物件。右边炉上有一个钟同花盆，墙上，挂一幅油画。炉前有两把圈椅，背朝着墙。中间靠左的玻璃柜放满了古玩，前面的小矮桌有绿花的椅垫，左角的长沙发不旧，上面放着三四个缎制的厚垫子。沙发前的矮几排置烟具等物，台中两个小沙发同圆桌都很华丽，圆桌上放着吕宋烟盒和扇子。

所有的帷幕都是崭新的，一切都是兴旺的气象，屋里家具非常洁净，有金属的地方都放着光彩。

屋中很气闷，郁热逼人，空气低压着。外面没有阳光，天空灰暗，是将要落暴雨的神气。

〔开幕时，四凤在靠中墙的长方桌旁，背着观众滤药，她不时地摇着一把蒲扇，一面在揩汗，鲁贵（她的父亲）在沙发旁边擦着矮几上零碎的银家具，很吃力地；额上冒着汗珠。

〔四凤约有十七八岁，脸上红润，是个健康的少女，她整个的身体都很发育，手很白很大，走起路来，过于发育的乳房很明显地在衣服底下颤动着。她穿一件旧的白纺绸上衣，粗山东绸的裤子，一双略旧的布鞋。她全身都非常整洁，举动虽然很活泼，因为经过两年在周家的训练，她说话很大方，很爽快却很有分寸。她的一双大而有长睫毛的水凌凌的眼睛能够很灵敏地转动，也能敛一敛眉头，很庄严地注视着。她有大的嘴，嘴唇自然红艳艳的，很宽，很厚，当着她笑的时候，牙齿整齐地露出来，嘴旁也显着一对笑涡，然而她面部整个轮廓是很庄重地显露着诚恳。她的面色不十分白，天气热，鼻尖微微有点汗，她时时用手绢揩着。她很爱笑，她知道自己是好看的，但是她现在皱着眉头。

〔她的父亲——鲁贵——约莫有四十多岁的样子，神气萎缩，最令人注目的是粗而乱的眉毛同肿眼皮。他的嘴唇，松弛地垂下来，和他眼下凹进去的黑圈，都表示着极端的肉欲放纵。他的身体较胖，面上的肌肉宽弛地不肯动，但是总能卑贱地谄笑着，和许多大家的仆人一样。他很懂事，尤其是很懂礼节，他的背略有些伛偻，似乎永远欠着身子向他的主人答应着“是”。他的眼睛锐利，常常贪婪地窥视着，如一只狼；他是很能算计的。虽然这样，他的胆量不算大；全部看去，他还是萎缩的。他穿得虽然华丽，但是不整齐的。现在他用一条布擦着东西，脚下是他刚擦好的黄皮鞋。时而，他用自己的衣襟揩脸上的油汗。

贵　（喘着气）四凤！

四　（只做不听见，依然滤她的汤药）

贵　四凤！

四　（看了她的父亲一眼）喝，真热。（走向右边的衣柜旁，寻一把芭蕉扇，又走回中间的茶几旁听着）

贵　（望着她，停下工作）四凤，你听见了没有？

四　（厌烦地，冷冷地看着她的父亲）是！爸！干什么？

贵　我问你听见我刚才说的话了么？

四　都知道了。

贵 （一向是这样为女儿看待的，只好是抗议似的）妈的，这孩子！

四 （回过头来，脸正向观众）您少说闲话吧！（挥扇，嘘出一口气）呵！天气这样闷热，回头多半下雨。（忽然）老爷出门穿的皮鞋，您擦好了没有？（到鲁贵面前，拿起一只皮鞋不经意地笑着）这是您擦的！这么随随便便抹了两下，——老爷的脾气您可知道。

贵 （一把抢过鞋来）我的事用不着你管。（将鞋扔在地上）四凤，你听着，我再跟你说一遍，回头见着你妈，别忘了把新衣服都拿出来给她瞧瞧。

四 （不耐烦地）听见了。

贵 （自傲地）叫她想想，还是你爸爸混事有眼力，还是她有眼力。

四 （轻蔑地笑）自然您有眼力啊！

贵 你还别忘了告诉你妈，你在这儿周公馆吃得好，喝得好，就是白天侍候太太少爷，晚上还是听她的话，回家睡觉。

四 那倒不用告诉，妈自然会问的。

贵 （得意）还有啦，钱，（贪婪地笑着）你手下也有许多钱啦！

四 钱!?

贵 这两年的工钱，赏钱，还有（慢慢地）那零零碎碎的，他们……

四 （赶紧接下去，不愿听他要说的话）那您不是一块两块都要走了么？喝了！赌了！

贵 （笑，掩饰自己）你看，你看，你又那样。急，急，急什么？我不跟你要钱。喂，我说，我说的是——（低声）他——不是也不断地塞给你钱花么？

四 （惊讶地）他？谁呀？

贵 （索性说出来）大少爷。

四 （红脸，声略高，走到鲁贵面前）谁说大少爷给我钱？爸爸，您别又穷疯了，胡说乱道的。

贵 （鄙笑着）好，好，好，没有，没有。反正这两年你不是存点钱么？（鄙吝地）我不是跟你要钱，你放心。我说啊，你等你妈来，把这些钱也给她瞧瞧，叫她也开开眼。

四 哼，妈不像您，见钱就忘了命。（回到中间茶桌滤药）

贵 （坐在长沙发上）钱不钱，你没有你爸爸成么？你要不到这儿周家大公馆帮主儿，这两年尽听你妈妈的话，你能每天吃着喝着，这大热天还穿得上小纺绸么？

四 （回过头）哼，妈是个本分人，念过书的，讲脸，舍不得把自己的女儿叫人家使唤。

贵 什么脸不脸？又是你妈的那一套！你是谁家的小姐？——妈的，底下人的女儿，帮了人就失了身份啦。

四 （气得只看父亲，忽然厌恶地）爸，您看您那一脸的油，——您把老爷的鞋再擦擦吧。

贵 （汹汹地）讲脸呢，又学你妈的那点穷骨头，你看她，她要脸！跑他妈的八百里外，女学堂里当老妈，为着一月八块钱，两年才回一趟家。这叫本分，还念过书呢；简直是没出息。

四 （忍气）爸爸，您留几句回家说吧，这是人家周公馆！

贵 咦，周公馆挡不住我跟我女儿谈家务啊！我跟你说，你的妈……

四 （突然）我可忍了好半天了。我跟您先说下，妈可是好容易才回一趟家。这次，也是看哥哥跟我来的。您要是再给她一个不痛快，我就把您这两年做的事都告诉哥哥。

贵 我，我，我做了什么啦？（觉得在女儿面前失了身份）喝点，赌点，玩点，这三样，我快五十的人啦，还怕他么？

四　他才懒得管您这些事呢！——可是他每月从矿上寄给妈用的钱，您偷偷地花了，他知道了，就不会答应您！

贵　那他敢怎么样，（高声地）他妈嫁给我，我就是他爸爸。

四　（羞愧）小声点！这有什么喊头。——太太在楼上养病呢。

贵　哼！（滔滔地）我跟你说，我娶你妈，我还抱老大的委屈呢。你看我这么个机灵人，这周家上上下下几十口子，哪一个不说我鲁贵呱呱叫。来这里不到两个月，我的女儿就在这公馆找上事，就说你哥哥，没有我，能在周家的矿上当工人么？叫你妈说，她成么？——这样，你哥同你妈还是一个劲儿地不赞成我。这次回来，你妈要还是那副寡妇脸子，我就当你哥哥的面上不认她，说不定就离了她，别看她替我养个女儿，外带来你这个倒霉蛋的哥哥。

四　（不愿听）哦，爸爸。

贵　哼，（骂得高兴了）谁知道哪个王八蛋养的儿子。

四　哥哥哪点对不起您，您这样骂他干什么？

贵　他哪一点对得起我？当大兵，拉包月车，干机器匠，念书上学，哪一行他是好好地干过？好容易我荐他到了周家的矿上去，他又跟工头闹起来，把人家打啦。

四　（小心地）我听说，不是我们老爷先叫矿上的警察开了枪，他才领着工人动的手么？

贵　反正这孩子混蛋，吃人家的钱粮，就得听人家的话。好好地，要罢工，现在又得靠我这老面子跟老爷求情啦！

四　您听错了吧，哥哥说他今天自己要见老爷，不是找您求情来的。

贵　（得意）可是谁叫我是他的爸爸呢，我不能不管啦。

四　（轻蔑地看着她的父亲，叹了一口气）好，您歇歇吧，我要上楼跟太太送药去了。（端起了药碗向左边饭厅走）

贵　你先停一停，我再说一句话。

四　（打岔）开午饭了，老爷的普洱茶先泡好了没有？

贵　那用不着我，他们小当差早伺候到了。

四　（闪避地）哦，好极了，那我走了。

贵　（拦住她）四凤，你别忙，我跟你商量点事。

四　什么？

贵　你听啊，昨天不是老爷的生日么？大少爷也赏给我四块钱。

四　好极了，（口快地）我要是大少爷，我一个子也不给您。

贵　（鄙笑）你这话对极了！四块钱，够干什么的，还了点账，就干了。

四　（伶俐地笑着）那回头你跟哥哥要吧。

贵　四凤，别——你爸爸什么时候借钱不还账？现在你手下方便，随便匀给我七块八块好么？

四　我没有钱。（停一下放下药碗）您真是还账了么？

贵　（赌咒）我跟我的亲生女儿说瞎话是王八蛋！

四　您别骗我，说了实在的，我也好替您想想法。

贵　真的！？——说起来这不怪我。昨天那几个零钱，大账还不够，小账剩点零，所以我就

耍了两把,也许赢了钱,不都还了么?谁知运气不好,连喝带赌,还倒欠了十来块。

四　这是真的?

贵　(真心地)这可一句瞎话也没有。

四　(故意揶揄地)那我实实在在地告诉您,我也没有钱!(说毕就要拿起药碗)

贵　(着急)凤儿,你这孩子是什么心思?你可是我的亲生孩子。

四　(嘲笑地)亲生的女儿也没有法子把自己卖了,替您老人家还赌账啊!

贵　(严重地)孩子,你可放明白点,你妈疼你,只在嘴上,我可是把你的什么要紧的事情,都处处替你想。

四　(明白地,但是不知他闹的什么把戏)你心里又要说什么?

贵　(停一停,四面望了一望,更近地逼着四凤,佯笑)我说,大少爷常跟我提过你,大少爷,他说——

四　(管不住自己)大少爷!大少爷!你疯了!——我走了,太太就要叫我呢。

贵　别走,我问你一句,前天!我看见大少爷买衣料,——

四　(沉下脸)怎么样?(冷冷地看着鲁贵)

贵　(打量四凤周身)嗯——(慢慢地拿起四凤的手)你这手上的戒指,(笑着)不也是他送给你的么?

四　(厌恶地)您说话的神气真叫我心里想吐。

贵　(有点气,痛快地)你不必这样假门假事,你是我的女儿。(忽然贪婪地笑着)一个当差的女儿,收人家点东西,用人家一点钱,没有什么说不过去的。这不要紧,我都明白。

四　好吧,那么您说吧,究竟要多少钱用。

贵　不多,三十块钱就成了。

四　哦?(恶意地)那你就跟这位大少爷要去吧。我走了。

贵　(恼羞)好孩子,你以为我真装糊涂,不知道你同这混账大少爷做的事么?

四　(惹怒)您是父亲么?父亲有跟女儿这样说话的么?

贵　(恶相地)我是你的爸爸,我就要管你。我问你,前天晚上——

四　前天晚上?

贵　我不在家,你半夜才回来,以前你干什么?

四　(掩饰)我替太太找东西呢。

贵　为什么那么晚才回家?

四　(轻蔑地)您这样的父亲没有资格来问我。

贵　好文明词!你就说不上你上哪儿去呢。

四　那有什么说不上!

贵　什么?说!

四　那是太太听说老爷刚回来,又要我检老爷的衣服。

贵　哦,(低声,恐吓地)可是半夜送你回家的那位是谁?坐着汽车,醉醺醺,只对你说胡话的那位是谁呀?(得意地微笑)

四　(惊吓)那,那——

贵　(大笑)哦,你不用说了,那是我们鲁家的阔女婿!——哼,我们两间半破瓦房居然来了坐汽车的男朋友,找我这当差的女儿啦!(突然严厉)我问你,他是谁?你说。

四　他,他是——

……

分析:

曹禺的《雷雨》通过周、鲁两家的血缘纠葛和乱伦,揭示人的蛮性的遗留,正如曹禺所说,“一两段情节,几个人物,一种复杂而原始的情绪”。《雷雨》是一部道德悲剧,它从某种程度上揭示和批判了带有封建性的中国资产阶级的生活方式和道德的虚伪性;《雷雨》是一部命运悲剧,它展现了不可把握的命运对人的控制;《雷雨》是一部性格悲剧,它揭示了人性和人的性格弱点。

《雷雨》在艺术上具有很高的成就,主要表现在以下的几个方面。

第一,结构精巧。一是人物集中,空间单一。作品以周朴园为中心,以繁漪为情节发展的枢纽,全剧八个人,都有其独特的思想感情与经历,但他们的命运又都和周朴园相牵连。家庭关系把他们联结为一个整体,又把他们集中在同一空间,在家庭中来表现各自的性格。二是时间集中,凝练。周、鲁两家三十年的恩怨,周家内部由来已久的矛盾,周朴园与工人的长期对抗,都高度概括在一天一夜里。三是矛盾错综复杂。在众多的冲突线中,周朴园与繁漪的冲突是一条明线,周朴园和鲁侍萍的关系则是条暗线。这两条线索同时并存,彼此交织互为影响,使剧情紧张曲折,引人入胜。

第二,戏剧性强。作品采用在危机上开幕的结构方法,不是渐次展开剧情,而是在后果的猝然爆发中交代复杂的前因,因而创造了一种紧张、强烈的戏剧情境。剧情的发展,入情入理,既合乎生活逻辑,又合乎人物性格逻辑。最后高潮的出现,具有不可抗拒的说服力。剧作家把中心矛盾——兄妹乱伦放在最中心,通过倒剥笋式的方法,先是剥下三十年前的夫妻悲剧,再剥出了继母子的乱伦,最后才让繁漪在自私性格的驱使下无意中揭穿了兄妹乱伦这最为人所不齿的丑恶(十恶不赦之首)。剧情到此达到极点,也就随即走向尾声。剧作的戏剧性还表现在对于一系列的戏剧巧合,诸如在周朴园和鲁侍萍见面等情节的设计上,都具有“无巧不成书”的特点。

第三,在细节描写上通过使用少而精的典型细节,反映了深广的生活内容。如“吃药”“电线”等细节,在刻画人物上具有“一石双鸟”的作用,在情节展现中前有伏笔,后有照应,丰富了剧本情节,突出了戏剧动作性。

实践训练

一、以校园生活为题材编写一部独幕剧剧本。

二、以古今中外著名短篇小说为题材编写一部剧本。

第六章 散 文

第一节 散文的定义

什么是散文，历来说法不一，散文在不同的历史时期、不同的范围之内有不同的界定。

在我国古代，凡是区别于韵文、骈文的散体文章，都被称为散文，这是广义的散文。随着文学的发展演变，散文被限制在文学作品的范围内，但小说、游记、传记文学等仍包含在散文之内。五四新文化运动后，现代散文应运而生。这一时期，中西方文化碰撞激烈，在西方近代文艺理论的影响下，吸收了西方的"essay"（当时译为"随笔"或"小品散文"）的经验，散文才与诗歌、小说、剧本（戏剧文学）并列，泛指除诗歌、小说、剧本（戏剧文学）以外所有的散体文学样式。

现代散文，广义上包括杂文、随笔、游记、特写、书信、日记、回忆录、报告文学、传记文学、序、跋等类文体。正如巴金在《谈我的散文》中所说："有特写、有书信、有感想、有回忆、有通讯报道……总之，只要不是诗歌，又没有完整的故事，也不曾写出什么人物，更不是专门发议论讲道理，却又不太枯燥，而且还有一点点感情，像这样的文章都叫'散文'。"

需要指出的是，随着时代的发展、文学样式的繁荣，原本包含在现代散文下的一些类文体，尤其是一些边缘文体显示出强大生命力，独立性越来越强，陆续分离出去，如文学与政治的边缘文体——杂文，文学与新闻的边缘文体——报告文学（包括通讯、特写），文学与历史的边缘文体——史传文学，文学与科技的边缘文体——科普小品等。因此，狭义上的现代散文就是排除了上述几种偏于叙事和说理的文体的文体，这也就是我们所说的当代散文。

有人说"散文是不断分蘖出其他文学形式的文学母体"，有人说"散文是作家主体人格智慧的艺术体现"。我们认为，散文作为一种文学体裁，是指那些题材内容广泛多样，形式自由灵活，真实地写人、记事、绘景、状物，并借此抒发情感、表现个性的短小精悍的文章。

我国现代散文的发展经历了以下阶段：

一、20 世纪 20—30 年代——"二水分流"

现代散文首先诞生于《新青年》。随后，《语丝》和《晨报副刊》等刊物与其副刊成了现代散文的重要生长点。梁遇春说："有了《晨报副刊》，有了《语丝》，才有了周作人先生的小品文字，鲁迅先生的杂感。"从 1924 年创刊到 1930 年终刊，现代作家以在《语丝》上发表的作品为基础而出的结集，形成了现代散文艺术的基本格局；而作家由结集到分流，最终形成了以周氏兄弟为首的现代散文"二水分流"的历史。"二水分流"，实际是"言志派"散文与"传道派"散文的分道扬镳。当然，也有中间状态的，如梁遇春、沈从文、丰子恺，"汉园三诗人"（卞之琳、李广田、何其芳)，以及丽尼、陆蠡、缪崇群和20世纪40年代的钱钟书、张爱玲等。尤其是“汉园三诗人”，他们多吸收现代派作家的手法，不满太写实、太渲染、太理性的文风，主张为艺术而艺术；但他们的散文偏于晦涩，过于雕琢。

二、20世纪40年代——“延安散文”写作

所谓“延安散文”，乃是在特殊的政治、历史、地理环境里产生的一个散文现象。抗战烽火的燃起，时代生活的剧变，民族意识的张扬，都导致散文观念与实践的重大变革。“延安散文”的诞生有其客观的历史原因，但其话语方式最终超越地理与时间上的限制，成为以后四十年整个中国散文的主流意识形态话语。

“延安散文”的整体审美趋向是：第一，个性意识的淡化，群体意识的强化，散文从对自我内心的关照转向对“身外大事”的观照；第二，审美观念的削弱，功利观念的强调，“工具”论取代了“自娱”论；第三，主观抒情成分减弱，客观记叙成分增强，抒情小品体制让位给通讯特写体制；第四，以文化“现代化”为核心的“西方热”消退，民族化、大众化运动勃兴，散文由多元的横向借鉴转向单一的纵向继承。可以说，颂歌的基调，客观写实的方法，理想主义的精神以及朴实刚健的风格，构成延安散文的整体审美风范。

在特定的时代环境下，“延安散文”的一统天下有其历史的、深层的、必然的原因，但时代环境变化之后，延安散文就显示出其与生俱来的种种艺术审美上的弱点与局限。内容上，人们不满足于只听人物故事的平铺直叙(其“通讯”“特写”体制的局限)，而是渴望能从散文里获得更多的人生感悟与美的享受；形式上，那种描写的过“实”、过“露”以及文采不足的缺点，也为人们所不满。

茅盾的《白杨礼赞》和《风景谈》就是延安散文的代表作。可以看出，它们就是一种通讯或通讯类散文。而接下去的，20世纪50—60年代中，碧野的《天山景物记》、魏巍的《谁是最可爱的人》、吴伯箫的《猎户》等散文则是它们的延续。

三、20世纪50年代——“复兴散文”写作

针对“延安散文”的审美局限性，20世纪50年代，人们提出了“复兴散文”的口号。但是就创作而言，创作主体没有得到解放，空言“复兴”是水中月、镜中花。也许有一些“美文”或“美的句子”产生，但它阻止不了散文创作大萧条时代的来临。“抒我之情”“言我之志”，把个人的“人格”当作散文的“第一要件”，原被视为最高审美特质，也是“五四”散文之特征。有了它，才有艺术、形式、风格、内容等方面的多元。但是，“复兴散文”抽去了这一点，只简单机械地把“五四”传统理解、定性为“现实主义”，又进而把“现实主义”与政治标准等同，这是一种典型的“偷换概念”，最终“五四”散文的内涵被“修正”，然后在几十年之中被完全曲解了。这场“改革”因为无法治本(当时散文“个性淡化”的要害问题)，注定只能是一场空喊的口号而已。

“复兴散文”主要做了三件事：第一，动员一批老作家，如叶圣陶、许钦文、郑振铎、丰子恺、李广田等，多为报刊撰写散文；第二，在报刊上增辟或扩充散文园地，并开展散文讨论；第三，推荐、评介一些经过了筛选甚至修改的“五四”散文供欣赏与借鉴。

四、20世纪50年代后期、60年代初期——“诗化散文”写作

中国是诗的国度。甚至有人认为，中国文化就其精神实质而论可谓“田园诗文化”。诗，几乎渗进一切文体。莫说元曲杂剧，即如明清小说，也处处可见诗之灵美。一部《红楼梦》，作者是“诗人”，作者所钟情的“十二钗”也都是“诗人”，其悲剧是在诗的氛围中演绎着的。

20世纪50—60年代，当散文创作的横向与纵向（“五四”传统）借鉴之路均被截断之后，中国古代散文艺术成为当时散文建设的审美参照，是自然而然之事。散文作家除了从这一参照中找到“文以载道”的传统之外，在艺术表现上，继承的便是其对于诗意和意境的追求。意境，简言之就是情景交融。当然，情景交融，借景抒情，并非中国文学所独有；但是它的确在中国诗文中最突出，是中国文人最擅长的表现方法。林语堂说：“中国艺术的冲动，发源于山水；西洋艺术的冲动，发源于女人。”中国古代文人，大多出于农村，且政治生涯中常有沉浮坎坷，又长期受儒、释、道文化的熏陶，大都秉承着“入世”与“出世”的二重性格，同山水自然似有特殊的天缘。他们不仅在失意时常隐逸山林，即使在得意时亦常心系江湖；甚至在日常生活中，也追求小环境的自然化——显达者，筑山叠石以造园；清寒者，竹篱茅舍而自怡。总之，“性耽山水”“情系田园”，早以构成中国历代文人的文化心理；“天人合一”“物我同构”，则又早已成为中国历代文人的哲学追求与思维模式。

从现实背景看，“诗化”又是颂歌主题抒情散文的必然的审美选择。尽管经过了20世纪50年代中期的“复兴散文”运动，但这并不意味着此时散文写作的以政治功利观念和阶级（群体）意识为核心的审美格局出现了变革。此时，散文依然被看作是为政治服务的工具，歌颂政治与社会的光明面，依然是散文家所恪守的“大主题”。这样，由于既要保持颂歌的基调，又要克服前期散文创作在艺术上存在的那种直露的弱点，散文的表现（叙述）方式，便由原来的客观记叙体制转向主观抒情格局。而由于政治功利观念的主导与制约作用，这种借景抒情、托物言志又具有极鲜明的时代特质，所抒之“情”，所言之“志”，多为“大我”之精神，而非“小我”之曲衷。

对“诗化散文”美学意义上的反思：第一，“当诗一样写”重在捕捉生活的美好，这本身不是一个错误。散文作家保留着表现美好生活的选择自由。杨朔的失误在于他所表现的生活之美，不存在于真实的历史之境中。杨朔此时的“诗心”已经受到污染，他的不少作品失去了真实的生活背景。第二，对生活的粉饰并不是“当诗一样写”的直接结果。在主流意识形态的支配下，失去了个人话语权力的作家，无论他持什么样的美学理想，都不可避免地走向误区。从这个意义上说，杨朔的悲剧具有历史性意义。第三，杨朔散文的“模式”化，既是审美心理的定式，又是章法与技巧的守成。这意味着对一种美学理想的坚持，在不同的作者那里应当表现为不同的个体方式；否则就没有灵活性、多样性。第四，我们不能把一种美学理想推崇到至尊的位置。当“当诗一样写”成为唯一的美学原则时，它将导致一元化的审美结果。在相当长一段时间内，文体的褊狭与审美格局的滞闷与此相关。人们已经意识到，强化散文的诗意是散文艺术的一条审美途径，而非唯一的途径。除了诗意之外，还需要明理，还需要趣味。诗意使散文优美，明理使散文深刻，情趣使散文亲切。当散文失去后二者时，一个抒情的时代就会失去思想，失去自然的天性。“诗化散文”的代表作家有杨朔、刘白羽、秦牧、吴伯箫。

五、20世纪80年代

(一)林非的"真情实感"说

"诗化散文"在走过二十多年后,终于随着一个特殊政治文化历史阶段的完结而告完结。20世纪80年代初,人们开始反思、批判旧的散文写作理论,并通过理论重读(如"五四"散文理论)与论辩为散文理论的再构开启新的向度。这其中,林非起着"承上启下"的作用。他的散文理论归结起来就是"真情实感"说:"散文创作是一种侧重于表达内心体验和抒发内心情感的文学样式,它对于客观的社会生活或自然图景的再现,也往往反射或融合在对主观感情的表现中间,它主要是以从内心深处迸发出来的真情实感打动读者。""真情实感"说最主要的作用是匡正了20世纪50—60年代以来散文写作假、大、空的虚饰文风。

但是"真情实感"说也是有其审美局限性的。第一,"真情实感"只是一个对作家创作的职业上的伦理要求,并非是全部美学要求,正因为伦理要求是通向美学要求的,故此"真情实感"的要求永远对散文具有指导创作实践的约束力,但仅仅凭这样一条常识性的要求是不能涵盖散文发展的全部理论问题的。第二,"真情实感"只是对内容的一种要求,它并没有关注到形式——形式的机械性俗套是会危害真诚和真实的("八股文""杨朔模式"均如此)。第三,当"真情实感"被推到它本身完全未达到的高度——散文本体性高度时,这种强化更多地走向了它的负面:大量散文作家以贴近乃至完全拘泥于庸常生活的消沉叙事方式,记叙亲历与亲见,沉溺于尘封往事与柴米油盐中,于是大量散文陷于封闭的静态的创作方法中,其真实性"结束于可验性与解释停止的地方",导致散文界出现众多"导游式的游记、照相式的记叙故友、复制式的浅薄生活图景……"(沈天鸿《新时期散文沉疴初探》),形成散文界慵懒消极、唠叨又务实惠的颓唐文风,这同时也是散文抒情品格没落与审美力枯涸的主要表征。第四,"真情实感"说从本质上消解了散文成其为文学的根基——审美之维,并直接迎合了迟钝、取巧的庸众心理,为散文写作的随意、多产与平庸提供了理论依凭。史铁生一部《我与地坛》写了二十年,15000字里面,字字凝结着二十年里酸甜苦辣的人间阅历,以及由此而产生的痛彻肺腑的生命感悟,可以说,这真正是拿生命换来的。

(二)"复调散文"写作

"复调"理论,最早出现在巴赫金的"对话理论"中,尤其是在他对陀思妥耶夫斯基小说的评论中。复调散文出现在散文文体意识渐趋觉醒的20世纪80年代中后期。复调散文首先是针对艺术思维空间的平面化和单维度化的,它是对二元对立的思维模式、二值逻辑判断的扬弃;它同时是对世界、人与人的思维的多彩多姿的能动反映。复调,也就是对世界的整体性把握,是散文艺术在多元化的文化世界里的一种适应和自我调整。"复调散文"的类型有以下几种。

1. 传统的古典类型

这种类型又可称为"本体象征"类型。它以形而下的具象写出了形而上的抽象,即我们常说的"以小见大"。从文体回溯历史的源头看,它是反寓言的。我们不妨将这一类散文看作是世俗神话——庸常生活的神话:它是庸常的,因而亲切;它的神话性质,表明人对生存困境的反叛和对自身崇高的肯定。许许多多纪实以童年、故乡、亲情、友情、爱情为主题,带有强烈个人自传色彩,一旦对记忆不信任(往往是故意地不信任),神话也就乘虚而入。最典型的是三毛,三毛写的就是不折不扣的"个人神话"。中学课本选的黄河浪的散文《故乡的榕树》也有这种味

道。

2. 散文的现代诗类型

这种类型也是反寓言的，它以隐喻敌讽喻。隐喻的使用在现代诗中尤其普遍，它使物理距离极其遥远的事物之间建立起对应性，即我们通常说的联觉、通感。隐喻是诗意地表现世界统一性的手段，或者使认识的传递具有诗的因素。散文中的这一复调类型，即是学习现代诗酷爱隐喻、追求艺术张力、拓展作品内部空间的一个结果。佯谬、诡论、反讽，不同事物、不同意绪的纠结缠绕，在一个意象里包含两个缩影，一个主题中包含两个母题，且在两个侧面、两个层次上展开；两个叙事人的交替出现，双重视角的楔入，造成虚幻和真实双影重叠错落……所有这一切，使虚与实、动与静、远与近、大与小之间的艺术辩证法与作品的对话性统一了起来。对话性是所有包括复调散文在内的复调文学作品的艺术动因，隐喻既是建构原则，又是建筑材料。

3. 散文的悲喜剧型

这种类型多半属于叙事散文的传统范畴。传统的戏剧作品，或叙事文学作品，悲剧就是悲剧，喜剧就是喜剧，悲剧就是将有价值的人生撕碎给人们看，喜剧就是将无价值的人和事撕碎给人们，两个审美领域，井水不犯河水，崇高和渺小、美丑善恶的界限一清二楚。但随着现代文学艺术对世界复杂性的艺术认识的深入，这种美丑善恶、崇高渺小的界限被动摇了，它们之间的互相渗透性，存在着的对转和倒转的可能性被认识了，分割悲剧和喜剧的篱墙也随之倒塌了下来，于是，悲喜剧类型也就随之诞生了。俄苏文学写小人物的作品中有不少悲喜剧的经典之作。在西方，最典型的悲喜剧是荒诞派戏剧和黑色幽默作品。它们在本质上和基调上都是悲剧性的，但却以喜剧的方式出现，喜剧性不仅没有冲淡悲剧性，反而凸现、加深和加浓了悲剧实质。在中国的《诗经》中，也曾出现过以乐景写悲情，以悲景写乐情的诗篇："昔我往矣，杨柳依依。今我来思，雨雪霏霏。"很显然，悲喜两极走向融合，与当代人的生存处境、审美心态的复杂化也相契合，它无疑扩大了散文的艺术容量和艺术张力，应该说有深远的发展潜力。

4. "仿史诗"体

这种类型不是在英雄征战、创世纪意义上的仿史诗，而是将笔触楔入历史和人的命运的最深处，在历史的沉重处凸现人物命运。如余秋雨的《一个王朝的背影》，杨绛的《回忆我的姑母》《记杨必》等就是这种文体的代表。

六、20世纪90年代以后

（一）"新生代"散文写作

"新生代"是后"知青"一代。他们中的一大部分起步于校园文学创作，逃逸意识形态话语方式，抒发情绪化的个体生存体验，不遗余力地进行句法、结构、节奏、词语方面的创新实验，语体上的新鲜气息扑面而来。这批作家比较复杂、多元，来自各个方向和各个时代的影响都可以在他们的创作中找到反响和回应——传统的，现代主义的，后现代主义的……以往在同一代作家身上那种整齐划一的同性已荡然无存，很难概括出他们有什么共同的创作倾向。前述的复调散文的各种类型均可在"新生代"成功的作品中找到例证，如陈燕妮、胡晓梦、元元、杜丽、冯秋子等女性作者和鲍尔吉·原野、伍立扬、止庵等男性作者的作品。

（二）"雅皮"散文写作

"雅皮"散文是以《南方周末·新生活》和《三联生活周刊·圆桌》等专栏文章为代表的散文类型。这些作者自称是"雅皮士"或"另类知识分子"，他们用另一种眼光关注并评论当下的生活状态。"雅皮是生活态度，更是对生活的一种读解。雅皮是品位。你有点闲，但不无聊；你有点钱，但不太多；你有点烦，但日子还是要有滋有味地过。……雅皮不是流行而是与众不同。但是，你一定会希望世界上，纵然是某个角落，你的生活态度，也有人认同和分享。"（《雅皮生活》跋）很显然，这是一批特立独行的作者，他们更远地离开意识形态，不为政治和社会代言，于是他们在精神上前所未有地独立，因此他们是个人化的，只代表自己；他们不像某些知识分子那样内心深处充满了沉重的"使命感"和自觉的教训欲，要对别人的生活指手指脚、说三道四，于是他们写文章时是快乐的，给读者带来的也是快乐；他们首先是理智和清醒的，他们也绝不缺少悲天悯人的关怀精神，所以他们尖酸刻薄，正话反说；他们在心态上前所未有地放松和随意——他们没有也不愿背负传统的重担，所以他们绝不正襟危坐，而是肆无忌惮，自说自话，率心率性为之。他们甚至不愿以真名示人，写作的游戏与自娱、娱人的味道更凸现出来。比起胡晓梦，他们是更彻底的后现代主义者。反讽、解构、游戏在"雅皮"作者这里，变得更普遍更随意了。一些栏目和文章的标题："那一场风花雪月的恶作剧""愿天下有钱人终成眷属""苍蝇蝴蝶梦"——分别出自"那一场风花雪月的事""愿天下有情人终成眷属"和"鸳鸯蝴蝶梦"（显是对爱情进行解构）；"讲述老百姓自己的酱油"——出自"讲述老百姓自己的故事"（央视名牌栏目"东方时空"的著名版块）；"生命中不能承受的礼仪"——出自"生命中不能承受之轻"（一个严肃的命题被消解了）；"同志，又见同志"——"……又见……"是经典传统的浪漫言情句式，如"椰林，又见椰林"之类，但在这里语境被彻底颠覆了；"容易受伤的男人"——化自林忆莲的"容易受伤的女人"（后者是怨妇的哭诉，主题古老陈腐之极，而前者是一个女作者对男权社会的不屑和反讽，甚至还有解构的企图）；而"购物狂花"——化自"末路狂花"，则又是一个男作者对女权主义倾向的反讽。

（三）"新批判现实主义"散文写作

这种文风或写法也来自《南方周末》，是它的"百姓记事"专栏。

《百姓记事》的诞生源于我们对平民生态的关注。应该说，这些年来传媒不乏对百姓生活的报道，但记者的选材多以典型为主，再加上商业操作更注重特异事件和新闻人物，它所呈现的只是百姓生存的冰山一角，那些波澜不惊的平凡人生和不入视野的草民活法才是真正流淌于地母胸中的大地精灵。这些精灵一旦跃动于纸上，生存的魅力令我们叹为观止，因为它来自民间，来自真情的挥洒。

我们把记事的权利还给百姓。

我们坚信真正的生存由百姓记录更为真实。

我们坚信生活的况味由百姓道出才是原汁原味。

我们坚信原汁原味的生活更具有记录的价值。

我们坚信记录百姓便是记录历史。

我们坚信历史的魅力源自民间。

我们坚信民间的力量让我们难以抗拒。

（《南方周末·百姓记事》跋）

这个跋显然是一个宣言。它郑重宣布了对一种写作状态——以民间话语民间角度书写民间生存状态的认可。在对民间如何书写和书写什么这些问题上，传统知识分子意识形态化的话语、暧昧的态度和僵化、自上而下的视角受到了质疑。这实际上意味着话语权的更迭。民间本来就应该拥有记录权（如古代的野史），却一直以来被剥夺这种记录权，只不过《南方周末》因为其坚定的民间立场，现在将话语权还给了民间。庙堂记录因为其身份和性质所致，不但常会羞羞答答，欲言又止，甚至还会颠倒黑白，粉饰是非——即使像《史记》这样伟大的书写也必须存在于所谓的"史记笔法"中就是一证——而民间书写属于彻底的个人写作，它记录着生活的各个点和面，无数的点和面就组成了真实的平面，这和自诩为这个"平面"的代言人的书写相比，不矫情、不虚饰、不霸道、不先入为主、不自以为是，而显得更朴实、更本真。

第二节　散文的分类

按作品内容和基本表达方式，散文通常可以分为以下三种类型：

一、叙述散文

叙述散文在内容上以写人、记事、绘景、状物为主，在表达方式上侧重于叙述、描写，通过对事件的叙述，对人物形象的刻画或对景物的描绘，表现事件的意义、人物的精神品质和作者的深刻感受与真挚情感。叙述散文又分为记人散文、记事散文、写景状物散文。

记人散文，主要是记叙人物的生平事迹，刻画描写人物的肖像、心理、语言、动作的散文。这类散文大都描写现实生活中的真人真事，选取某些特征性的生活细节、人生片段，勾画出人物的性格，并以此来寄情写意。例如，鲁迅在《藤野先生》中，通过对藤野先生生活中一些细节的描写，表现了他的诚恳正直的高尚品德和严谨求实的治学精神。

记事散文，主要是指围绕事件的发生、发展、高潮、结局来安排叙述线索，以叙述事件为主要内容的散文。记事散文所叙述的事件可大可小，可一件也可多件，可以是一个相对完整的小故事，也可以是生活片断的组接。例如，吴伯箫的《记一辆纺车》围绕作者在延安时期使用过的一辆纺车，记叙了纺线的乐趣、劳动竞赛的场面等种种鲜活有趣的生活图景，以小见大，表现了延安时期大生产运动及革命精神，倾注了作者真切的感情和志趣。

写景状物散文，是主要以山川景物、名胜古迹、民情风俗为写作对象，以描写为主要表达方式的散文。在写景状物中透过作者独特的观察视角和审美体验来描绘出形象鲜明或富有诗意的画面，从而给人以美的感受和思想启迪。例如，刘白羽在《长江三日》中，饱含情感地描写了险滩、激流、涛声等景致，并融汇了历史、传说、现实和哲思，展示了一幅长江三峡奇伟瑰丽的图景。

二、抒情散文

抒情散文在内容上重在用抒情笔调、象征手法写景状物，抒发作者的主观情感。抒情散文在抒情方式上有两种：直接抒情和间接抒情。直接抒情就是通常所讲的直抒胸臆，这种抒情方式讲究将自己强烈的感情不借助于外物、不加掩饰地倾吐出来。间接抒情最常用的方式是托物言志和借景抒情。托物言志就是将自己的感情寓于某种事物中，通过对该事物的描写，使“物”与“情”得到高度统一。例如，茅盾的《白杨礼赞》，作者通过对白杨树不平凡形象的赞美，歌颂了中国共产党领导下的抗日军民和整个中华民族紧密团结、力求上进、坚强不屈的革命精神和斗争意志。借景抒情就是将感情融于景物当中，通过对景物的描绘，寓情于景，从而抒发作者的某种情感。又如，朱自清的《荷塘月色》，作者通过对夜色中的荷塘的描写，含蓄而委婉地表达了自己复杂的内心世界。

三、议论散文

议论散文主要用文学语言发表作者对生活的见解，表达方式较多地使用议论。议论散文区别于一般议论文的地方在于：议论散文用作者直接感知的事实说理，并结合文学语言和文学意象进行形象的、侧重情感感染的说理；而一般议论文要用事实论据和理论论据进行侧重于理智说服的说理，它在文章形式上讲究论点、论据、论证三要素齐全，讲究运用概念、判断、推理来完成抽象说理的过程。陶铸的《松树的风格》、郭沫若的《科学的春天》都是典型的议论散文。另外，鲁迅的杂文通常也归为议论散文。

第三节　散文的特征

一、选材广泛，见微知著

和其他文学体裁相比，散文是最容易将人们的日常生活化为文学艺术的文学体裁。凡在生活中的所见、所闻、所感，即使是生活片断、点滴材料或散碎的物象景观，只要蕴含着一定的社会意义或人生哲理，或只是表达某一特定感情，均可采用散文的形式予以表现。它可以写人、记事、绘景、状物、抒怀、明志、访旧、描绘风土人情、展望国际风云、细摹花草虫鱼，还可以在科技幻想世界中遨游，甚至可以在理论领域播种耕耘。正如周立波在《1956—1961散文特写选·序》中所说：“举凡国际国内的大事、社会家庭的细故、掀天之浪、一物之微、自己的一段经历、一丝感触、一撮悲欢、一星冥想、往日的凄惶、今朝的欢快，都可以移于纸上，贡献读者。”方纪的《挥手之间》就是以中国革命史上的重大事件——国共两党重庆谈判为中心内容的散文。同样，现实生活中的常见事物和身边的“小事小象”都可以成为散文作家笔下所描写和歌颂的对象。散文作者也往往会不拘一格地选择那些“微小”“零碎”或“边角”材料，并从中挖掘出感人肺腑的“重大主题”，以启迪人生、陶冶性灵，给人以美的精神享受。例如，曹靖华的《小米的回忆》、袁鹰的《井冈翠竹》、茅盾的《白杨礼赞》、杨朔的《荔枝蜜》、郭沫若的《银杏》、吴伯箫的《菜园小记》、朱自清的《背影》等，在这些散文名篇中，小米、毛竹、白杨、蜜蜂、银杏、菜园、背影等小事、小象都成为散文的题材。

散文题材的多样性，取决于它的内容不拘一格。散文的内容不要求像小说和戏剧那样，要有完整的故事情节和人物形象。在日常生活中的一事一物，人们的一言一行，只要是能使作者有所感触，引起联想和想象并有一定意义的材料，都可以写成散文。李光连在《散文技巧》中形象地说：“散文这棵大树，有着南国榕树似的须根，伸向生活的各个领域，以灌溉它的长青生

命。”

二、形式多样，形散神聚

鲁迅在《三闲集·怎么写》中说：“散文的体裁，其实是可以随便的，有破绽也不妨。”散文是一种比较自由的体裁，没有固定的格局和结构。它可以记事描写，可以抒发感情，也可以发表议论。和其他文学体裁相比，这个特征在散文中表现得特别突出。

形式多样主要表现在以下两个方面。第一，表现在结构中心和结构形式的多样性上。一是散文的结构中心多样。散文既可以以人物为结构中心，也可以以典型的细节为结构中心；既可以以景物为结构中心，也可以以某一象征事物为结构中心。二是散文的结构形式不拘一格。有的以事件、人物为线索行文，有的以时间、空间为序来组织材料，有的以某一中心思想为统帅，把材料分别组织在几个不同的侧面。第二，表现在表达方式的灵活自如上。散文综合了众家之长，融叙述、描写、抒情、议论、说明于一体。它可以根据不同的需要选择合适的表达方式，既可以托物言志、借景抒情，也可以直抒胸臆。叙述散文以叙述、描写为主，也可以加入抒情和议论；抒情散文在抒情的同时，也兼用叙述、描写和议论；有的议论散文在议论的同时也加入了大量的想象，如秦牧的《土地》。这种表达方式选择上的自由给人一种舒展灵活、浑然天成的独特的美感。总之，散文反映生活、表达思想感情的方式和手法是多种多样的，非常自由灵活。

形散神聚主要是指散与不散的统一。散文在取材广泛、形式灵活的基础上有一条贯穿全文的主线、向四周辐射的中心或者一个组织材料的总的原则。好的散文，都有精巧的布局和严密的结构，外表看来似乎很散，星星点点，跳跃性很大；但仔细琢磨，其内在联系很紧密，总有一条明确的线索贯串始终，严谨而统一。不论是连贯式散文，还是板块式散文、蛛网式散文，甚至意识流散文，都会有一条线索，一个中轴。线索或以情节发展，或以情感的流动，或以思想的飞翔、时间的先后、空间的转移甚至时空同时变换为序。例如，秦牧的散文《土地》，看似东拉西扯，实则脉络井然，就因为有一股乡土之情的激流从古到今、由远而近地向读者涌来，这是全文的线索。

三、真情实感，讲究文采

散文不论是写人记事，还是绘景状物，都要能以情动人。刘勰说：“情者，文之经；辞者，理之纬。”真实的情感最能打动人、感染人、影响人，真挚的感情是最富于力量的，是文学作品尤其是散文的灵魂。

情，就是说散文要饱含感情。要写好散文，必须有丰富的情感。情感不但要真实，而且要丰富。杨朔在谈到如何写散文时说：“你在斗争中，劳动中，生活中，时常会有些东西触动你的心，使你激昂，使你欢乐，使你忧愁，使你深思，这不是诗又是什么？凡是遇到这样动情的事，我就要反复思索，这些到后来往往形成我文章里的思想意境。”（《东风第一枝·小跋》）这句话的意思就是说作者对所写的对象要有所触动，要动情，要融入那种情感的氛围，否则就写不出好的散文。例如，冰心创作《一只木屐》，竟酝酿了十五年，早在从日本回国时，看到海里漂着一只木屐，便勾起了她的文思。但情何所抒、意何所寓，她还拿不准，因为对日本木屐所联系着的文化背景及人生境界，她还感受得不深，只好把文思暂时存在心中。直到有了足够的生活积累，又蓦然面对日本人民的现实斗争，她才豁然贯通，文章中通过木屐这一意象，表达了作者对日本人民的苦难命运的认同和理解。这里，交织、渗透着情感的触发和寻觅与寓意的对象化和升华。

文，就是散文要有文采，就是作家要充分运用各种手法，善于锤炼自己的语言。冰心、周作人等把抒情散文称为美文，其中很重要的一个方面就是指其语言之美。古人作文讲究"炼字、炼句、炼意"，也就是讲究语言文字的韵律、节奏的和谐之美。文采并不一定指语言的华丽铺陈，也可以指语言的质朴素雅。例如，朱自清的散文《背影》内容简单，语言朴素无华，但文章用细腻的抒情笔触，表现了儿子对父亲深厚的感情，使质朴的语言充满了感染力，从而引起人们的共鸣。

四、意境优美，诗意浓郁

写诗作文强调意境，这是我国文论的一个传统。"意"，是指作品的思想、感情，它要求深邃；"境"，是指由有形的事物所组成的画面，它要求优美。意境其实是因作者思想感情和生活图景相契合而创造出的一种既不同于生活真实而又可感可信、形神兼备的美的艺术境界。它是情和景、物与我相融合的产物，在文章中常能给人以感染和美的享受。它既是可以感受的，是物质的、形象的，又是可以觉悟的，是精神的、空灵的。

王国维说："其文章之妙，亦一言以蔽之，有意境而已。"(《宋元戏曲考》)杨朔讲到他自己写散文的经历时说："我在写篇文章时，总是拿着当诗一样写。"这可能是散文意境的最高层次，把散文当作诗来写，以诗一般的语言描绘诗一般的画面，用具体的艺术形象来充分体现深刻的思想或深挚的感情；或以生动逼真的画面，使情景交融，造成一种拨动人心弦、诱发人联想的境界；或以动人的叙述和描绘，使情理汇通，含蓄地揭示出人生哲理，引人深思，发人深省。例如，冰心在散文《樱花赞》中通过赞美樱花，来赞美中日人民之间的友谊。作者在这里就创造出一个充满诗情画意的深邃的意境"……山路的两旁，簇拥着雨后盛开的几百树几千树樱花：这樱花，一堆堆，一层层，好像云海似的，在朝阳下绯红万顷，溢彩流光。当曲折的山路被这天边的花云遮住了的时候，我们就像坐在首尾相接的轻舟之中，凌驾着骀荡的东风，两舷溅起哗哗的浪花，迅捷地向着初升的太阳前进！"樱花盛放的画面仿佛中日友谊蒸蒸日上，如诗如画，表达了作者深厚的感情，使文章的主题得到深化，使人们身临其境，感受真切。

第四节　散文的写作

一、精于立意

"凡文以意为主"。散文的"意"是存在于深厚的生活土壤和浩瀚的生活海洋中的。要获得它，必须依靠我们对生活的深入观察、感受、理解。只要从生活实际出发，凭着敏锐的观察能力，同人民、同时代共同跳动的脉搏，深厚的感情，丰富的想象，深沉的思索，就会感受到我们生活中洋溢着的诗意。这诗意，就是使我们心灵受到触动的东西，使我们豁然开朗的东西，思想突然升华的东西，感情更纯洁的东西，它就诗的灵感。我们要为自己的散文立意就要赶紧捕捉住它，因为这里面有心灵的颤动，思想的闪光。刘白羽说："哪怕是微弱的闪耀也比没有闪耀要好，这才不是一般的照相，这才是文学。"

一个作家去看茶花，品种繁多、美不胜收的茶花引起了他的思索：“茶花是美啊。凡是生活中美的事物都是劳动创造的。是谁白天黑夜、积年累月，用自己的汗水浇着花，像抚育自己的儿女一样抚育着花秧，终于培养出这样的好花？应该感谢那些为我们美化生活的人。”这就是思想的闪光，作家十分珍惜它。后来，他听一位花匠介绍一种茶花说：“这叫童子面，花期迟，刚打开骨朵，开起来颜色深红，倒是最好看的。”这并没有引起他的思索，但他记住了这种茶花的名称。过了一会，恰巧一群小孩子也来看茶花，这引起了作家的注意，他看见孩子们一个个仰着鲜红的小脸，甜蜜蜜地笑着，叽叽喳喳叫个不休，他的心灵猛然一颤，不禁脱口说出：“童子面茶花开了。”花匠听了这话后说：“真的呢，再没有比这种童子面更好看的茶花了。”这话使一个念头突然跳入他的脑海，他说：“我得到一幅画的构思。如果用最浓最艳的朱红画一大朵含露乍开的童子面茶花，岂不正可以象征着祖国的面貌？”于是，作家就把看茶花引起的感受、思索写成一篇文情并茂的散文《茶花赋》，这个作家就杨朔。而读者、评论者通过阅读就可以悟出作家写此文的意义：歌颂如花的祖国，歌颂祖国的劳动人民。

二、善于构思

构思是指写作者对生活素材进行去粗取精、去伪存真、由此及彼、由表及里的加工、提炼的过程。写作者要在构思中为散文的思想内容寻找尽量完美的艺术形式，使思想性与艺术性达到和谐的统一。因此，构思要解决立意、选材、创造意境、确定体裁、基本手法、寻找线索、布局谋篇等问题。这里着重讲讲确定体裁、寻找线索、创造意境三个问题。

（一）确定体裁

散文的体裁灵活多样。我们有了一种好的想法（思想），并且选取了表现这一想法（思想）的材料，那么就要考虑：是写成书信体，还是写成日记体？是写成随笔，还是写成偶感？是写成游记，还是写成回忆录？是写成序或跋，还是写成读后感？确定具体体裁的原则是内容决定形式，形式为内容服务。譬如到苏州旅游之后，你感到要向父母报告一下自己的行踪和观感，你就可以写成书信；你在游玩中遇到一些使你感动的人或事，你就可以写随笔；你在游玩虎丘、狮子林、寒山寺、西园、留园等地之后，觉得寒山寺的钟特别吸引人，并引起你的遐思，你就可以写成如《社稷坛抒情》那样诗意浓郁的抒情文；你如果是旧地重游，吃到苏州某种土特产而忆起往事，则可以偏重于回忆，写成《小米的回忆》那样的回忆式的散文……总之，要根据立意内容来确定表现形式——具体的体裁。

（二）寻找线索

散文的材料应该是很“散”的，每一个材料都是一颗珍珠，但这些珍珠互相之间有内在的联系，写作者要寻找一根线，用笔作针，将这些散乱的珍珠穿起来，使之成为一串光彩夺目的珠圈、项链。那么，有哪些东西可以作为线索呢？

一是感情线索。我们的感情在生活中发生变化，如由厌恶到喜爱，或从喜欢到厌恶，我们可以用一条感情线索把一些似乎没有关联的材料连接起来。如杨朔的《荔枝蜜》就是利用感情线索，才把儿时记忆、从化疗养、荔枝树林、苏轼诗词、喜尝蜂蜜、参观蜂场、赞扬蜜蜂、农民劳动和夜晚梦蜂等事串联起来的。

二是事物线索。如曹靖华在日常生活中感受到：今天仍然需要发扬延安时期“小米加步枪”的艰苦奋斗精神，就搜罗记忆中有关小米的往事，用小米把发生在不同地点、不同时间、不

同情况下的事件组合在一起。许多托物咏志的散文也是以物为线索的，如茅盾的《白杨礼赞》。

三是人物线索。如写某一个人物在不同时间、不同地点的活动，可以将这个人物作为线索串联起来，也可以用另一个人物把不同时间、不同地点、不同人物、不同内容的事物串联起来。这个人物还可以是写作者本人——“我”。

四是思绪线索。如面对某一事物、景物沉思遐想，“鹜趋八极，心游万仞”，“观古今于须臾，抚四海于一瞬”，“笼天地于形内，挫万物于笔端”。通过联想与想象，能把有关的材料组织在一起，表达原定的主题思想，如秦牧的《土地》、杨朔的《海市》、贾平凹的《丑石》等。

五是景物线索。“一切景语皆情语也”，通过景物描写，在写景中融入作者的思想感情，如《天山景物记》《西湖即景》等。

六是行动线索。如游记以游程行踪为线索，刘白羽写《长江三日》就以游程为主线来写，当然，全文还有一条哲理性的思绪线索：“战斗——航进——穿过黑夜走向黎明。”“文无定法”，散文的线索很多，以上六种线索是较为常用的。

（三）创设意境

散文的意境是情和景的交融，是意和境的统一，是作者浸透了时代精神的主观感情、意志与自然环境和社会环境的统一。意是灵魂，境是血肉。意高则境深，意低则境浅。散文的这种意境应是诗的意境，即所谓“诗情画意”。它是可以捉摸的，可以感受的，是物质的，形象的，但它又是动人心弦的，震颤魂魄的，是精神的，性灵的。如朱自清写《荷塘月色》，全篇着力于“淡淡的情趣”，顺着沿路走来、伫立凝想的线索，通过描绘使小路、荷塘、花姿、月色、树影、雾气、灯光……色彩斑斓，可见可感，而叶香、蛙鸣、蝉声，又可味可闻。更加上心情的抒写，巧妙的譬喻，创造出一种淡雅、闲静、情景交融的意境。这种优美的意境，正是散文写作者努力追求、刻意创造的。构思方法可以向前人借鉴，更需自己创新。过去就有一个青年作者发明出一种“散文快速构思法”，为《青春》《采石》等刊物的编辑所重视。

三、巧于布局

散文一般篇幅短小，想要布局得好也有一定难度。这犹如一座大山上有小堆的乱石，乱石常常无损大山的壮观，但很容易破坏园林之美。因此，散文的布局——结构十分重要。参观苏州园林，从它精巧的建筑布局上，我们可以得到启示，可以借鉴它的园林建筑布局来考虑散文的布局。叶圣陶在《苏州园林》中写道，苏州园林建筑的设计者和匠师们“讲究亭台轩榭的布局，讲究假山池沼的配合，讲究花草树木的映衬，讲究近景远景的层次。总之，一切都要为构成完美的图画而存在，决不容许有欠美伤美的败笔”。散文的写作，也要这样讲究材料的布局、配合、映衬、层次。苏州园林不讲究对称，但散文布局有时则需讲究对称，或对比。叶圣陶又说：“苏州园林在每一个角度都注意图画美。”散文的整体布局要讲究艺术性，它的局部的布局不是同样要讲究艺术性吗？布局的具体方法有很多，前面讲的线索问题也与布局有关。这里可以着重提一下的是：散文的布局要巧设文眼，开头往往似谈家常，结尾则要加以深化，画龙点睛，卒章显志，并且首尾呼应，通体一贯，有机结合。初学散文写作，不妨学习这种布局方法。

四、明于断续

散文要“散”得起来，除了选材要有技巧之外，在叙写上也要注意断续的技巧。明于断续，

才能使散文的行文挥洒自如。贾平凹说："记住：越是你知道多的地方，越要不写或者写得很少；空白，这正是你要写的地方呢。"他认为："讲究了'空白'处理，一是散文可以散起来，断续之，续断之，文能'飞起'，神妙便显也。二是散文可以含蓄起来，古人也讲过：意在笔先，故得举止闲暇，看似胡乱说，骨子里却有分数。"我们要多阅读古人的优秀散文作品，学习他人的断续技巧，在写作实践中多次运用之后才能熟能生巧。

例文分析

例文：

荷塘月色

朱自清

这几天心里颇不宁静。今晚在院子里坐着乘凉，忽然想起日日走过的荷塘，在这满月的光里，总该另有一番样子吧。月亮渐渐地升高了，墙外马路上孩子们的欢笑，已经听不见了；妻在屋里拍着闰儿，迷迷糊糊地哼着眠歌。我悄悄地披了大衫，带上门出去。

沿着荷塘，是一条曲折的小煤屑路。这是一条幽僻的路；白天也少人走，夜晚更加寂寞。荷塘四面，长着许多树，蓊蓊郁郁的。路的一旁，是些杨柳，和一些不知道名字的树。没有月光的晚上，这路上阴森森的，有些怕人。今晚却很好，虽然月光也还是淡淡的。

路上只我一个人，背着手踱着。这一片天地好像是我的；我也像超出了平常的自己，到了另一世界里。我爱热闹，也爱冷静；爱群居，也爱独处。像今晚上，一个人在这苍茫的月下，什么都可以想，什么都可以不想，便觉是个自由的人。白天里一定要做的事，一定要说的话，现在都可不理。这是独处的妙处，我且受用这无边的荷香月色好了。

曲曲折折的荷塘上面，弥望的是田田的叶子。叶子出水很高，像亭亭的舞女的裙。层层的叶子中间，零星地点缀着些白花，有袅娜地开着的，有羞涩地打着朵儿的；正如一粒粒的明珠，又如碧天里的星星，又如刚出浴的美人。微风过处，送来缕缕清香，仿佛远处高楼上渺茫的歌声似的。这时候叶子与花也有一丝的颤动，像闪电般，霎时传过荷塘的那边去了。叶子本是肩并肩密密地挨着，这便宛然有了一道凝碧的波痕。叶子底下是脉脉的流水，遮住了，不能见一些颜色；而叶子却更见风致了。

月光如流水一般，静静地泻在这一片叶子和花上。薄薄的青雾浮起在荷塘里。叶子和花仿佛在牛乳中洗过一样；又像笼着轻纱的梦。虽然是满月，天上却有一层淡淡的云，所以不能朗照；但我以为这恰是到了好处——酣眠固不可少，小睡也别有风味的。月光是隔了树照过来的，高处丛生的灌木，落下参差的斑驳的黑影，峭楞楞如鬼一般；弯弯的杨柳的稀疏的倩影，却又像是画在荷叶上。塘中的月色并不均匀；但光与影有着和谐的旋律，如梵婀玲上奏着的名曲。

荷塘的四面，远远近近，高高低低都是树，而杨柳最多。这些树将一片荷塘重重围住；只在小路一旁，漏着几段空隙，像是特为月光留下的。树色一例是阴阴的，乍看像一团烟雾；但杨柳的丰姿，便在烟雾里也辨得出。树梢上隐隐约约的是一带远山，只有些大意罢了。树缝里也漏着一两点路灯光，没精打采的，是渴睡人的眼。这时候最热闹的，要数树上的蝉声与水里的蛙声；但热闹是它们的，我什么也没有。

忽然想起采莲的事情来了。采莲是江南的旧俗，似乎很早就有，而六朝时为盛；从诗歌里可以约略知道。采莲的是少年的女子，她们是荡着小船，唱着艳歌去的。采莲人不用说很多，还有看采莲的人。那是一个热闹的季节，也是一个风流的季节。梁元帝《采莲赋》里说得好：

于是妖童媛女，荡舟心许；鹢首徐回，兼传羽杯；棹将移而藻挂，船欲动而萍开。尔其纤腰束素，迁延顾步；夏始春余，叶嫩花初，恐沾裳而浅笑，畏倾船而敛裾。

可见当时嬉游的光景了。这真是有趣的事，可惜我们现在早已无福消受了。

于是又记起《西洲曲》里的句子：

采莲南塘秋，莲花过人头；低头弄莲子，莲子清如水。

今晚若有采莲人，这儿的莲花也算得"过人头"了；只不见一些流水的影子，是不行的。这令我到底惦着江南了。——这样想着，猛一抬头，不觉已是自己的门前；轻轻地推门进去，什么声息也没有，妻已睡熟好久了。

1927 年 7 月，北京清华园。

分析：

全篇着力于"淡淡的情趣"，顺着沿路走来、伫立凝想的线索，通过心情的抒发和景物的描写、巧妙的譬喻，使小路、荷塘、花姿、月色、树影、雾气、灯光及叶香、蛙鸣、蝉声等色彩斑斓、可感可悟，创造出一种淡雅、闲静、情景交融的意境。清丽雅致的语言，婉转谐和的音韵，在行云流水般畅达的抒写中，绘就了一幅静谧恬美的荷塘月色图景。文中多处使用"田田""亭亭""缕缕"等双声词语，长短句自然错落，文随意转，珠落玉盘，清朗悦耳，极富旋律美与节奏感。

实践训练

一、请以校园生活为题材写一篇散文。

二、请以某个景点为题材写一篇散文。

第二编

公文写作

◆第七章 公文写作概述
◆第八章 通用公文——法定公文
◆第九章 通用公文——非法定公文
◆第十章 专用公文

第七章 公文写作概述

第一节 公文的定义

“公文”一词，最早见于西晋陈寿的《三国志》。《三国志·魏书·赵俨传》载：“‘公文下郡，绵绢悉以还民’，上下欢喜，郡内遂安。”其后，南朝（宋）范晔的《后汉书》也使用了“公文”一词。《后汉书·刘陶传》载：“今张角支党不可胜计……州郡忌讳，不欲闻之，但更相诰语，莫肯公文。”这两处公文的含义，均与今天的公文的含义接近。

今天所谓的“公文”，简单来说就是用于处理公务的文书，可理解为“公务文书”的简称。具体来说，公文就是各机关在公务活动中形成的具有特定效力和体式的文书。它是进行公务活动的重要工具。徐望之在《公牍通论》中说：“公文者，为意思表示于一定程式之文书也。凡以文字表示意思，不得称之公文；必以一定之程式，所制成之文书，始得谓之公文。”

要想透彻地理解公文的含义，必须弄清楚与之相关的“文书”和“文件”的含义。

“文书”一词，最早见于西汉贾谊的《新书》。《新书·过秦论（下）》载：“禁文书而酷刑法。”其后，东汉王充在《论衡》中也使用了“文书”一词。《论衡·别通》载：“萧何入秦，收拾文书。汉所以能制九州者，文书之力也。”这里所说的“文书”，泛指古代的文籍图册。东汉班固的《汉书·刑法志》载：“文书盈于几阁，典者不能遍睹。”唐代元稹的《望喜驿》载：“满眼文书堆案边，眼昏偷得暂时眠。”这里所说的“文书”，意指应用文体的总称。今天，文书的含义有三。第一，应用文体的总称。包括：公务文书、私人文书。第二，职业名称。第三，职务名称。

“文件”一词，大约在清末才出现。当时，在外交领域中常提到“寻常往来文件”“交涉文件”等。宣统三年五月，朝廷颁布的《内阁属官官制》，将“掌本阁公牍文件”作为“承宣厅”职责之一。今天，文件的含义有广义和狭义两种：广义的文件指应用文体的总称，狭义的文件指法定公文。

通过以上分析，公文与文书、文件的区别可概括为：文书＞公文＞文件。

第二节 公文的分类

公文可分为通用公文和专用公文两大类。通用公文是各级各类机关都使用的公文；专用公文是某类机关（领域、系统）使用而其他机关（领域、系统）不使用的公文，如公检法机关使用法律公文、经济领域使用经济公文等。

通用公文可从不同的角度对其进行分类。

一、按规范程度分

按规范程度，可将通用公文分为法定公文、非法定公文。

法定公文指我国现行法律法规规章所确定的公文。如党政机关的法定公文、人大机关的法定公文、军队机关的法定公文、检察机关的法定公文、审判机关的法定公文、工会机关的法定公文等。本教材只介绍党政机关的法定公文，如通知、报告、请示、函等。

非法定公文指除法定公文之外的其他通用公文，如计划类公文、总结、规范类公文、简报等。

二、按收发角度分

按收发角度，可将通用公文分为收文、发文。

收文指某个机关收到的公文。

发文指某个机关发出的公文。

三、按行文方向分

按行文方向，可将通用公文分为上行文、下行文、平行文。

上行文指主送给上级机关的公文，如报告、请示等。

下行文指主送给下级机关的公文，如命令（令）、决议、决定、批复、通报等。

平行文指主送给平级机关和不相隶属机关的公文，如函、议案等。

四、按涉密与否分

按涉密与否，可将通用公文分为涉密公文、普通公文。

涉密公文指涉及党和国家秘密的公文，分绝密公文、机密公文、秘密公文三种。

普通公文指不涉及党和国家秘密的公文。

五、按办理时限分

按办理时限，可将通用公文分为急件、平件。

急件指需要紧急办理的公文，分特急公文和加急（急件）公文两种。

平件指正常办理的公文。

六、按性质作用分

按性质作用，可将通用公文分为指挥性公文、法规性公文、报请性公文、知照性公文、记录性公文。

指挥性公文，如命令（令）、决议、决定、批复等。

法规性公文，如条例、规定等。

报请性公文，如报告、请示等。

知照性公文，如通知、通报、通告、公告、公报、函等。

记录性公文，如纪要、会议记录等。

图 7-1 所示为公文分类。

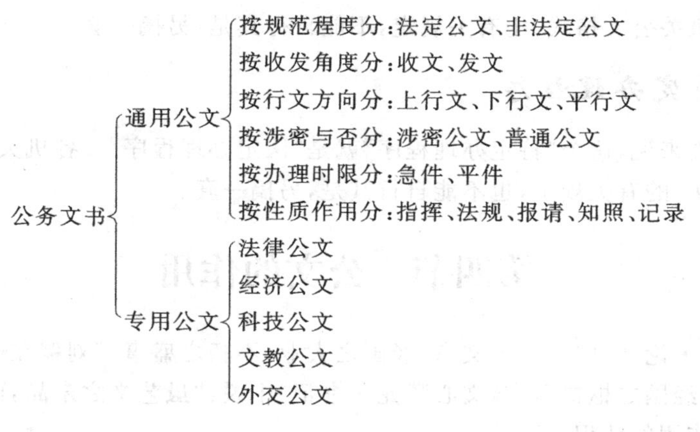

图 7-1　公文分类

第三节　公文的特征

与文学作品比，公文具有如下特征。

一、具有法定作者

法定作者是指依法成立并能以自己的名义行使权利和承担义务的组织。党政机关、社会团体、企事业单位，只要是依法成立并合法存在的，就可以成为公文的法定作者。

公文的法定作者，一般是“组织”；但有时也有“个人”（组织的负责人）的情况，如命令（令）、议案。以“组织的负责人”的名义发文时，“组织的负责人”并不是以私人的身份出现的，而是代表其所在的组织依法行使职权。

公文一般是由一个组织的秘书人员起草的，但他并不是公文的法定作者。因为他是“受命而作”，是代替组织写作；他不能代表组织行使职权。

二、具有法定权威

公文是机关的喉舌，可以代表机关发言，可以代表机关的法定权威。或要求办理，或要求传达，或要求知照，必须“令行则止”；否则，将追究责任（行政、法律），并进行处罚。

三、具有特定时效

公文是在公务活动中形成的。随着某项工作的产生而产生的公文，将随着工作的完成而失效。公文的时效，有长有短。长的，几年、十几年；短的，几月、几天。没有一份公文是永远有效的。

公文失效后，有查考和保存价值的，要整理归档；无查考和保存价值的，要按程序定期销毁。

四、具有特定格式

对于法定公文来说，这个“特定格式”就是“法定格式”。为了维护公文的权威性，实现公文处理工作的规范化、制度化、科学化，各机关制发法定公文，要严格执行《党政机关公文处理工

作条例》和《党政机关公文格式》的有关规定，不能自行其是，另搞一套。

五、具有特定办理程序

对于法定公文来说，这个“特定办理程序”就是“法定办理程序”。各机关要执行《党政机关公文处理工作条例》的有关规定，也不能自行其是，另搞一套。

第四节　公文的作用

曹丕在《典论·论文》中说：“盖文章，经国之大业，不朽之盛事。”刘勰在《文心雕龙·章表》中说：“章表奏议，经国之枢机”，在《文心雕龙·书记》中说：“虽艺文之末品，而政事之先务也。”这是古人对公文作用的认识。

那么，今天该如何认识公文的作用呢？一句话：公文是进行公务活动的工具。具体作用如下。

一、领导指导作用

行文是领导指导方式之一。领导指导有两层含义：第一，行政上下级——领导，业务上下级——指导；第二，上级对下级的规范性要求——领导，上级对下级的原则性要求——指导。

二、知照联系作用

上级机关通过公文对下级布置工作、交代任务；下级机关通过公文向上级机关汇报工作、反映情况；平行机关和不相隶属机关之间通过公文交流信息、商洽工作。公文像桥梁、像纽带，把各机关连成一个整体。

三、宣传教育作用

公文的宣传教育作用主要体现在下行文中。一份公文，一般总要陈述情况、阐明理由、分析原因、提出希望或要求等，就其实质而言，这都是宣传教育作用的体现。通过宣传教育，使有关机关和人员不仅知道应该做什么，而且还知道为何这样做和应该怎样做，以指导和推动工作的正常开展。

从某种意义上，上行文也要向上级机关阐明缘由、交代情况、提出意见等，这本身也富有“宣传”的功能。

四、记载凭证作用

公文反映了机关公务活动情况，具有重要的记载、凭证作用。有些公文，记载作用显著，如纪要、会议记录、大事记等；有些公文，凭证作用显著，如政策性文件等。

公文转化为档案后，仍然具有记载、凭证作用。

第八章 通用公文
——法定公文

第一节 法定公文概述

一、法定公文的定义

法定公文，顾名思义就是我国现行法律法规规章所确定的公文。法定公文，有广义、中义和狭义三种。广义的法定公文，泛指我国现行的所有法律法规规章所确定的公文。这些现行的所有法律法规规章包括：《中华人民共和国立法法》《行政法规制定程序条例》《规章制定程序条例》、公文处理规范性文件等。中义的法定公文，专指我国现行的公文处理规范性文件所确定的公文。这些公文处理规范性文件包括：《党政机关公文处理工作条例》《人大机关公文处理办法》《军队机关公文处理工作条例》《人民检察院公文处理办法》《人民法院公文处理办法》《全国总工会机关公文处理办法》《中华全国总工会办公厅关于〈全国总工会机关公文处理办法〉的补充规定》等。狭义的法定公文，特指我国现行的《党政机关公文处理工作条例》所确定的公文。本教材所称"法定公文"，指的是狭义的法定公文。

《党政机关公文处理工作条例》规定："党政机关的公文是党政机关实施领导、履行职能、处理公务的具有特定效力和规范格式的文书，是传达贯彻党和国家的方针政策，公布法规和规章，指导、布置和商洽工作，请示和答复问题，报告、通报和交流情况等的重要工具。"

本教材给出一个公文的定义：公文是各机关在公务活动中形成的具有特定效力和规范格式的文书。它是处理公务的重要工具。

二、法定公文的种类

《党政机关公文处理工作条例》规定：党政机关公文种类主要有决议、决定、命令（令）、公报、公告、通告、意见、通知、通报、报告、请示、批复、议案、函、纪要，共15种。

三、法定公文的格式

《党政机关公文处理工作条例》第十条规定："公文的版式按照《党政机关公文格式》国家标准执行。"

《党政机关公文格式》国家标准规定，公文有两种格式：一种是一般格式（常用格式、通用格式），包括单一行文格式和联合行文格式；一种是特定格式，包括信函格式、命令（令）格式和纪要格式。此外，公报、公告、通告等的格式与一般格式也不完全一样。

（一）一般格式

公文的一般格式涉及六个问题：公文用纸主要技术指标，公文用纸幅面尺寸及版面要求，

印制装订要求，公文格式各要素编排规则，公文中的横排表格，公文中计量单位、标点符号和数字的用法。

1. 公文用纸主要技术指标

（1）纸张定量：指每平方米纸张的重量。这一指标决定了纸张的厚度与密度。公文用纸一般为60～80 g/m^2的胶版印刷纸或复印纸。低于60 g/m^2，不庄重，影响公文的权威性；高于80 g/m^2，太奢华，造成不必要的浪费。

（2）纸张白度：指纸张洁白的程度。这一指标与字迹的清晰程度有关系。公文纸张白度为80%～90%。低于80%，纸张发黑，不庄重；高于90%，纸张发白，反光晃眼，容易造成视觉疲劳。

（3）纸张横向耐折度：指纸张在一定张力下承受180°往复折叠的次数。公文纸张横向耐折度要大于或等于15次。低于15次，纸张太脆，缺乏一定的韧性，不利于公文的传阅和保存。

（4）纸张不透明度：指纸张透光程度。公文纸张不透明度要大于或等于85%。公文需双面印刷，若纸张不透明度低于85%，则文字会相互洇透，看上去花乱，影响阅读。

（5）纸张pH值：指纸张的酸碱度。pH值大于7，呈碱性；小于7，呈酸性；等于7，为中性。公文纸张pH值为7.5～9.5。低于这一指标，即呈酸性，纸张易泛黄，不利于公文的长期保管和利用。

2. 公文用纸幅面尺寸及版面要求

（1）幅面尺寸。

采用GB/T148—1997《印刷、书写和绘图纸幅面尺寸》中规定的A4型纸。其成品幅面尺寸为210 mm×297 mm。

特殊形式的公文用纸幅面，根据实际需要确定。

（2）版面。

页边与版心尺寸：天头（上白边）为37 mm±1 mm。据此，可算出下白边为35 mm。订口（左白边）为28 mm±1 mm。据此，可算出右白边为26 mm。版心尺寸为156 mm×225 mm。《党政机关公文格式》如图8-1、图8-2、图8-3、图8-4、图8-5、图8-6、图8-7、图8-8、图8-9所示。

字体和字号：如无特殊说明，公文格式各要素一般用3号仿宋体字。特定情况可以作适当调整。

行数和字数：一般每面排22行，每行排28个字，并撑满版心。特定情况可以作适当调整。行是标示公文中纵向距离的长度单位。一行指一个汉字的高度加3号汉字高度的7/8的距离。“一个汉字的高度”，取决于公文要素应当使用的字号。以正文用3号仿宋体字为例，3号字字高约为5.54 mm，一行（3号字字高加3号字字高的7/8）约等于10.39 mm。版心高度为225 mm，两者相除，恰好能排22行。“撑满版心”的含义是：公文的第一行字上靠版心上边缘，最后一行字下沉版心下边缘。确切地说，公文每面是由22行3号仿宋体字加21个行距组成的。字是标示公文中横向距离的长度单位。一字指一个汉字宽度的距离。“一个汉字宽度”，取决于公文要素应当使用的字号。以正文用3号仿宋体字为例，3号字字宽约为5.54 mm，28个字的总宽度约为155.12 mm，“撑满版心”即为156 mm。

文字的颜色：如无特殊说明，公文中文字的颜色均为黑色。

3. 印刷装订要求

(1) 制版要求。

版面干净无底灰,字迹清楚无断划,尺寸标准,版心不斜,误差不超过 1 mm。

(2) 印刷要求。

双面印刷;页码套正,两面误差不得超过 2 mm。

黑色油墨应达到色谱所标 BL100%,红色油墨应达到色谱所标 Y80%、M80%。

印品着墨实,均匀;字面不花、不白、无断划。

(3) 装订要求。

左侧装订,不掉页,两页页码之间误差不超过 4 mm,裁切后的成品尺寸允许误差±2 mm,四角成 90°,无毛茬或缺损。

骑马订或平订的公文:订位为两钉外订眼距版面上下边缘各 70 mm 处,允许误差±4 mm;无坏钉、漏钉、重钉,钉脚平伏牢固;骑马订钉锯均订在折缝线上,平订钉锯与书脊间的距离为 3~5 mm。

包本装订的公文:封皮(封面、书脊、封底)与书芯应吻合、包紧、包平、不脱落。

4. 公文格式各要素编排规则

《党政机关公文处理工作条例》第九条规定:“公文一般由份号、密级和保密期限、紧急程度、发文机关标志、发文字号、签发人、标题、主送机关、正文、附件说明、发文机关署名、成文日期、印章、附注、附件、抄送机关、印发机关和印发日期、页码等组成。”此外,还涉及分隔线、二维条码等,共 20 个要素。

《党政机关公文格式》国家标准规定:“本标准将版心内的公文格式各要素划分为版头、主体、版记三部分。公文首页红色分隔线以上的部分称为版头;公文首页红色分隔线(不含)以下、公文末页首条分隔线(不含)以上的部分称为主体;公文末页首条分隔线以下、末条分隔线以上的部分称为版记。”版头包括份号、密级和保密期限、紧急程度、发文机关标志、发文字号、签发人六个要素;主体包括标题、主送机关、正文、附件说明、发文机关署名、成文日期、印章、附注、附件九个要素;版记包括抄送机关、印发机关和印发日期两个要素;本书将页码、分隔线、二维条码三个要素列入“其他”。版头好比公文之“头”,主体好比公文之“身”,版记好比公文之“脚”。

(1) 版头。

①份号。

含义:份号是公文印制份数的顺序号。

规则:涉密公文应当标注份号;如果发文机关认为有必要,非涉密公文也可以标注份号。标注份号的目的是掌握每一份公文的去向,防止遗漏或丢失。一般用 6 位阿拉伯数字;特殊情况,也可用 3~5 位阿拉伯数字。

位置:版心左上角第一行,居左顶格。

字号字体:一般用 3 号阿拉伯数字,字体未作统一规定。

②密级和保密期限。

含义:密级和保密期限是公文的秘密等级和保密的期限。

规则:涉密公文应当根据涉密程度分别标注“绝密”“机密”“秘密”和保密期限。保密期限

中的数字用阿拉伯数字标注。1990 年 10 月 6 日，国家保密局、国家技术监督局制定的《国家秘密文件、资料和其他物品标志的规定》规定："书面形式的密件，其国家秘密的标识为'★'，'★'前标密级，'★'后标保密期限。"

位置：版心左上角第二行，居左顶格。若既标密级又标保密期限，则密级"×密"和保密期限"×年"两字之间不空字；若只标密级不标保密期限，则密级"×密"两字之间空一字。

字号字体：一般用 3 号黑体字。

③紧急程度。

含义：紧急程度是公文送达和办理的时限要求。

规则：根据紧急程度，紧急公文应当分别标注"特急""加急"，电报应当分别标注"特提""特急""加急""平急"。

位置：版心左上角，居左顶格。若既无份号又无密级和保密期限，则紧急程度编排在第一行；若只有份号没有密级和保密期限，则紧急程度编排在第二行；若既有份号又有密级和保密期限，则紧急程度编排在第三行。若既标密级又标保密期限，即密级"×密"和保密期限"×年"两字之间不空字，则紧急程度"特急"或"加急"两字之间也不空字；若只标密级不标保密期限，即密级"×密"两字之间空一字，则紧急程度"特急"或"加急"两字之间也空一字。

字号字体：一般用 3 号黑体字。

④发文机关标志。

含义：发文机关标志是显示公文法定作者的要素。

构成：由发文机关全称或者规范化简称加 "文件"二字组成，也可以使用发文机关全称或者规范化简称。联合行文时，可以并用联合发文机关名称，也可以单独用主办机关名称。

规则：单一行文的发文机关标志可事先大批印制。联合行文时，如需同时标注联署发文机关名称，一般应当将主办机关名称排列在前；如有"文件"二字，应当置于发文机关名称右侧，以联署发文机关名称为准上下居中排布。

位置：居中排布，发文机关标志上边缘至版心上边缘为35 mm。35 mm 就是三行多的距离，恰好可以标注份号、密级和保密期限、紧急程度。

字号字体：推荐使用小标宋体字（楷体、隶书、魏碑等带有书法艺术的成分，不够庄重）。字号以醒目、美观、庄重为原则，最大不能超过上级机关，字少的情况下尽量拉宽字间距，字多的情况下尽量压缩字间距。

颜色：红色，俗称"红头文件"。

⑤发文字号。

含义：发文字号是公文的"身份标志"，可简称文号。标注文号的目的是便于公文的登记、引用、查询和整理归档。

构成：由发文机关代字、年份、发文顺序号组成。如"中办发〔2016〕1 号"，"中办发"是发文机关代字，"〔2016〕"是年份，"1 号"是发文顺序号。

规则：联合行文时，使用主办机关的发文字号。发文机关代字要规范，尽量选用能反映职能特征且与其他机关不重复的字，长期固定使用，字数不宜过多，不必加"字"字。发文机关代字后加"办"的，代表发文机关的办公部门；加"发"的，用于普发性下行文；加"函"的，用于部分（或个别）机关受文的下行文或平行文；既不加"发"也不加"函"的，用于上行文。年份、发文顺序号用阿拉伯数字标注；年份应标全称，用六角括号“〔 〕”括入，不要用圆括号“（ ）”、方括号“[ ]”或方头括号“【 】”括入（因为这涉及文号的引用问题）；发文顺序号不加“第”字，不编虚位（1不编为01），在阿拉伯数字后加“号”字。

位置：发文机关标志下空二行。下行文和平行文，居中排布；上行文，左空一字，与最后一个签发人姓名处在同一行。

⑥签发人。

含义：签发人是发文机关的主要负责人（正职或主持全面工作的负责人）。

规则：上行文应当标注签发人姓名。标注签发人的目的是便于上级机关负责人了解下级机关谁对上报的事项负责。由“签发人”三字加全角冒号和签发人姓名组成。如有多个签发人，签发人姓名按照发文机关的排列顺序从左到右、自上而下依次均匀编排，一般每行排两个姓名，回行时与上一行第一个签发人姓名对齐。签发人姓名之间空一字，不加标点符号；签发人姓名为两个字的，两字之间空一字。

位置：发文机关标志下空二行，右空一字。

字号字体：“签发人”三字用3号仿宋体字，签发人姓名用3号楷体字。

（2）主体。

①标题。

含义：标题是对公文主要内容的概括和揭示。

规则：由发文机关名称、事由和文种组成。发文机关名称可用发文机关全称或者规范化简称。三个和三个以下机关联合行文时，应列出所有发文机关的名称，发文机关名称之间空一字，不加标点符号；四个和四个以上机关联合行文时，可以采用排列在前的发文机关名称加“等”的方式。事由一般由“关于……的”构成；其间若出现多个机关、人名等并列时，应用顿号分开，不使用空格。全文引用法规、规章、规章名称，应加书名号。此外，还可用顿号、括号、引号、破折号等。分一行或多行排布；回行时，要做到词意完整（如“经济发展环境”是一个词组，不宜分成两行），排列对称，长短适宜，间距恰当；标题排列应当使用梯形或菱形。

位置：红色分隔线下空二行（为保证公文首页显示正文，可下空一行或不空行），居中排布。

字号字体：一般用2号小标宋体字。

②主送机关。

含义：主送机关是公文的主要受理机关。

规则：应当使用机关全称、规范化简称或者同类型机关统称。上行文，原则上只能有一个主送机关。下行文和平行文，主送机关较多，按重要程度排列。同类机关名称之间标全角顿号，不同类机关名称之间标全角逗号，最后一个机关名称后标全角冒号。如主送机关名称过多导致公文首页不能显示正文时，应当将主送机关名称移至版记，标注方法同抄送机关。普发性公文、会议通过的公文等，不标主送机关。

位置：标题下空一行，居左顶格，回行时仍顶格。

③正文。

含义：正文是公文的主体，用来表述公文的内容。

规则：公文首页必须显示正文。公文首页不显示正文，是不严肃的事情，且容易产生假冒公文。以下几种情况，有可能致使公文首页无法显示正文：联合行文的机关过多，签发人过多，

标题过长,主送机关过多。文中结构层次序数依次可以用"一、""(一)""1.""(1)"标注。每个自然段左空二字,回行顶格。一组完整的数字不能回行。引用公文,应该先引标题后引文号,如"根据中共中央办公厅国务院办公厅关于印发《党政机关公文处理工作条例》的通知(中办发〔2012〕14号)要求"等。

位置:主送机关名称下一行。

字号字体:一般用3号仿宋体字。文中结构层次序数一般第一层用黑体字、第二层用楷体字、第三层和第四层用仿宋体字标注。

④附件说明。

含义:附件说明是公文附件的顺序号和名称。

规则:编排"附件"二字,后标全角冒号和附件名称;如有多个附件,使用阿拉伯数字标注附件顺序号(如"附件:1.××××")。附件名称较长需回行时,应当与上一行附件名称的首字对齐。附件名称后不加标点符号,附件名称本身不加书名号。公布令、批转(转发、印发)通知,不标注附件说明。

位置:正文下空一行,左空二字。

⑤发文机关署名。

含义:发文机关署名是公文生效的标志之一。

规则:署发文机关全称或者规范化简称。会议通过的公文,不属发文机关名称。

位置:加盖印章的公文——单一行文时,一般在成文日期之上,以成文日期为准居中编排发文机关署名;联合行文时,一般将各发文机关署名按照发文机关顺序整齐排列在相应位置,并将印章一一对应(横排)。不加盖印章的公文——单一行文时,在正文(或附件说明)下空一行右空二字编排发文机关署名;联合行文时,在正文(或附件说明)下空一行右空二字先编排主办机关署名,其余发文机关署名依次向下编排(竖排)。

⑥成文日期。

含义:成文日期是公文生效的标志之一。

规则:署会议通过或者发文机关负责人签发的日期。联合行文时,署最后签发机关负责人签发的日期。用阿拉伯数字将年、月、日标全,年份应标全称,月、日不编虚位(即1不编为01)。

位置:加盖印章或签发人签名章的公文——一般在发文机关署名下一行或在签发人签名章下空一行右空四字编排。不加盖印章的公文——在发文机关署名下一行编排成文日期,首字比发文机关署名首字右移二字;如成文日期长于发文机关署名,应当使成文日期右空二字编排,并相应增加发文机关署名右空字数。会议通过的公文——成文日期加括号居中编排在标题之下。

⑦印章(含签发人签名章)。

含义:印章是公文生效的标志之一。签发人签名章属于印章的一种特殊形式,以机关负责人的名义制发的公文(如命令(令)、议案等),需加盖签发人签名章,并冠以职务名称。

规则:公文中有发文机关署名的,应当加盖发文机关印章,并与署名机关相符。有特定发文机关标志的普发性公文和电报可以不加盖印章。会议通过的公文、没有发文机关署名和成文日期的纪要,不加盖印章。不得出现空白印章。印章端正。联合行文时,印章之间排列整齐、互不相交或相切，每排印章两端不得超出版心。

位置：印章——单一行文时，印章居中下压发文机关署名和成文日期（下套方式），使发文机关署名和成文日期居印章中心偏下位置，印章顶端应当上距正文（或附件说明）一行之内；联合行文时，印章居中下压发文机关署名，最后一个印章居中下压发文机关署名和成文日期（下套方式），首排印章顶端应当上距正文（或附件说明）一行之内。签发人签名章——单一行文加盖签发人签名章时，在正文（或附件说明）下空二行右空四字加盖签发人签名章，签名章左空二字标注签发人职务，以签名章为准上下居中排布。联合行文加盖签发人签名章时，应当先编排主办机关签发人职务、签名章，其余机关签发人职务、签名章依次向下编排，与主办机关签发人职务、签名章上下对齐，每行只编排一个机关的签发人职务、签名章；签发人职务应当标注全称。

颜色：红色。

特殊情况说明：当公文排版后所剩空白处不能容下印章或签发人签名章、成文日期时，可以采取调整行距、字距的措施解决；若出现采取调整行距、字距的措施仍无法解决的极特殊情况，也可以采取在空白页第一行加圆括号顶格标注“此页无正文”的方法。

⑧附注。

含义：附注是公文印发传达范围等需要说明的事项。如“此件发至县团级”“此件可登党刊”“此件公开发布”“文中所有统计数字，截止年月日”“文中所述三年以上，含三年”等。

规则：请示，应在附注处注明联系人及联系电话，写成“联系人：×××，联系电话：××××××××”。对公文中名词术语的解释，一般采用句内括注或句外括注的办法解决，不列入附注。

位置：成文日期下一行左空二字加圆括号。

⑨附件。

含义：附件是公文正文的说明、补充或者参考资料。正文中有一些内容，如图表、名单、规定等，如穿插在正文中，往往隔断前后意思的联系而造成阅读上的不便。这时需要将其从正文中抽出而作为公文的附件单独表述。附件是正文内容的组成部分，与正文一样具有同等效力。有的表面看起来像附件，而实际上是正文，如公布令、批转（转发、印发）通知。

规则：附件应当另面编排，并在版记之前，与公文正文一起装订，附件顺序号和附件标题应当与附件说明的表述一致；如附件与正文不能一起装订，应当在附件左上角第一行顶格编排公文的发文字号并在其后标注“附件”二字及附件顺序号。附件格式要求同正文。

位置：“附件”二字及其顺序号编排在版心左上角第一行，居左顶格；附件标题编排在版心第三行，居中排布。

字号字体：“附件”二字及其顺序号用3号黑体字。

(3) 版记。

①抄送机关。

含义：抄送机关是除主送机关外需要执行或者知晓公文内容的其他机关。

规则：“抄送”二字后加全角冒号和抄送机关名称，回行时与冒号后的首字对齐。应

当使用机关全称、规范化简称或者同类型机关统称。一般按上级机关、同级机关、下级机关，并按党委、人大、政府、政协、军队、法院、检察院、群众团体、民主党派、事业单位、企业单位的顺序排列。同类机关名称之间标全角顿号，不同类机关名称之间标全角逗号，最后一个机关名称后标全角句号。如需把主送机关移至版记，除将“抄送”二字改为“主送”外，编排方法同抄送机关。既有主送机关又有抄送机关时，应当将主送机关置于抄送机关之上一行，之间不加分隔线。

位置：印发机关和印发日期上一行，左右各空一字。

字号字体：一般用4号仿宋体字。

②印发机关和印发日期。

含义：印发机关和印发日期是公文的送印机关和送印日期。

规则：用阿拉伯数字将年、月、日标全，年份应标全称，月、日不编虚位（1不编为01），后加“印发”二字。印发机关写成“×××办公厅”“×××办公室”“×××局秘书科”等，印发日期写成“20××年×月×日印发”。

位置：末条分隔线之上，印发机关左空一字，印发日期右空一字。

字号字体：一般用4号仿宋体字。

特殊情况说明：版记中如有其他要素，应当将其与印发机关和印发日期用一条细分隔线隔开。如有翻印机关和翻印日期，编排方法同印发机关和印发日期，翻印日期后加“翻印”二字。

(4) 其他。

①页码。

含义：页码是公文页数顺序号。标注页码是为了公文的印制、装订、查阅、检索和统计，有助于公文的防伪。

规则：用阿拉伯数字，数字左右各放一条一字线。公文的版记页前有空白页的，空白页和版记页均不编排页码。A3纸一个折页共四面，版记页前最多会出现三个空白页。公文的附件与正文一起装订时，页码应当连续编排。

位置：版心下边缘之下，一字线上距版心下边缘7 mm，单页码右空一字，双页码左空一字。

字号字体：一般用4号半角宋体。

②分隔线。

含义：分隔线是划分版头主体版记三个部分和版记各要素的线段。分隔线分版头中的分隔线（首页分隔线）和版记中的分隔线两种。

规则：版头中分隔线和版记中的分隔线均与版心等宽。版头中分隔线根据发文机关标志的字号事先印制（推荐高度为0.35 mm～0.5 mm）；版记中的首条分隔线和末条分隔线用粗线（推荐高度为0.35 mm），中间的分隔线用细线（推荐高度为0.25 mm）。

位置：版头中的分隔线位于发文字号之下4 mm处居中。版记中的首条分隔线位于版记中第一个要素之上，末条分隔线与公文最后一面（封底）的版心下边缘重合。

颜色:版头中的分隔线为红色。

③二维条码。

含义:二维条码是包含公文基本信息,对公文进行基本描述的二维数据载体。采用二维条码的目的是提高公文运转效率,提高公文登记录入的准确率,提高公文管理水平。

规则:可在制发公文时印刷或者粘贴。不作为必备要素(因需专用设备,且有可能被其他信息识别技术取代),有条件的机关可采用。上报中共中央办公厅和国务院办公厅的公文必须采用。二维条码尺寸宽 50 mm,高大于 10 mm 小于 25 mm。

位置:版记页版心下边缘右下侧,二维条码上边缘距版心下边缘 3 mm,二维条码右边缘距版心右边缘 5 mm。

5. 公文中的横排表格

A4 纸型的表格横排时,页码位置与公文其他页码保持一致,单页码表头(表格顶端标题行的俗称)在订口一边,双页码表头在切口一边。

6. 公文中计量单位、标点符号和数字的用法

《条例》第十一条规定:“公文使用的汉字、数字、外文字符、计量单位和标点符号等,按照有关国家标准和规定执行。民族自治地方的公文,可以并用汉字和当地通用的少数民族文字。”

公文中计量单位的用法,应当符合 GB3100—93《国际单位制及其应用》、GB3101—93《有关量、单位和符号的一般原则》和 GB3102.1—93《空间和时间的量和单位》。

标点符号的用法,应当符合 GB/T 15834—2011《标点符号用法》。

数字的用法,应当符合 GB/T 15835—2011《出版物上数字用法》。

(二) 特定格式

1. 信函格式

(1) 发文机关标志。

使用发文机关全称或者规范化简称。联合行文时,使用主办机关标志。居中排布,上边缘至上页边为 30 mm。推荐使用红色小标宋体字,字号由发文机关酌定。

(2) 红色双线。

发文机关标志下 4 mm 处印一条红色双线(上粗下细),距下页边 20 mm 处印一条红色双线(上细下粗),线长均为 170 mm(版心宽 156 mm),居中排布。第二条红色双线上一行如有文字,与该线的距离为 3 号汉字高度的 7/8。

(3) 份号、密级和保密期限、紧急程度。

在第一条红色双线下,按照份号、密级和保密期限、紧急程度的顺序自上而下分行排列,第一个要素与第一条红色双线的距离为 3 号汉字高度的 7/8,居左顶格。

(4) 发文字号。

在第一条红色双线下,与第一条红色双线的距离为 3 号汉字高度的 7/8,居右顶格。

(5) 标题。

居中排布,与其上最后一个要素相距二行。

（6）版记。

不加印发机关和印发日期、分隔线。如有抄送机关，位于公文最后一面版心内最下方。

（7）页码。

首页不显示页码。其他与一般格式相同。

2. 命令(令)格式

（1）发文机关标志。

由发文机关全称加“命令”或“令”字组成，居中排布，上边缘至版心上边缘为 20 mm，推荐使用红色小标宋体字，字号由发文机关酌定。联合行文时，发文机关名称分行编排，两端对齐，“命令”或“令”字置于右侧，上下居中。

（2）令号。

令号是命令（令）的编号，写成“第×号”，不编虚位。发文机关标志下空二行，居中排布。

（3）标题和正文。

命令（令）一般无标题，令号下空二行直接编排正文。

（4）签发人职务、签名章和成文日期。

详见一般格式之印章（含签发人签名章）和成文日期。

其他与一般格式相同。

3. 纪要格式

（1）发文机关标志。

由会议名称加“纪要”组成，居中排布，上边缘至版心上边缘为 35 mm，推荐使用红色小标宋体字，字号由发文机关酌定。

（2）编号。

可写成“第×号”，也可写成“〔××××〕×号”，不编虚位。发文机关标志下空二行，居中排布。

（3）发文机关、成文日期和分隔线。

编号下空一行左空一字编排发文机关，同行右空一字编排成文日期。

（4）出席人员名单、请假和列席人员名单。

标注出席人员名单，一般用 3 号黑体字，在正文或附件说明下空一行左空二字编排“出席”二字，后标全角冒号，冒号后用 3 号仿宋体字标注出席人单位、姓名，回行时与冒号后的首字对齐。

标注请假和列席人员名单，除依次另起一行并将“出席”二字改为“请假”或“列席”外，编排方法同出席人员名单。

（5）分送机关。

纪要的受文机关（不分主送和抄送），编排方法与抄送机关相同。其他与一般格式相同。纪要格式可以根据实际制定。

公文格式详见图 8-1 至图 8-9。

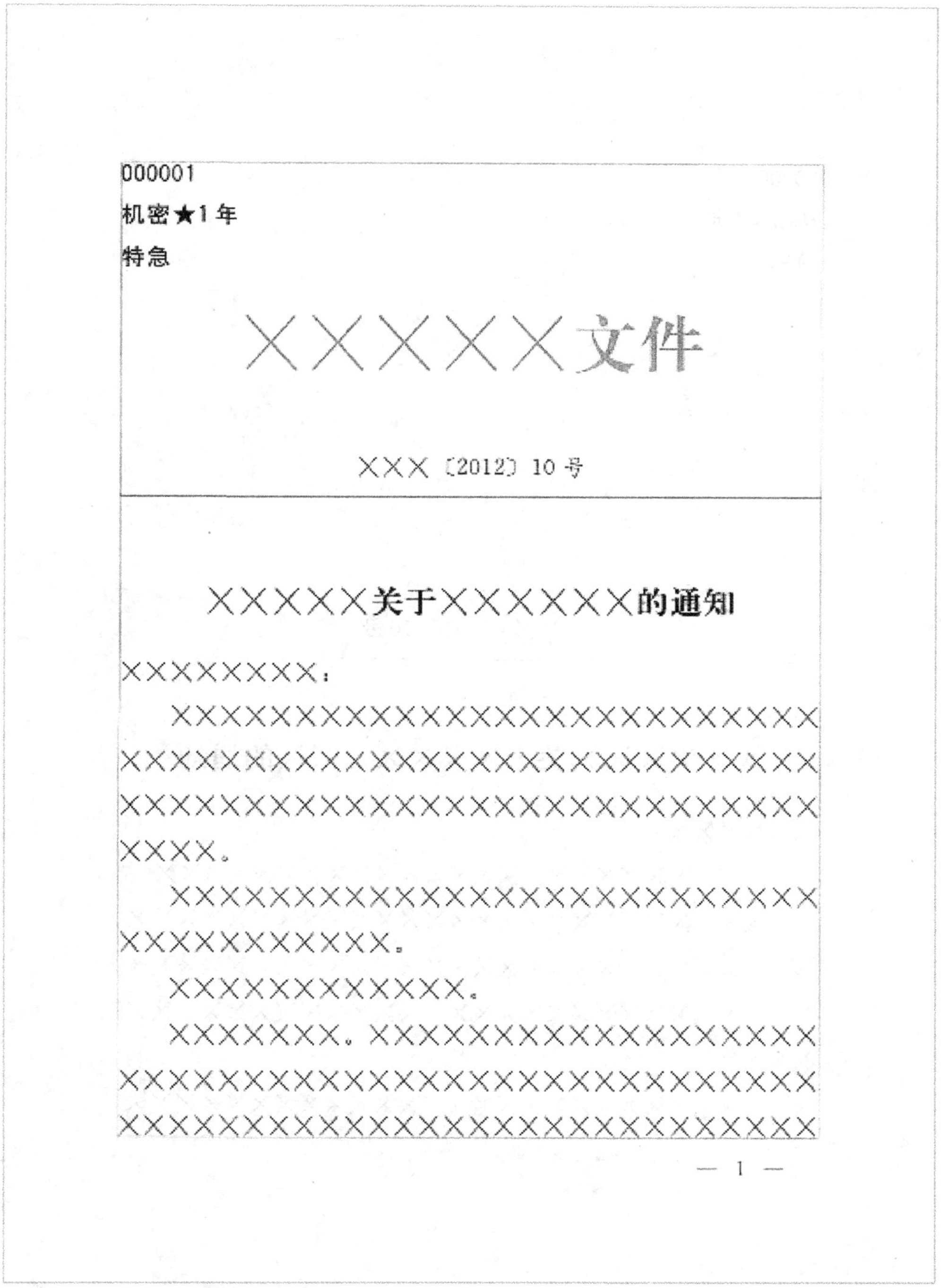

000001
机密★1年
特急

×××〔2012〕10号

×××××关于××××××的通知

××××××××：

××。

××。

×××××××××××××。

×××××××。×××

— 1 —

图 8-1 公文首页版式

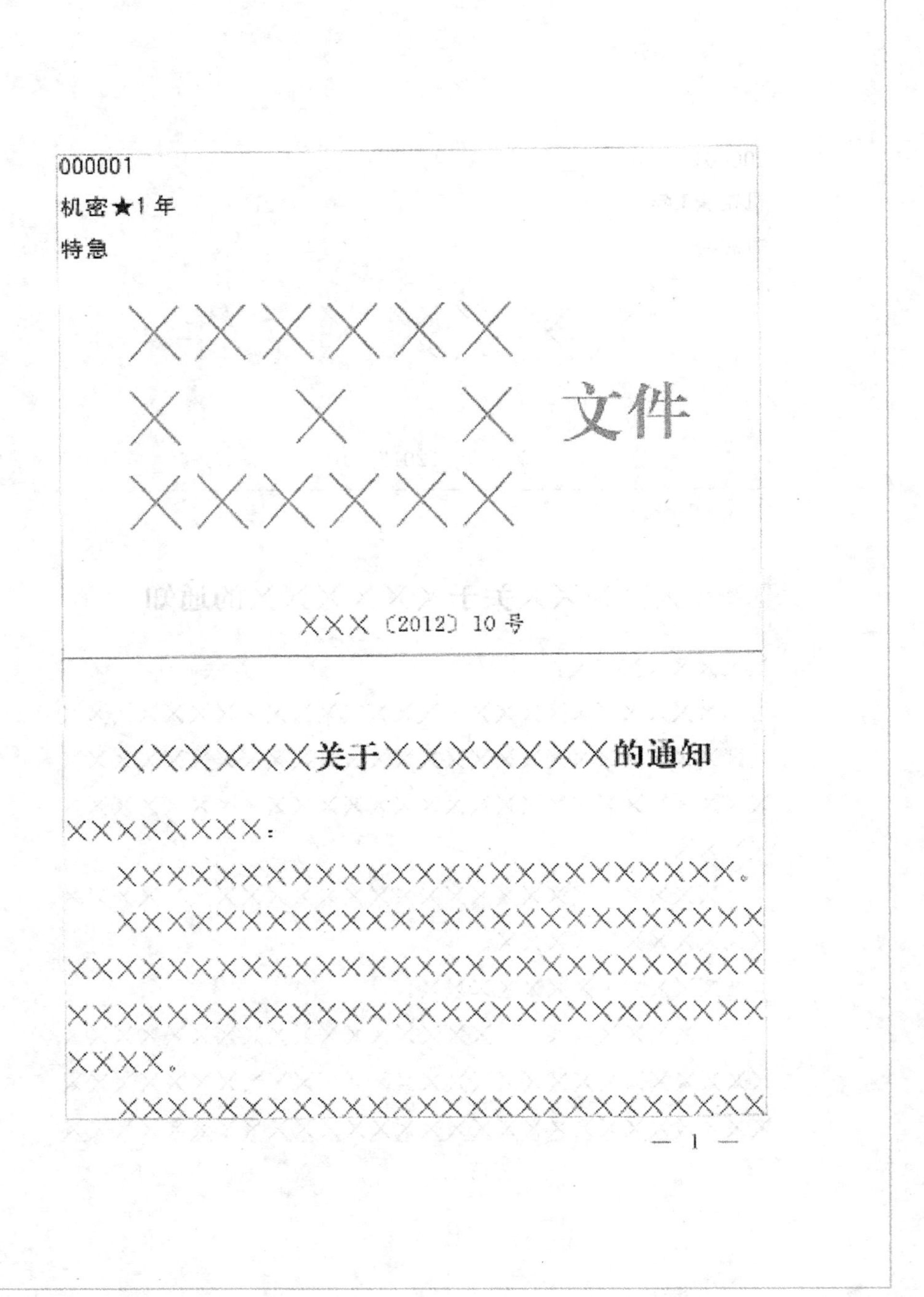

000001

机密★1年

特急

××××××

×　×　×　文件

××××××

×××〔2012〕10号

××××××关于×××××××的通知

××××××××：

　　×××××××××××××××××××××××××。

　　××。

　　××××××××××××××××××××××××××

— 1 —

图 8-2　联合行文公文首页版式 1

000001
机 密
特 急

××××××
× × ×
××××××

签发人：××× ×××
×××〔2012〕10号 ×××

××××××关于×××××××的请示

××××××××：

××。

×××××××××××××××××××××××××××

— 1 —

图8-3 联合行文公文首页版式2

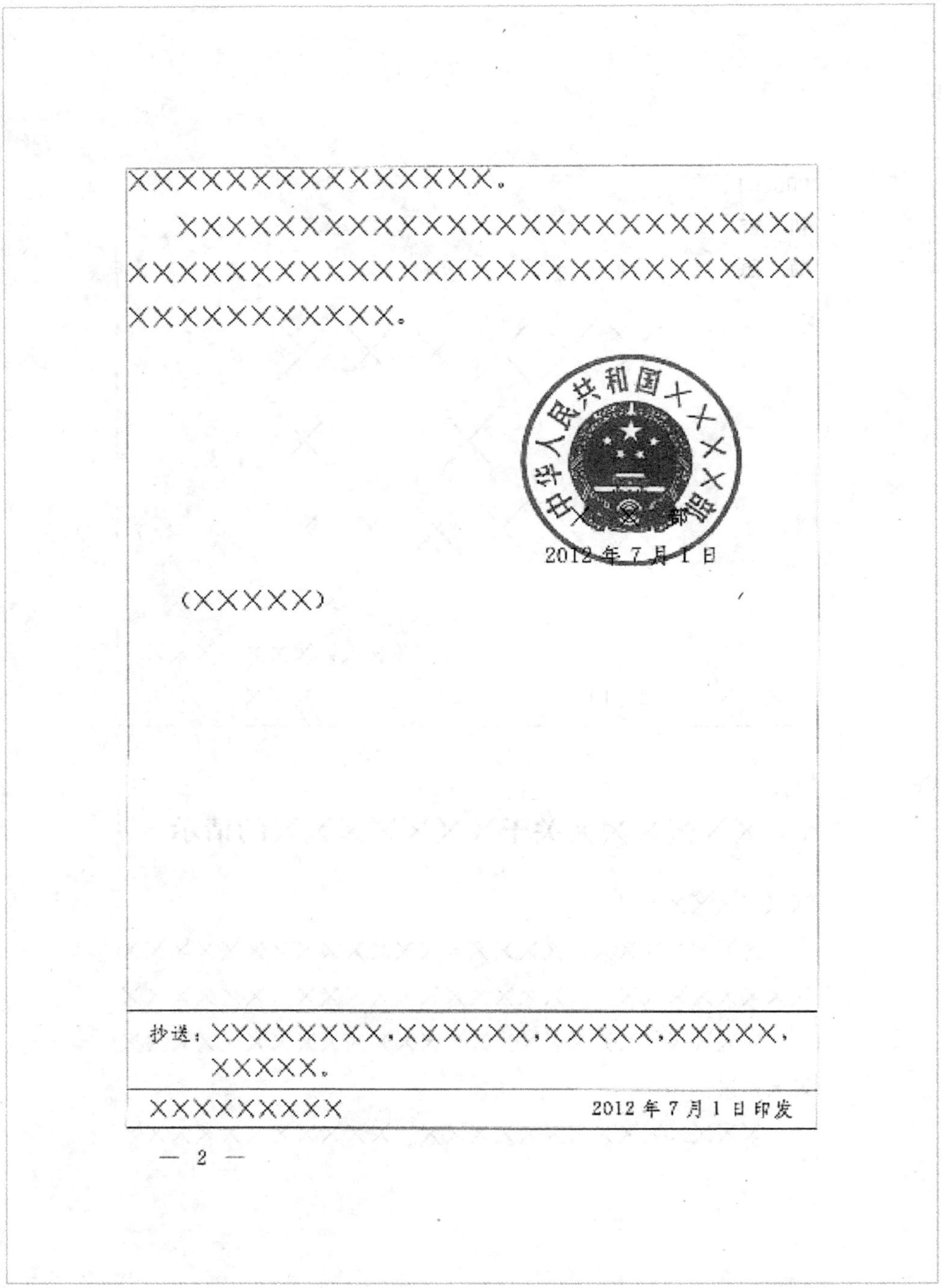

××××××××××××××××。

××。

中华人民共和国××××部

2012年7月1日

（×××××）

抄送：××××××××，××××××，×××××，×××××，×××××。

××××××××××　　2012年7月1日印发

— 2 —

图 8-4　公文末页版式 1

××××××××××××××××。

　　××。

××××××××××××

2012年7月1日

（×××××）

抄送：××××××××，××××××，×××××，×××××，×××××。

××××××××××　　2012年7月1日印发

— 2 —

图 8-5　公文末页版式 2

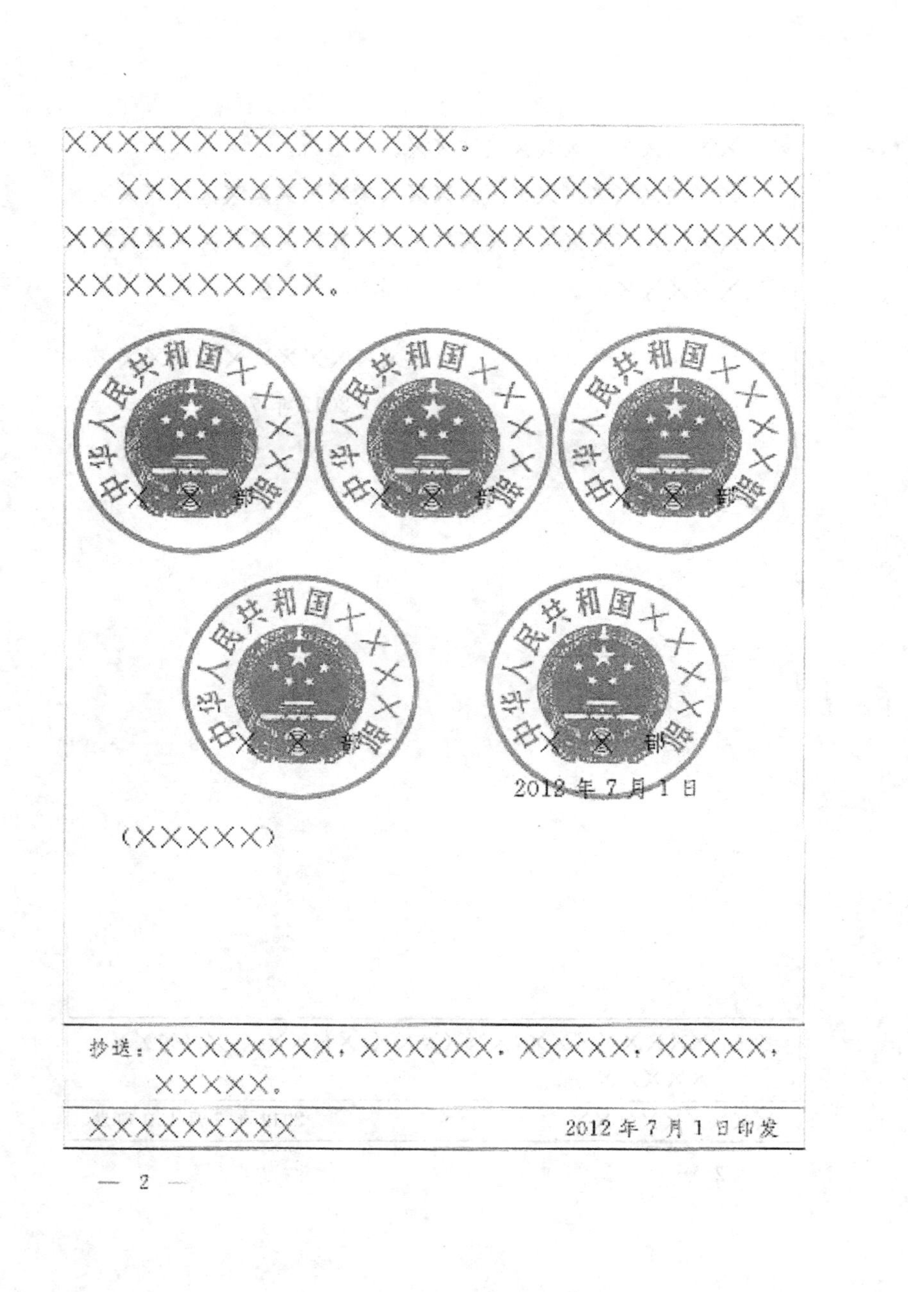

XXXXXXXXXXXXXXXX。

XXXXXXXXXXXXXXXXXXXXXXXXXXXXXXXXXXXXXXXXXXXXXXXXXXXXXXXXXXXXXXX。

2012年7月1日

（XXXXX）

抄送：XXXXXXXX，XXXXXX，XXXXX，XXXXX，XXXXX。

XXXXXXXXXX　2012年7月1日印发

— 2 —

图 8-6　联合行文公文末页版式

×××××××××××××××。

　　×××。

　　附件：1. ××××××××××××××××××××××××××

　　　　　2. ×××××××××××××

×××××××
×　×　×　×
2012年7月1日

（×××××）

— 2 —

图 8-7　附件说明页版式

附件 2

XXXXXXXXXXXXXX

XXXXXXXXXXXXXXXXXXXXXXXXXXXXXXXXXXXXXXXXXXXXXXXXXXXXXXXXXXX。

XXXXXXXXXXXXXXXXXXXXXXXXXXXXXXXXXXXXXXXXXXXXXXXXXXXXXXXXXXXXXXXXXXXXXXXXXXXXXXXXXXXXXXXXXXXXXXXXXXXXXXXXXXXXXXXXXXXXXXXXXXXXXXXXXXXXXXXXXXXXXXXXXXXXXX。

抄送：XXXXXXXX，XXXXXX，XXXXX，XXXXX，XXXXX。

XXXXXXXXX　　2012 年 7 月 1 日印发

— 4 —

图 8-8　带附件公文末页版式

中华人民共和国×××××部

000001　　　　　　　　　　　　　　×××〔2012〕10号

机　密

特　急

×××××关于×××××××的通知

×××××××××：

××。

××。

××。

图 8-9　信函格式首页版式

第二节　通　　知

一、通知的用途

《党政机关公文处理工作条例》规定:通知"适用于发布、传达要求下级机关执行和有关单位周知或者执行的事项,批转、转发公文"。

在所有的公文中,通知的使用频率最高。

二、通知的种类

按用途,通知可分为发布、传达通知和批转、转发通知两种。

(一) 发布、传达通知

发布、传达通知适用于发布、传达要求下级机关执行和有关单位周知或者执行的事项。

(1) 印发通知:印发(颁发、发布)本机关的一般规范性公文、计划类公文(如计划、规划、纲要、要点、方案等)、领导讲话等。

(2) 传达通知:传达上级机关的指示,有命令性通知、通告性通知、规定性通知等。

(3) 会议通知:召开会议。

(4) 活动通知:举办活动(如庆典、比赛等)。

(5) 任免通知:任免、聘用干部或人员。

(6) 其他通知:公布比赛(评比)结果、成立合并撤销机构、启用废止印章、要求报送材料等。

在实际工作中,有的机关用通知来表彰先进。这是一种错误的用法。

(二) 批转、转发通知

批转、转发通知适用于批转、转发公文。

(1) 批转通知:批转下级机关的公文,如意见等。

(2) 转发通知:转发上级机关或不相隶属机关的公文,如通知、意见、领导讲话等。

三、通知的格式

(一) 传达通知的格式(主体)

×××关于×××的通知

×××:

(通知缘由)____

________________________特通知如下:

(通知事项)____

____

____

____

(结语)____

×××
20××年×月×日
（加盖印章）

说明：

（1）正文第一二部分之间的习惯用语还可写成“现通知如下”“特作如下通知”等；有时可省略。

（2）“结语”部分，有的要写明执行要求，如“以上通知，望认真贯彻执行”等；有的要写明生效日期，如“本通知自下发之日起实行等”；有的可写习惯用语，如“特此通知”等；有的可省略。

（二）会议通知、活动通知的格式（主体）

×××关于×××的通知

×××：

为了××××××，根据××××××，×××决定××××××。现将有关事宜通知如下：

（通知事项）

×××
20××年×月×日
（加盖印章）

说明：

（1）会议通知，“通知事项”部分要写明会议时间、会议地点、会议内容（议题）、参加人员、有关要求（其他事项）等。

（2）活动通知，“通知事项”部分要写明活动时间、活动地点、活动主题、活动规则、奖励办法、有关要求（其他事项）等。

（三）任免通知的格式（主体）

×××关于×××等同志任（免）职的通知

×××：

经××××年×月×日×××会议研究决定，

任命：

×××（姓名）为×××（职务）；

×××（姓名）为×××（职务）。

免去：

×××（姓名）×××职务。

×××（姓名）×××职务。

×××
20××年×月×日
（加盖印章）

说明：

（1）任职通知和免职通知，可合用，也可分用。

（2）正文开头还可写成"×××决定"等。

（3）对公务员的任职，要在职务后加括号注明级别等；对公务员的免职，要在职务后加括号注明是否保留原级别等。

（四）转发（批转、印发）通知的格式（主体）

×××关于转发（批转、印发）《××××××》的通知

×××：

《××××××》业经××××年×月×日××会议讨论通过（或写成"×××《××××××》已经×××同意（或批准）"），现转发（批转、印发）给你们，请认真贯彻（参照）执行。

（执行意义或执行要求）______

______

______

______

×××
20××年×月×日
（加盖印章）

说明：

（1）标题中层的发文机关名称、所有外层的"关于"和文种可省略，比如《×××市人民政府关于转发×××省人民政府关于转发国务院关于×××的通知》可省略为《×××市人民政府转发国务院关于×××的通知》。

（2）"执行意义或执行要求"部分可省略。

（3）正文之后不标注附件说明。

四、通知的写作要求

（1）"通知缘由"要写得简明扼要。

（2）"通知事项"要写得全面具体，且分序排列。

第三节　报请类公文

报请类公文包括报告、请示、意见（上行）。本教材只介绍报告和请示。

一、报请类公文的用途

（一）报告的用途

《党政机关公文处理工作条例》规定：报告"适用于向上级机关汇报工作、反映情况，回复上级机关的询问"。

（二）请示的用途

《党政机关公文处理工作条例》规定：请示"适用于向上级机关请求指示、批准"。

在向上级机关行文时，什么时候用报告，什么时候用请示，有些下级机关搞不清楚。请示与报告不分的现象主要有两种：①文种——在行文时该用报告却用请示，该用请示却用报告或使用"请示报告"。②口语——领导在向秘书人员交代工作时说："向上级打个报告，请示一下。"

请示与报告不分的原因有两个方面：①客观原因——行政机关 1951 年将报告列入法定公文。当时，报告含有请示的用途（1951 年 9 月 29 日政务院发布的《公文处理暂行办法》规定，报告适用于"对上级陈述或请示事项"）。②主观原因——秘书人员和有关领导的人个素质的高低。

实际上，请示与报告是容易区别的。请示与报告的区别主要有五个方面：①行文目的不同——报告用于向上级机关汇报工作、反映情况、回复询问，请示用于向上级机关请求指示、批准。②行文时间不同——报告可在事前、事中或事后行文，请示必须在事前行文。③内容含量不同——报告有综合性的，请示必须一文一事。④处理办法不同——报告不需复文，请示必须复文。⑤习惯用语不同——报告结尾的习惯用语有"特此报告""以上报告，请审阅""以上报告如有不当，请指示"等，请示结尾的习惯用语详见下文。

二、报请类公文的种类

（一）报告的种类

（1）按性质，可分为综合报告和专题报告两种。

（2）按用途，可分为工作报告、情况报告、回复报告三种。

工作报告：适用于向上级机关汇报工作。

情况报告：适用于向上级机关反映情况。

回复报告：适用于回复上级机关的询问。

（二）请示的种类

按用途，请示可分为政策性请示和事务性请示两种。

1. 政策性请示

政策性请示适用于向上级机关请求指示。以下三种情况应使用政策性请示：涉及政策法规界限方面的疑难问题，遇有新情况、新问题无章可循，平行机关之间意见分歧难以统一。

2. 事务性请示

事务性请示适用于向上级机关请求批准。以下三种情况应使用事务性请示：所办之事缺乏人力、物力、财力，对要解决的问题负有责任但又不在自身权限范围之内，提出某一事项的解决方案按法定程序报请批准。

有人认为，还有一种请示，叫请求批转的请示。编者不敢苟同。批转一定是下级机关对重要问题提出见解和处理办法后，借助上级的权威，转给其他机关贯彻（参照）执行。请示是指在办理事情之前请求上级机关请求指示或批准，把这种公文批转给其他机关没有意义。编者认为，在意见没有被列入法定公文之前，这种请示确实存在过；但对照一下就会发现，这种请示的内容其实与意见是一样的，即一定是对重要问题提出见解和处理办法。现在，意见已经加入了法定公文的行列，专门用于对重要问题提出见解和处理办法，这时候再用请示对重要问题提出见解和处理办法显然是错误的。

三、报请类公文的格式

（一）报告的格式（主体）

×××关于×××的报告

×××：

（报告缘由）____

____

______________________现将有关情况报告如下：

（报告事项）____

____

____

____

____

特此报告。

×××

20××年×月×日

（加盖印章）

说明：

(1) 除上级机关负责人直接交办的事项外，不得以机关名义向上级机关负责人报送报告。一般不得越级报告。

(2) 工作报告，标题可写成《×××关于×××工作的报告》；情况报告，标题可写成《×××关于×××情况的报告》。

(3) “报告事项”部分，工作报告要写明取得的主要成绩（成效、效果、经验）、存在的主要缺点（不足、困难）、今后的工作任务（打算、思路、努力方向）；情况报告要写明“八个什么”——什么时间、什么地点、什么人、什么事、什么原因、什么结果、什么问题、什么意见；回复报告要问什么答什么，不能答非所问。

(4) 结尾的习惯用语，还可写成“以上报告，请审阅”“以上报告如有不当，请指示”等。人大机关和工会机关的呈转型建议报告，结尾的习惯用语应写成“以上报告如无不妥，请批转各地区各部门贯彻（参照）执行”等。

（二）请示的格式

1. 格式一（主体）

×××关于×××的请示

×××：

（请示理由）

（请示事项）

妥否，请批复（示）。

×××

20××年×月×日

（联系人：×××，电话：××××××）　　（加盖印章）

2. 格式二（主体）

×××关于×××的请示

×××：

（请示事项）

理由如下：

（请示理由）

妥否，请批复（示）。

×××

20××年×月×日

（联系人：×××，电话：××××××）　　（加盖印章）

说明：

（1）一般只写一个主送机关，需要同时送其他机关的，应当用抄送形式，但不得抄送其下级机关。除上级机关负责人直接交办的事项外，不得以机关名义向上级机关负责人报送请示。一般不得越级请示。

（2）“请示理由”包括请示事项的情况介绍和请示缘由（请示的目的和根据）两部分。

(3) 结尾的习惯用语，还可写成“当否，请批复（示）”“上述请示妥（当）否，请批复（示）”“以上请示如无不妥（当），请批复（示）”等。

四、报请类公文的写法

（一）报告的写法

(1) 报告内容较多，“报告事项”部分可分序排列；报告内容单一，“报告事项”部分可一段到底，甚至可将“报告缘由”和“报告事项”两部分合二为一。

(2) 不得夹带请示事项。

（二）请示的写法

(1) 要把理由写得充分而必要，以增加上级批准的可能性。

(2) 应当一文一事。

第四节　函

一、函的用途

《党政机关公文处理工作条例》规定：函“适用于不相隶属机关之间商洽工作、询问和答复问题、请求批准和答复审批事项”。

在“请求批准”这个问题上，函与请示的用途是相同的。因此，在实际工作中，就会出现函与请示不分的情况，这比请示与报告不分的情况还严重。根据编者的实际调查，目前，县级以上人民政府，请示与报告不分的情况几乎没有了；但函与请示不分的情况，在各级各类机关却依然不同程度地存在。

函与请示不分的原因主要有两个方面：①发文机关——秘书人员或主管领导因素质（学习不够）或观念（如认为函不正规，或认为求人办事用函显得不够尊重等）问题而发生。②主送机关——秘书人员或主管领导因素质或观念问题而明确要求。

函与请示的区别主要有三个方面：①行文对象不同——请示的行文对象是上级机关，有隶属关系；函的行文对象是有关主管部门，无隶属关系，这是根本区别。②行文语气不同——请示因行文对象是上级机关，故要用敬重、恳切的语气；函因行文对象是有关主管部门（不相隶属机关），故要用谦逊、委婉的语气（不卑不亢、彬彬有礼）。③结尾用语不同——请示结尾的习惯用语有“妥否，请批复（示）”“当否，请批复（示）”等，函结尾的习惯用语详见下文。

这里要强调一个问题，函不同于非法定公文便函，更不同于私人之间使用的信函；它是党政机关的 15 种法定公文之一，与其他法定公文具有同等地位和效力。信函格式（函的形式）是党政机关公文 4 种格式之一。

二、函的种类

（一）按行文可分为去函和复函两种

(1) 去函：主动发出的函。文种名称为“函”。

(2) 复函：与去函对应。文种名称为“复函”。因此，有人把函和复函合写成“函（复函）”，就像把命令和令合写成“命令(令)”一样。编者认为，这很有道理。有时，复函也用来答复请示。主要是：收到请示的上级机关授权它的办公部门以复函的形式答复报送请示的机关。

(二)按用途可分为商洽函、询问函(答复函)和请求批准函(答复审批函)三种

(1) 商洽函：适用于“不相隶属机关之间”商洽工作。比如人员调动、人员培训、参观考察等，可用函来商洽。

(2) 询问函(答复函)：适用于“不相隶属机关之间”询问和答复问题。

(3) 请求批准函(答复审批函)：适用于“不相隶属机关之间”请求批准和答复审批事项。

工会机关“通知一般事项”的函，另当别论。

三、函的格式

(一)去函的格式(主体)

×××关于×××的函

×××：

(去函缘由)

(函请事项)

(希望要求)

敬请函复。

×××

20××年×月×日

(加盖印章)

说明：

(1) 去函结尾的习惯用语，还可写成“盼复”“盼予函复”“请予支持”“特此函请查照”“请研究函复为盼”“请予大力协助是荷”“特此致函，敬请函复”“专此函答，希见复为荷”“如果你们同意，请即复函”“可否，请函复”等。

(2) 一般不用“此致敬礼”“祝工作顺利”做结语(非法定公文之便函不受此限)。

(二)复函的格式(主体)

×××关于×××的复函

×××：

你×(省、市、县、局)××××年×月×日《关于×××的函》(×〔××××〕×号)收悉。关于××××××问题，答复如下：

(答复事项)

特此函复。

×××

20××年×月×日

（加盖印章）

说明：

（1）复函缘由还可写成"你×（省、市、县、局）《关于×××的函》（×〔××××〕×号）收悉""《×××关于×××的函》（×〔××××〕×号）收悉"等。以下写法均应视为不规范："你×（省、市、县、局）××××年×月×日《关于×××的函》收悉""你×（省、市、县、局）××××年×月×日函收悉""你×（省、市、县、局）《关于×××的函》收悉""你×（省、市、县、局）×〔 〕×号函收悉""你×（省、市、县、局）×〔 〕×号《关于×××的函》收悉"等。在"收悉"之后，还可写成"经研究，函复如下"等；用来答复请示的复函，务必在"收悉"之后写上"经×××同意"或"经×××批示同意"。

（2）复函结尾的习惯用语，还可写成"此复""特此回复""谨作答复""特此函告""专此函达"等。

（3）其他说明详见去函。

四、函的写法

（1）一函一事。如内容较多，可分序排列；如内容单一，可一段到底。

（2）去函，事项要明确具体，提出要求应给对方留有余地，不要强人所难，有时可写出自己的看法、打算，以供对方抉择参考；复函，要针对来函提出的问题，明确作答，不能模棱两可，答非所问。

（3）具有上行性质的函，要表现出诚恳；具有下行性质的函，要表现出谦逊；具有平行性质的函，要表现出礼貌。

（4）函有"四忌"：忌说套话，忌说空话，忌说假话，忌打官腔。

例文分析

例文一：

国务院关于清理规范税收等优惠政策的通知

各省、自治区、直辖市人民政府，国务院各部委、各直属机构：

根据党的十八届三中全会精神和《国务院关于深化预算管理制度改革的决定》（国发〔2014〕45号）要求，为严肃财经纪律，加快建设统一开放、竞争有序的市场体系，现就清理规范税收等优惠政策有关问题通知如下：

一、充分认识清理规范税收等优惠政策的重大意义

近年来，为推动区域经济发展，一些地区和部门对特定企业及其投资者（或管理者）等，在

税收、非税等收入和财政支出等方面实施了优惠政策(以下统称税收等优惠政策),一定程度上促进了投资增长和产业集聚。但是,一些税收等优惠政策扰乱了市场秩序,影响国家宏观调控政策效果,甚至可能违反我国对外承诺,引发国际贸易摩擦。

全面规范税收等优惠政策,有利于维护公平的市场竞争环境,促进形成全国统一的市场体系,发挥市场在资源配置中的决定性作用;有利于落实国家宏观经济政策,打破地方保护和行业垄断,推动经济转型升级;有利于严肃财经纪律,预防和惩治腐败,维护正常的收入分配秩序;有利于深化财税体制改革,推进依法行政,科学理财,建立全面规范、公开透明的预算制度。

二、总体要求

(一)指导思想。以邓小平理论、“三个代表”重要思想、科学发展观为指导,全面贯彻党的十八大和十八届三中、四中全会精神,落实党中央、国务院决策部署,以加快建设统一开放、竞争有序的市场体系,促进社会主义市场经济健康发展为目标,通过清理规范税收等优惠政策,反对地方保护和不正当竞争,着力清除影响商品和要素自由流动的市场壁垒,推动完善社会主义市场经济体制,使市场在资源配置中起决定性作用,促进经济转型升级。

(二)主要原则。

1.上下联动,全面规范。各有关部门要按照法律法规和国务院统一要求,清理规范本部门出台的税收等优惠政策,各地区要同步开展清理规范工作。凡违法违规或影响公平竞争的政策都要纳入清理规范的范围,既要规范税收、非税等收入优惠政策,又要规范与企业缴纳税收或非税收入挂钩的财政支出优惠政策。

2.统筹规划,稳步推进。既要立足当前,分清主次,坚决取消违反法律法规的优惠政策,做到符合世界贸易组织规则和我国对外承诺,逐步规范其他优惠政策;又要着眼长远,以开展清理规范工作为契机,建立健全长效管理机制。

3.公开信息,接受监督。要按照政府信息公开的要求,全面推进税收等优惠政策相关信息公开,增强透明度,提高公信力;建立举报制度,动员各方力量,加强监督制衡。

三、切实规范各类税收等优惠政策

(一)统一税收政策制定权限。坚持税收法定原则,除依据专门税收法律法规和《中华人民共和国民族区域自治法》规定的税政管理权限外,各地区一律不得自行制定税收优惠政策;未经国务院批准,各部门起草其他法律、法规、规章、发展规划和区域政策都不得规定具体税收优惠政策。

(二)规范非税等收入管理。严格执行现有行政事业性收费、政府性基金、社会保险管理制度。严禁对企业违规减免或缓征行政事业性收费和政府性基金、以优惠价格或零地价出让土地;严禁低价转让国有资产、国有企业股权以及矿产等国有资源;严禁违反法律法规和国务院规定减免或缓征企业应当承担的社会保险缴费,未经国务院批准不得允许企业低于统一规定费率缴费。

(三)严格财政支出管理。未经国务院批准,各地区、各部门不得对企业规定财政优惠政策。对违法违规制定与企业及其投资者(或管理者)缴纳税收或非税收入挂钩的财政支出优惠政策,包括先征后返、列收列支、财政奖励或补贴,以代缴或给予补贴等形式减免土地出让收入等,坚决予以取消。其他优惠政策,如代企业承担社会保险缴费等经营成本、给予电价水价优惠、通过财政奖励或补贴等形式吸引其他地区企业落户本地或在本地缴纳税费,对部分区域实施的地方级财政收入全留或增量返还等，要逐步加以规范。

四、全面清理已有的各类税收等优惠政策

各地区、各有关部门要开展一次专项清理，认真排查本地区、本部门制定出台的税收等优惠政策，特别要对与企业签订的合同、协议、备忘录、会议或会谈纪要以及“一事一议”形式的请示、报告和批复等进行全面梳理，摸清底数，确保没有遗漏。

通过专项清理，违反国家法律法规的优惠政策一律停止执行，并发布文件予以废止；没有法律法规障碍，确需保留的优惠政策，由省级人民政府或有关部门报财政部审核汇总后专题请示国务院。

各省级人民政府和有关部门应于2015年3月底前，向财政部报送本省（区、市）和本部门对税收等优惠政策的专项清理情况，由财政部汇总报国务院。

五、建立健全长效机制

（一）建立评估和退出机制。对法律法规规定的税收优惠政策和经国务院批准实施的非税收入及财政支出优惠政策，财政部要牵头定期评估。没有法律法规障碍且具有推广价值的政策，要尽快在全国范围内实施；有明确执行时限的政策，原则上一律到期停止执行；未明确执行时限的政策，要设定政策实施时限。对不符合经济发展需要、效果不明显的政策，财政部要牵头会同有关部门提出调整或取消的意见，报国务院审定。

（二）健全考评监督机制。明确地方各级人民政府主要负责人为本地区税收等优惠政策管理的第一责任人，将税收等优惠政策管理情况作为领导班子和领导干部综合考核评价体系的重要内容，作为提拔任用、管理监督的重要依据。

（三）建立信息公开和举报制度。建立目录清单制度，除涉及国家秘密和安全的事项外，税收等优惠政策的制定、调整或取消等信息，要形成目录清单，并以适当形式及时、完整地向社会公开。建立举报制度，鼓励和引导各方力量对违法违规制定实施税收等优惠政策行为进行监督。

（四）强化责任追究机制。建立定期检查和问责制度，监察部、财政部、审计署、税务总局等部门要按照职责分工，及时查处并纠正各类违法违规制定税收等优惠政策行为。自本通知印发之日起，对违反规定出台或继续实施税收等优惠政策的地区和部门，要依法依规追究政府和部门主要负责人和政策制定部门、政策执行部门主要负责人的责任，并给予相应纪律处分；中央财政按照税收等优惠额度的一定比例扣减对该地区的税收返还或转移支付。

六、健全保障措施

（一）加强组织领导。建立由财政部牵头的清理税收等优惠政策部际联席会议制度，具体负责政策指导和统筹协调，加强监督检查和跟踪落实，研究解决重大问题，重大事项及时报告国务院。省、市、县级人民政府要建立由财政部门牵头、相关部门配合的清理税收等优惠政策工作机制，组织实施本地区的清理规范工作。

（二）完善相关政策。在扎实开展清理规范工作的同时，各地区、各部门要按照党中央、国务院的统一部署，认真落实国家统一制定的税收等优惠政策，大力培育新兴产业，积极支持小微企业加快发展，进一步完善社会保险、社会救助和社会福利制度，加大对城乡低收入群体的保障力度，努力促进就业和基本公共服务均等化。

（三）加强舆论引导。各地区、各部门和有关新闻单位要通过政府或部门网站、广播电视、平面媒体等渠道，加强政策宣传解读，及时发布信息，统一思想、凝聚共识，营造良好的舆论氛围。

规范税收等优惠政策工作事关全局，政策性强，涉及面广。各地区、各部门要高度重视，牢固树立大局意识，加强领导、周密部署、及时督查，切实将规范税收等优惠政策工作抓实、抓好、抓出成效。

国务院

2014 年 11 月 27 日

（加盖印章）

分析：

这是一份传达通知，由标题、主送机关、正文、发文机关署名、成文日期和印章组成。其中，正文由三部分组成：通知缘由，写明了清理规范税收等优惠政策的根据和目的；通知事项，共六条；结语，写明了执行要求。

例文二：

××市人民政府办公厅关于召开全市商务工作会议的通知

各区县（自治县）人民政府，市政府有关部门，有关单位：

为进一步做好全市商务工作，经市政府同意，决定召开 2017 年全市商务工作会议。现将有关事项通知如下：

一、会议时间

2017 年 2 月 9 日（星期四）9:30，会期半天。

二、会议地点

市商务委四楼会议中心（南岸区南滨路 162 号，朝天门大桥南桥头市商务委新办公楼）。

三、参会人员

（一）各区县（自治县）人民政府、两江新区管委会、万盛经开区管委会分管负责人及商务主管部门主要负责人。

（二）市级有关部门、有关单位分管负责人（名单见附件 1）。

（三）市级大型商贸企业及商贸行业协会代表（名单见附件 2）。

（四）市商务委领导班子成员，各处室（含专项办、驻委纪检组）主要负责人，委属直属事业单位主要负责人。

（五）××电视台、××日报、××广播电台等新闻媒体。

四、会议议程

（一）市商务委主任熊雪做工作报告。

（二）桂平副市长讲话。

五、有关事项

（一）请参会单位于 2017 年 2 月 7 日 15:00 前将参会回执反馈市商务委办公室。

（二）远郊区县需住宿参会人员于 2 月 8 日 18:00 前到××滨江皇冠假日酒店报到。报到地点：南岸区南坪东路 587 号××滨江皇冠假日酒店报到；联系电话：86368888。

（三）请参会人员提前15分钟进入会场，遵守会场纪律，会议期间将手机关闭或调为静音状态。

附件：1. 市级有关部门、有关单位分管负责人

2. 市级大型商贸企业及商贸行业协会代表名单

3. 参会人员回执

××市人民政府办公厅

2017年2月6日

（加盖印章）

分析：

这是一份会议通知，由标题、主送机关、正文、附件说明、发文机关署名、成文日期和印章组成。其中，正文由两部分组成：通知缘由，写明了召开会议的目的；通知事项，写明了会议的时间、地点、参会人员、议程和有关事项。

正文中“名单见附件1”“名单见附件2”与附件说明重复。

例文三：

××市人民政府关于罗世友等同志任免职的通知

各区、县、自治县人民政府，××高新区、大龙开发区管委会，市政府各工作部门：

市人民政府决定：

罗世友任××印江经济开发区管理委员会主任；

免去舒勍××市旅游发展委员会副主任，××山旅游景区管理委员会主任职务。

××市人民政府

2016年7月24日

（加盖印章）

分析：

这是一份任免职通知，由标题、主送机关、正文、发文机关署名、成文日期和印章组成。

例文四：

国务院办公厅关于印发2016年政务公开工作要点的通知

各省、自治区、直辖市人民政府，国务院各部委、各直属机构：

《2016年政务公开工作要点》已经国务院同意，现印发给你们，请结合实际认真贯彻落实。

国务院办公厅

2016年4月2日

（加盖印章）

（此件公开发布）

分析：

这是一份印发通知，由标题、主送机关、正文、发文机关署名、成文日期、印章和附注组成。其中，正文只有一个自然段，极其简洁。

例文五：

转发《中共××市委办公室××市人民政府办公室关于做好2017年元旦春节期间有关工作的通知》的通知

各党委(党组)、工委，各乡镇人民政府、街道办事处，区直各部门：

现将《中共××市委办公室××市人民政府办公室关于做好2017年元旦春节期间有关工作的通知》(×办秘〔2016〕114号)转发给你们，并提出以下工作要求，请严格遵照执行。

一要高度重视。各级各部门要认真组织学习通知精神，领会通知精神实质和内容要求，切实做好2017年元旦春节期间有关工作。

二要强化责任。各级各部门主要负责人要亲自研究、部署节日期间帮扶救助、市场平稳、安全生产、信访维稳、廉洁过节、值守应急各项工作，做到任务明确、责任到人、措施到位。

三要廉洁过节。严格执行廉洁从政各项规定，认真贯彻落实中央八项规定精神和省市区有关规定，严肃查处隐形变异“四风”，及时通报曝光，坚决防止“节日腐败”。

四要应急处置。健全节日期间应急工作机制，遇有突发事件或紧急情况，立即请示报告，及时妥善处置，并按有关规定上报信息。

五要加强督查。区纪委、区委办公室、区政府办公室要认真开展督查，对责任不落实、工作不到位的，进行通报批评；造成严重后果的，要严肃追究相关领导及责任人员的责任。

中共××区委办公室(加盖印章)　　　　××区人民政府办公室(加盖印章)

2016年12月29日

分析：

这是一份转发通知，由标题、主送机关、正文、发文机关署名、成文日期和印章组成。其中，标题省略了发文机关名称和“关于”，正文与例文四的不同之处在于增加了“执行要求”。

例文六：

××镇人民政府关于2015年度法治政府建设工作的报告

××县人民政府：

根据×府法函〔2016〕1号文件的要求，现将我镇2015年度法治政府建设工作报告如下：

一、全力推进法治政府建设

一年来，我镇在县委、县政府的领导下，在县法制办的指导下，紧紧围绕推进依法行政、建设法治政府工作要求，全面梳理权责清单，不断提升科学民主决策和依法行政水平，深入开展普法宣传，依法行政制度进一步完善，法治政府建设基础进一步夯实，法治氛围更加浓厚。

(一)依法全面履行政府职能

一是健全依法行政领导机构建设，成立了推进依法行政工作领导小组，负责组织和协调全镇依法行政工作，进一步细化依法行政工作任务，有计划、有步骤、有重点地推进依法行政工作，切实加强了对本镇范围内的依法行政工作领导。二是严格依法履行职责。严格依法行使权力、履行职责，认真落实违法案件转办督察制度，严厉查处违法案件，规范行政行为。三是建立并运行镇政府权力清单、公共服务清单制度，动态更新行政权力清单。四是做好县级行政审批下放项目承接工作，建立镇政府行政审批事项配套制度及办事流程，并按规定进行公布。

（二）健全依法决策机制

一是建立健全行政决策听取公众意见和听证制度，充分听取人大代表、党代表和广大群众各方面意见，并进行公开公示。二是建立健全重大事项行政决策集体研究决策与合法性审查、行政决策终身责任追究及责任倒查机制，重大事项行政决策由镇政府领导会议研究审议。三是完善政府法律顾问制度。聘请专业律师担任我镇法律顾问，依法开展人民调解工作，为党委政府的重大决策、重大项目安排、重大民生工作和重大信访案件处置等工作提供法律服务。

（三）深化行政执法体制改革

一是开展规范性文件实施效果测评和定期清理工作，按时开展政策性文件清理。二是认真回复市县政府规范性文件征求意见函，按照程序依法规范办理。三是配齐配强城镇管理综合执法工作队伍，定期开展业务培训，提高执法人员综合素质。

（四）严格规范工作，文明执法

一是完善以随机抽查为重点的日常监管制度，加强镇域内食品药品、环境保护等重点领域执法力度，开展季节性苕淀粉加工场所专项清理工作，按要求关停企业 2 家，处理环保信访案件 3 件，成功创建升级生态乡镇。二是执行重大行政执法决定法制审核制度，在作出行政处罚等重大行政执法决定前，由法制工作机构进行审核。三是规范和完善行政执法程序。坚持文明执法，加强程序制度建设，健全行政执法调查规则，规范取证活动，细化执法流程，明确执法环节和步骤，保障程序公正。

（五）强化对行政权力的制约和监督

坚持民主集中制原则，完善了重大决策集体讨论研究的制度，倡导机关干部勤奋学习理论，尊重法律，维护法制权威，积极规范自己的行为，树立国家公务员的良好形象，不断提高干部业务素质和法律素质，从而全面推进了依法行政的各项工作顺利开展。

（六）深入推进政务公开

健全政府信息发布协调机制，完善政府信息主动公开、申请公开、保密审查、监督检查等一系列制度，加强政府公共资源配置、重大项目建设、社会公益事业建设等信息公开工作，按时更新政府网站，全年共公开政府工作动态信息 200 余条。

（七）建强法治工作队伍

落实“一月一学法”、会前学法等活动，全年共组织镇村干部开展学法活动 12 次、普法宣传活动 10 余次；以“转变作风、提升素质”为主题，举办行政执法工作人员行政执法知识培训 2 次；组织 6 名干部参加行政执法考试，依法获取执法证。

（八）落实法治工作保障措施

落实“一月一学法”、会前学法等活动，实现了干部学法常态化；推行依法行政责任制，与单位主要负责人签订《依法行政责任书》，定期、不定期开展日常督促、检查，对推进工作不理、态度不断、作风不正的干部进行通报批评；落实依法行政年度报告制度，按时向上级政府和本级人大报送依法行政工作报告。

二、依法行政工作存在的问题

2015 年我镇依法行政工作取得了一定成效，行政执法水平有所提高。但也存在一些问题，主要表现在以下几个方面：

1. 执法者的业务素质有待于进一步提高。

2. 依法行政的环境建设有待完善。主要是法治理念的氛围还没有建立起来，依法办事的环境还没有形成。一方面是执法人员的法治意识有待提高；另一方面普法工作形式化，广大群众的法治观念淡薄。

3. 对依法行政的监督还不到位。行政监督体系建设还不到位，法律监督、舆论监督、群众监督、媒体监督等有待加强。

三、下一步打算

1. 要加大普法力度。加大投入和力度，营造一个良好的法治环境。

2. 健全完善相关规章制度。用规章制度来武装干部，让行政执法有理有据。

3. 提高执法者的素质。要完善领导干部带头学法制度，进一步加强培训，提高执法者的素质。

4. 要牢固树立执政为民的理念。明确依法行政的关键是依法治官而非治民，是依法治权而非治事。

5. 要建立健全依法行政监督体系。包括从自我监督、法律监督、舆论监督等方面做起。

××镇人民政府

2016 年 1 月 25 日

（加盖印章）

分析：

这是一份工作报告，由标题、主送机关、正文、发文机关署名、成文日期和印章组成。其中，正文由两部分组成：报告缘由，引据上级要求；报告事项，写明了三个问题，即“全力推进法治政府建设”（取得的主要成绩），“依法行政工作存在的问题”，“下一步打算”。

例文七：

关于召开专题民主生活会有关情况的报告

市委：

根据市纪委、市委组织部、市委党的群众路线教育实践活动领导小组《关于在党的群众路线教育实践活动中开好专题民主生活会的通知》（青组〔2013〕13 号）要求，现将局党委召开专题民主生活会的有关情况报告如下：

一、会前准备情况

按照中央、省、市委统一部署，根据局党委群众路线教育实践活动实施方案的安排，局党委班子成员在加强学习教育、广泛征求各方面意见的基础上，加强了相互间的谈心谈话，认真开展批评与自我批评，亲自撰写对照检查材料，为召开一次高质量的专题民主生活会奠定了坚实的基础。

（一）认真组织开展学习教育，进一步提高思想认识水平

一是制定下发了《××市盐务局党委党的群众路线教育实践活动学习教育、听取意见环节工作安排》，加强了对全系统学习教育、听取意见环节的指导。二是建立健全了学习制度，对学习教育提出了明确要求。局机关确定每周五的下午为机关党员、干部集中学习时间，包括局党委成员在内的全体机关党员、干部都要参加集体学习，有特殊情况不能参加的回来后要进行补课。除组织好集体学习外，局党委成员还带头自觉抓好日常自学，带头记学习笔记，撰写心得

体会。三是积极抓好了规定内容的学习。组织党员、干部认真学习了中央规定的（《党的群众路线教育实践活动学习文件选编》《论群众路线——重要论述摘编》《厉行节约，反对浪费——重要论述摘编》）三本书的内容，集中5个半天的时间对中国特色社会主义理论体系等5个专题的部分内容进行了集体学习，其余内容由党员、干部自学。四是认真加强了党员干部的思想教育。组织局机关全体党员、干部参观了中共××历史展，重温了××党史，接受了党史教育。加强了警示教育，组织50余名党员、干部观看了大型反腐倡廉现代吕剧《断桥惊梦》，接受了一堂生动感人的警示教育实践课。组织机关全体党员、干部观看了《从群众中来 到群众中去》专题讲座和《生命的承诺》学习教育片等。

（二）广泛征求意见建议，认真查摆存在的问题

一是到联系点听取基层干部职工意见。教育实践活动伊始，班子成员就深入到各自的联系点同局属单位、用盐企业、食盐零售店的干部职工群众进行座谈交流，广泛听取意见，一起查找局党委班子和成员在"四风"方面存在的问题。二是通过调查问卷形式征求意见。局党委教育实践活动领导小组办公室通过金宏网向市直各有关部门、单位，向局属各单位，并通过局属各单位向服务对象进行了征求意见。三是召开座谈会征求意见。利用局半年工作会召开之机，认真向局属各单位负责人听取意见。四是我们还利用政风行风日常评议听取社会监督员对盐业工作的意见建议。经过广泛地听取和征求意见建议，我们共征集到意见建议近30条，我们对征集到的意见建议进行了认真梳理和分析研究，为下一步查摆问题、开展批评，整改落实、建章立制奠定了基础。另外，按照市委的统一部署，我们认真开展了"接地气、连民心"实践活动，组织局机关26名党员干部到所居住社区进行了报道，登记了有关信息，了解了社情民意，体验了社区工作，加强了与社区的联系；制发了《关于开展机关党员干部进农村、爱心帮扶"结穷亲"活动的意见》，对进农村活动进行了安排部署，组织局机关20名副处级以上党员干部同平度市明村镇唐戈庄村的26户困难户进行了结对帮扶，并组织了中秋节慰问困难户活动。通过开展系列活动，提高了党员干部的群众意识和践行群众路线的自觉性。

（三）认真开展谈心谈话，进一步增进了共识

根据工作安排，局党委认真开展了谈心谈话，主要负责同志与班子成员逐一进行了谈心，班子成员之间、班子成员与分管部门负责同志之间也相互进行了谈心。通过敞开心扉、坦诚相见地相互谈心，班子成员之间、班子成员与分管部门负责同志之间相互沟通了思想、增进了了解、取得了共识，同时，通过谈心谈话大家相互查找了"四风"方面存在的问题，提出了改进的建议。

（四）认真撰写对照检查材料，进一步提高认识，查找问题，明确整改方向

自己动手撰写对照检查材料是群众路线教育实践活动要求的一项重要内容，是进一步提高思想认识、分析查找"四风"问题、明确整改方向的重要措施。局党委领导班子对撰写对照检查材料思想认识到位，高度重视，把撰写对照检查材料作为一次再学习、再认识、再剖析、再提高的过程。局党委领导班子的对照检查材料是在局党委的领导下，由党委书记主持起草的；班子成员的对照检查材料严格按照市委"突出自己动手"的要求，每名班子成员自己亲自起草。在材料起草过程中，坚持严格按照市委提出的内容、字数、把自己摆进去等有关要求，认真撰写。材料起草完成后，经过市委督导组的审核把关，并进行了数次修改，报送到市委党的群众路线教育实践活动领导小组办公室，经过办公室的多次修改把关，几易其稿，最终定稿。每次

修改，局党委领导班子成员思想都有新的认识、新的提高，为开好专题民主生活会奠定了坚实的思想基础。

二、专题民主生活会情况

在市委督导组和市委党的群众路线教育实践活动领导小组办公室的指导下，经过认真充分地准备，11 月 28 日，局党委召开了专题民主生活会。局党委 5 位班子成员全部出席会议，市委督导组全体同志列席了会议。

专题民主生活会的议程共有 4 项：第一项，由党委书记王建中同志代表局党委班子作对照检查。第二项，局党委班子成员分别作对照检查、开展批评和自我批评。每位班子成员作完对照检查后，班子其他成员对其提出批评意见和建议，之后本人对班子其他成员提的意见和建议作表态发言。会上，班子成员本着对同志高度负责的态度，坦诚而又严肃认真地开展了批评和自我批评。经过查找，形式主义方面，有的同志认为存在学风浮的问题，学习不够经常、不够深入、不够系统，自觉学习的氛围不够浓厚。工作上有时存在着做表面文章的问题，提出口号多、规划多、工作部署多，但措施不过硬，抓落实的力度不够。有的同志认为文风不正的问题一定程度上还存在，对上级文件学习不深、理解不透，照抄照转上级文件，结合盐业实际不够，缺乏可操作性。官僚主义方面，有的同志认为自己群众观念有所淡薄，对群众的切身利益问题不够关心，特别是对一些历史遗留问题迟迟找不到彻底解决的办法；有的同志关心干部职工的工作多一些，对干部职工的思想、生活和进步关心不够，同干部职工沟通交流较少，为干部职工解决实际问题少。有的同志认为自己深入基层调查研究少，有时存有凭主观想象研究部署工作的情况，有时虽然下去了，但调研工作仅停留在表面，没有沉到底，对基层提出的问题，出谋划策少，具体帮助少，没能及时帮助解决。享乐主义方面，有的同志认为自己进取意识不强，缺乏干事业的气魄，缺乏争创一流的精神，工作投入精力少，标准要求不高。有的同志认为自己随着年龄的增长，有"船到码头车到站"的想法，不思进取，不求有功、但求无过，满足于维持现状。有的同志认为自己改革创新精神不强，工作新思路、新办法不多，推动工作、解决问题的能力不强，面对问题存在畏难情绪。有的同志认为自己担当意识不强，工作上不愿负责、拈轻怕重，对分管部门和单位的工作和上报的材料把关不严，致使上报、外发的材料存有严重瑕疵。有的同志认为自己对工作指导不力，喜欢当"二传手"，有时候分管部门、单位出了纰漏不是从自身找问题，而是把责任向别人身上推。奢靡之风方面，有的同志认为自己勤俭节约、艰苦奋斗意识有所淡薄，在公务接待方面不注意勤俭节约，有时候存在公务接待超规格和铺张浪费的现象，有时候有借外出开会之机顺便旅游的现象，有的存在相互吃请、接受下级吃请的现象等等。

第三项，市委督导组朱永进书记作了点评讲话。朱书记代表市委对局党委专题民主生活会给予了充分肯定，指出这次专题民主生活会上，各位班子成员都拿起了批评与自我批评的武器，紧扣主题、聚集"四风"，结合实际进行了深刻的自我剖析，并对其他成员提出了诚恳的建议和意见，达到了市委对各党委召开民主生活会的要求，是一次高质量的民主生活会。对专题民主生活会总结了 4 个主要特点：一是会前准备充分认真；二是聚集"四风"，认真剖析；三是书记带头，示范作用好；四是民主气氛浓厚，成效明显。指出了存在的不足：一是从思想根源上还需要进一步挖掘，对照检查还有深化细化的空间；二是互相开展批评还有所保留，还没有完全敞开心扉，还有所顾虑；三是整改措施还不够具体，特别是对所属单位的审计与监督方面措施少；四是剖析材料中的个别词句尚需进一步斟酌与修改等。对下一步工作提出了五点要求：一是

要继续深入学习贯彻好习近平总书记一系列重要讲话精神；二是要认真解决好这次教育活动查摆出的问题，对于党委剖析材料中的问题要对号入座加以整改，要让群众看到整改的成果；三是要运用好这次教育活动的成果。四是要结合实际情况建章立制。五是要抓好所属单位的组织生活会。朱永进书记点评结束后，王建中同志代表局党委班子作了表态发言。

局党委通过召开专题民主生活会，按照“照镜子、正衣冠、洗洗澡、治治病”的总要求，以为民务实清廉为主题，聚焦“四风”突出问题，明确了下一步整改落实、建章立制的思路和措施。各位班子成员普遍感到经受了一次深刻的马克思主义群众观教育和党性党风的锻炼，取得了“红脸出汗、加油鼓劲”的效果，进一步找到了自身存在的差距，提高了发现和解决自身问题的能力，宗旨意识、群众观念进一步增强，为进一步加强自身建设奠定了基础。

三、制定整改措施等情况

专题民主生活会后，局党委立即责成局教育实践活动领导小组办公室认真抓好专题民主生活会后的整改落实、建章立制环节的工作，认真抓好各项整改措施的梳理、落实工作，进一步固化专题民主生活会的成果，努力把民主生活会和教育实践活动取得的成果，转化到促进××盐业干部职工精神面貌的根本转变上来，转化到推动××盐业科学持续健康发展的轨道上来。

下一步，我们要重点抓好以下几方面工作：

一是以学习贯彻党的十八届三中全会精神为契机，认真抓好习近平总书记一系列重要讲话精神的学习。通过反复加强学习，进一步领会新一届中央领导集体治国理政的总体思路和理念，更好地把思想统一到中央决策部署上来，为坚定地贯彻落实中央决策部署奠定坚实的思想基础。

二是认真对局党委领导班子对照检查中查摆的问题、整改落实措施进行责任分解，该建章立制的建章立制，该抓好工作落实的抓好工作落实，确保活动取得扎扎实实的成效。对查摆出来的问题，坚持一个一个整改，并在一定范围内公开，接受群众监督，推动作风整体转变，使贯彻党的群众路线成为党员干部长期自觉的行动。

三是继续抓好教育实践活动其他工作的落实。认真高标准地抓好机关党委和局属各单位党组织领导班子专题民主生活会的召开，认真抓好基层党组织的组织生活会的召开，指导局属各单位抓好专题民主生活会后整改落实、建章立制环节的工作落实。

中共××市盐务局委员会
2013年12月18日
（加盖印章）

分析：

这是一份情况报告，由标题、主送机关、正文、发文机关署名、成文日期和印章组成。其中，正文由两部分组成：报告缘由，写明了报告的根据；报告事项，写明了三个方面的情况，即“会前准备情况”，“专题民主生活会情况”，“制定整改措施等情况”。

标题应加发文机关名称。

例文八：

××乡人民政府关于撤乡建镇的请示

××县人民政府：

××乡位于××县西北部，北临沙河，与××县××乡接界、南临××乡、东接××镇、西

连××县××乡。灰河、沙河穿境而过，气候宜人，环境优美，交通便利，章太路、马章路在境内纵横交叉而过。东距107国道、京广线、××市区45公里，石武高铁40公里；西距××市区20公里；北距××县20公里；南距××县城30公里，省道S241公路5公里，南洛高速20公里；全乡总面积47.3平方公里，辖28个村民委员会，42个自然村，3.8万人，其中非农业人口11570人，耕地4万亩。政府所在地常住人口8500人，乡人民政府驻××村长安路1号。

2014年全乡实现工农业总产值4.49亿元。其中，工业产值2.78亿元，占工农业总产值的62%，地方公共财政预算收入1549万元，农民人均纯收入6220元，社会消费品零售总额达1.8亿元。

一、街区建设发展迅速

为进一步加快小城镇建设步伐，推进城镇化进程，全面建成小康社会，××乡制定规划了面积8.2平方公里的街区远景规划。规划布局科学合理，规划区域功能齐全，分类明确，行政区、居民区、商业区、其他服务区、交通、通信、供电、消防、供水等一应俱全。目前建成区面积3.2平方公里，全乡总体规划为4个社区。其中，××乡中心社区位于乡政府东侧，占地500亩，社区建成后可容纳3000多户10000余人。社区内规划新建休闲广场5座，各类综合性社区服务设施齐全。可吸纳××、榆林、康庄、智王、任寨、岭谢6个行政村的村民入住。目前，已投入建设资金5000余万元，建成8栋7层安置房、商住一体房330套。

街区道路规划科学。街区道路规划为“三纵三横”。三横为长安路、健康路、和谐路。三纵为建设路、温州路、幸福路。2014年，投资200多万元新修长安路1200米、温州路1000米，并进行了绿化、亮化、美化。道路硬化率达100%。新建门面房200余间，新建大型连锁超市3家，新入驻商户100多户。街区内给排水功能完善。新开挖修建了长安路、温州路、建设路排水管网3000多米。按照街区道路规划，完善道路、单位、楼院门牌等地名标志设置，乡政府驻地地名设标率达到95%。

街道管理规范有序。制订出台了《××乡小城镇管理规定》、《街道卫生工作制度》、《商户管理制度》。成立20人的专业保洁队伍，配备大型垃圾清运车1辆，配套新建垃圾中转站一座，小型机动垃圾清运车5辆，人力车15辆及各种清扫工具100多件。实行垃圾日产日清制，垃圾清运率100%，街区主干道市场经营有序、环境卫生清洁。

街区服务部门齐全。街区现有投资400多万元的新建标准化烟站1座。占地10亩的乡汽车站1座、35千伏变电站1座、开放式群众文化广场2处、自来水厂2座，街区内自来水供给率达到100%。拥有中学2所，小学1所，幼儿园2所。卫生院、公安、工商、税务、国土、畜牧、民政、劳动保障、通讯、有线电视、邮政、银行、加油站等单位齐备，配套设施完善，服务功能齐全。

环境和绿化工作成效明显。街区主干街道全部实现了绿化、亮化、美化。所有主干道和田间路网实现了生态绿化，全乡森林覆盖率达40%，公共绿化总面积40万平方米。街区绿化面积3.4万平方米，人均公共绿地面积4平方米。

二、工商业发展迅猛

近年来，××乡以招商引资、项目建设为突破口，以“飞地经济”为平台，抢抓有利时机，采取有效措施，整合优势资源，大力发展工商业经济。目前，拥有亿元以上工业企业5家，总引资额11亿元，分别是舞阳威森生物医药，PA66配线器材，金牧源饲料，永通盐化物流，鑫鼎钢

构。招商引资工作位居全县前列，是县招商引资和项目建设先进乡镇。乡域内非公企业快速发展，"××市鑫利养殖有限公司"，"市××昊天食用菌有限公司"等企业管理规范、效益良好，成为拉动全乡私营工业经济发展的强劲动力。集镇商贸业繁荣发展，建有大型综合性超市3家，集贸市场1处，各类商户700多家。

三、特色农业优势凸显

围绕优质烟叶、花生，大棚蔬菜和小麦良种繁育等特色农业，按照"企业＋基地＋合作社（家庭农场）＋农户"的产业化发展目标，以土地流转为抓手，强化农产品专业市场建设，引进农业产业化龙头企业，提升农业产业化水平。截至2014年底，共引进农业产业化企业3家，发展农业种植（农机）合作社、家庭农场15家，建成高标准农田4万亩。种植基地3万余亩，其中：烟叶2000亩、花生1.9万亩、优质小麦良种繁育基地1万亩、无公害瓜菜种植基地1000亩。2014年，全乡农业增加值完成1.71亿元。

四、社会事业蓬勃发展

目前，全乡建有标准化敬老院2座，其中1所敬老院评为一星级敬老院，五保供养率达75%以上。新型农村合作医疗制度全面落实，新农合参合率达100%。城乡社会居民养老制度健全，城乡居民养老保险参保率99.9%。建有标准化幼儿园6所，幼师112人，入学幼儿2000余人。小学11所，在校生2500余人，专任教师105人，小学适龄儿童入学率100%。初中2所，在校生1020人，教师110人，初中适龄人口入学率100%，小升初升学率100%，九年义务教育覆盖率达100%。建有各级各类医疗卫生机构29个，其中，乡卫生院1个，村卫生所28个，乡村医生28人。专业卫生人员40人，其中执业医师20人，执业助理医师20人。注册护士15人。新建农家书屋28个，新建村级文化广场13个。

全乡现有舞龙、舞狮、腰鼓、秧歌、剧团等民间艺术团队38个。每年举办一届民间艺术大赛，××乡文化站连年被评为"县先进文化站"。人口和计划生育政策全面落实，人口自增率和政策生育率均控制在市定指标以内，是市县优质服务先进乡镇。

××乡撤乡建镇后将进一步扩大经济辐射力和吸引力，有利于发挥小城镇的中心作用，吸引更多的投资，促进××乡的经济发展。有利于改善居民的生产生活环境，提高群众的生活水平。

按照国务院国发（1984）165号文件精神，依据我乡经济社会现状及社会发展需要，经过客观、科学分析与论证，在充分征求群众意见的基础上，经乡党委、政府研究和乡人大主席团决议通过，认为××乡已具备撤乡建镇的条件。特申请将××乡撤乡建镇，实行镇管村体制，原辖区不变。

妥否，请批复。

××乡人民政府

2015年1月11日

（联系人：×××，联系电话：×××××××××××）　　（加盖印章）

分析：

这是一份按格式一写成的请示，由标题、主送机关、正文、发文机关署名、成文日期、印章和附注组成。其中，正文先阐释了将××乡撤乡建镇的理由，后写明了请示事项"将××乡撤乡建镇"。

例文九：

××乡人民政府关于××乡改制建镇的请示

××县人民政府：

多年来，我乡在县委、县政府的正确领导下，坚持以科学发展观为指导，围绕“立足城郊、融入城关、优农兴企、富民强乡”发展战略，充分发挥靠近城关的地理优势，积极打造城郊宜适集镇，促进了全乡经济社会又好又快发展。为进一步推进小城镇建设，推动××实现跨越发展，根据全乡广大群众的强烈意愿，经乡党政联席会议研究，拟向上级申请把我乡改为镇建制。现将有关乡改镇事宜请示如下：

一、基本情况

××乡位于××县西南部，与城关毗邻。××东南与浔中镇、龙浔镇相连，西南与永春县接壤，西北与美湖乡毗邻，东北与赤水镇、国宝乡相邻，是典型的城郊型集镇，是××陶瓷文化的发祥地之一。辖××、山坪、下寮、上坑、有济、福阳、凤山、三福、林地、吾华、上地、大垅、仙岭、下坑等14个行政村，131个村民小组。总人口21053人，其中非农业人口15800人，占全乡总人口的75%。乡政府驻地人口11000多人，其中非农业人口8800人，占80%。全乡辖区面积90.53平方公里，其中林地面积10万亩，耕地面积1.2万亩。

××乡坚持以科学发展观为统揽，立足本地实际，发挥地处城郊优势，经济发展势头良好。2010年全乡工农业总产值达25962万元，其中乡镇企业总产值18692万元，占工农业总产值的72%；2010年乡财政收入1657万元；2010年农民人均纯收入达7218元。

社会各项事业齐头并进。农村基础设施不断完善，几年来，在道路、水利、电力等建设投入达4000多万元。形成环乡公路网络，完成辖区14个村农村饮水工程建设，实施村村亮化工程，实现村村有路灯，11万千伏变电站项目即将建设，天然气管道铺进工业小区，让企业用上清洁能源。科教文卫不断发展。××中学寄宿制学校建设取得明显成效，××中心小学异地建设即将完工，我乡的教学质量保持在全县农村中、小学的前茅。推进村级文体中心、老年人活动中心建设，培育××等村“祠堂变学堂”先进典型，不断丰富群众文化生活。××卫生院医疗设施完善，开展“中医创先”工作，确实解决群众看病难问题，群众参加“新农合”达99%。计划生育工作扎实推进，人口素质稳步提高。

集镇功能趋于完善。××乡已被纳入××城区规划区“一城八片”的核心控制区之一。镇区的控制性详细规划即将完成编制，集镇基础设施不断完善，××工业小区形成规模，已有35家企业集中落户，扎实推进新村建设，集中整片拆旧建新，完成梅溪防洪堤、栈道、路灯等首期工程，垃圾填埋场及垃圾中转站相继投入使用，污水管网工程已完成设计，一个以××街为主轴、向南北两翼拓展、市政功能设施齐全的城郊集镇已初具规模。现镇区常住及外来人口已达到11000多人。镇区设有派出所、国土资源局、司法所、中学、中心小学、卫生院、信用社、林业站、供电所、邮政储蓄所、电信分局、供销社等行政管理和服务机构。

二、撤乡建镇的规划

××乡撤乡建镇后将紧紧围绕建设优美宜居的城郊型集镇的小城镇发展战略，全面推进××的改革和发展。具体发展定位和发展目标是：

（一）发展定位：紧抓纳入县城规划区“一城八片”核心控制区的契机，大力推进工业化、城镇化和现代化进程，加快融入“大城关”发展腹地，促进经济、社会、文化、生态等的全面可持续

发展，全力打造“经济发展、功能齐全、环境优美、人文宜居”的城郊型现代集镇。

（二）发展目标：未来五年内，将完成××至土坂的市政道路建设和8公里的防洪堤建设，完成德阳公路的提级改造，高起点、高标准科学规划××镇区的发展蓝图。

一是产业布局方面：推进三大工业区建设，重点培育以冠杰陶瓷为龙头的陶瓷产业区，以冠林竹木为龙头的竹木加工区，以全丰瓷土加工为龙头的瓷土加工区，力争使××成为××陶瓷业瓷土原料供应的聚散中心，工业区面积达1500亩以上。高标准建设商住小区；在梅溪南片区建设200亩的精品住宅小区，围绕翠竹公园建设300亩的乡村别墅风格的高档住宅小区；推进北片区150亩的拆旧建新改造，全面完成镇区立面装修，建设“优美、宜居”的××。规划建设商贸金融小区。在下洋中心区建设××商贸市场，异地建设××信用社，扩建邮政储蓄所，提高金融服务农村发展的力度。完善旅游休闲设施建设。进一步拓展翠竹公园面积达到500亩以上；建设梅溪十里绿水长廊；建设“龟蛇山”公园小品。

二是经济发展目标：在五年内全面完成十二五规划目标，即至2015年全乡工农业总产值达5.5亿元，年均增长15％，其中规模以上工业产值实现3.8亿元，年均增长18％，农业总产值达1.2亿元，年均增长8％，全社会固定资产投资五年内完成30亿元，完成乡财政收入2660万元，年均增长10％，农民人均可支配收入达12720元，年均递增12％以上。

三是控制目标：“十二五”期间，镇区常住人口达1.6万人；基础设施和市政公共设施不断完善，镇区自来水供应率达100％，垃圾处理率达80％以上，污水处理率达75％以上，镇区人均道路面积15平方米以上，镇区人均公共绿地面积10平方米，绿地率45％以上，居民生活质量明显提高，工业化、城镇化水平不断提高。

三、撤乡建镇的理由

（一）是经济社会发展的必然要求。

近年来，××乡党委政府坚持以科学发展观为指导，组织带领全乡广大干部群众，解放思想、更新观念、抢抓机遇、奋力发展，经济和社会各项事业取得突飞猛进的发展。农业方面形成高山茶叶百亩基地，蔬菜、油茶等千亩基地，以及冠林竹木等农产品加工龙头企业。工业方面，工业区建设形成规模效应，镇区共有35家企业在工业区落户，全乡75％以上劳动力从事二、三产业活动，集镇中心的聚集效应显现，资金、劳动力、生产资料等逐渐向镇区集中。第三产业发展迅猛，城郊优势和生态优势日益明显。全乡社会安定稳定，经济社会各项事业协调发展，工业化、城镇化、现代化水平不断提高，已具备了撤乡建镇的条件。

（二）是全乡广大群众的热切愿望。

近10多年来，全乡广大干部群众热切要求将××乡撤乡建镇。通过各种渠道反映他们的呼声，在乡人代会上多次提出议案，大家认为撤乡建镇能进一步发挥镇区的集聚功能，进一步完善基础设施建设，促进产业结构的调整，能壮大集体经济，增加群众收入，是百利而无一害的大好事。

（三）是推进小城镇建设的有力保障。

2009年，××乡政府所在地××村被纳入××城区规划区“一城八片”核心控制区之一，镇区建设迎来前所未有的发展机遇，通过撤乡建镇，能够争取建制镇相关的配套政策和管理职权，能够进一步强化政府职能，为推进小城镇建设提供更好的政策保障。

（四）是推动跨越发展的迫切需要。

××镇区距离城关只有6.3公里，东南与高速路口相连，城郊区位优势明显，撤乡建镇能进一步加快融入“大城关”发展腹地，完善基础设施，进一步引导资金、劳动力资源和生产资料

资源向镇区聚集，为招商引资创造良好的投资环境，带动全乡经济跨越发展。××乡已通过省级生态乡镇的验收，著名的吾华景区和金液洞景区距离镇区10公里，环境优美宜人，乡村休闲旅游方兴未艾，建制镇的建立，必将充分展示××的吸引力，“优美、宜居”主题更加突出，一个经济发达、功能齐全、环境优美、乡风文明的城郊型绿色集镇呼之欲出。

撤乡建镇是全乡广大干部群众的殷切希望，是造福子孙、促进经济社会事业协调发展的大好事，百利而无一害。全乡广大干部群众一定有决心，有能力按照上级的部署和要求，精心组织、扎实推进、稳步实施，圆满完成撤乡建镇工作。乡改镇后，所管辖的行政区域不变，镇政府驻地不变。

以上请示如无不妥，请转报××市、××省人民政府审批。

附件：1.××乡人大主席团决定

2.××乡撤乡建镇专题会议纪要

3.××乡撤乡建镇座谈会纪要

4.××乡行政区划示意图

5.××乡集镇总体规划图

××乡人民政府

20××年×月×日

(联系人：陈金殿，联系电话：135××××7691)　　(加盖印章)

分析：

这是一份按格式二写成的请示，由标题、主送机关、正文、附件说明、发文机关署名、成文日期、印章和附注组成。其中，正文首先写明了请示事项——“拟向上级申请把我乡改为镇建制”，接着阐释了××乡的“基本情况”、“撤乡建镇的规划”、“撤乡建镇的理由”。其实，××乡的“基本情况”和“撤乡建镇的规划”也是撤乡建镇的很好的理由。

例文十：

关于征求《关于进一步推进工程总承包发展的若干意见（征求意见稿）》意见的函

各省、自治区住房城乡建设厅，直辖市城乡建设委，北京市规委，国务院有关部门建设司（局），有关行业协会：

为贯彻落实党的十八大和十八届三中、四中全会精神，深化我国工程建设项目组织实施方式改革，提高工程建设管理水平，增强我国工程建设领域企业综合实力和国际竞争力，我司组织起草了《关于进一步推进工程总承包发展的若干意见（征求意见稿）》，现送你单位征求意见，请于2015年2月16日前将意见函告我司勘察设计监管处。

联系人：宋涛　　电话：010-58934169　　传真：010-58933759

附件：关于进一步推进工程总承包发展的若干意见（征求意见稿）

中华人民共和国住房和城乡建设部建筑市场监管司

2015年1月21日

（加盖印章）

分析：

这是一份去函，由标题、主送机关、正文、附件说明、发文机关署名、成文日期和印章组成。其中，正文第一自然段为去函缘由、函请事项和希望要求，最后一个自然段为联系方式。

标题应加发文机关名称。

例文十一：

关于推进电能替代的指导意见（征求意见稿）意见的复函

国家能源局综合司：

你司《关于征求对〈关于推进电能替代的指导意见（征求意见稿）〉意见的函》（国能综电力〔2015〕563号）收悉。经研究，现函复如下：

一、电能替代应以确保电力供应端符合各项环境保护要求为前提，建议在第2页最后一段“坚持有序推进”中增加“根据资源环境承载能力科学调控新增火电建设，主要依托可再生能源和发挥现有火电机组潜力保障替代电力供应”。

二、我国《能源发展战略行动计划》提出到2020年，一次能源消费总量控制在48亿吨标准煤左右。第3页“（三）总体目标”提出，要实现2.5亿吨标煤替代，简单计算可知约占能源消费总量的5.2%，远高于总体目标中提出的“带动电能占终端能源消费比重提高2%，带动电煤占煤炭消费比重提高2.6%”的比例，建议对此予以分析。同时，建议说明“2.5亿吨标煤替代”目标的制定依据，分析与“十三五”电力规划和国家控制煤炭消费比重相关要求的一致性，以及环境合理性。

三、实施好电能替代的关键是在控制能源消费总量的同时压减散烧煤、燃油消费量，建议在第3页“三、重点任务”部分增加保障相关领域散烧煤、燃油消费量同步压减的要求以及可落实、可考核的具体措施，核算初步经济代价，确保发挥电能替代的环境正效应且经济技术可行。

四、建议将第5页第3至4行“省级能源主管部门应将电能替代全面融入各地大气污染防治工作”修改为“地方各级政府应将电能替代全面融入当地大气污染防治工作”。

五、建议将第6页第5行“强化环保强制措施”修改为“严格节能环保措施”。

特此函复。

环境保护部办公厅

2015年10月26日

（加盖印章）

分析：

这是一份复函，由标题、主送机关、正文、发文机关署名、成文日期和印章组成。其中，正文第一自然段为复函缘由，第二自然段至第六个自然段为答复事项。

标题不够规范，应改为《环境保护部办公厅关于对〈关于推进电能替代的指导意见（征求意见稿）〉提出修改意见的复函》。

实践训练

一、改错题

1. 请修改下面的公文。

×××市政府文件

×发(2015)字001号

转发省政府关于《加强廉政建设的通知》

市委、市政府各部门、各县政府、各企事业单位：

……

2015年1月

附：省政府关于公款请客的规定

抄报：省人民政府

抄送：市纪委、市监察局，存档

2. 请修改下面的通知。

会 议 通 知

各市、县、自治县人民政府，省政府直属各有关单位：

为落实国务院下发的《全国农村公路建设规划》精神，进一步明确各市、县政府农村公路建设的组织和管理责任，确保按时、保质、保量完成今年农村公路“通畅工程”建设任务，省政府决定于20××年4月3日下午14：45在省政府办公楼二楼报告厅召开全省农村公路建设工作会议。现通知如下：

一、会议内容是传达《××省人民政府办公厅关于推进我省农村公路建设管理与养护体制改革的实施意见》；省政府与各市、县政府签订20××年农村公路“畅通工程”建设责任书。

二、参加会议的人员有各市、县政府分管负责人；省发展与改革厅、省财政厅、省审计厅分管负责人，省交通厅及所属公路相关事业单位主要负责人；各市、县交通局和地方道路管理站主要负责人；邀请省第三派驻纪检监察组、国家开发银行××省分行分管负责人出席会议；请××日报社、××广播电视台派记者报道。

三、各市县交通局、地方公路管理站参加会议人员由各市、县政府负责通知；省交通厅所属公路相关事业单位参加会议人员由省交通厅负责通知。

四、请与会人员于20××年4月3日上午12：00前到××宾馆总服务台报到并领取会议文件。

五、会务工作由省交通厅负责。

联系人：熊安静；联系电话：65306938，65332215(传真)。

省政府办公厅

20××年3月31日

3. 请修改下面的报告。

关于×××公安分局破获一起

伪造、印刷、贩卖客运票据重大团伙案件情况的报告

××市人民政府：

我局根据××市政府领导的批示认真组织×××公安分局等有关单位，对非法使用伪造小公共汽车票据一案进行了侦破。

8月26日到9月3日，××公安分局民警根据线索，经过八个昼夜的艰苦工作，终于查清了这起我市近年来罕见的团伙伪造、印刷、贩卖客运票据案件。初步查证，这起案件涉及我市、××县和

××省××市数十人，现已上缴伪造的客运票据（包括小公汽、出租车、长途客车和旅店发票）价值60多万元，赃款、赃物合人民币4万余元，已抓获人犯8人，目前正在进一步深挖和审理中。

这起案件的侦破，对于推动当前我市交通运输市场的整顿，打击扰乱市场秩序的非法行为，具有重要的意义。为此，我们的意见是：

一、案情查清后，对案犯从快从重公开进行处理，以巩固交通运输市场整顿的大好形势，震慑扰乱客运秩序的不法分子。

二、建议由新闻单位对此案的侦破进行广泛宣传。

三、对公安分局有关单位和人员立功授奖。

特此报告。

××市公安局

二〇〇×年×月×日

4. 请修改下面的公文。

关于我市副厅级领导干部今年下半年出访计划的报告

省人民政府：

经市委、市政府研究，计划今年下半年由×××、×××等人，应日本×××××协会邀请，赴日本参加×××艺术交流活动，在日时间×天。

特此报告，请批示。

××市人民政府

20××年×月×日

5. 请修改下面的函。

关于联系教师进修的函

××大学教务处：

首先让我们以××市工业学校的名义，向贵处表示衷心的感谢，过去为我校办学给予了很大的帮助。目前我校又面临一个很难解决的问题。

原来事情是这样的：我校开办不久，师资力量很差，决定派××位年轻教师到贵校旁听进修一年。我校与有关部门多次商量。但××位教师进修住宿问题，至今也没有得到解决。提高教学质量的关键是师资。为提高我校教育质量，恳请贵处设法在贵校给解决住宿问题。但不知贵处是否有什么困难。如果需要我校给贵处办什么事情，请尽管提出，我校会竭力去办。再说一句，贵处如有给解决我校进修教师住宿问题，我们以我校领导的名义向贵校领导深深地表示谢意。

致以崇高的敬礼

××市工业学校

20××年×月×日

二、制作题

1. 请根据下面的材料，拟写一份通知。

20××年4月14日，××省环境保护厅向各设区市环保局、××市环保局发出通知，定于20××年4月21日在××百瑞国际大酒店（××教工路195号，联系电话：××××××）召开全省环境宣传教育工作会议。会期1天，4月20日下午报到，21日上午会议，下午返程。会议主要内容是总结、交流2010年全省环境宣传教育工作，部署20××年全省环境宣传教育重点工作；部署落实首个"××生态日"系列活动相关工作。要求各设区市环保局、××市环保局宣教工作分管领导、宣教中心（宣教处或负责宣教工作的处室）负责人参加会议。各环保局请将会议回执于4月19日前传真返回。联系人：寿××，电话：××××××，传真：××××××。

2. 请根据下面的材料，以××镇人民政府的名义，给××县人民政府拟写一份报告。

20××年×月×日，××镇区域内及上游地区普降大暴雨，降雨量达×毫米以上。山洪暴发，横冲直撞，沿河两岸一片汪洋，大片良田沃土被淹没冲毁。×月×日又下了大暴雨，洪水猛涨。两次洪灾，××镇受灾面积共达×亩，其中冲毁耕地×亩，预计损失粮食×吨，直接经济损失×元，×余人生命财产受到洪灾严重威胁，给××镇农业生产、群众生活造成重大影响。灾情发生后，镇党委、政府迅速组织脱产干部到灾区慰问灾民，察看灾情。据统计：全镇受灾×村，×户，×人，受灾面积×亩。其中：淹没水稻×亩，成灾×亩；淹没玉米×亩，成灾×亩；淹没花生×亩，成灾×亩；淹没蔬菜×亩，成灾×亩；淹没豆类、西瓜×亩，成灾×亩；水毁耕地×亩，垮塌房屋×间，×户，×人受伤；滑坡×处，毁坏耕地×亩；毁坏乡、村公路×处，×米；毁坏渠道×处，×米；水毁河堤×米；垮塌山坪塘×口。××等村受灾尤为严重。救灾措施：

①组织有序，抗灾主动。洪灾发生前，镇党委、政府认真落实了镇、村两级防汛领导班子和抢险队伍，制定了防洪预案。镇、村组织抢险队×个，共×人，其中镇应急抢险队由机关、企事业单位精壮职工×人组成，汛期坚持了昼夜值班制度。×月×日晚×点×分，镇指挥部发出防汛紧急通知，并迅速调集抢险队待命。由于组织健全，措施到位，抢险主动，两次洪灾，人、畜无一伤亡。

②核实灾情，慰问灾民。镇党委、政府一边抢险，一边派出工作人员，深入灾区，核实灾情，稳定社会秩序，组织群众奋力抢险救灾。因此，灾区秩序井然，无一起治安案件。

③落实措施，指导自救。灾情发生后，为全年双增收目标的实现增大了难度。党委、政府把着力点放到了落实救灾措施，指导生产自救上。×月×日连夜召开了党委会，对抗灾救灾作了进一步部署。×月×日上午召开了各村、镇属单位党支部书记会议，专题部署抗洪救灾工作，落实以下措施：帮助灾民树立信心，打气鼓劲，增强斗志，激发生产自救的激情；洪水退去后立即组织洗苗、扶苗工作，对不能恢复的，提出改种补种意见，并组织了种源，对受灾的农作物病虫防治进行了统筹安排，力争把灾害损失降低到最低限度；帮助农民发展短线经济，增加当年收入；加大小家禽及草食畜禽的发展力度，号召灾民人平均养家禽×至×只。

④加强疫病监测，控制疫病流行。政府和卫生院、所分别已派出工作人员和医务人员深入灾区，对人畜饮水严格消毒，控制疾病源头，杜绝疾病流行。

⑤对重灾户的生产、生活进行妥善安排，特别是垮屋的×户、×人，人人落实住处，个个有饭吃。

⑥迅速组织恢复交通。乡村公路数处滑坡、垮塌、毁坏严重，×村河沟公路长达×米的路基被全部冲毁，恢复难度较大。其余地段已投入力量抢修，以方便群众生产生活。

⑦迅速组织力量修复河堤，严防下次洪灾造成更大损失。为保证大春灌溉，对水毁渠道已进行全面抢修。××镇两次洪灾面积大，损失重，涉及面广，情况较为严重，镇党委、政府正全力以赴帮助灾民克服困难，生产自救，重建家园。

3. 请根据下面的材料，拟写一份请示。

××县位于××西北部，××高原东南麓，是通向世界顶级旅游景区××的必经之路，又是××通往××省的重要门户。全县面积2053.13平方公里，总人口18.5万人。××××年被国务院定为全国特困县之一，××××年经××人民政府批准同意××县享受少数民族自治县待遇，是国家新一轮扶贫开发重点县。近年来，随着改革开放的不断深入，××县旅游业迅速发展，全县流动人口数量急剧增加，城市生活无着的流浪、乞讨人员不断涌入，年涌入量达400人次以上，给××县救助工作造成了极大的困难。根据国务院《城市生活无着的流浪乞讨人员救助管理办法》有关规定，为做好××县城市无着的流浪、乞讨人员的救助工作，保障他们的基本生活权益，××县计划在县城建设"××县救助站"。经概算，该项目建设总投资140万元。由于××县财政十分困难，无力筹足项目建设资金，只能自筹40万元，尚有缺口资金100万元，为此，特要求××民政厅解决缺口资金。

4. 请根据下面的材料，拟写一份函。

××公司去年曾想办班重点培训一批企业秘书人员，最后因力量不足未能办成。今年听到××大学将于近期举办一期秘书培训班，系统地培训秘书人员的消息，××公司打算派十名秘书人员去××学校随班学习，让该校代培。如果该校同意，××公司将感激不尽。代培所需费用由××公司如数拨付。

第九章 通用公文
——非法定公文

第一节 计划类公文

一、计划类公文的定义

计划类公文是对未来一定时期内的全面事务或某项事务进行安排的书面材料。它们所要解决和回答的中心任务是“做什么”“做到什么程度”“怎么做”。

计划类公文包括纲要、规划、计划、要点、方案、策划书、预案、安排、目标、打算、思路、设想等。习惯用法是:时间长、事件大、原则性强的事务安排,用纲要;两年以上的事务安排,用规划;年度的全面事务安排,用计划;年度的主要事务安排,用要点;某项具体工作(或活动)安排,用方案(或策划书);预防性事务安排,用预案;时间短、事件小或初步的粗略的未成熟的事务安排,用安排、目标、打算、思路、设想。

二、计划类公文的种类

以计划为例:

(1) 按性质,计划可分为综合计划、专题计划等。

(2) 按内容,计划可分为工作计划、生产计划、科研计划、教学计划、学习计划、军训计划、实习计划等。

(3) 按范围,计划可分为国家计划、地区计划、单位计划、科室计划、个人计划等。

(4) 按时间,计划可分为时期计划、年度计划、季度计划、月份计划等。

(5) 按形式,计划可分为文字式计划、表格式计划和文字表格综合式计划等。

三、计划类公文的格式

(一) 格式一

×××(机关)×××(期限)×××(内容)计划

(要点、安排、目标、打算、思路、设想)

(前言)____

____

____

____为此,拟做好以下几项工作:

(计划事项)____

说明：

(1) 标题可省略一两个要素，如“机关”“期限”等。

(2) “前言”部分，或写明制订计划的指导思想，或写明制订计划的目的和根据，或概括地介绍一下前一阶段完成工作任务的基本情况(成绩、问题)。

(3) “计划事项”部分，既要写明工作任务(要点，以小标题形式出现)，也要写明围绕工作任务所确定的目标和为了完成工作任务和目标所采取的措施(展开部分)。

(二) 格式二

×××(机关)×××(期限)×××(内容)计划

(规划、纲要、方案、预案、策划书)

为了××××××，根据××××××，特制订本计划(规划、纲要、方案、预案、策划书)。

一、指导思想

二、主要目标

三、具体措施

说明：

(1) 标题可省略一两个要素，如“机关”“期限”等。

(2) 前言有时可省略。

(3) 主体除已列三部分外，有时还可根据需要将“指导思想”拆分成“总体要求”“基本原则”“重点工作”，或将“主要目标”拆分成“总体目标”“分解目标”，或在“具体措施”里增加“组织机构”“日程安排”“实施步骤”“评比规则”“奖励办法”“几点要求”等部分。

四、计划类公文的写法

(1) “指导思想”是开展某项工作所必须遵循的总原则、总要求、总方略。它是计划类公文的内核，是制定具体工作目标、任务、措施的依据和总纲，也称“总体要求”。一般要包含三要素：行动指针(指南、指导)，原则、方法、任务或态度，目标(目的)。原则较多，可单列；任务较多，也可单列。写“指导思想”，要注意“六防”：防细、防空、防散、防旧、防偏、防长。

(2)“主要目标”要量化,要“跷脚可得”(不能过高也不能过低)。

(3)“具体措施”可从认识(态度)、领导、立法、宣传、管理、改革、经费等方面去考虑,要切实可行,具有可操作性。

(4)格式一“计划事项”部分,格式二“主要目标”和“具体措施”部分,均可分序排列。

第二节 总　　结

一、总结的定义

总结是对过去一个时期的事务进行全面、系统地回顾检查、分析研究,形成理性认识,并从中找出规律性的东西所形成的书面材料。它所要解决和回答的中心问题是“已经做了什么”“做到了什么程度”“怎么做的”。总结有时也称“回顾”。阶段性总结,可称“小结”。

总结是与计划类公文相对应的一种非法定公文。在我国,各类各级机关有一个工作模式,那就是:年初写计划类公文,年终写总结;或某项工作开始之前写计划类公文,工作结束之后写总结。

二、总结的种类

一般说来,有什么样的计划类公文,就有什么样的总结。

按性质,总结可分为综合总结和专题总结、一般总结和经验总结等。

按内容,总结可分为工作总结、生产总结、科研总结、教学总结、学习总结、军训总结、实习总结等。

按范围,总结可分为地区总结、单位总结、科室总结、个人总结等。

按时间,总结可分为时期总结、年度总结、季度总结、月份总结等。

三、总结的格式

(一)格式一

×××(部门)×××(期限)×××(内容)总结

(前言)____

____

________________________现将××××××总结如下:

一、取得的主要成绩

____

____

二、存在的主要问题

____

____

三、今后的努力方向

____

____

说明：

(1) 此格式适用于一般总结。

(2)“前言”部分，或交代总结涉及的时间、地点、单位、背景，或点明主要成绩和问题，或引据上级要求。

(3)“取得的主要成绩”也可称“取得的主要成效”“取得的主要经验”“收到的主要效果”等，“存在的主要问题”也可称“存在的主要缺点”“存在的主要不足”“遇到的主要困难”“主要教训”等，“今后的努力方向”也可称“今后的打算”“今后的思路”“××××年工作思路”等。

（二）格式二

××××××(标题)

×××(作者)

(前言)__________

一、主要做法

二、取得的效果

三、几点体会

(结语)__________

说明：

(1) 此格式适用于经验总结。

(2)“前言”部分，或交代起因，或概述经验。

(3)“结语”部分，主要是写明今后的努力方向。这部分有时可省略。

四、总结的写法

（一）格式一写法

格式一正文“取得的主要成绩”“存在的主要问题”“今后的努力方向”三部分的写法，主要有两种：一是传统式，如前文所示；二是阶段式，把工作或经历的整个过程分成几个阶段，分别说明每个阶段的成绩、问题、整改措施等。

（二）格式二写法

格式二标题的写法有三种：一是用正副标题，如《薄利多销，保质保量——北京市新风饭馆先进经验介绍》；二是概括内容，如《我们乡是怎样获得高产的》；三是突出中心，如《食品卫生工作要做到经常化》。正文“主要做法”“取得的效果”“几点体会”三部分的写法，主要有两种：一是传统式，如前文所示；二是标题式，先根据材料的逻辑关系，分列出小标题，再在每个小标题下分别写明做法、效果、体会等。在“前言”部分用“我们的主要做法是”“我们的主要体会是”等承上启下。

(三) 总体写法

总结要做到“三结合”:概括与事例结合、定性与定量结合、面与点结合。总结有“二忌”:忌平庸,忌虚假。总的要求:观点鲜明,材料典型,条理清晰,语言准确。

第三节 规范类公文

一、规范类公文的定义

规范类公文是行为规范的结合体,也称“法规类公文”“规范性文件”“法规性文件”。它是为人们的行为提供目标、指明方向的社会规范,是以书面形式表现出来的具有明确性、肯定性的社会规范,是以一定时空作为调整对象的具有普遍性的社会规范,是以一定社会主体的强制力保证实行的社会规范。

规范类公文的内容,一般从正反两方面规定人们的行为规范,体现在文字上就是“应(要、宜、须)……”“不应(不要、不宜、不准、不许、不得)……”;有的规范类公文,还有奖惩方面的规定。

规范类公文的结构,从大到小依次为卷、篇、章、节、条、款、项、目。卷、篇、章、节、条,用汉字数字表示;款,用分段的形式表示;项,用“(一)(二)(三)……”表示;目,用“1、2、3……”表示。

二、规范类公文的种类

规范类公文可以分为法律、法规、规章和一般规范类公文两大类。

(一) 法律、法规、规章

1. 宪法

宪法由全国人大制定。《中华人民共和国立法法》第八十七条规定:“宪法具有最高的法律效力,一切法律、行政法规、地方性法规、自治条例和单行条例、规章都不得同宪法相抵触。”

2. 法律

(1) 基本法律。

基本法律由全国人大制定,如《中华人民共和国刑法》《中华人民共和国民法典》《中华人民共和国行政法》等。

(2) 其他法律(特别法律、专门法律)。

其他法律由全国人大常委会制定,如《中华人民共和国广告法》《中华人民共和国商标法》《中华人民共和国专利法》《中华人民共和国公司法》《中华人民共和国会计法》《中华人民共和国审计法》《中华人民共和国劳动法》等。

《中华人民共和国立法法》第八十八条第一款规定:“法律的效力高于行政法规、地方性法规、规章。”

3. 行政法规

行政法规由国务院制定。《中华人民共和国立法法》第八十八条第二款规定:“行政法规的

效力高于地方性法规、规章。”

4. 地方性法规

地方性法规由省、自治区、直辖市、自治州、设区的市的人大及其常委会制定。《中华人民共和国立法法》第八十九条第一款规定：“地方性法规的效力高于本级和下级地方政府规章。”

5. 自治条例和单行条例

自治条例和单行条例由民族自治地方的人大制定。

6. 规章

（1）部门规章。

部门规章由国务院各部、委员会、中国人民银行、审计署和具有行政管理职能的直属机构制定。《中华人民共和国立法法》第八十条第二款规定：“部门规章规定的事项应当属于执行法律或者国务院的行政法规、决定、命令的事项。”

（2）地方政府规章。

地方政府规章由省、自治区、直辖市、自治州、设区的市的人民政府制定。《中华人民共和国立法法》第八十二条第二款规定：“地方政府规章可以就下列事项作出规定：（一）为执行法律、行政法规、地方性法规的规定需要制定规章的事项；（二）属于本行政区域的具体行政管理事项。”

《行政法规制定程序条例》第四条第二款规定：“国务院各部门和地方人民政府制定的规章不得称‘条例’。”《规章制定程序条例》第六条规定：“规章的名称一般称‘规定’、‘办法’，但不得称‘条例’。”

《中华人民共和国立法法》第八十九条第二款规定，“省、自治区的人民政府制定的规章的效力高于本行政区域内的设区的市、自治州的人民政府制定的规章”；第九十一条规定，“部门规章之间、部门规章与地方政府规章之间具有同等效力，在各自的权限范围内施行”。

（二）一般规范类公文

一般规范类公文包括：（1）没有立法权的国家行政机关所制定的规范类公文；（2）企事业单位所制定的规范类公文；（3）党团组织和其他社会组织所制定的规范类公文；（4）有立法权的国家机关所制定的不属于法律、法规、规章范畴的规范类公文。

一般规范类公文的名称有规定、办法、章程、规程、规则、细则、通则、准则、守则、公约、须知、制度等。

三、规范类公文的格式

（一）章条式

×××××××

（××××年×月×日×××批准　××××年×月×日×××发布）

第一章　总则

（分条阐明制定规范类公文的目的和根据，以及原则事项）

第二章　×××

（以下数章为分则。分条阐述规范类公文的具体内容）

第×章　附则

(实施说明)

说明:

(1) 题注还可写成"××××年×月×日×××会议通过"。

(2) 根据需要,可在章之上设"卷""篇",在章之下设"节",在条之下设"款""项""目"。

(二) 分条式

××××××

(××××年×月×日×××批准　××××年×月×日×××发布)

第一条　为了×××,根据×××,结合×××实际,制定本××。

(以下数条为规范类公文的原则事项阐述和具体内容)

(最后一条或数条为实施说明)

说明:

(1) 题注还可写成"××××年×月×日×××会议通过"。

(2) "为了×××,根据×××,结合×××实际,制定本××"之前,可删除"第一条",使其变成"前言"("前言"之后再从第一条排起)。

(3) 根据需要,可在条之下设"款""项""目"。

(三) 分序式

××××××

为了×××,根据×××,结合×××实际,制定本××。

(分序阐述规范类公文的具体内容)

×××

××××年×月×日

说明:

(1) "为了×××,根据×××,结合×××实际,制定本××"一句(前言)可省略。

(2) "分序阐述规范类公文的具体内容"部分可使用匀称句式。

(3) 落款可改成题注。

四、规范类公文的写法

(1) 条文的表述要明确,不能含糊其辞、模棱两可;要具体,有针对性,不能太抽象;要写明实质性的规定,不能空泛议论;要有严密的逻辑性,以保证理解和执行的单一性。

(2) 要特别注意写好以下条款:立法依据、解释权和修订条款;重要概念条款;弹性条款;

统一性条款。

（3）结构要完整、清晰。

（4）语言要精当、庄重。

第四节　简　　报

一、简报的定义

简报，顾名思义，就是简要的报告或简要的报道。它是一种汇报工作、反映问题、沟通情况、交流经验的非法定公文。它是一种重要的信息载体。简报也称“信息”“动态”“简讯”“快讯”“工作通讯”“快报”“摘报”“情况反映”“情况通报”“政办通报”“内部参考”等。

简报带有期刊和资料的性质。简报的特点可用四个字来概括，即：简、快、新、真。

二、简报的种类

（1）按刊期，简报可分为定期简报、不定期简报。

（2）按容量，简报可分为一期一文简报、一期数文简报。

（3）按内容，简报可分为工作简报、会议简报、情况简报等。

三、简报的格式

×××简报

第×期

××××××（编发机关）　　　　　　　　　　××××年×月×日

××××××（标题）

　　××××××××××××××××××××××××××××××××××××××
××
××
××
××
××××××××××××××××××（作者或出处）

分送：×××、×××、×××、×××、×××。

说明：

（1）简报上的文稿，若是密件，则在报头的左上方印上“秘密”“机密”或“绝密”字样；若是供内部阅读的，则在报头的左上方印上“内部刊物，注意保存”字样。

（2）跨年度连续编发，可在“第×期”之后加“（总第×期）”。

(3) 一期数文简报,必要时,可在所有文稿前加目录。

(4) 有时,要在文稿前面加按语(或编者按)。

(5) “分送”可分为“主送”和“抄送”。

四、简报文稿的写法

(一) 消息式(新闻式)

消息有“六要素”,国外称“5W1H”(when、where、who、what、why、how),我国称“六何”(何时、何地、何人、何事、何故、何果)。

(1) 标题的写法:一是单标题,由 who(何人)和 what(何事)组成,如“我校举办第×届校园文化节”;二是双标题,正题是一句对称句式或文学色彩较浓的词语,副题仍由 who(何人)和 what(何事)组成。

(2) 正文的写法:一般采用“倒金字塔”结构。在陈述一个新闻事件时,打破时间顺序或逻辑顺序(打破“首先—其次—接着—最后”的顺序),按事件的重要程度排序(重要的部分在前,次要的部分在后),由此而形成的结构模式,叫“倒金字塔”结构。正文一般由导语、主体、背景三部分组成。导语是新闻事件的核心部分,交代三至六个要素。主体是新闻事件的展开部分,可注释导语或补充导语。背景是与新闻事件有关的历史和社会环境。“倒金字塔”结构有两大好处:一是对读者来说,便于从前往后阅读,把握新闻事件的核心部分;二是对编者来说,便于从后往前删除,保留新闻事件的核心部分。

消息式简报文稿毕竟不同于消息:第一,标题写法不同。消息式简报文稿的标题只有两种写法,而消息的标题则有若干种写法。第二,导语写法不同。消息式简报文稿的导语至少应该交代三个要素(在标题两个要素的基础上至少增加一个要素),而消息的导语则无此限制。第三,语言特色不同。简报文稿属于公文范畴,语言应简练、质朴、明快、庄重,而消息属于新闻作品,语言可适当生动一些。

(二) 问答式

标题相当于“问题”,正文相当于“答案”。有时可加“前言”过渡一下。

(三) 原文照登

原文照登即原文转载。

(四) 原文改写

原文改写,即将原文做摘要、节录、综述、制表等处理。

例文分析

例文一:

××交通大学 2015 年工作要点

2015 年学校工作的总体要求是:深入学习贯彻党的十八届三中、四中全会精神和习近平总书记系列重要讲话精神,坚持深化改革,认真落实学校综合改革方案;坚持依法治校,认真落实学校章程;坚持从严治党,认真加强学校党的建设,进一步提升学校核心竞争力和国际化水

平,为建设特色鲜明世界一流大学迈出坚实步伐。

一、深化体制机制改革,提升学校综合实力

1. 推进学校综合改革。完成学校综合改革方案的制定工作,制定各专项改革方案及推进计划,明确改革路线图、时间表和任务书。重点推进以机构改革为重点的内部治理结构改革和以人才队伍建设为重点的人事制度改革,全面启动人才培养模式、学科发展机制、科学研究体制等各项改革。进一步推进国家教育体制改革试点项目和试点学院综合改革工作。

2. 推进依法治校。深入开展法律普及教育活动,认真宣传贯彻《××交通大学章程》。落实《关于坚持和完善普通高等学校党委领导下的校长负责制的实施意见》,完善校内决策机制、程序及相关议事规则。修订学校《学术委员会规程》,完善各类学术组织运行规则与监督机制。发挥董事会(理事会)咨询、协商、审议与监督的作用。全面梳理校内各类规章制度,做好规章制度"立改废"工作。

3. 推进"十二五"规划目标落实,启动"十三五"改革发展规划制定工作。加强督促检查,加大力度推进"十二五"规划落实,系统总结"十二五"规划经验、成绩与存在问题。开展"十三五"规划国内外调研,推进人才培养、学科建设、科学研究、人才队伍、国际化等专项规划和学院规划的制定工作。对接学校"三步走"战略第一步目标,科学设计学校总体事业发展标志性指标,完成总体规划审议稿。

4. 积极拓展各类办学资源。启动120周年校庆筹备工作,推进"交大梦"筹资计划,提升筹资能力及管理水平。创新校友工作思路,发挥校友支持学校发展的作用。统筹推进一校多区建设,加快推进新校区建设进程,研究制定东校区开发方案,××校区实现年内招生和首批学生入住。加快推进教职工住宅及配套建设,制订并实施相关使用方案。××校区新体育馆争取年底动工建设。科技创业大厦尽快全面投入使用。稳步推进"国家保密两识平台"建设。积极推进节约型校园建设,出台管理办法,提高节能水平。

二、推进人才培养模式改革,提高人才培养质量

1. 改革学生招录选拔机制。完善以学科门类为单位的大类高考招生培养方案,推进自主招生改革,修订特殊类招生办法。建立科学的研究生选拔机制和研究生招生计划分配机制,完善导师遴选及招生政策,充分发挥奖助学金的激励作用,切实提高研究生特别是博士生生源质量。

2. 深化一体化人才培养体制机制改革。探索构建学生培养、管理、服务与支撑一体化的体制机制,形成育人合力。推进基于学科门类的本科人才培养模式和人才培养方案改革,开展双学位教育和××市"双培计划",逐步实行本科生导师制。依托国家级创新团队和平台启动拔尖创新人才培养模式改革试点,探索建立人才培养特区。进一步推进本硕博一体化人才培养,积极争取教育部批准试点实施"3+3+3"本硕博贯通培养模式。探索建立就业质量评价指标体系,推进创新创业教育、创业实践和自主创业一体化建设。

3. 完善人才培养质量保障体系。鼓励各专业参加各类国内外专业认证,全面建立学生追踪评价机制和基于OBE的达成性评价机制,开展学院本科教学工作审核评估,建立专业预警、动态调整和退出机制。出台研究生课程教学改革实施方案,建立研究生课程学习综合考核制度。完善学位论文匿名评审管理信息系统。出台《××交通大学研究生导师育

人指导意见》。

4. 创新学生综合素质培养。构建社会认同、知识学习、能力培养、人格塑造四位一体的育人体系，建立支持学生多元成长与个性发展的综合素质培养与德育认定体系。构建本科生学业辅导的工作机制，完善“校-院-宿舍”三级学业辅导体系。深入推进科学道德和学风建设。加强心理素质教育和体育教育，促进学生身心健康。

三、推进人事、学科、科研体制改革，提升学校核心竞争力

1. 完善各类人才队伍建设制度。制定学校人力资源总体规划，合理确定各类岗位规模和结构，明确人力资源配置标准和机制。进一步完善教师、专技、管理三支队伍分系列、分类型的评价和管理制度，充分激发各类人才的积极性。推进“卓越百人”、“青年英才”等人才计划，努力建设结构合理、规模合理、层次合理的学术梯队。发挥教师中心作用，提高教师教学能力。出台《关于加强管理队伍建设的若干意见》，以职业化、专业化发展为导向，完善管理队伍的选聘、培训、晋升、考核、分配等相关制度。

2. 建立学科评估机制和绩效分配制度。根据学科建设推进方案，梳理各一级学科标志性成果完成情况，加快“学科自检平台”建设。做好参加国家第四轮学科评估的准备工作，将自我评估、国内外同行评估相结合，建立学科常态化评估机制。统筹学科建设各类资源，按绩效实施差异化支持。开展学位授权点自评估并进行优化调整，探索实施学位点淘汰退出机制。

3. 推进科研管理模式改革。按照不同类型学术活动特点，初步建立导向明确、激励约束并重的分类评价标准和开放评价方法。完善科研分级管理体系，逐步建立科研活动过程全成本核算制度。密切跟踪国家科技项目体系和管理制度改革，提前谋划和布局，加强重大项目、高水平成果和国家级重要奖项的培育和申报。发挥基本科研业务费在重大项目培育中的导向作用。加强综合交通和高铁“走出去”战略研究，推进我校中国特色新型高校智库建设。牵头协调相关单位做好轨道交通安全协同创新中心中期评估，国家轨道交通安全评估研究中心力争获得可研报告批复。

四、以“国际化建设年”为契机，提升学校国际交流与合作水平

1. 加强国际化战略布局和制度建设。对标世界一流大学，对接国家“一带一路”、“走出去”等重大战略需求，制定学校国际化发展战略规划，建立国际化长效机制，构建全校“大外事”工作格局。

2. 增强国际合作办学能力。出台《××交通大学中外合作办学暂行办法》，规范合作办学项目(机构)的申报和实施。积极推进与俄罗斯圣彼得堡国立交通大学境外合作办学项目，“汉能新能源国际化示范学院”申报工作力争取得突破。以建设威海国际学院为平台，扩大合作办学规模。

3. 提高国际交流合作水平。积极搭建理工科大学国际合作联盟平台，筹备召开学校第一届国际咨询委员会专家会议。结合学科需求加强引智工作，重点扩大外籍教师比例。做好“111”引智基地、“外专千人计划”等国家级项目的组织申报工作。增加出国留学的比例，统筹留学生规模、结构和质量，提高学历生数量和培养质量。加强专业全英语授课能力建设，开设“3+3”本科、硕士项目。拓展东南亚、非洲、南美和俄罗斯的教育和培训项目。做好巴西坎皮纳斯大学孔子学院开办工作。

五、加强党的建设，为学校改革发展提供坚强保障

1. 牢牢掌握意识形态工作领导权。认真学习贯彻习近平总书记系列重要讲话精神，列为校院两级理论中心组学习的重要内容，纳入干部教育培训计划。认真贯彻落实《关于进一步加强和改进新形势下高校宣传思想工作的意见》。明确责任分工，抓好课堂、报告会、研讨会、讲座、论坛管理和宣传阵地的建设管理。加强思想政治理论课程建设。加强意识形态的宣传教育，举办干部和教师骨干培训班。加强对学生社团与网络舆情的引导与管理。

2. 加强领导班子和干部队伍建设。制定学校贯彻落实《党政领导干部选拔任用工作条例》的实施办法。深入开展"三严三实"专题教育。做好领导干部个人有关事项报告、干部人事档案专项审核工作，加强干部出国(境)管理。做好处级干部换届工作。

3. 加强基层党组织和党员队伍建设。开展二级党组织负责人党建工作述职评议考核，制定《进一步提高党支部组织生活质量的实施办法》，进一步落实加强党支部建设的责任。开展服务型党组织创建活动，深入推进学生党员先锋工程。从严做好党员发展管理工作。

4. 加强和改进大学生思想政治教育。大力培育和践行社会主义核心价值观，深化"中国梦"宣传教育，创新方式，形成长效机制。构建网络思想教育服务平台，形成具有我校特色的网络教育模式。召开第十九次团员代表大会。

5. 巩固和拓展党的群众路线教育实践活动成果。抓好教育实践活动整改落实，深化专项整治成果。按照上级部署组织开展巩固拓展情况"回头看"和专项检查工作。建立学校机关作风评议机制。

6. 加强党风廉政建设。全面落实党风廉政建设主体责任和监督责任，制定学校党委主体责任和纪委监督责任的实施细则。深入推进反腐败工作，落实中央八项规定及相关要求。加强招生、物资采购、基建项目、科研经费等重点领域和关键环节的监督检查。

7. 确保校园和谐稳定。完善党外代表人士队伍建设机制，发挥工会、教代会在民主管理和民主监督中的作用。进一步做好离退休老同志工作。加强校园文化建设，集中推出一批校园文化研究成果，完成校志编纂工作。巩固和提升平安校园创建成果，加强消防、交通、饮食、医疗、宿舍、基础设施等方面的管理，做好矛盾纠纷排查化解工作和保密工作，确保学校安全稳定。

分析：

这份要点由标题和正文组成。其中，正文第一自然段为前言，内容为总体要求(指导思想)；其余部分为计划事项(共五大项 21 小项)。

例文二：

××区深化农村改革综合性实施方案

按照《××市深化农村改革综合性实施方案》(×委办〔2016〕1 号)要求，为系统、整体、协同推进本区农村综合改革，结合实际，制定本实施方案。

一、指导思想

全面贯彻党的十八大和十八届二中、三中、四中、五中全会精神，认真落实市委、市政府的决策部署，牢固树立创新、协调、绿色、开放、共享的发展理念，主动适应经济发展新常态，加快转变农业农村发展方式，全面深化农村改革，加强体制机制创新，为加快本区城乡一体化发展提供制度保障。

二、目标任务

到2020年，农村各类所有制经济尤其是农村集体资产所有权、农户土地承包经营权和农民财产权的保护制度更加完善，新型农业经营体系、农业支持保护体系、农业社会化服务体系、农业科技创新推广体系、农村金融体系和城乡发展一体化的体制机制更加健全，农民民主权利得到进一步保障。

三、基本原则

（一）坚持经营主体多元发展

加强对农村各种所有制经济组织和农民家庭合法财产权益的保护，赋予农村各种所有制经济组织同等市场主体地位，保证其依法公平参与市场竞争、同等受到法律保护，促进农村集体经济、农户家庭经济、农民合作经济、各种私人和股份制经济共同发展。

（二）坚持完善农村基本经营制度

现有农村土地承包关系保持稳定并长久不变，落实集体所有权，稳定农户承包权，放活土地经营权。坚持家庭经营在农业中的基础性地位，创新农业经营组织方式，推进家庭经营、集体经营、合作经营、企业经营等共同发展。

（三）坚持市场经济改革方向

健全符合社会主义市场经济要求的农村经济体制，充分发挥市场在资源配置中的决定性作用，加强地方政府对农业的支持保护，发挥各类农业组织和农民群众主体作用，调动各种社会力量参与农业现代化建设的积极性。

（四）坚持保障农民合法权益

把实现好、维护好、发展好广大农民的根本利益作为深化农村改革的出发点和落脚点，切实保障农民合法经济利益，尊重农民民主权利。

（五）坚持因地制宜循序渐进

在把握方向、坚持底线前提下，鼓励基层因地制宜、循序渐进、探索试点，允许采取差异性、过渡性的制度和政策安排，深化农村改革。

四、具体措施

当前和今后一个时期，本区深化农村改革重点聚焦农村集体产权制度、农村基本经营制度、农业支持保护制度、城乡发展一体化体制机制和农村社会治理制度等五大领域。

（一）深化农村集体产权制度改革

以保护农村集体经济组织成员权利为核心，以明晰农村集体产权归属、赋予农民更多财产权利为重点，探索社会主义市场经济条件下农村集体所有制经济的有效组织形式和经营方式，激发农村经济社会活力，实现农村集体经济可持续发展、农民财产性收入不断增加。

1. 深化农村土地制度改革。坚守土地公有性质不改变、耕地红线不突破、农民利益不受损“三条底线”。

一是积极开展农村土地征收、宅基地制度改革。规范征地程序，完善对被征地农民合理、规范、多元保障机制。加强对农村集体公益性建设用地及其地上物的监管，防止利用征地动迁牟取私利。积极探索宅基地有偿使用制度和自愿有偿退出机制，探索农民住房财产权抵押、担保、转让的有效途径。结合农村土地综合整治等工作，稳妥有序实行城乡建设用地增减挂钩推进农民宅基地置换等试点工作，优先解决高压走廊、高速铁路、高速公路沿线和生态敏感区域

等周边农民的安居问题,推进农民相对集中居住,切实改善农民居住条件,提高农村居住水平。进一步推进农民流转承包地,加大非农就业工作力度,促进农民进城进镇居住。加强对试点工作的指导监督,切实做到封闭运行、风险可控,边试点、边总结、边完善,形成可复制、可推广改革成果。(责任部门:区规划土地局、区农委、区建设管理委等)

二是深化农村土地承包经营制度改革。落实中央关于稳定农村土地承包关系并保持长久不变的重大决策。做好农村土地承包经营权确权登记颁证后续管理工作,提高农户承包地确权登记率,依法依规做好农村土地承包经营权日常变更工作。在基本完成农村集体土地所有权确权登记颁证的基础上,按照不动产统一登记原则,加快推进宅基地和集体建设用地使用权确权登记调查工作。开展农村承包土地经营权抵押、担保试点工作,在有条件的地方开展农村土地承包经营权有偿退出试点。(责任部门:区农委、区规划土地局等)

三是健全耕地保护和补偿制度。严格实施土地利用总体规划,加强耕地保护,全面完成永久基本农田划定工作。完善土地复垦制度,盘活土地存量,建立土地复垦激励约束机制,落实生产建设毁损耕地的复垦责任。依法加强耕地占补平衡规范管理,强化耕地占补平衡的法定责任,完善占补平衡补充耕地质量评价体系,确保补充耕地数量到位、质量到位。(责任部门:区规划土地局、区农委、区发展改革委等)

2. 深化农村集体经济组织产权制度改革。在本区村级集体经济组织产权制度改革全面完成的基础上,镇级集体经济组织产权制度改革通过试点,逐步推进。改制后的集体经济组织要完善适应市场经济要求的组织治理结构,健全集体资产监管体制和运营机制,形成集体资产保值增值的发展模式,建立成员财产性收入长效增收机制。有序推进镇级集体资产与财政性资产归口管理工作,积极实施集体资金与财政资金分账管理,加强对镇级集体资产监督管理。(责任部门:区农委、区审计局、区财政局)

3. 深化林业和水利改革。实行最严格的林地用途管制制度。加强林业资源保护培育,完善林地征占用定额管理制度。加强林政稽查执法力度。有序推进林木林地不动产登记试点工作,完善生态公益林补偿制度。加强林业综合执法队伍建设和镇林业工作站建设。发展符合林业特点的多种融资服务。进一步完善水利工程建设投资机制,及时计提并管好用好从土地出让收益中提取的农田水利建设资金。加强农林水联动、区域化推进,制定完善镇级农田水利建设规划,落实疏拓河道等水利基础设施建设的用地制度,完善水利基础设施配套,提高灌溉水利用率,提高农业综合生产能力。加强镇级基层水务站能力建设,开展小型水利工程管理体制改革研究,明确工程所有权和使用权,落实管护主体,促进水利工程良性运行。(责任部门:区农委、区水务局、区发展改革委、区财政局)

(二)加快构建新型农业经营体系

进一步培育家庭农场、专业大户、农民合作社、农业产业化龙头企业等新型农业经营主体,提高农业经营集约化、规模化、组织化、社会化、产业化水平。

1. 推动土地经营权规范有序流转。在农村耕地实行所有权、承包权、经营权"三权分置"的基础上,按照依法自愿有偿原则,继续引导农民以多种方式流转承包土地的经营权。创新土地流转管理方式,规范农用地流转行为,推行使用《上海市农村土地承包经营权流转合同示范文本(2016版)》,建立健全便捷验证的流转合同信息化管理制度。明确农业规模经营户流转地块位置及具体流转用途,为落实支农惠农补贴政策提供依据。把握好土地经营权流转、集中和规模经营的度，使适度规模经营与农村劳动力转移、农业科技进步、农业社会化服务水平相适应。引导农户委托村集体经济组织长期流转承包地，鼓励和支持流出的土地由本村农户经营，并逐步向家庭农场、农民合作社等适度规模经营主体集中，提高农业规模经营水平。（责任部门：区农委）

2. 加强农业经营主体规范化建设。深入推进农民示范合作社创建行动。鼓励农民合作社发展农产品加工业务，创新农业产业链组织形式和利益联结机制，构建农户、合作社、企业之间互利共赢的合作模式，让农民更多分享产业链增值收益。引导农民以土地经营权入股合作社和龙头企业，形成协作合力，创新发展模式。（责任部门：区农委、区市场监管局）

3. 创新农业社会化服务机制。开展农业生产全程社会化服务机制创新试点，重点支持为农户提供种苗、代耕代收、统防统治、烘干储藏等服务。进一步加强基层农业（林业）公共服务队伍建设，不断提升镇农业技术推广、动植物疫病防控、农产品质量安全监管、林业资源管理等公共服务机构的服务能力。鼓励农业行业协会、专业学会等服务组织和农业产业化龙头企业等主体开展形式多样的有偿技术服务活动。引导经营性服务组织参与公益性服务，大力开展农资连锁经营配送、农机化作业、农机维修、农产品产销对接、农业废弃物处理等社会化服务。开展政府向农业经营性服务组织购买公益性服务机制创新试点。（责任部门：区农委、区财政局）

4. 培养新型职业农民队伍。深入推进我区新型职业农民培育工作，加快培养有文化、懂技术、善经营、会管理、能担当的新型职业农民队伍，提高我区农业从业人员生产技能和经营管理水平，推进我区农业现代化建设，促进农民持续增收。围绕培育新型职业农民，加快构建教育培训、认定管理、政策扶持“三位一体”，生产经营型、专业技能型、专业服务型“三类协同”，初级、中级、高级“三级贯通”的新型职业农民培育制度体系。落实地方教育附加专项资金对涉农企业职工培训的补贴，逐步建立涉农创业培训专家团队，延伸涉农创业服务。到2020年，培育新型职业农民3000人，持专业证书的农业从业人员占比达到70%，推进农业从业人员持证上岗，逐步提高农业生产经营的规范化和标准化水平。（责任部门：区农委、区人力资源社会保障局）

5. 建立农村承包地流转长效监管机制。防止农村承包地流转“非农化”，加强对本区工商资本租赁农地的监管和风险防范，对工商资本租赁农地实行分级备案，严格准入门槛。依托各镇（金山工业区）农村土地承包经营权流转管理服务中心，规范农村土地经营权流转行为。探索建立程序规范、便民高效的工商资本租赁农地资格审查制度，健全多方参与、管理规范的风险保障金制度。加强事中事后监管，严禁以农业为名圈占土地从事非农建设。（责任部门：区农委、区规划土地局）

6. 全面深化供销合作社综合改革。把供销合作社作为推进都市现代农业发展、增加农民收入的重要力量，深化改革，增强活力。发挥供销合作社面向农村、联系农民、点多面广的优势，积极稳妥深化供销合作社改革，理顺管理体系，推进系统资源整合。按照改造自我、服务农民的要求，创新组织体系和服务机制，强化农民生产生活服务，在农业社会化服务和农产品流通中发挥重要作用。（责任部门：区国资委、区农委）

（三）健全农业支持保护制度

坚持多予少取放活的基本方针，以保障主要农产品供给、促进农民增收、实现农业可持续

发展为重点，完善农业生产激励机制，加快形成覆盖全面、指向明确、重点突出、措施配套、操作简便的农业支持保护制度。

1. 建立农业农村投入稳定增长机制。坚持把农业农村作为财政支出的优先保障领域，继续增加地方财政收入对农业农村的投入力度，重点支持农民增收、农业基础设施、农业生态和农产品安全等领域。转换投入方式，创新涉农资金运行机制，充分发挥财政资金的引导和杠杆作用。改革涉农转移支付制度，探索下放农业建设项目审批权限。切实加强涉农资金监管，完善规范透明的管理制度，确保资金使用见到实效。进一步拓宽"三农"资金投入渠道，通过贴息、奖励、风险补偿、税费减免等措施带动金融和社会资金更多投入农业农村。（责任部门：区农委、区财政局）

2. 推进农村一二三产业融合发展。创新农产品流通方式，强化以信息化为支撑的农产品现代流通体系建设，大力发展农产品流通新型业态，发挥电子商务平台在连接农户和市场方面的作用。支持电商、物流、商贸、金融等企业参与涉农电子商务平台建设。积极推进"互联网+"现代农业行动。鼓励互联网企业建立农业服务平台，利用互联网加强产销衔接。制定农村产业融合发展三年行动计划，设立农村产业融合发展项目库，探索建立农村产业融合发展专项资金，引导社会资本投资我区农村产业融合发展项目，以项目加资金的形式推进我区第六产业发展。开展金山区休闲农业与乡村旅游设施用地规划编制工作，以规划引导全区各镇开展休闲农业布局和设点工作，支持增加休闲农业和乡村旅游用地，探索农村闲置房屋合法再利用方式，鼓励纯农地区的集体经济组织以联营、入股、租赁等方式与专业化企业合作发展休闲农业和乡村旅游。建立农村产业融合发展推进工作机制。（责任部门：区农委、区科委、区经委（旅游局）、区规划土地局）

3. 优化农业补贴政策。保持农业补贴政策的连续性和稳定性，结合完善农机购置补贴政策，加大秸秆综合利用、高效植保、智能化、精准农业机械等薄弱环节补贴力度，支持粮食烘干、农机库房能力等方面建设。加大对农业补贴政策整合力度，制定本区农业生态和农产品安全专项资金实施办法等。实施农业生产重大技术措施推广补助政策，完善粮食重大病虫害防治和动物重大疫病免疫防治补助政策。根据资源环境承载能力确定本区实际养殖量，完善畜牧业生产扶持政策，支持生猪生产提质增效，有条件发展肉羊生产。实施永久基本农地保护补偿，让承担保护职责的农民直接受益。探索农村土地综合整治多渠道投入机制。加强对农业补贴政策落实情况及财政补贴资金绩效的监督检查。（责任部门：区农委、区财政局、区发展改革委）

4. 深化农业科技体制改革。加强顶层设计，合理配置农业科技资源，建立运转高效的新型农业科技体系。建立协同创新机制，促进产学研、农科教紧密结合。以与市农科院共建的上海金山都市农业科技创新中心为平台，完善科研立项和成果转化评价机制，强化对科技人员的激励机制，建立完善科研院所、高校科研人员与企业人才双向流动制度，推进科研成果使用、处置、收益管理和科研人员股权激励改革试点，促进农业科研成果转化。改革农业科技人才队伍的培育模式，建立以农业项目为抓手、年轻科技人员成长为核心内容的科技人才培养制度。深化基层农技推广体系建设，完善"一主多元"农技推广机制，支持科技人员通过多种方式进村、入社、到户，开展技术指导、示范和培训。建立国际国内合作交流机制，加强农业科技国内外合作交流，扩大国际交流渠道，进一步发挥农业科技研发中心和研究所的作用，提升镇级农业科

技工作者积极性，开展以镇为单位的与国内知名科研院校所的合作与交流。(责任部门：区农委、区科委)

5. 建立农田水利建设管理新机制。加强农业用水总量控制和定额管理，建立有利于农业节水的建设和管理机制。探索建立农业节水激励机制。完善水利设施维修养护机制，稳步推进河道、农田排涝等设施养护市场化。鼓励社会资本参与农田水利工程建设和运营维护。(责任部门：区水务局)

6. 建立农业可持续发展机制。坚持绿色发展理念，促进农业可持续发展。更加注重农产品质量安全，更加注重保障农民利益。加大对农产品质量安全、保障农民利益等方面投入。推广减量化和清洁化农业生产模式，健全农业标准化生产制度，完善农业投入品减量提效补偿机制。坚持化肥减量提效、农药减量控害，建立健全激励机制。发展生态循环农业，构建农业废弃物资源化利用激励机制。有效控制畜禽养殖业的污染，推进畜禽粪尿综合利用，鼓励发展有机肥加工、沼液沼渣资源化利用。积极推进农作物秸秆综合利用，提高机械化还田质量。加强土壤环境污染治理，加强农用地、水源保护区、污染场地土壤监测和风险评估，开展污染土壤修复与综合治理试点。实施耕地质量保护与提升行动，推行耕地轮作休耕制度，减少夏熟大小麦种植面积，增加绿肥和冬季深耕晒垡面积，逐步形成大小麦、绿肥和冬季深耕晒垡各占三分之一的茬口模式，降低复种指数，减轻环境压力。(责任部门：区农委、区财政局、区发展改革委、区环保局)

7. 加快农村金融制度创新。坚持商业性金融、合作性金融、政策性金融相结合，扩大农村金融服务规模和覆盖面，创新农村金融服务模式，全面提升农村金融服务水平，加快建立多层次、广覆盖、可持续、竞争适度、风险可控的现代农村金融体系。综合运用财政税收、货币信贷、金融监管等支持政策，推动金融资源继续向“三农”倾斜，确保农业信贷总量保持增长。完善对农民合作社和农业产业化龙头企业的信贷扶持政策，健全涉农信贷损失补偿和担保代偿机制。鼓励银行业金融机构探索服务“三农”新模式和新产品，有序推进农村承包土地经营权抵押贷款试点。支持银行拓展农村金融业务，引导和支持小额贷款公司、融资性担保公司加大服务“三农”力度，进一步完善多层次、多形式的农村金融服务体系。支持符合条件的农业产业化龙头企业和各类农业企业通过国内外上市、新三板挂牌等多种方式筹集发展资金。适当扩大政府补贴的农业保险险种范围，提高部分险种的保费补贴比例，调动农民投保积极性。完善“淡季”绿叶菜成本价格保险方案，创新适合家庭农场、合作社生产经营特点的保险产品和服务。(责任部门：区农委、区财政局(金融办)、区经委)

(四)健全城乡发展一体化体制机制

以缩小城乡差距为主要目标，以加快转变农业农村发展方式为主线，以镇村规划体系为引领和依据，以改革创新为动力，建立完善符合新型工农城乡关系、体现“三倾斜一深化”要求的体制机制，力争率先走出一条以人为本、四化同步、生态文明、文化传承的新型城镇化道路，以高质量的新型城镇化推动高水平的城乡发展一体化。

1. 完善城乡发展一体化的规划建设体制。加快编制新市镇总体规划暨土地利用总体规划、郊野单元规划、控制性详细规划以及各类专项规划，实现规划全覆盖；加快完成村庄布点规划工作。将推进农民集中居住与新型城镇化建设结合起来，通过规划和政策引导，鼓励农村建设用地和农村居民向城镇集中，盘活农村闲置的合法建设用地，落实规划实施机制，按照不同

交通设施、基本公共服务、生态环境整治等方面的配置标准，形成人口、土地、资金等政策支撑体系。充分利用市场力量，加快城镇发展，鼓励有实力、有专业能力的大企业大集团通过多种方式参与城区和镇区的综合开发。（责任部门：区规划土地局、区建设管理委、区发展改革委、区农委）

2. 完善农村基础设施建设投入和建管机制。进一步加大公共财政对农村基础设施建设的投入力度。加快基础设施向农村延伸，探索建立城乡基础设施和公共服务设施互联互通、共建共享机制。积极引导社会资本参与农村公益性基础设施建设、管护和运营。打通“断头路”，完善路网，改善镇村内外交通联系。建立完善农村交通设施长效管理养护制度，加强管理力量配置，落实管理养护资金，培育市场化的专业管理养护队伍。进一步完善公共交通专项资金使用管理办法，适度提高公共交通基础设施补助标准等，完善公共交通体系，提高公共交通服务水平。进一步整合以村庄改造为载体的美丽乡村建设项目资金，形成有利于美丽乡村建设的项目管理体制机制。（责任部门：区发展改革委、区建设管理委，区交通委、区农委、区水务局）

3. 形成城乡基本公共服务均等化体制机制。进一步完善农村社会保障制度。调整“镇保”和征地养老制度，区分新征地人员和现行“镇保”制度内被征地人员的不同情况，将其纳入相应社会保险制度。支持符合条件的本区户籍人员在农民合作社、家庭农场和合作联社就业期间，可参照灵活就业人员办法参加本市职工基本养老保险、基本医疗保险。实施城乡职工统一的失业保险制度和城乡居民统一的基本医疗保险制度。健全我区公共教育服务体系，推进义务教育资源配置标准化、均等化。加大对薄弱学校的投入力度，缩小城乡差距和校际差距。深入推进社区卫生服务综合改革，启动实施村卫生室标准化建设，推进农村社区卫生服务中心家庭医生制服务，健全农村三级医疗卫生服务网络。进一步加强农村基层文化体育设施建设，健全农村公共文化体育服务机制，丰富农村公共文化体育生活。推动基本公共服务项目向农村社区延伸，提升农村社区公共服务供给水平。认真落实金山区殡葬规划，大力整治乱埋乱葬，完善村镇埋葬点建设，宣传推行绿色、生态、节地的安葬方式，保障农村基本安葬需求。（责任部门：区人力资源社会保障局、区教育局、区卫生计生委、区民政局、区农委）

4. 加快推进户籍制度改革。统一城市户口登记，建立和完善与之相适应的公共政策体系，涉及农村农民的政策适用对象应以从事职业、居住区域、收入水平或集体成员身份等标准来认定，与户口性质不再挂钩。进一步完善居住证制度，以居住证为主要载体，建立健全居住证与公共服务对应挂钩的来沪人员公共服务制度。（责任部门：区发展改革委、公安金山分局）

5. 完善城乡劳动者平等就业制度。积极完善城乡统一的就业政策体系，清理和取缔各种针对农村户籍就业的歧视性规定和不合理限制，农村劳动者与城镇劳动者享有公平、公开、公正的市场竞争环境。实施“大龄离土农民”享受灵活就业补贴等，落实好跨区县非农就业补贴、低收入农户家庭人员补贴等政策。形成城乡一体化的劳动就业服务制度，根据区、镇、村三级组织架构，形成城乡统一开放、纵横相连的劳动就业服务网络体系。发挥就业援助员作用，加大对农村户籍人员就业服务力度。强化职业供求信息收集和公开发布，搭建就业平台，实现城乡就业资源信息共享，为促进劳动者就业提供有效载体，以降低农村户籍人员盲目大范围流动求职的成本，提高求职效率和效果。（责任部门：区人力资源社会保障局）

（五）加强和创新农村社会治理

1. 加强农村基层党组织建设。坚持农村基层党组织领导核心地位，建立健全以村党组织

为核心，村民委员会为主导，村民为主体，村务监督委员会、村集体经济组织、驻村单位、社会组织、群众活动团队等共同参与的村级治理组织体系。采取公推直选、组织委派、社会招聘等方式，选优配强村党组织书记，对一些基础差、力量弱、管理散的薄弱村，通过选派机关、事业单位优秀干部到村任职。继续深入抓好农村基层党组织晋位升级工作，推动农村基层党组织全面进步、全面过硬。从严抓好农村党员队伍建设，严肃党内组织生活，切实抓好"三会一课"、组织生活会、党性分析、民主评议党员等制度的落实。聚焦农村生产力活跃的农民合作社，切实加强在农村新兴领域党的组织和工作的有效覆盖。（责任部门：区委组织部、区民政局、区委农办）

2．健全农村社会管理制度。积极推进和深化党组织领导下的村民自治，建立健全社区各项规章制度，健全社区自治章程、村规民约，建立宅基公约，完善农村社区治理的制度结构。发挥党组织价值引领、组织动员、支持服务、统筹协调、凝聚骨干的作用，促进村民依法自我管理、自我服务、自我教育和自我监督。切实加强村级治理监督评议，结合村委会集中换届，进一步规范村务监督委员会对村级事务监督的内容、权限和程序，坚持做好农村"三资"监管平台建设、"四议两公开"、村务公开、党务公开、党风廉政建设等工作，切实增强民主监督评议的实效，逐步在村委会形成自下而上的议题形成机制和自下而上的工作评价体系。规范村委会工作内容，理顺村委会协助行政事务工作清单。完善村民自治为基础的农村社区治理机制，重视吸纳利益相关方、社会组织、驻村单位参加协商，促进流动人口有效参与农村社区服务管理。开展农村网格化综合管理。推进农村集体经济组织产权制度改革，探索"政经分开、村社分账"，加快形成村党组织领导下，村委会自治管理、村集体经济组织市场化经营和村务监督委员会民主监督的村级组织运行机制。探索利用互联网手段加强村务管理，实现村委会电子台账平台建设全覆盖，提高农村社会管理水平。（责任部门：区委组织部、区民政局、区农委）

3．加强农村精神文明建设。以建设新农村培育新农民为目标，不断深化农村精神文明建设，做到环境文明有新突破、秩序文明有新举措、服务文明有新作为、礼仪文明有新形象，整体提升农村文明程度和农民综合素质。以"厚德金山、礼尚之滨"为主题，加强"礼、孝、善、诚、贤"五德教育，推动社会主义核心价值观在农村落地生根，培育新型农民、优良家风、文明乡风和新乡贤文化，制定完善村规民约，引导村民自治管理。推进美丽乡村建设，提高村庄布局和民居设计水平，整治脏乱差、建设洁齐美，提升长效管理水平。推动农村文化繁荣发展，加大优质文化产品和服务供给，为农民提供丰富多彩、形式多样、积极健康的群众性文化产品和服务。推进文明村镇创建，加强农村自然历史文化风貌保护，深化生态村、文明小康村等创建工作，强化农村群众性精神文明创建活动，积极开展农村志愿服务活动，持续推动城乡一体化精神文明建设。（责任部门：区委宣传部、区文明办、区社工委、区委农办、区文广影视局）

4．加强农村综合帮扶。贯彻落实市委、市政府关于农村综合帮扶工作的各项政策，按照本区农村综合帮扶总体规划，合理有效地使用农村综合帮扶专项资金，统筹建设一批符合环保、规划和产业导向要求、有长期稳定收益的帮扶项目，逐步形成经济相对薄弱村自我发展的机制，帮扶项目80%的收益用于分配，增加农民经营性收入，提高低收入农户的生活水平，促进经济相对薄弱地区经济社会全面发展。同时，积极落实市保障经济相对薄弱村村级组织运转扶持政策，规范财政补助资金管理，确保村级组织正常运转。深入开展第三轮城乡党组织结对帮扶，加强城乡基层党建资源整合，逐步形成互相促进、共同发展的城乡党组织结对帮扶长

效机制。（责任部门：区委组织部、区委农办、区发展改革委、区财政局）

5. 深化农村行政执法体制改革。加强农村基层执法力量，结合本区实际，在全市统一方案公布后研究推行对市场监管、公共卫生、安全生产、乡村旅游、资源环境、农林水利、交通运输、城乡建设、海洋渔业等领域的综合执法，确保有关法律法规执行，依法维护农村生产生活秩序，提高农村基层法治水平。（责任部门：区编办、区政府法制办）

五、加强领导

始终把加强党对“三农”工作的领导作为推进农村改革发展的政治保证，提高做好“三农”工作的能力和水平。坚持问题导向，下大力气解决好农民群众最关心最直接最现实的利益问题。完善党委、政府推进农村改革的领导体制和工作机制，健全和落实责任制度。主要负责同志要亲自抓农村改革工作，把握好方向和路径，加强对农村改革的指导，确保各项改革措施落到实处。

（一）加大改革督查力度

把抓改革举措落地作为重要政治责任，明确责任主体，强化一把手责任。对已出台的各项改革举措，责任部门要抓紧出台细化方案，使改革举措落地生根。建立项目责任制，各项改革举措要明确路线图、时间表和可检验的成果形式，确保任务分解、责任落实到位。加强对已出台改革举措的督促检查和对账盘点，落实考核机制，及时总结经验、解决问题。（责任部门：区委督查室、区政府督查室）

（二）扎实开展改革试点

对涉及重大利益关系调整的改革举措，需审慎稳妥推进，可选择部分镇、村先行试点。鼓励试点单位大胆探索和创新，确保在风险可控的前提下扎实推进试点工作。对改革试点工作中反映的问题，要深入调查、科学研判，不断完善改革方案。及时总结提炼改革试点中可复制、可推广的经验，对于具备推广条件的成熟经验，要尽快制定推广措施。（责任部门：区有关委办局）

（三）建立有效协调机制

各项农村改革举措的责任部门要严格把关，加强沟通协调，切实承担起主要责任。各参与部门要增强大局意识，主动支持配合责任部门开展工作，形成合力。建立健全重大事项和改革进展情况报告备案制度。认真研究农村改革发展过程中出现的新情况新问题，加强分析研判，及时提出新思路、新举措。组织力量开展重大问题的理论研究，用科学的理论和理念指导改革实践。

分析：

这份方案由标题和正文组成。其中，正文涉及指导思想、目标任务、基本原则、具体措施和加强领导五个方面的内容。

例文三：

招商局2014年度工作总结

2014年是经济开发区、尖山新区两区合并以及招商新体制施行后的第三年。招商局根据市委、市政府对于招商选资的相关要求，总结去年的工作经验，分管领导亲自挂帅，冲锋在招商第一线，全体招商人员团结协作，不断加大招商力度，创新招商方法，充实项目信息，在招商工作中取得了一定成效。

一、招商指标完成情况

1. 合同外资、实到外资

2014年，市下经济开发区(尖山新区)合同利用外资任务3.4亿美元，实际利用外资任务2.3亿美元。截至12月底，完成合同外资3.17亿美元，完成年度任务的93.2%；完成实际利用外资2.086亿美元，完成年度任务的90.7%。

2. 市外内资

2014年，市下经济开发区(尖山新区)实际利用市外内资任务55亿元，其中新增注册资本25.5亿元。截至12月底，完成实到市外内资56.5亿元，完成年度任务的102.7%；完成实到注册资本25.6亿元，完成年度任务的100.4%。

2014年全年，开发区(尖山新区)共新批外资项目24个，其中增资项目13个，这些项目中规模较大、质量较优的有中广核风力发电项目、(玉柴)仓储经营服务管理平台项目等。新批内资项目56个，例如国能中电项目、宜瓷龙新材料项目都是较为优质的大项目。

二、招商工作开展情况

(一)突出重点，紧紧围绕大、好、优项目开展招商选资工作

近一年时间来，招商局认真贯彻市委、市政府招大引强的招商要求，围绕大、好、高项目开展了卓有成效的招商工作。目前在谈项目主要有：

1. "总部基地江南城"项目。该项目由总部基地伦敦全球总部投资，是其投资中国迄今为止最大的一个项目，计划总投资约200亿元。项目将利用尖山新区优越的地理区位条件，建设以智能化、生态型，集办公、科研、中试、创意、产业综合聚集的自由经济企业总部集群基地及相关配套。项目全部建成后，总部基地江南城将形成企业总部区、电商总部区、高端市场区、金融服务区、总部SOHO区、总部孵化区、核心商务区、商务配套区等多个专业化产业总部基地，吸引超过2000家企业入驻，成为杭州湾的新经济中心。江南总部国际商会南区已于11月投入使用。1-5号地块，已全面动工。其中，1号地块样板房已结顶；2-4号地块施工单位已确定，基础施工中；5号地块桩基施工中。

2. 英孚电子项目。该项目总投资约3.6亿美元，总用地约730亩，分工业、总部、科研三大功能区块，其中产业园项目占地(工业用地)约530亩，华东区域总部占地(商办用地)约100亩，研发基地占地(科研用地)约100亩，土地一次性规划，分两期按实施，达产后年产值约七亿美元。

产业园项目主要投建影像传感器模组、车载触控显示模组、射频芯片模组、智能手机及智能型电视机盒等的制造及销售。一期总投资约1亿美元，用地约271亩，主要生产高端半导体芯片、智能终端及零部件、光电子器件，项目达产后将形成年产1300万片/套高端半导体芯片、智能终端零部件。

配套科研项目一期用地50亩，位于尖山新区新城路西侧、滨海路北侧，项目总投资3250万美元，注册资本1200万美元，主要为工业项目提供配套，达产后可提供年产1300万片/套高端半导体芯片、智能终端零部件所需配套的产品设计、配套设备、测试及相应解决方案。

目前，公司已成立，工业项目地块已取得，一期桩基基本完成，能评、环评工作即将完成，目前正在进行项目建设报批准备工作。

3. 中广核风力发电项目。该项目由大型央企中广核风电有限公司在尖山新区投资建办。一期项目总投资约32500万元，采用2.0MW风机进行布置，规划风机20台，装机容量40MW，所发电量通过变电站升压后接入安江变，项目建成后预计每年可向电网提供8000万度左右的清洁可再生能源。该项目已列入国家能源局年度计划，目前项目已获得省发改委核准批复，2014年底进行施工前期准备，计划于2015年2月正式开工建设，下半年正式并网发电。

4. 玉柴仓储物流综合产业园项目。该项目是由玉柴集团注册在香港的子公司福源国际（香港）有限公司投资开发的大型综合仓储物流产业园项目，项目总用地240亩，总投资1亿美元，注册3350万美元。主要由商品贸易、电子商务、供应链金融、仓储物流四部分组成。计划在2015年1月完成海宁项目公司（海宁通驰仓储设施有限公司）注册工作，计划在2015年2月份取得尖山新区滨海路北、凤凰路东侧240亩项目用地，于2015年5月份完成工程设计、报建等前期工作，预计在2015年6月份正式动工建设。

（二）坚持"走出去、请进来""以商引商""中介招商""产业链招商"等行之有效的招商经验和思路，不断加大招商选资力度

开发区领导和全体招商人员在招商实践中不断总结行之有效的经验，并不断完善，走出了一条有特色、有效率的招商新路。

一是"走出去"招商。招商局人员赴北京、深圳、宜宾、成都、福建、苏州、宁波、绍兴等地外出招商128次，共接待客商91批次，231余人，获得了大量招商信息。其中，分管领导和局长能够做到三分之二的时间在外招商，办事员能做到每周1～2日在外招商。

二是"请进来"招商。招商局积极利用手头的客户资源，不断加强与客商的联络、沟通，共邀请了近百批次的有投资意向的客商来海宁考察，搜集到了一批有价值的项目信息，充实了项目库资源，其中一些项目已经顺利落户。

三是"以商引商"。招商人员结合党的群众路线教育实践活动，积极走访区内企业，不断加强与企业的联系，了解企业的自身发展需求，或者通过企业介绍其他项目，获取了一批有效的项目信息。

四是"中介招商"。今年以来，招商局积极加强与上海、杭州、萧山的大中介机构的联系与沟通，签订了若干个招商合作协议，并采取定期上门拜访、邀请到开发区考察、邀请参加招商活动等多种方式，积极借助中介机构的力量进行招商，取得了较明显的效果。中介机构已为中心介绍了若干个有价值的项目信息，其中一些项目已经在顺利谈判、推进中。

五是"产业链招商"。招商局根据两开发区的现有产业特点和未来产业定位，在招商选资过程中有重点、有针对性的开展工作，在高端机械装备、汽车零部件、新材料、品牌时尚创意、高端环保等这些产业上下大精力、大功夫引进项目，取得较明显的成效。

（三）努力践行"一条龙"全程代办服务理念，以服务加快推进项目速度

招商局积极响应开发区领导提出的"一条龙"全程代办服务理念，克服人手少、时间紧等诸多不利因素，努力增强专业招商人员的服务意识和服务技能，在实践中不断提高为项目客商服务的质量，要求专业招商人员在项目审批、工商登记、项目推进等每一个环节都要落实专人负责制，对每一个项目实行全程跟踪服务制度，为项目代办各项手续，并协调解决项目建办过程中的各项问题，为前来投资的客商营造了一个良好的投资软环境，并得到了客商的一致好评。

三、存在的问题和困难

1. 今年国际及国内经济整体大形势较去年更加低迷，实体经济投资者信心不足，驻足观望情绪比较浓厚，整体制造业的招商环境和形势较差，造成制造业项目信息相对较少，落地的大、好、高制造业项目更少。

2. 项目准入条件日趋严格，投资强度、税收等硬指标制约了一批有意向到海宁投资的项目，其中一些项目内容较优质，但是距离海宁的项目准入要求较远，无法落地。

3. 部分企业因为经济形势等原因提出减资要求，其中部分减资项目已经受理，这对完成全年的任务指标带来较大压力。

四、2015 年工作思路

(一)总体思路

围绕市委、市政府关于招大引强、招商选资的指导思想、以"转型升级"和"优化结构"为目标，以实施"退二进三、退低进高"战略为契机，以引进先进制造业项目为工作重点，以探索"零土地招商"为主要工作手段，进一步做优二产，做大三产，力争保质保量地完成全年目标任务。

(二)工作措施

1. 继续大力推行产业招商、区域招商、以商引商等多元化的招商方式。首先理清招商思路，分析开发区定位，加大产业链招商力度。其次，划分区域招商也能使招商工作更具有针对性，与此同时经常走访区内相关产业的企业，了解企业动态，了解产业上下游供应商的情况，做到以商引商。积极掌握区内民营企业的转型发展需求，推动民营企业与外资、外智的合资合作。通过股权转让、合作研发、借壳上市、网络共享等多种模式与知名跨国公司、国际优质资本、市外优质企业、海外人才智力合作，加快企业转型升级和国际化的步伐。

2. 继续坚持"走出去、请进来"、"中介招商"的跑动招商模式。借助各类招商推介会、经贸活动等载体，积极与国内外知名中介机构开展交流活动，深化良好合作关系，加大对外宣传力度，进一步拓展招商视野和招商新渠道。

3. 进一步夯实招商引资基础性工作，做好项目服务推进工作。切实做好已签约项目跟踪工作，确定专人具体负责签约项目报送及联络工作，确保跟踪工作扎实、有效推进。对签约项目实行动态管理。定期对签约项目进展情况进行总结汇报。未成功引进的项目，建立客商信息库，不定时地问候联系客商，了解项目进程。

4. 增强业务知识学习、强化招商队伍纪律。每个招商人员要时时把招商学习放在第一位，不仅要熟悉开发区的土地情况，也要了解和企业谈判，项目推进的方法和技巧，更要时时把握国民经济的发展方向，要把招商的重点放在国家重点扶持，科技技术领先等一些朝阳行业上。杜绝吃拿卡要现象，一般人员外出需向分管领导说明动向，外出招商所产生的一系列费用按照管委会内部制度报销。

经济开发区(尖山新区)招商局

2015 年 1 月 8 日

分析：

这是一份一般总结，由标题、正文、发文机关署名和成文日期组成。其中，正文第一自然段为前言，其余段落为主体。主体共涉及四个问题："招商指标完成情况""招商工作开展情况"

"存在的问题和困难""2015年工作思路"。前两个问题实际上是一个问题"取得的主要成绩"的两个方面。

标题应在"招商局"的前面加"××市经济开发区（尖山新区）"，正文二三级标题序号不统一，发文机关署名应在"经济开发区（尖山新区）招商局"的前面加"××市"。

例文四：

××街道幸福家庭创建的主要做法

××街道地处首都政治核心区和首都功能核心区，是党中央、全国人大常委会、国务院的办公所在地，也是集中体现"四个服务"、塑造首都形象、展示西城魅力最为直接的地区之一。区域面积4.24平方公里，共有13个社区，户籍人口2.6万户、7.2万人；常住人口2万户、5.8万人，其中户籍育龄妇女2万余人；流动人口1.6万余人。辖区特殊的区域位置，承载的功能任务，决定和要求我们必须牢固树立"红墙意识"、责任意识和服务意识，自觉把维护地区社会和谐进步作为一项重要的工作，以家庭幸福为出发点和落脚点，着眼提升家庭发展能力，不断夯实区域社会和谐的工作基础。去年以来，街道按照市、区关于创建幸福家庭工作的安排部署，结合我区"十二五"人口发展规划提出的"构建覆盖家庭生命全周期的公共服务体系"的要求，紧紧围绕构建"1＋8＋N"覆盖家庭生命全周期公共服务体系，创新思维，搭建载体，探索模式，扎实服务，积极推进幸福家庭创建工作，有效地促进了地区社会和谐进步。

我们的主要做法是：

一、凝聚共识，统筹谋划幸福家庭生命全周期各项工作

一是用市区的决策部署和中国梦统一思想认识。街道认真学习市区的文件精神，把创建幸福家庭工作与中国梦学习教育有机结合起来，深刻理解国家富强、民族复兴、人民幸福中国梦的基本内涵，辩证认识家庭是社会的基本细胞，家庭幸福是社会和谐的重要基础，家庭幸福是实现中国梦的重要组成部分。只有加强人口与计生工作，强化和创新社会服务管理，倡导科学、文明、健康的家庭生活方式，弘扬先进的家庭文化，树立家庭和美、邻里互助、社区和谐的和谐理念，才能吸引广大家庭积极参与中国梦建设实践，才能以家庭文明促进社会文明，以家庭和谐促进社会和谐，以家庭发展促进整个社会的和谐发展，从而把地区广大干部群众的智慧和力量汇聚到了探索构建"1＋8＋N"覆盖家庭生命全周期服务新模式的工作实践。

二是深入细致开展调查研究。街道围绕"幸福家庭生命全周期"这一核心，专门组建调研队伍，深入辖区不同年龄、各阶层人群，开展了为期三个月的《家庭幸福情况》《居民精神文化》《家政服务》和《早教》四项问卷调查，"零距离"倾听群众的心声、了解百姓的需求。在调查问卷的基础上，街道聘请专业机构进行数据分析，多次召开居民座谈会、专家论证研讨会，多渠道征求民意、多方式听取意见，形成了《××家庭幸福情况调研分析》等四项统计报告，并有序组织实施街道家庭幸福促进工程。

三是精心打造公共服务综合阵地。街道及时收回位于小六部口胡同36号经营性用房，投资改造建设总面积为1765平方米的"××幸福家园"，构建了以十二大项服务阵地、社会组织、专业机构、专家团队为依托，以家庭人口文化建设工程为核心、以服务民生为宗旨、以促进家庭健康幸福为目的的生命全周期公共服务体系。

二、创新思维，探索构建新型人口与计生工作服务模式

××幸福家园建成后，街道树立"人口全覆盖、家庭全成员、生命全周期、服务全方位"工作

理念，探索构建“一个机制”，采取“六个结合”，实施“六项工程”，实现“一个目标”的新型人口和计生工作服务模式，使幸福家园承载起育婴指导、青少年成长关怀、健康生育指导、特扶关爱养老、家政便民服务、图书借阅等公共服务功能，成为实现家庭生命全周期公共服务的主要阵地和重要载体。

建立“一个机制”：就是坚持政府主导、资源整合、社会参与和家庭受益，以社会组织、专业机构为依托，以专家团队为支撑，构建政府提供基本公共服务与专业机构提供专业化有偿服务相结合的运行机制。

采取“六个结合”：就是坚持无偿服务与有偿服务相结合、专业服务与志愿服务相结合、常态服务与主题服务相结合、集中服务与深入社区分散服务相结合、硬件建设支撑服务与机制建设保障服务相结合。

实施“六项工程”：就是面向家庭全成员的“家庭人口文化建设工程”；面向“育儿期”的“宝贝计划工程”；面向学龄期、青春期的“青春健康工程”；面向成人交际期、婚育期的“健康生育工程”；面向中老年父母期，老龄期的“特扶助老工程”以及面向计划生育困难家庭的“生育关怀工程”。

实现“一个目标”：就是创建幸福家庭，促进社会和谐，着力打造“京城第一街道”品牌，为建设“活力、魅力、和谐”新××做贡献。

三、注重实效，全方位开展人口与计生工作优质服务

街道以××幸福家园为平台，按照新型人口与计生工作服务模式，整合计生社区服务中心、团委等相关科室、北京市第二医院等地区职能部门资源，引入幸福泉亲子俱乐部等五家专业机构，百德社区等三个社会组织，健康你我他等八个志愿者团队，完善为地区居民和单位提供全方位的配套服务，扎扎实实为群众办实事、办好事。

一是在实施人口文化建设工程上，坚持以“文化育文明，幸福促和谐”。举办幸福家庭文化论坛，提供家庭文化活动扩展空间，丰富居民的精神文化生活。同时，将创建幸福家庭与弘扬幸福榜样相结合，评选地区居民、辖区单位幸福家庭、好儿女等，在社区巡展他们的事迹，激励更多家庭向着幸福出发，营造家庭关爱、养老敬老、扶危济困、邻里互助、回报社会的家庭文化和道德风尚，扩大了影响力。

二是在推进宝贝计划工程上，建立了早教基地，对辖区内0-3岁婴幼儿开展免费儿童体格智能测评；坚持对新生儿入户走访，并送去“促进儿童早期发展大礼包”，举办家长及监护人的培训班，特邀资深儿童指导专家、幼儿园老师和专业机构开展儿童亲子活动，帮助他们提高育儿能力；我们还将门框、桌脚都贴上泡沫防撞护角，免费开放爬行室、活动室、图书室，为婴幼儿提供安全的活动场所。

三是在拓展青春健康服务上，利用寒暑假举办“青少年双语读书营”、开展“青少年同伴教育活动”，针对学生普遍存在的性生理、性心理、性道德、性法律等问题为青少年提供预约式性与生殖健康咨询、心理疏导、技术服务等配套服务。为辖区学生家长举办《如何与青春期孩子交流》活动讲座，同时将服务人群扩至地区商圈打工的年轻人、军营里的战士、在施工地中的工人和广大社会未婚青年，搭建家长、学校、社会共同参与的青春健康教育网络平台。

四是在坚持健康生育工程上，举办未婚青年联谊会；为已婚待孕夫妻开办“健康生育快乐园”讲座，普及生殖、孕前知识；开展孕妇学校讲座，普及优育知识；为年轻夫妇宣传避孕知识、

开展健康讲座；为辖区困难家庭中新婚待孕人员免费开展孕前优生检查。与卫生部门一同探索并完善出生缺陷预防体系，降低出生缺陷发生率，提高出生人口素质。

五是在开展生育关怀工程上，举办男性、女性健康知识讲座，增强自我保健能力；发挥地区协会"互联、互帮、互通"功能，开展对贫困家庭的救助，建立红墙助学基金，为贫困学生圆大学梦；为地区困难家庭提供免费健康体检；慰问走访困难家庭，在节日期间为其送去慰问品；与相关部门联手，协助贫困母亲实现再就业，让计生家庭通过就业解困脱贫。

六是在创新特扶助老工程上，精心打造充满温情的个性化五关怀服务项目——"爱心相伴社区失独家庭服务项目"。即依托社工组织和专业人员，通过入户走访、电话慰问、心理咨询、生日陪伴等方式为失独家庭提供精神关怀；依托社会组织和社区服务中心等相关科室组织送餐、陪伴就医、健康体检、日间托老等方式给予日常生活的悉心帮扶；通过节日慰问、志愿服务等方式对有需求的失独家庭提供经济帮助；通过心灵家园阵地服务、外出游览、联欢会等形式促成失独家庭重新融入社会。提供绿色通道优先入住养老机构，提供洗澡、理发、就餐等生活照料、社区医疗、代理代办等全方位养老服务，优先享受政策服务。同时，将特扶家庭的帮扶与地区单位联合，由地区单位联系指定特扶人员，开展"一对一"结对，完成日常走访和帮助。

此外，街道针对地区中央机关多，集体户人数多、流动人口多的特点，积极举办集体户单位计生负责人培训会，根据需求主动送达药具，与驻区中央机关实施联合管理；着力推进流动人口均等化、市民化服务，把流动人口视为新市民，与本地居民同宣传、同教育、同活动、同关怀，受到新市民的欢迎和好评。

一年多来，街道依托"长安幸福家园"，开展全方位家庭生命全周期公共服务，受益人群达90293人次，各级领导、机关和居民群众对我们的工作给予了充分肯定。

人口计生工作任重道远，不容放松。我们要在市、区人口和计生委的领导下，以更加振奋的精神、更加有效的措施、更加务实的作风，不断创新××街地区人口计生工作服务管理，切实让辖区居民的生活更加幸福，努力为实施"服务立区、金融强区、文化兴区"三大发展战略，实现伟大中国梦营造良好的人口环境。

××街道
20××年×月×日

分析：

这是一份经验总结，由标题、正文和发文机关署名组成。其中，正文第一自然段为前言（概述基本情况和主要成效），接着从三个方面详细介绍了"幸福家庭创建"的主要做法，最后一个自然段为结语。

例文五：

食品召回管理办法

第一章　总　则

第一条　为加强食品生产经营管理，减少和避免不安全食品的危害，保障公众身体健康和生命安全，根据《中华人民共和国食品安全法》及其实施条例等法律法规的规定，制定本办法。

第二条　在中华人民共和国境内，不安全食品的停止生产经营、召回和处置及其监督管理，适用本办法。

不安全食品是指食品安全法律法规规定禁止生产经营的食品以及其他有证据证明可能危害人体健康的食品。

第三条　食品生产经营者应当依法承担食品安全第一责任人的义务，建立健全相关管理制度，收集、分析食品安全信息，依法履行不安全食品的停止生产经营、召回和处置义务。

第四条　国家食品药品监督管理总局负责指导全国不安全食品停止生产经营、召回和处置的监督管理工作。

县级以上地方食品药品监督管理部门负责本行政区域的不安全食品停止生产经营、召回和处置的监督管理工作。

第五条　县级以上食品药品监督管理部门组织建立由医学、毒理、化学、食品、法律等相关领域专家组成的食品安全专家库，为不安全食品的停止生产经营、召回和处置提供专业支持。

第六条　国家食品药品监督管理总局负责汇总分析全国不安全食品的停止生产经营、召回和处置信息，根据食品安全风险因素，完善食品安全监督管理措施。

县级以上地方食品药品监督管理部门负责收集、分析和处理本行政区域不安全食品的停止生产经营、召回和处置信息，监督食品生产经营者落实主体责任。

第七条　鼓励和支持食品行业协会加强行业自律，制定行业规范，引导和促进食品生产经营者依法履行不安全食品的停止生产经营、召回和处置义务。

鼓励和支持公众对不安全食品的停止生产经营、召回和处置等活动进行社会监督。

第二章　停止生产经营

第八条　食品生产经营者发现其生产经营的食品属于不安全食品的，应当立即停止生产经营，采取通知或者公告的方式告知相关食品生产经营者停止生产经营、消费者停止食用，并采取必要的措施防控食品安全风险。

食品生产经营者未依法停止生产经营不安全食品的，县级以上食品药品监督管理部门可以责令其停止生产经营不安全食品。

第九条　食品集中交易市场的开办者、食品经营柜台的出租者、食品展销会的举办者发现食品经营者经营的食品属于不安全食品的，应当及时采取有效措施，确保相关经营者停止经营不安全食品。

第十条　网络食品交易第三方平台提供者发现网络食品经营者经营的食品属于不安全食品的，应当依法采取停止网络交易平台服务等措施，确保网络食品经营者停止经营不安全食品。

第十一条　食品生产经营者生产经营的不安全食品未销售给消费者，尚处于其他生产经营者控制中的，食品生产经营者应当立即追回不安全食品，并采取必要措施消除风险。

第三章　召　　回

第十二条　食品生产者通过自检自查、公众投诉举报、经营者和监督管理部门告知等方式知悉其生产经营的食品属于不安全食品的，应当主动召回。

食品生产者应当主动召回不安全食品而没有主动召回的，县级以上食品药品监督管理部门可以责令其召回。

第十三条　根据食品安全风险的严重和紧急程度，食品召回分为三级：

（一）一级召回：食用后已经或者可能导致严重健康损害甚至死亡的，食品生产者应当在

知悉食品安全风险后24小时内启动召回，并向县级以上地方食品药品监督管理部门报告召回计划。

（二）二级召回：食用后已经或者可能导致一般健康损害，食品生产者应当在知悉食品安全风险后48小时内启动召回，并向县级以上地方食品药品监督管理部门报告召回计划。

（三）三级召回：标签、标识存在虚假标注的食品，食品生产者应当在知悉食品安全风险后72小时内启动召回，并向县级以上地方食品药品监督管理部门报告召回计划。标签、标识存在瑕疵，食用后不会造成健康损害的食品，食品生产者应当改正，可以自愿召回。

第十四条　食品生产者应当按照召回计划召回不安全食品。

县级以上地方食品药品监督管理部门收到食品生产者的召回计划后，必要时可以组织专家对召回计划进行评估。评估结论认为召回计划应当修改的，食品生产者应当立即修改，并按照修改后的召回计划实施召回。

第十五条　食品召回计划应当包括下列内容：

（一）食品生产者的名称、住所、法定代表人、具体负责人、联系方式等基本情况；

（二）食品名称、商标、规格、生产日期、批次、数量以及召回的区域范围；

（三）召回原因及危害后果；

（四）召回等级、流程及时限；

（五）召回通知或者公告的内容及发布方式；

（六）相关食品生产经营者的义务和责任；

（七）召回食品的处置措施、费用承担情况；

（八）召回的预期效果。

第十六条　食品召回公告应当包括下列内容：

（一）食品生产者的名称、住所、法定代表人、具体负责人、联系电话、电子邮箱等；

（二）食品名称、商标、规格、生产日期、批次等；

（三）召回原因、等级、起止日期、区域范围；

（四）相关食品生产经营者的义务和消费者退货及赔偿的流程。

第十七条　不安全食品在本省、自治区、直辖市销售的，食品召回公告应当在省级食品药品监督管理部门网站和省级主要媒体上发布。省级食品药品监督管理部门网站发布的召回公告应当与国家食品药品监督管理总局网站链接。

不安全食品在两个以上省、自治区、直辖市销售的，食品召回公告应当在国家食品药品监督管理总局网站和中央主要媒体上发布。

第十八条　实施一级召回的，食品生产者应当自公告发布之日起10个工作日内完成召回工作。

实施二级召回的，食品生产者应当自公告发布之日起20个工作日内完成召回工作。

实施三级召回的，食品生产者应当自公告发布之日起30个工作日内完成召回工作。

情况复杂的，经县级以上地方食品药品监督管理部门同意，食品生产者可以适当延长召回时间并公布。

第十九条　食品经营者知悉食品生产者召回不安全食品后，应当立即采取停止购进、销售，封存不安全食品，在经营场所醒目位置张贴生产者发布的召回公告等措施，配合食品生产

者开展召回工作。

第二十条 食品经营者对因自身原因所导致的不安全食品，应当根据法律法规的规定在其经营的范围内主动召回。

食品经营者召回不安全食品应当告知供货商。供货商应当及时告知生产者。

食品经营者在召回通知或者公告中应当特别注明系因其自身的原因导致食品出现不安全问题。

第二十一条 因生产者无法确定、破产等原因无法召回不安全食品的，食品经营者应当在其经营的范围内主动召回不安全食品。

第二十二条 食品经营者召回不安全食品的程序，参照食品生产者召回不安全食品的相关规定处理。

第四章 处 置

第二十三条 食品生产经营者应当依据法律法规的规定，对因停止生产经营、召回等原因退出市场的不安全食品采取补救、无害化处理、销毁等处置措施。

食品生产经营者未依法处置不安全食品的，县级以上地方食品药品监督管理部门可以责令其依法处置不安全食品。

第二十四条 对违法添加非食用物质、腐败变质、病死畜禽等严重危害人体健康和生命安全的不安全食品，食品生产经营者应当立即就地销毁。

不具备就地销毁条件的，可由不安全食品生产经营者集中销毁处理。食品生产经营者在集中销毁处理前，应当向县级以上地方食品药品监督管理部门报告。

第二十五条 对因标签、标识等不符合食品安全标准而被召回的食品，食品生产者可以在采取补救措施且能保证食品安全的情况下继续销售，销售时应当向消费者明示补救措施。

第二十六条 对不安全食品进行无害化处理，能够实现资源循环利用的，食品生产经营者可以按照国家有关规定进行处理。

第二十七条 食品生产经营者对不安全食品处置方式不能确定的，应当组织相关专家进行评估，并根据评估意见进行处置。

第二十八条 食品生产经营者应当如实记录停止生产经营、召回和处置不安全食品的名称、商标、规格、生产日期、批次、数量等内容。记录保存期限不得少于2年。

第五章 监督管理

第二十九条 县级以上地方食品药品监督管理部门发现不安全食品的，应当通知相关食品生产经营者停止生产经营或者召回，采取相关措施消除食品安全风险。

第三十条 县级以上地方食品药品监督管理部门发现食品生产经营者生产经营的食品可能属于不安全食品的，可以开展调查分析，相关食品生产经营者应当积极协助。

第三十一条 县级以上地方食品药品监督管理部门可以对食品生产经营者停止生产经营、召回和处置不安全食品情况进行现场监督检查。

第三十二条 食品生产经营者停止生产经营、召回和处置的不安全食品存在较大风险的，应当在停止生产经营、召回和处置不安全食品结束后5个工作日内向县级以上地方食品药品监督管理部门书面报告情况。

第三十三条 县级以上地方食品药品监督管理部门可以要求食品生产经营者定期或者不

定期报告不安全食品停止生产经营、召回和处置情况。

第三十四条　县级以上地方食品药品监督管理部门可以对食品生产经营者提交的不安全食品停止生产经营、召回和处置报告进行评价。

评价结论认为食品生产经营者采取的措施不足以控制食品安全风险的，县级以上地方食品药品监督管理部门应当责令食品生产经营者采取更为有效的措施停止生产经营、召回和处置不安全食品。

第三十五条　为预防和控制食品安全风险，县级以上地方食品药品监督管理部门可以发布预警信息，要求相关食品生产经营者停止生产经营不安全食品，提示消费者停止食用不安全食品。

第三十六条　县级以上地方食品药品监督管理部门将不安全食品停止生产经营、召回和处置情况记入食品生产经营者信用档案。

第六章　法律责任

第三十七条　食品生产经营者违反本办法有关不安全食品停止生产经营、召回和处置的规定，食品安全法律法规有规定的，依照相关规定处理。

第三十八条　食品生产经营者违反本办法第八条第一款、第十二条第一款、第十三条、第十四条、第二十条第一款、第二十一条、第二十三条第一款、第二十四条第一款的规定，不立即停止生产经营、不主动召回、不按规定时限启动召回、不按照召回计划召回不安全食品或者不按照规定处置不安全食品的，由食品药品监督管理部门给予警告，并处一万元以上三万元以下罚款。

第三十九条　食品经营者违反本办法第十九条的规定，不配合食品生产者召回不安全食品的，由食品药品监督管理部门给予警告，并处五千元以上三万元以下罚款。

第四十条　食品生产经营者违反本办法第十三条、第二十四条第二款、第三十二条的规定，未按规定履行相关报告义务的，由食品药品监督管理部门责令改正，给予警告；拒不改正的，处二千元以上二万元以下罚款。

第四十一条　食品生产经营者违反本办法第二十三条第二款的规定，食品药品监督管理部门责令食品生产经营者依法处置不安全食品，食品生产经营者拒绝或者拖延履行的，由食品药品监督管理部门给予警告，并处二万元以上三万元以下罚款。

第四十二条　食品生产经营者违反本办法第二十八条的规定，未按规定记录保存不安全食品停止生产经营、召回和处置情况的，由食品药品监督管理部门责令改正，给予警告；拒不改正的，处二千元以上二万元以下罚款。

第四十三条　食品生产经营者停止生产经营、召回和处置不安全食品，不免除其依法应当承担的其他法律责任。

食品生产经营者主动采取停止生产经营、召回和处置不安全食品措施，消除或者减轻危害后果的，依法从轻或者减轻处罚；违法情节轻微并及时纠正，没有造成危害后果的，不予行政处罚。

第四十四条　县级以上地方食品药品监督管理部门不依法履行本办法规定的职责，造成不良后果的，依照《中华人民共和国食品安全法》的有关规定，对直接负责的主管人员和其他直接责任人员给予行政处分。

第七章　附　　则

第四十五条　本办法适用于食品、食品添加剂和保健食品。

食品生产经营者对进入批发、零售市场或者生产加工企业后的食用农产品的停止经营、召回和处置，参照本办法执行。

第四十六条　本办法自2015年9月1日起施行。

分析：

这是一份章条式规范类公文。其中，第一章（第一条至第七条）为总则，第二章至第六章（第八条至第四十四条）为具体内容，最后一章（第四十五条至第四十六条）为附则。

例文六：

医疗器械说明书和标签管理规定

第一条　为规范医疗器械说明书和标签，保证医疗器械使用的安全，根据《医疗器械监督管理条例》，制定本规定。

第二条　凡在中华人民共和国境内销售、使用的医疗器械，应当按照本规定要求附有说明书和标签。

第三条　医疗器械说明书是指由医疗器械注册人或者备案人制作，随产品提供给用户，涵盖该产品安全有效的基本信息，用以指导正确安装、调试、操作、使用、维护、保养的技术文件。

医疗器械标签是指在医疗器械或者其包装上附有的用于识别产品特征和标明安全警示等信息的文字说明及图形、符号。

第四条　医疗器械说明书和标签的内容应当科学、真实、完整、准确，并与产品特性相一致。

医疗器械说明书和标签的内容应当与经注册或者备案的相关内容一致。

医疗器械标签的内容应当与说明书有关内容相符合。

第五条　医疗器械说明书和标签对疾病名称、专业名词、诊断治疗过程和结果的表述，应当采用国家统一发布或者规范的专用词汇，度量衡单位应当符合国家相关标准的规定。

第六条　医疗器械说明书和标签中使用的符号或者识别颜色应当符合国家相关标准的规定；无相关标准规定的，该符号及识别颜色应当在说明书中描述。

第七条　医疗器械最小销售单元应当附有说明书。

医疗器械的使用者应当按照说明书使用医疗器械。

第八条　医疗器械的产品名称应当使用通用名称，通用名称应当符合国家食品药品监督管理总局制定的医疗器械命名规则。第二类、第三类医疗器械的产品名称应当与医疗器械注册证中的产品名称一致。

产品名称应当清晰地标明在说明书和标签的显著位置。

第九条　医疗器械说明书和标签文字内容应当使用中文，中文的使用应当符合国家通用的语言文字规范。医疗器械说明书和标签可以附加其他文种，但应当以中文表述为准。

医疗器械说明书和标签中的文字、符号、表格、数字、图形等应当准确、清晰、规范。

第十条　医疗器械说明书一般应当包括以下内容：

（一）产品名称、型号、规格；

（二）注册人或者备案人的名称、住所、联系方式及售后服务单位，进口医疗器械还应当载明代理人的名称、住所及联系方式；

（三）生产企业的名称、住所、生产地址、联系方式及生产许可证编号或者生产备案凭证编号，委托生产的还应当标注受托企业的名称、住所、生产地址、生产许可证编号或者生产备案凭证编号；

（四）医疗器械注册证编号或者备案凭证编号；

（五）产品技术要求的编号；

（六）产品性能、主要结构组成或者成分、适用范围；

（七）禁忌症、注意事项、警示以及提示的内容；

（八）安装和使用说明或者图示，由消费者个人自行使用的医疗器械还应当具有安全使用的特别说明；

（九）产品维护和保养方法，特殊储存、运输条件、方法；

（十）生产日期，使用期限或者失效日期；

（十一）配件清单，包括配件、附属品、损耗品更换周期以及更换方法的说明等；

（十二）医疗器械标签所用的图形、符号、缩写等内容的解释；

（十三）说明书的编制或者修订日期；

（十四）其他应当标注的内容。

第十一条　医疗器械说明书中有关注意事项、警示以及提示性内容主要包括：

（一）产品使用的对象；

（二）潜在的安全危害及使用限制；

（三）产品在正确使用过程中出现意外时，对操作者、使用者的保护措施以及应当采取的应急和纠正措施；

（四）必要的监测、评估、控制手段；

（五）一次性使用产品应当注明“一次性使用”字样或者符号，已灭菌产品应当注明灭菌方式以及灭菌包装损坏后的处理方法，使用前需要消毒或者灭菌的应当说明消毒或者灭菌的方法；

（六）产品需要同其他医疗器械一起安装或者联合使用时，应当注明联合使用器械的要求、使用方法、注意事项；

（七）在使用过程中，与其他产品可能产生的相互干扰及其可能出现的危害；

（八）产品使用中可能带来的不良事件或者产品成分中含有的可能引起副作用的成分或者辅料；

（九）医疗器械废弃处理时应当注意的事项，产品使用后需要处理的，应当注明相应的处理方法；

（十）根据产品特性，应当提示操作者、使用者注意的其他事项。

第十二条　重复使用的医疗器械应当在说明书中明确重复使用的处理过程，包括清洁、消毒、包装及灭菌的方法和重复使用的次数或者其他限制。

第十三条　医疗器械标签一般应当包括以下内容：

（一）产品名称、型号、规格；

（二）注册人或者备案人的名称、住所、联系方式，进口医疗器械还应当载明代理人的名称、住所及联系方式；

（三）医疗器械注册证编号或者备案凭证编号；

（四）生产企业的名称、住所、生产地址、联系方式及生产许可证编号或者生产备案凭证编号，委托生产的还应当标注受托企业的名称、住所、生产地址、生产许可证编号或者生产备案凭证编号；

（五）生产日期，使用期限或者失效日期；

（六）电源连接条件、输入功率；

（七）根据产品特性应当标注的图形、符号以及其他相关内容；

（八）必要的警示、注意事项；

（九）特殊储存、操作条件或者说明；

（十）使用中对环境有破坏或者负面影响的医疗器械，其标签应当包含警示标志或者中文警示说明；

（十一）带放射或者辐射的医疗器械，其标签应当包含警示标志或者中文警示说明。

医疗器械标签因位置或者大小受限而无法全部标明上述内容的，至少应当标注产品名称、型号、规格、生产日期和使用期限或者失效日期，并在标签中明确“其他内容详见说明书”。

第十四条　医疗器械说明书和标签不得有下列内容：

（一）含有“疗效最佳”“保证治愈”“包治”“根治”“即刻见效”“完全无毒副作用”等表示功效的断言或者保证的；

（二）含有“最高技术”“最科学”“最先进”“最佳”等绝对化语言和表示的；

（三）说明治愈率或者有效率的；

（四）与其他企业产品的功效和安全性相比较的；

（五）含有“保险公司保险”“无效退款”等承诺性语言的；

（六）利用任何单位或者个人的名义、形象作证明或者推荐的；

（七）含有误导性说明，使人感到已经患某种疾病，或者使人误解不使用该医疗器械会患某种疾病或者加重病情的表述，以及其他虚假、夸大、误导性的内容；

（八）法律、法规规定禁止的其他内容。

第十五条　医疗器械说明书应当由注册申请人或者备案人在医疗器械注册或者备案时，提交食品药品监督管理部门审查或者备案，提交的说明书内容应当与其他注册或者备案资料相符合。

第十六条　经食品药品监督管理部门注册审查的医疗器械说明书的内容不得擅自更改。

已注册的医疗器械发生注册变更的，申请人应当在取得变更文件后，依据变更文件自行修改说明书和标签。

说明书的其他内容发生变化的，应当向医疗器械注册的审批部门书面告知，并提交说明书更改情况对比说明等相关文件。审批部门自收到书面告知之日起20个工作日内未发出不予同意通知件的，说明书更改生效。

第十七条　已备案的医疗器械，备案信息表中登载内容、备案产品技术要求以及说明书其他内容发生变化的，备案人自行修改说明书和标签的相关内容。

第十八条　说明书和标签不符合本规定要求的，由县级以上食品药品监督管理部门按照《医疗器械监督管理条例》第六十七条的规定予以处罚。

第十九条　本规定自2014年10月1日起施行。2004年7月8日公布的《医疗器械说明书、标签和包装标识管理规定》（原国家食品药品监督管理局令第10号）同时废止。

分析：

这是一份分条式规范类公文。其中，第一条至第四条为目的、根据和原则事项，第五条至第十八条为具体内容，最后一条为实施说明。

例文七：

××市民文明行为守则

1. 要讲究公共卫生，不乱吐乱丢乱扔；
2. 要爱惜城市容貌，不乱投乱贴乱画；
3. 要严格门前三包，不占道设摊经营；
4. 要爱护花草树木，不随意践踏攀折；
5. 要爱护公共设施，不侵占损毁公物；
6. 要遵守交通规则，不闯灯乱行乱停；
7. 要文明驾车乘车，不车床抛丢杂物；
8. 要注意安全出行，不搭乘摩的黑车。

分析：

这是一份分序式规范类公文。其中，正文八条均为具体内容，每一条都采用匀称句式（“八要八不”）。

例文八：

工商联信息

第9期

××省工商业联合会（总商会）　　　　2016年9月30日

目录

2016××省民营企业百强排序发布会召开

省工商联党组中心组学习会暨第三季度党建和党风廉政建设推进会召开

省工商联举办“万企帮万村”精准扶贫行动台账管理系统培训会

全省“五好”县级工商联建设工作推进会召开

全省工商联宣传信息工作会议召开

省工商联参政议政工作暨民营企业信息直报点联络员会议召开

耿学梅率团参加第五届中国—亚欧博览会丝路工商合作论坛

××两省工商联青年企业家代表座谈会召开

职××业经理人赴港培训班圆满结业

××市工商联以红色教育方式深化“两学一做”

2016××省民营企业百强排序发布会召开

9月27日上午，2016××省民营企业百强排序发布会在××召开。省政协副主席、省工商联主席李卫华出席发布会并讲话。会议由省委统战部副部长，省工商联党组书记徐发成主持，省工商联副主席耿学梅、省经信委副巡视员陈家宝、省商务厅副厅长张丹宁、省地方税务局巡视员倪三立、省统计局副局长高亳洲、省国家税务局总经济师胡立文、省委宣传部文化发展改革办公室主任何颖等相关厅局负责同志出席会议。省直相关厅局处室负责同志，各市工商联负责同志，民企纳税前20强、营收前20强、进出口前10强，以及荣获2015年××省工商联科技进步奖的企业代表，各行业商(协)会、有关新闻媒体参加会议。

李卫华指出，安徽省上规模民营企业经营情况调查及百强排序活动已连续开展18年，今天发布的安徽民营百强企业，长期专注发展，不断创新开拓，带头转型升级，积极履行社会责任，成为安徽经济社会健康发展的强劲支撑，展现着徽商精神在新的历史条件下焕发的蓬勃生机，印证着安徽迈向创新型"三个强省"的坚定步伐。

李卫华希望广大民营企业家：一要坚定发展信心，在带动区域经济增速发展中做"爱国敬业"的典范。百强企业作为全省民营经济的杰出代表，要始终如一地争做排头兵、当好先锋队，主动融入国家和省发展战略，抢先杀入战略新兴产业的蓝海，积极参与混合所有制改革和投资PPP项目，适应新常态、跨上新高度、实现新发展。二要共建新型政商关系，在依法治企、诚信经营中做"守法经营"的典范。大型民企应在共建新型政商关系上做出表率，守住法律和道德底线，放弃眼前需要通过权力寻租获得的短期利益；善于利用行业商协会的力量，提高行业影响力和政企沟通中的话语权；善于把握政策取向，与政府共同形成推动经济社会发展的合力。三要投身供给侧改革大潮，在建设创新型三个强省中做"创业创新"的典范。踊跃投身供给侧改革和"双创"大潮，通过增加研发投入，增加科技含量，调整供给结构，于"过剩"中发现"不足"，提供符合消费侧需求的产品和服务；通过引领、帮助更多的创业者活跃起来，汇聚成经济社会发展的巨大动能。四要热心公益事业，在助力脱贫攻坚战中做"回报社会"的典范。今年省扶贫攻坚"1+20"配套文件已经出台，政策含金量很高，广大民营企业家要踊跃参与"千企帮千村"精准扶贫行动，把民营企业资本、技术、人才等优势与贫困地区生态、土地、劳动力、特色资源等有机结合起来，在带动贫困地区群众创业就业、增收致富的实践中树立企业形象、实现社会价值，为全省打赢脱贫攻坚战发挥关键作用。

会议宣布了2016年××省民营企业百强排序活动结果；向营收前20强、纳税前20强、进出口前10强民营企业代表授牌；发布了民企百强分析报告；向荣获2015年度××省工商联科学技术进步奖的10家企业代表授牌。会上，省工商联还与国元集团签订了合作框架协议。

（其他文稿略）

××市工商联以红色教育方式深化"两学一做"

日前，××市工商联在多地举办恳谈会，向当地民营企业家宣传推介"红色六安"，以开展红色教育方式深化"两学一做"学习教育活动。

一是提升思想高度，重温"红色"历史。配合"百家民企进×西"活动，市工商联分别在××、××两地召开恳谈会，宣传推介××，对民营企业家开展"红色教育"。××是红色热土、人文之地，1929年相继暴发了立夏节起义和六霍起义，组建了鄂豫皖边区最早的红色武装，是红

四方面军的主要发源地，是刘邓大军跃进大别山的主战场。革命战争时期有30万儿女英勇捐躯，涌现出了无产阶级军事家许继慎等一批红军高级将领，走出了洪学智、皮定均等108名开国将军，它被誉为红军的故乡、将军的摇篮。绿水青山新××诚挚邀请广大企业家参观考察、投资兴业。

二是强化行动力度，突出“学”、“做”结合。市工商联将“两学一做”与“百家民企进×西”活动结合起来，做到同部署、同安排、同落实。在××、××恳谈会上，安排部分市直单位、县区负责人重点介绍××“红色资源”及“绿色生态”，与参会的知名民营企业家进行座谈交流。参会企业家表示深受“红色文化”洗礼，将以“百家民企进×西”活动为契机，赴××接受革命传统教育，并为革命老区的经济社会发展尽绵薄之力。

三是拓宽实践广度，助推老区振兴。通过在××、××、上海、杭州、武汉等地举办“百家民企进×西”活动恳谈会，宣讲“红色”故事，传承“红色”基因，助推老区绿色振兴。活动开展以来，已取得明显成效。近日，××知名民营企业家王光太一行，向××部分县区捐赠物资35万元，助力教育扶贫攻坚，并与××区进行对接，就招商引资重点项目达成初步合作意向。

分送：全国工商联，省委、省人大、省政府、省政协办公厅，省委统战部，本会领导。省委、省政府有关部门，各市有关负责同志。各市及省管县工商联，各直属行业商会、异地商会，本会各处室、直属单位，中华工商时报××记者站。

分析：

这是一份一期数文简报。第一至第九篇文稿采用了新闻式写法：标题揭示了何人何事，正文采用了“倒金字塔”结构。第十篇文稿采用了问答式写法：标题相当于问题，正文相当于答案。

每篇文稿的后面应注明作者或出处。

版记编者有改动。

实践训练

一、改错题

1. 请修改下面的方案。

2015年暑期社会实践策划方案

本次社会实践服务团是由××大学明德学院青年志愿者组成。此策划拟订后，提交共青团××大学明德学院委员会审核批准后，转交所属实践地共青团县委员会审查同意，方可依照策划根据实际情况实施。

一、活动背景

“十二五”规划，是我省大力实施工业强省战略的五年，按照走新型工业化道路的要求，完善实施工业强省战略的领导体制、工作机制和政策体系，大力发展结构优化、技术先进、清洁安

全、附加值高、吸纳就业能力强的现代产业体系，加快把××建成国家重要的能源基地、资源深加工基地、装备制造业基地、战略性新兴产业基地和优质轻工产品基地。在此情况下，我们作为祖国的新青年，怀着忧国忧民之心，心怀报效祖国之心，为祖国发展做出我们应有的贡献。为社会贡献力量是当代大学生义不容辞的义务与责任。

二、活动目的

为全面贯彻落实《中共中央国务院关于及一步加强和改进大学生思想政治教育的意见》和全国加强和改进大学生思想政治教育工作会议精神，进一步落实社会实践活动的精神，践行志愿者精神，积极服务于社会，宣扬“三个代表”的重要思想理论，树立科学发展观，发挥大学生在当代社会的先进性作用，同时发扬我们奉献、友爱、互助、进步的志愿服务精神，向我省贫困农村地区提供服务，进一步帮助乡村中小学生扩大知识面，提高贫困地区的教育水平，推动社会主义精神文明建设，同时也为更好地检测我们综合运用所学基础理论、基本技术和专业知识的能力，提高我们的动手能力和分析、解决实际问题的能力，锻炼独立生存的生活自理能力，全面提升自身各方面综合素质，以便更好回报社会。充分利用大学生的社会宣传作用，传播志愿精神，呼吁社会，争取更多社会力量参与西部地区建设，支持西部，发展西部。积极引导广大学生在服务建设城乡统筹发展的伟大实践中受教育、做贡献，提高学生解决实际问题能力，为将来更好投身社会，适应社会，服务社会奠定基础，更好地为社会主义和谐社会建设奉献力量。

三、活动主题

“舞动青春·心系农村·传承奉献”

四、活动形式

深入贫困山区支教、实地调研、走访当局、慰问贫困户、服务农村。

五、活动时间

7月15日—7月25日

六、活动地点

××省××市××县××镇

七、活动组织

活动单位：青年志愿者协会

监督单位：××××××

指导老师：×××

队长：×××

队员：待定(35人左右)

八、前期准备

(1) 设计实践方案：作好参加本次社会实践活动的策划，内容包括活动地点、服务项目、实践起止时间、要达到的实际效果和安全措施等。

(2) 搜集资料为社会实践做准备。社会实践服务分团联系商家企业，争取资金赞助。

(3) 初步联系服务地点，与服务地政府、媒体、群众的沟通合作，将我们的活动策划书以电子档案的方式发到他们的手中，提高可行性和可操作性。

(4) 派人员到当地进行踩点，联系当地政府确定活动细节，同时进行考察和预约工作，走访当地，保证活动的万无一失。

(5) 向院团委申报实践活动，申请相关事宜和指导老师，领取暑假社会实践介绍信。

(6) 通过传单，小册子，海报，展板，宣传栏，学院广播等宣传，向全院征集三下乡人员展开报名工作，并募集资金。

(7) 进行志愿者选拔并进行前期培训。召集所有队员学习科学发展观的思想，学习社交方面的相关知识和一些较实用的专业知识，为日后的深入基层做好知识储备。

(8) 招募人员进行分工，根据个人的实际情况分配好任务。

①安排工作人员，包括联系，宣传，摄影等。

②成立会计小组，主要负责预算出支费用。

③成立采购小组，主要负责事物的采购。

④成立外联小组，主要负责本次活动的赞助费用的筹集。

⑤成立摄影小组，主要负责本次活动的全程跟踪拍摄，以及一些细节照片的拍摄。

⑥成立组织小组，主要负责本次活动的安排。

⑦成立安全小组，主要负责本次活动的安全。

(9) 准备社会实践用的相关材料，向相关部门，工作单位借取相关宣传资料宣传手册。联系当地政府、媒体等有关部门，做好相关准备工作。准备宣传材料(横幅，海报，宣传手册，视频资料，联系媒体)。准备好队旗，横幅等宣传用品和后勤医药和照相摄影用品。

九、活动内容

(1) 科技兴农宣传。

(2) 法律宣传教育。

(3) 医疗保险宣传。

(4) 自然灾害预防教育宣传。

(5) 艺术启蒙，中小学生艺术课堂培训。

(6) 趣味英语辅助教学：中小学趣味英语课堂培训。

(7) 进入农村各家户的农民子女进行辅导假期作业、补习功课。

(8) 慰问当地贫困家庭。

(9) 社会调查。

十、活动具体开展

(1) 科技兴农宣传：向当地村民发放宣传科技兴农的相关资料，向村民讲解科技对农业生产的帮助。

(2) 法律宣传教育：向当地村民发放宣传法律知识的资料，向当地村民讲解法律知识。

(3) 医疗保险宣传：向当地村民发放医疗保险知识的资料，向当地村民讲解医疗保险及养老保险。

(4) 自然灾害预防教育宣传：向当地村民发放宣传自然灾害预防的相关资料，向当地村民讲解自然灾害的预防。

(5) 艺术启蒙教育：中小学生艺术课堂培训，利用我们的专业所学知识和所带摄影摄像器材，为当地学生开一门别致而有趣的艺术启蒙课程，激发他们的艺术潜力和兴趣。

(6) 趣味英语辅助教学：通过趣味课堂展开如英文歌，游戏等激发学生学习英语的兴趣，扩大学生的知识面，让学生轻松快乐地学习英语，了解英语的趣味。让每个学生在英语学习中体验成功的喜悦，加强学生学习英语的信心。加强学生英语基础知识，日常交际用语。

(7) 进入农村各家各户：利用志愿者专长为农民子女辅导假期作业、补习功课、传授学习方法等。

(8) 慰问当地贫困家庭：选取当地几家贫困户向他们捐赠油、米、牛奶等物资。

(9) 社会调查：向村民进行调查问卷调查。

(10) 工作总结：社会实践期间，按照一天一小会两天一大会，组织召开总结会议，主动，听取当地政府工作人员，村民学生及队员的建议，互相学习交流相互探讨及时对方案进行调整。

十一、后期总结

(1) 活动结束以后，组织队员对本次社会实践客观认真的做出总结，并以电子档或打印版的形式上交如下材料，由院团委对活动开展情况进行评估：活动方案，总结报告，和社会实践论文，日志，心得体会图片集和相关视频资料、接受单位证明或实践鉴定、感谢信、相关新闻通讯及团队相关其他资料。

(2) 加强对本次社会实践宣传：活动结束后通过报纸、网站、电视台 展板、海报在校内外展开宣传，以引起社会对西部农村现况的共鸣，同时加强我院的对外宣传力度，提高我院知名度。

十二、行程安排

2015 年 7 月 14 日，所有队员在学院集合，为 15 日出发做准备。

2015 年 7 月 15 日，出发前往紫云县。

2015 年 7 月 15 日—2015 年 7 月 25 日开展本次社会实践的相关活动。

2015 年 7 月 25 日下午，全体队员返回学校。

十三、经费预算

火车费(往返)16 元×2×##人＝32×##元

汽车费(往返)20 元×2×##人＝40×##元

其他汽车费：500 元

食宿预算：15 元×10 天×##人＝150×##元

保险费：10×##元

政策、调研、调查问卷：500 份×0.2 元＝100 元

药品：感冒药、创可贴＝300 元

经费预算共×××元

每人交 300 元(待实践结束后多退少补)

十四、注意事项

为保证此次活动安全、顺利进行，特向参与本次社会实践所有成员规定如下：

(1) 所有成员参与此次活动的目的明确，要有高度的服务精神和坚定的吃苦耐劳的决心，不得因活动艰苦而中途退出。

(2) 所有成员要有高度自觉的团队精神和合作观念，服从队伍统一安排，一切行动听指挥，不得推诿工作或任务。

(3) 在活动期间，若有重大事情(如个人行动、财政收支等)须直接向指导老师和队长报告，获批准后方可行事。任何人不得单独行事或擅自离开。

(4) 队伍各小组长须在活动期间及时清点本组人数，考察本组成员情况。若发现异常情况应立即报告，并启动应急机制。

(5) 活动期间，队伍成员应彼此团结友爱，真诚相待，要有大局观念，不得搞小团体主义，共同维护队伍利益。

(6) 活动期间，队伍成员须注重个人形象，注重礼节，尊重当地风俗习惯，坚持民族平等的原则，坚决维护我队伍和我校的良好形象。

(7) 活动期间，队伍全部成员一律使用普通话；根据需要，服务队应使用队旗，穿队服。

(8) 队长和各小组长应有高度的责任心，密切了解活动的进展情况和队员的动态。另外，队长和各组负责人应注意协调各队员的关系，不得偏私，注重营造队伍和谐友善的局面。

(9) 队伍成员应自觉并严格遵守本纪律规定以及当地政府和实践基地的相关法律、规定。在三下乡筹备组领导下，各小组自行安排。

十五、安全应急预案

(1) 如果遇到天气突变的话，相关活动会有所改动，如有山洪等严重天气灾难，应立刻与学校汇报，寻求帮助，确保每位队员的安全。

(2) 沟通问题如在调查活动中与村民的沟通，我们出示学生身份证明，并挑选口才好的同学，尽可能用当地人熟悉的语言进行沟通，增加亲和力及信任度。

(3) 出发前专门对遇到犯罪事件的应变方法研究并作出行为细则和应变方法。

(4) 与陌生人接触时对于陌生人的无理要求坚决拒绝。

(5) 活动过程中如出现人数过多导致拥挤的情况，应立即组织队员维持秩序。若出现发生冲突情况，应立即找带队老师进行调解，调解不成向当地政府或司法机关求助。

十六、队员纪律要求

(1) 统一行动，协调一致，服从指挥；

(2) 团结合作，积极主动，互相帮助；

(3) 谦虚踏实，吃苦耐劳，认真负责；

(4) 尊重当地人民群众的民风、民俗，虚心学习基层经验和民族文化；

(5) 严格遵守作息时间和活动日程安排；

(6) 发挥各自专业和能力特长优势，认真完成各项工作任务。

2. 请修改下面的总结。

实习总结

如今实习接近尾声。总体感觉，压力挺大，收获也不少。实习期间得到了二中赵光辉老师和本院郑潇潇老师的悉心指导。无以为报，谨此致谢。

总的概括起来，我们的实习生活包括以下几个部分：

一、见习阶段

从9月20日到9月30日是我们的见习阶段，因此这期间我们的主要工作是听课，做一些听课记录。那几天赵老师上的主要是文言文。对于文言文的教学赵老师主要采用了朗诵法和讲解法。在赵老师的课堂上我们丝毫感觉不到文言文的晦涩与枯燥。相反，赵老师声情并茂的讲解更让文言文的课堂妙趣横生，其乐融融。我也曾在心里暗暗遐想，要是能够选择，我真想在赵老师的课堂上当一年学生。

二、教案准备及试讲

见习期间我们就开始了教案的准备。我的第一课是鲁迅的《记念刘和珍君》这篇课文。我初步设想是用三个课时来完成，虽然三个课时我自己也感觉有点紧巴巴的。但看到小组里其他同学几乎都是花两到三个课时来完成这篇课文的教学的。我开始有点不太自信自己的教法，怀疑自己这样安排是不是效率低下、没能很好地给文章提取重点的表现。后来经过与赵老师的联系请教之后，赵老师建议用至少四课时来完成教学任务。因为鲁迅的文章语言颇为含蓄，而且逻辑十分严密。只有在老师的细心点拨下，学生们才能掌握它的言外之意，味外之旨。这时我意识到课时多少并不是最主要的，让学生掌握文章的内涵，培养学生思考问题、解决问题的能力才是根本。就这样，我开始坚定自己的教法，开始了第一篇课文教案的准备。

由于自己没有多少实际的课堂教学经验，虽然以前在学校也有许多上台陈述的机会，但我深知中学课堂的灵活性。孩子们的想象力与创造力是十分丰富的。所以我只有严格把好自己这关，熟练掌握文章的每个细节，广泛涉猎相关知识，才能以不变应万变，才能更自如地去引导学生的学习。因此，国庆假期我们都放弃了休假的机会，忙于资料的整合，教案的准备。但是小组中没有一个人有丝毫的抱怨情绪，相反都积极投入到教案与试讲的准备当中。

教案的准备是一个逐渐完善，精益求精的过程。每细读一遍总会有新的发现，这样的感觉很好，也让我丝毫没有感到忙碌的疲惫，而仿佛自己全然一探险家，每一次旅行都会发现新的宝藏。

我们的集体试讲是在10月3号那天正式开始的。本院的指导老师郑潇潇老师也为了我们放弃了休假的机会，留在学校给我们做细致的指导，为我们教案的每一个细节做了严格的把关。大到教学思路的修正，小到每一句教学语言的完善。郑老师的悉心指导让我们受益匪浅。在我试讲的时候，郑老师给我的指导意见也让我醍醐灌顶，对我的教学思路的完善起到了很大的作用。

三、正式上课

10月8日，国庆节假后的第一个工作日，我便开始了自己第一课时的教学。那天是上午第二节课，出于兴奋、出于期待，我便早早就来到了实习学校，借着早读课时间给学生播放了课文录音，布置了预习内容。尽管假期已经对教学内容有了充足的准备，对每一个教学环节都做了细致的安排，而且也充分预设了一些学生的课堂反应。但是在正式登上讲台之前，心里还是多少有些忐忑，毕竟只身面对八十几双眼睛的注视，以授业解惑的教师身份出现在讲台上还是平生第一次。这时候赵老师和我的搭档给了我许多鼓励，让我稍稍的缓和了紧张情绪。

上课铃声准时响起，我微笑着走上讲台，学生们鼓掌表示欢迎，只听班长响亮的一声“起立”命令，全班同学齐刷刷地站了起来，高声喊道：老师好。这一声老师好完全打消了我的紧张。我第一次深切地感受到自己肩膀上的重量，我决心要给这群可爱的孩子以最多的知识与关怀。第一堂课如期有条不紊地完成了。自我感觉良好。其中有一个问题是我上课时全然没有察觉的。在课堂互动中，我提问了几位学生，其中有一个女孩对我的总结的结论有异议。当时我对《记念刘和珍君》这篇文章的整体感知是从参与者身份、在这一事件中的角色和鲁迅对不同参与者的评价以及其中包含的鲁迅的情感这几个方面来把握。我把《记念刘和珍君》这篇

文章中请愿群众的身份概括为学生，那位学生坚持说除了学生之外还有其他的爱国人士也参加了请愿。而我固执地坚持维护自己的结论，因为在鲁迅笔下刻画请愿群众是以学生为代表的，而且鲁迅对这群爱国人士的情感与对学生的情感是一致的。我勉强说服了那位可爱的女生。课下赵老师点评我的课堂的时候就说到了这个问题，在赵老师听起来我当时对那位女生进行了否定。赵老师说其实那位女生的质疑很有道理，我应该给她添加上去。我这样做会打击孩子们今后思考问题、质疑问题的积极性。我很诧异，我当时真的没有在心里否定那位女生的观点，相反还很欣赏那个孩子的质疑精神。而我只固执着维护自己结论的精细，以自己的观点去说服学生，而没有顾及学生的感受。我很惭愧，第二天上课之前我单独找那位女生做了解释，并充分肯定了她的质疑精神。她微笑着包容了我的过失，还恭敬地说了声谢谢老师。

这一堂课使我认识到，课堂最重要的并不是老师能传授给学生多少不变的知识，更重要的是如何通过自己的课堂去激发学生对语文的兴趣与热爱，让他们因为爱语文而去主动学语文，而不是为了学语文而学语文。所以在之后的语文课堂中我非常注意学生主体性的发挥，尽量给予学生的机会去发表自己的观点。而我的是引导他们，在给予他们充分的肯定的基础上去纠正他们的缺点与不足。

到今天为止，我的教学任务还没有完全结束。《飞向太空的航程》安排在本周五讲授。前前后后加起来总共上了 9 个课时的内容，在高一十六班上了四课时的《记念刘和珍君》、一课时的《别了，不列颠尼亚》、一课时的《奥斯维辛没有什么新闻》，中间由于赵老师工作繁忙，自己很幸运帮赵老师带了重点班的两课时的《记念刘和珍君》。孩子们非常可爱也非常聪明，第二遍教学很明显比第一遍要自如许多，而且根据赵老师的点评我对教案也做了修正。重点班的两课时是我这次实习的其中一个高潮。课程结束孩子们毫不吝惜自己的掌声，不过我深知自己肯定有许多不足之处，只是孩子们很懂事，懂得包容老师的缺点，懂得去鼓励他人。

四、班主任工作

班主任工作是贯穿于我们实习始终的一项工作。从我们 9 月 20 日进校到今天为止，我们始终都没有脱离班主任工作。虽然到今天我们还没有正式组织班会，开展学生教育工作，但是在前段时间我们在课堂教学之余还批改了学生的作文和试卷，尤其在批改学生作文时，我都是将每一篇作文作为学生的心灵的窗户，透过作文我看到了大多数孩子们在思想上已经逐渐成熟起来了。他们已经能够明辨是非，已经能够懂得去热爱生活，珍爱身边的每一位亲人和朋友。但是有个别同学还是有几分年少的冲动，对生活持有一定的偏激、不满的心态。在改作文的时候，我除了对他们在作文内容上的点评指导之外还通过自己的评语对他们进行思想上的引导，纠正他们在思想上的偏激之处，鼓励他们树立积极的生活信念。对于个别同学我还在课下做了单独交流。

10 月 27 日，我组织了学生朗诵比赛参加人员的选拔。很遗憾的是学校只允许每个班选出一位同学参加。虽然十六班报名参加班级选拔的同学不多，只有5个，但是能看出来这5个同学在课下已经做了认真的准备了，有两位同学还选了背景音乐来伴读，表现非常不错。参赛人员的确定主要是让学生当评委民主投票选举产生。在此之前我就查阅了相关朗诵技巧以及评分标准方面的资料给学生传阅，让他们做充分的准备。最后同学们的选举结果与我和其他老师的意见一致。这次班级选拔还算比较成功。通过课下的了解，几位落选同学的情绪并没有因此受到太大的影响。我私下也找了一位与当选者实力相当，但因为普通话原因落选的女孩谈话。她说，看到这样的结果她很安心，因为她不想同伴受到伤害。可以看出来她是个真诚的女孩。我也借机对她的表现和她做了一个当面点评，充分肯定了她在情感渲染以及台风等方面的优点，同时也委婉地指出了她的一些缺点与不足。她欣然接受，而且还承诺以后有机会她还会积极参加班级活动。

总的说来通过这次实习，我得到了一定的锻炼。收获颇丰，感触颇深。赵老师除了几天因为事务繁忙没能去听我的课之外，其余时间都去了，而且课下也给我提了不少中肯的建议，让我意识到课堂教学始终要以学生为主体，教师只是个带路者。不过是否能带着学生走好这条路就是对教师个人素质的一个考验。作为一名教师，首先必须自己拥有丰富的知识储备。用一句非常熟悉的话来说就是，要想给学生一杯水，教师必须自己拥有一桶水，而且这桶水在现在这个信息通达的社会里还应做到常换常新。当然光有满腹诗书而不能将它很好地表达出来传授给学生也是不行的。所以说，教师的语言表达能力也非常的重要。在课堂引导中要尽量选择一些和学生生活比较贴切的例子作为切入点，那样的课堂才能吸引学生的注意力，才能激发学生的兴趣。而且作为一名教师我们应该有广泛的兴趣爱好，只有自己兴趣广泛，了解的内容广博才能和不同性格的学生有共同的话题，才能更好地走近他们的世界去了解他们，去引导他们。当然，这一切都离不开对学生的爱，一种发自内心的真诚的关爱。因为真诚的力量是巨大的，它甚至是不需要用语言去表达就可以自然地流露出来，渗透到学生生活的方方面面之中。这一点也是我在赵老师身上深切感受到的。我相信，精诚所至金石为开。虽然我现在还只是初涉教坛，不管在知识储备还是经验积累上都甚为单薄。不过，我已经爱上了这份职业，我会努力。

3. 请修改下面的制度。

人文学院学风建设管理制度

一、课时请假制度

(1) 课时请假程序。

两节课以内向班长请假，班长每月对每人只能批假一次。

两节课以上、三天以内向班主任和辅导员请假。

三天以上向院长请假；一周以上向教务处请假。

每一种假单都需在上课前交到学社科办公室，如本人遇紧急情况无法亲自办理可以委托班级同学办理书面请假手续，事后不得补假。未办理请假手续而缺课的一律按旷课处理。

(2) 课时请假扣分情况。

一次大课(2课时)扣0.5分，一天扣1分，两天扣2分，三天扣3分，原则上事假不超过三天。

病假(有病历证明)、白事、因学业公事(邀请函、通知或证明)外出的事假均不扣分。

(3) 课时考勤情况处理。

旷课，由班主任谈话，学院每周一在学院一楼海报板进行通报批评，旷课情节严重者，将给予处分。(注：处分的文件将进入个人档案，影响毕业考公考编等政审)

班级旷课情况直接影响该月“文明班级”称号的评比。

请假的汇总表在一楼海报板公示，供大家核对（与通报批评不同）。

二、早晚自习制度

（1）规定大一学生每周至少参加3次早自习，2次晚自习。规定大二学生每周至少参加2次早自习，1次晚自习。早自习以班级为单位固定时间参加，晚自习时间自选，但不能越周替补。

（2）学院早晚自习次数与文明品行实践分相关，未达到学院规定的次数，每次扣3分。（具体参见文明品行实践分相关文件）

（3）早晚自习期间应注意保持课堂纪律，早自习不得带早餐进教室，如屡次发现班级自习纪律较差或带早餐情况严重的，将会把情况反馈给班主任，并直接影响该班本月“文明班级”称号的评比。

（4）学院推出系列特色晚自习，每次名额有限，欢迎大家按自己的兴趣特色参加。

三、参加学院重大活动制度

（1）为了促进同学们积极参加第二课堂建设，学院组织安排系列大型活动，现规定，参加一次可加0.5个素质分，以此类推。

（2）学生在规定时间内签到签退，迟到早退均不加分。

××大学人文学院学生科

4．请修改下面的简报文稿。

××大学举行2016年新生开学典礼

“燕园情，千千结……”2016年9月9日上午8:30，在全场齐声合唱《燕园情》的歌声中，××大学2016级新生开学典礼在邱德拔体育馆拉开帷幕。数千名新入学的2016级本科新生和研究生新生齐聚一堂，共同开启自己的燕园之旅，见证这令人难忘的时刻。

在典礼开始前，暖场环节让场内温情涌动。阿卡贝拉清唱社重新编曲的《燕园情》，令人耳目一新，学生社团的青春活力让全场学生齐声哼唱。“南五四，北未名，钟亭圣贤音。”——由中外×大学生共同完成的燕园版《南山南》唱出了专属于燕园学子的深情记忆，博得全场的阵阵掌声。

随后播放的新生入学视频《走进×大》记录了9月3日新生入学报到的点点滴滴，从邱德拔体育馆热闹非凡的院系部门迎新点，到温情暖暖的新生入学绿色通道，从与中国女排共度的新生第一课，到结识了许多新朋友的新生训练营……全场新生在视频的引导下，回顾了自己在燕园第一周度过的精彩点滴。

典礼主持人、×大常务副校长柯杨代表学校欢迎2016级新生的到来，并宣布典礼开始。奏唱国歌后，柯杨介绍了参加典礼的××大学党委书记朱善璐、校长林建华等学校领导，以及各学部、院系和相关职能部门的老师和负责人。

随后，×大党委副书记叶静漪宣读了《关于授予王越、任荷等505人2016-2017学年度博士研究生校长奖学金的决定》。她希望获奖的同学再接再厉，为全校研究生做出榜样，也希望全校同学能努力学习，刻苦钻研，努力提高自己的综合素质，为××大学创建中国特色世界一流大学作出贡献。坐在前排的校领导们为获奖同学代表颁奖并合影。

数学科学学院2016级本科生刘上在发言中回顾了自己选择×大的心路历程，分享了自己和数学学科结缘的人生经历。没有竞赛经历的刘上在选择数学专业时曾犹豫不决，和×大数院老师深入交流后、和身边同学接触后，他决定选择数学，因为即使是一名“麻瓜”，也能通过努力，发挥自己的特长，成为一名优秀的魔法师。……刘上的发言风趣幽默，引经据典，引发了现场同学的阵阵笑声和掌声。

政府管理学院研究生白若汐作为新生代表发言。来自英国的白若汐本科毕业于剑桥大学中文系，在本科与×大交换学习的过程中，燕园悠久的历史、精彩的课堂内容和丰富的课外活动给她留下深刻的印象。出于对中国和×大的热爱，她又选择重回×大读研究生。她对未来两年的生活充满期待，希望能够通过学习，增进对中国文化、历史和社会的了解，将来能够将所学传播给更多的英国人，鼓励更多的英国人来中国学习工作交流。白若汐说：“我一定会跟随老师努力学习、认真研究，和同学互相帮助、共同进步。当然我也愿意和你们一起打卡锻炼，聚餐K歌，咱们一起当个充实又丰富的×大人！”

化学与分子工程学院教授高毅勤作为教师代表讲话。一个月前，他送自己的女儿去机场，转身离别时，他和女儿都流下了眼泪。在座的同学们千里求学，也将会度过人生孤独和辛苦的一段时光。他告诫同学们，无论何时何地，无论困难幸福，总有一些人值得毫无保留地去爱，无论做什么决定，都将父母放在心里。在学习上，同学们要敢于质疑和挑战，让积极的思考和友善的质疑成为新思想、新知识的发动机。在生活中，要善于发现身边人的闪光点，打开心灵的窗户，不要让灰色和阴霾遮蔽自己的心灵。在人生道路上，要敢于担当，敢于探索和选择，有毅力、不妥协，向着真理的方向前进。最后，他再次欢迎大家来到“PK You”的×大。

在随后播放的学部主任寄语视频中，理学部主任饶毅、社会科学学部主任杨河、人文学部主任申丹、经济与管理学部主任张国有、医学部主任詹启敏、信息与工程学部主任高文分别介绍了各学部的建设发展情况，对同学们的学习能力和学术精神提出要求，并希望大家心怀祖国、放眼世界、追求卓越，在今后的学习生活中能取得更好的成绩。林建华校长在视频最后寄语同学们：“你们的未来，就是×大的未来，也是民族的未来。”

随后，林建华校长登台发表讲话。他对大家独立思考、直面挑战的精神表示赞赏，对同学们信任×大、选择×大表示感谢。林建华提醒同学们，在人生的旅途中，×大并不是最终的目标，而仅仅只是探寻的开始。为什么要上大学？在×大应该怎样思考和学习？将来要做怎样的人？这都是同学们在今后的几年中需要细细体会和认真思考的问题。

×大要培养引领未来的人，以知识传授为主的教学方式必须要改变。今年学校将开始新一轮的本科教学改革，将通识教育和专业教育结合，更注重发挥同学们的创造性和能动性，希望大家能够在这里体验一段和老师、同学共同探索、发现的旅程。对于研究生同学，林建华希望学术型研究生要发现问题，创造知识，取得学术成果；专业学位研究生要解决实际问题，提高自己的综合素质和专业技能。林建华告诫研究生同学们，学术研究的生活有时会枯燥乏味，需要耐得住寂寞，才能创造属于自己的精彩。

林建华说，在新的时代，新的问题摆在我们的面前，×大人要树立时代自信，担当时代责任，为人类文明和发展作出贡献。最后，他希望同学们能保持好奇、充满激情，成为引领未来的人。“加油吧，我们的新×大人！”

典礼最后，全体新生为自己佩戴了×大校徽。戴上校徽的神圣一刻，青春和自信的光芒在

同学们身上闪耀。×大的年轻学子们向世界和民族大声宣布，这一刻，他们正式成为×大人！他们将共享×大人的荣耀，共担×大人的责任！

二、制作题

1. 请拟写一份《20××—20××学年个人计划》。

2. 请拟写一份《20××—20××学年个人总结》。

3. 请拟写一份《××大学学生公寓文明公约》。

4. 请为××大学××学院（系）设计一份简报的报头和报尾，并以该学院（系）的任一新闻事件为内容，采用“倒金字塔”结构，拟写一份简报文稿。

第十章 专用公文

第一节 合 同

一、合同的定义

“合同”一词，最早见于唐代。唐代贾公彦《周礼·秋官司寇·朝士》疏：“云判，半分而合者，即质剂、傅别、分支、合同，两家各得其一者也。”其后，元代无名氏《合同文字》楔子载：“一应家私财产，不曾分另，今立合同文书二纸，各执一纸为照。”清代翟灏《通俗编·货财》载：“今人产业买卖，多于契背上作一手大字，而于字中央破之，谓之合同文契。商贾交易，则直言合同而不言契。其制度称谓，由来俱甚古矣。”

合同的含义，在学理上有广义、中义、狭义之分。

广义的合同指所有法律部门中确定权利、义务关系的协议，如民法中的民事合同、行政法中的行政合同、劳动法中的劳动合同、国际法中的国际合同等。

中义的合同指一切民事合同。包括财产合同和身份合同。财产合同包括债权合同（狭义的合同）、物权合同、准物权合同。债权是一方请求他方为一定行为或不为一定行为的权利。通俗地说，债权就是你可以要求他人做某件事，或者要求他人不做某件事的权利。提出要求的一方就是“债权人”，被要求的一方就是“债务人”。物权是民事主体在法律规定的范围内，直接支配特定的物而享受其利益，并得排除他人干涉的权利。准物权是指以物之外的其他财产为客体的具有支配性、绝对性和排他性因而类似于物权的民事财产权。包括海域使用权、探矿权、采矿权、取水权和使用水域、滩涂从事养殖、捕捞的权利。身份合同包括“婚姻、收养、监护等有关身份关系的协议”。

狭义的合同仅指民事合同中的债权合同。《中华人民共和国民法典》（2020 年 5 月 28 日第十三届全国人民代表大会第三次会议通过，国家主席习近平签署第 45 号主席令予以公布，自 2021 年 1 月 1 日起施行，以下简称“《民法典》”）第三编《合同》所规定的 19 种合同，全部是债权合同。

《民法典》第三编《合同》规定：“合同是民事主体之间设立、变更、终止民事法律关系的协议。”这个定义有三个要点：第一，合同是一种协议；第二，合同的内容是设立、变更、终止民事法律关系；第三，合同当事人是民事主体。民事主体包括自然人、法人和非法人组织。自然人是“具有民事权利能力，依法享有民事权利，承担民事义务”的公民。法人是“具有民事权利能力和民事行为能力，依法独立享有民事权利和承担民事义务的组织”。它是社会组织在法律上的人格化。法人需要具备四个条件：一是依法成立；二是有必要的财产和经费；三是具有自己的

名称、组织机构和场所；四是能够独立承担民事责任。法人包括营利法人、非营利法人和特别法人。营利法人包括有限责任公司、股份有限公司和其他企业法人等。非营利法人包括事业单位、社会团体、基金会、社会服务机构等。特别法人包括机关法人、农村集体经济组织法人、城镇农村的合作经济组织法人、基层群众性自治组织法人。非法人组织是“不具有法人资格，但是能够依法以自己的名义从事民事活动的组织”。非法人组织包括个人独资企业、合伙企业、不具有法人资格的专业服务机构等。

与合同同时使用的还有“协议”。合同与协议的联系：第一，作为正式合同的前奏（签订的比较原则的协定，起意向作用）。第二，作为正式合同的补充。第三，作为正式合同使用。合同与协议的区别表现在以下几个方面。第一，内容：协议略，合同详。第二，侧重点：协议只要原则、要点一致即可，合同的权利义务必须达成一致。第三，使用范围：协议广泛，合同多集中在经济领域。第四，法律效力：同一合营项目，合同的效力大于协议。第五，时效：协议的时效可能久于合同。

合同与协议一般只是名称、叫法不同。只要不违反法律和道德风俗，当事人可以任意约定合同或协议的名称、内容、形式。

二、合同的分类

（一）按形式分

《民法典》第三编《合同》规定：当事人订立合同，可以采用书面形式、口头形式或者其他形式。

书面形式是指合同书、信件、电报、电传、传真等可以有形地表现所载内容的形式。以电子数据交换、电子邮件等方式能够有形地表现所载内容，并可以随时调取查用的数据电文，视为书面形式。凡是不能及时履行的合同，均应采用书面形式。借款合同，应当采用书面形式（自然人之间借款另有约定的除外）。租赁合同，租赁期限6个月以上的，应当采用书面形式。

口头形式是指当事人双方用对话方式表达相互之间达成的协议。只有及时履行的合同，才能使用口头形式。

其他形式，比如，默示形式，包括作为的默示形式（推定）和不作为的默示形式（沉默）。作为的默示形式（推定）是指以语言、文字以外的某种积极行为所进行的意思表示。例如，租期届满，承租人继续交纳房租，出租人接受的，可推定双方达成延长租期的合同。不作为的默示形式（沉默）是指当事人的沉默本身，在一定条件下被推定为进行了意思表示。例如，继承法规定，继承开始后，继承人放弃继承的，应当在遗产处理前，作出放弃继承的表示；没有表示的，视为接受继承。

（二）按样式分

按样式，可将合同分为条款式合同、表格式合同、条款与表格结合式合同。

（三）按有效期限分

按有效期限，依据《劳动合同法》，可将合同分为有期限合同和无期限合同。短期合同、中

期合同、长期合同、终身合同,这些都不是法律概念。

(四)按名称分

按名称,可将合同分为有名合同和无名合同。

有名合同是指合同法上已有特别规定或基本定型的合同,也称“典型合同”,如《合同法》中列举的15类合同。

无名合同是指《合同法》上没有特别规定的合同,也称“非典型合同”。

(五)按成立的程序分

按成立的程序,可将合同分为要式合同和非要式合同。

要式合同是指必须按照法律规定的形式和程序订立的合同。签订要式合同必须经过三项程序:一是双方当事人(法人代表)签字,二是公证机关(或证明人)证明,三是政府主管部门批准。

非要式合同是指法律没有特别规定,当事人不必采用特定形式签订的合同。

(六)按合同之间的关系分

按合同之间的关系,可将合同分为主合同和从合同。凡独立成立的合同为主合同。以主合同的存在为前提而订立的合同为从合同,也称“附属合同”。

比如,借款合同是主合同,为担保借款而订立的抵押合同就是从合同。主合同无效,从合同必然无效。

(七)按是否承担义务分

按是否承担义务,可将合同分为单务合同和双务合同。

单务合同是指合同当事人仅有一方承担义务。

双务合同是指合同的双方当事人互负对待给付义务的合同关系。

(八)按是否给付利益分

按是否给付利益,可将合同分为有偿合同和无偿合同。

有偿合同是指一方通过履行合同规定的义务而给付对方某种利益,对方要得到该利益必须为此支付相应代价的合同。

无偿合同是指一方给付某种利益,对方取得该利益时并不支付任何报酬的合同。

(九)按是否交付标的分

按是否交付标的,可将合同分为实践合同和诺成合同。

实践合同是指除当事人双方意思表示一致以外尚须交付标的物才能成立的合同。实践合同必须有法律特别规定,比如定金合同,保管合同等。

诺成合同是指当事人一方的意思表示一旦经对方同意即能产生法律效果的合同,也称“一诺即成合同”。其特点在于当事人双方意思表示一致,合同即告成立。

(十)按内容性质分

《民法典》第三编《合同》规定:合同分为典型合同和准合同。

1. 典型合同

(1) 买卖合同。

买卖合同是出卖人转移标的物的所有权于买受人,买受人支付价款的合同。

（2）供用电、水、气、热力合同。

供用电（水、气、热力）合同是供电（水、气、热力）人向用电（水、气、热力）人供电，用电（水、气、热力）人支付电（水、气、热力）费的合同。

（3）赠与合同。

赠与合同是赠与人将自己的财产无偿给予受赠人，受赠人表示接受赠与的合同。

（4）借款合同。

借款合同是借款人向贷款人借款，到期返还借款并支付利息的合同。

（5）保证合同。

保证合同是为保障债权的实现，保证人和债权人约定，当债务人不履行到期债务或者发生当事人约定的情形时，保证人履行债务或者承担责任的合同。

（6）租赁合同。

租赁合同是出租人将租赁物交付承租人使用、收益，承租人支付租金的合同。

（7）融资租赁合同。

融资租赁合同是出租人根据承租人对出卖人、租赁物的选择，向出卖人购买租赁物，提供给承租人使用，承租人支付租金的合同。

（8）保理合同。

保理合同是应收账款债权人将现有的或者将有的应收账款转让给保理人，保理人提供资金融通、应收账款管理或者催收、应收账款债务人付款担保等服务的合同。

（9）承揽合同。

承揽合同是承揽人按照定作人的要求完成工作，交付工作成果，定作人支付报酬的合同。承揽包括加工、定作、修理、复制、测试、检验等工作。

（10）建设工程合同。

建设工程合同是承包人进行工程建设，发包人支付价款的合同。建设工程合同包括工程勘察合同、工程设计合同和工程施工合同。

（11）运输合同。

运输合同是承运人将旅客或者货物从起运地点运输到约定地点，旅客、托运人或者收货人支付票款或者运输费用的合同。运输合同包括客运合同、货运合同和多式联运合同。

（12）技术合同。

技术合同是当事人就技术开发、转让、许可、咨询或者服务订立的确立相互之间权利和义务的合同。技术合同包括技术开发合同、技术转让合同、技术许可合同、技术咨询合同和技术服务合同。

（13）保管合同。

保管合同是保管人保管寄存人交付的保管物，并返还该物的合同。

（14）仓储合同。

仓储合同是保管人储存存货人交付的仓储物，存货人支付仓储费的合同。

（15）委托合同。

委托合同是委托人和受托人约定，由受托人处理委托人事务的合同。

（16）物业服务合同。

物业服务合同是物业服务人在物业服务区域内，为业主提供建筑物及其附属设施的维修养护、环境卫生和相关秩序的管理维护等物业服务，业主支付物业费的合同。

(17) 行纪合同。

行纪合同是行纪人以自己的名义为委托人从事贸易活动，委托人支付报酬的合同。

(18) 中介合同。

中介合同是中介人向委托人报告订立合同的机会或者提供订立合同的媒介服务，委托人支付报酬的合同。

(19) 合伙合同。

合伙合同是两个以上合伙人为了共同的事业目的，订立的共享利益、共担风险的协议。

2. 准合同

准合同是带有先决条件的合同。该“先决条件”是指决定合同要件成立的条件，如许可证落实问题、外汇筹集、待律师审查或者待最终正式文本的打印、正式签字(相对草签而言)等。

准合同与合同从形式上无根本区别，内容格式均一样，只是有时定为草本或正式本之别；但从法律上说，有根本的区别。准合同可以在先决条件丧失时自动失效，而无需承担任何损失责任；而合同则必须执行，否则叫“违约”。

三、合同的格式

××合同

本合同当事人×××(以下简称甲方)。

×××(以下简称乙方)。

为了×××，经双方协商，特签订本合同(签订合同如下)。

(主体)

甲方：×××(印章)

地址：××××××

法定代表人：××× (签章)

委托代理人：××× (签章)

联系电话：××××××

乙方：×××(印章)

地址：××××××

法定代表人：××× (签章)

委托代理人：××× (签章)

联系电话：××××××

2×××年×月×日

说明：

（1）首部，标题之下，有的加编号；“本合同当事人”，还可写成“立合同人”“立合同单位”等。

（2）主部，“主体”部分包括：①法定条款——标的、数量、质量、价款或者报酬、履行期限地点和方式、违约责任、解决争议的方法。②约定条款——不可抗力条款、附件说明、合同的生效方式、合同的文本份数及保存等。

（3）尾部，若是自然人，则将“法定代表人”项改为身份证号码；若是非法人组织，则将“法定代表人”项改为“代表人”；若是法人或非法人组织，有的还要写明开户银行、账号等；若有中介担保鉴证公证批准机关，则需排在当事人之下，有的需写明意见、经办人、日期，并加盖印章。

四、合同的写法

（一）标题的写法

（1）性质＋文种，比如，借款合同。

（2）标的＋性质＋文种，比如，房屋租赁合同。

（3）单位＋性质＋文种，比如，××公司仓储合同。

（二）双方当事人的写法

若是自然人，则应写明姓名（与身份证一致）。若是法人或非法人组织，则应写明全称（与印章一致）。在姓名或全称的后面括注“以下简称甲方（供方、卖方、出租方、发包方）”“以下简称乙方（需方、买方、承租方、承包方）”。一般订立合同的一方为甲方，签约对象为乙方。法律没有明确规定甲乙双方的身份。甲方可以是买方也可以是卖方，乙方同理。不能在姓名或全称的后面括注“你方”“我方”等。

（三）正文的写法

1. 前言

写明签订合同的目的、根据、原则、过程。

2. 主体

（1）法定条款。

①标的：是合同当事人的权利和义务共同指向的对象。没有标的或标的不明确的，当事人的权利和义务便无法实现，合同也就无法履行。毒品、走私物品、封建迷信物品（如冥币等）、黄色书刊及音像制品等，不能作为标的。

②数量：是衡量标的的尺度，它由数字和计量单位构成。

③质量：是标的优劣程度的重要表现，它体现在标的的品种、规格、型号、等级、性能等诸多方面。

④价款或者报酬：是取得货物的一方当事人向对方当事人支付的代价。

⑤履行期限、地点和方式。履行期限是指当事人交付标的和支付价款（或酬金）的时间界限。履行期限应写明具体日期，逾期即属违约。履行地点是指合同双方交货、提货、施工、检验、付款的地理位置。履行方式是指当事人完成合同义务的手段和方法，包括交货方式、运输方式、结算方式、验收方式等。

⑥违约责任：指合同当事人一方不履行合同义务或履行合同义务不符合约定时应承担的

经济和法律责任。

⑦解决争议的方法:指合同当事人解决合同纠纷的方式与方法。合同中应该注明遇到纠纷时,是采用协商方式,还是采用仲裁方式或者诉讼方式去解决,并可注明仲裁或诉讼的机关名称。比如,买卖合同的内容除以上七个方面以外,还包括包装方式、检验标准和方法、结算方式、合同使用的文字及其效力等条款。

(2) 约定条款。

①不可抗力条款:写明免责条件。

②附件说明:写明附件与合同正本是否具有同等法律效力。

③合同的生效方式:或合同成立时生效,或办理批准、登记等手续后生效,或附生效条件,或附生效期限。

④合同的文本份数及保存:可写成"本合同一式×份,甲乙双方各1份,×××(中介、担保、公证或批准机构)1份。"

(四) 注意事项

1. 事前要咨询

签合同之前,要向律师事务所、法律顾问等咨询有关国家方针政策、法律法规,以确定双方的权利义务是否合法有效;咨询有关业务的实际情况,了解业务发生纠纷的概率和纠纷的起因、种类,以便在签订合同时尽可能避免同样缺憾的发生。

2. 原则要遵循

(1) 平等原则。

《民法典》第一编《总则》第四条规定,民事主体在民事活动中的法律地位一律平等。合同当事人的法律地位平等。双方当事人无论单位大小、地位高低,都有依法自主订立合同的权利,任何一方都不受对方约束,任何一方不得将自己的意志强加给另一方,任何单位和个人不得非法干预。

(2) 自愿原则。

《民法典》第一编《总则》第五条规定,民事主体从事民事活动,应当遵循自愿原则,按照自己的意思设立、变更、终止民事法律关系。

(3) 公平原则。

《民法典》第一编《总则》第六条规定,民事主体从事民事活动,应当遵循公平原则,合理确定各方的权利和义务。双方当事人应当遵循公平的原则,确定各自的权利和义务。

(4) 诚实原则。

《民法典》第一编《总则》第七条规定,民事主体从事民事活动,应当遵循诚信原则,秉持诚实,恪守承诺。当事人在订立、履行合同时,应当遵循诚实守信的原则,要向对方当事人告知与合同有关的真实情况,不得有任何欺诈行为。

(5) 合法原则。

《民法典》第一编《总则》第八条规定,民事主体从事民事活动,不得违反法律,不得违背公序良俗。当事人订立、履行合同,应当遵守法律、行政法规,尊重社会公德,不得扰乱社会经济秩序,损害社会公共利益。

3. 内容要周全

尤其是法定条款，一定要考虑周全。

4. 格式要规范

尤其是签订非要式合同，一定要使用规范的格式。

5. 语言要严密

(1) 不要犯语法错误和逻辑错误。

比如，“张磊和马丽的孩子”，这句话至少有三种理解：张磊的孩子、马丽的孩子，张磊和马丽共同的孩子，张磊、马丽的孩子。这种表述就不能出现在合同里。

(2) 不要笼统。

比如，“违反合同就追究违约责任”。——怎么“追究”？“责任”有多大？再如，“按需方要求均衡供货”。——“需方要求”是什么？什么叫“均衡”？什么时候“供”什么“货”？

(3) 不要出现错别字。

2009 年 4 月 14 日，马女士到温州市区一家汽车销售公司准备购买一辆轿车作为生日礼物送给父亲；在交付了 5000 元订金后，与车商签订了一份轿车用户订单合同。合同约定交货日期是 2009 年 5 月 31 日；可是，那一天马女士并没有领到她订购的轿车。直到同年 6 月 10 日，车子还是没到。车商一直以种种理由回应马女士。马女士说，父亲生日已过，所以不想要这辆轿车了，只要对违约一事进行赔偿即可。车商拿出合同说，你交的是订金，只能退还，不能赔偿。马女士拿出合同一看，那上面果然写的是“订金”，而非“定金”。定金是一个规范的法律概念，是合同当事人为确保合同的履行而自愿约定的一种担保形式。定金应当抵作价款或者收回。若买家不履行合同，无权要求返还定金；若卖家不履行合同，应双倍返还定金。订金并不是一个规范的法律概念，实际上它具有预付款的性质，是当事人的一种支付手段，并不具备担保性质。

(4) 不要忽略多音字。

甲、乙口头约定，乙向甲借款五万元，后乙归还部分借款，甲为乙出具一张收据，其中有一句：乙“还欠款一万元”。后甲因乙迟迟不归还余款，遂诉至法院，要求“偿还剩余欠款四万元”。乙答辩称“已还四万元，只欠一万元”。这里就出现了两种理解：甲认为，乙只“还(huán)欠款一万元”。乙认为，他“还(hái)欠款一万元”。

(5) 不要忽略“等”字。

××公司(需方)向××县氮肥厂(供方)订购一批化肥。在双方签订的合同中有这样一句话：“需方不按期到厂提货满一个月以上，需付堆积费、短途运输费等。”后来，双方就因这一“等”字诉至法院。供方认为，“等”字表示还需付给保管费、损耗费。需方认为，“等”字表示不再付给其他费用。

(6) 不要忽略标点符号。

比如，某合同有这样一句：“甲方为乙方生产螺丝螺帽垫圈等零件三种主要设备由乙方提供。”甲方认为，甲方为乙方生产螺丝螺帽垫圈等零件三种，主要设备由乙方提供。乙方认为，甲方为乙方生产螺丝螺帽垫圈等零件，三种主要设备由乙方提供。

6. 手续要完备

该签字的签字，该盖章(按手印)的盖章(按手印)。合同在两页以上的，不要忘了盖骑缝章。有中介、担保、鉴证、公证或批准的，不要忘了签字盖章。

第二节　广告文案

广告就是广而告之，即为了某种特定的需要，通过一定形式的媒介物，公开而广泛地向社会传递信息的一种宣传手段。

广告有广义和狭义之分。广义的广告包括商业广告和非商业广告。狭义的广告专指商业广告。

一、广告文案的定义

广告文案是指广告的文字部分。广告文案，也称广告文稿。广告写作有广义和狭义之分。广义的广告写作包括广告作品的全部，如文字、绘画、摄影、音响等。狭义的广告写作专指广告作品的文字（广告文稿、广告文案）写作。广告写作具有真实性、商业性、说服性、生动性、艺术性等特点。

二、广告文案的种类

有什么样的广告，就有什么样的广告文案。

（一）按性质分

按性质，可将广告分为商业广告和非商业广告。

商业广告是指商品经营者或者服务提供者通过一定媒介和形式直接或者间接地介绍自己所推销的商品或者服务的广告。它以盈利为目的。

非商业广告不以营利为目的。比如，公益广告“如果人类不从现在节约水源，保护环境，人类看到的最后一滴水将是自己的眼泪”。

（二）按内容分

按内容，可将广告分为商品广告和服务广告。

商品广告是商品经营者通过一定媒介和形式直接或者间接地介绍自己所推销的商品的广告。

服务广告是服务提供者通过一定媒介和形式直接或者间接地介绍自己所推销的服务的广告，如餐饮广告、宾馆广告、通信广告、旅游广告、招生广告、招聘广告、征婚广告、寻人广告、挂失广告、迁址广告、比赛广告、演出广告、影视广告、出版广告等。

（三）按媒介分

按媒介，可将广告分为户外广告、交通广告、平面广告、广播广告、电视广告、网络广告、人体广告等。

户外广告是指以橱窗、路牌、霓虹灯、灯箱、电子显示屏、横幅、条幅、气球等为媒介的广告。

交通广告是指以汽车、火车、地铁、轮船、飞机等交通工具为媒介的广告。

平面广告是指以报纸、杂志、邮政、传单等为媒介的广告。

广播广告是指以广播为媒介的广告。

电视广告是指以电视为媒介的广告。

网络广告是指以网络为媒介的广告。

人体广告是指以人体为媒介的广告。

三、广告文案的格式

××××××(标题)

(商品或服务信息)____

____

(标语)____

____

××单位:××××××
单位地址:××××××
联 系 人:×××
电　　话:××××××
传　　真:××××××
开 户 行:××××××
账　　号:××××××

说明:

1. 关于商品或服务信息

"商品或服务信息"包括商品的性能、功能、产地、用途、质量、成分、价格、生产者、有效期限、允诺等,或者服务的内容、提供者、形式、质量、价格、允诺等。

2. 关于标语

"标语"也称"口号",它可置于"商品或服务信息"之前、之后、之中,可取代标题。

3. 关于广告内容准则

(1) 21个"应当"。

①广告中对商品的性能、功能、产地、用途、质量、成分、价格、生产者、有效期限、允诺等或者对服务的内容、提供者、形式、质量、价格、允诺等有表示的,应当准确、清楚、明白。

②广告中表明推销的商品或者服务附带赠送的,应当明示所附带赠送商品或者服务的品种、规格、数量、期限和方式。

③法律、行政法规规定广告中应当明示的内容,应当显著、清晰表示。

④广告内容涉及的事项需要取得行政许可的,应当与许可的内容相符合。

⑤广告使用数据、统计资料、调查结果、文摘、引用语等引证内容的,应当真实、准确,并表明出处。

⑥引证内容有适用范围和有效期限的,应当明确表示。

⑦广告中涉及专利产品或者专利方法的,应当标明专利号和专利种类。

⑧广告应当具有可识别性,能够使消费者辨明其为广告。

⑨通过大众传播媒介发布的广告应当显著标明"广告",与其他非广告信息相区别。

⑩广播电台、电视台发布广告,应当遵守国务院有关部门关于时长、方式的规定,并应当对广告时长作出明显提示。

⑪药品广告的内容应当显著标明禁忌、不良反应。

⑫处方药广告应当显著标明“本广告仅供医学药学专业人士阅读”，非处方药广告应当显著标明“请按药品说明书或者在药师指导下购买和使用”。

⑬推荐给个人自用的医疗器械的广告，应当显著标明“请仔细阅读产品说明书或者在医务人员的指导下购买和使用”。

⑭医疗器械产品注册证明文件中有禁忌内容、注意事项的，广告中应当显著标明“禁忌内容或者注意事项详见说明书”。

⑮保健食品广告应当显著标明“本品不能代替药物”。

⑯招商等有投资回报预期的商品或者服务广告，应当对可能存在的风险以及风险责任承担有合理提示或者警示。

⑰房地产广告，房源信息应当真实，面积应当表明为建筑面积或者套内建筑面积。

⑱农作物种子、林木种子、草种子、种畜禽、水产苗种和种养殖广告关于品种名称、生产性能、生长量或者产量、品质、抗性、特殊使用价值、经济价值、适宜种植或者养殖的范围和条件等方面的表述应当真实、清楚、明白。

(2) 19 个“不得”。

①广告不得有下列情形：使用或者变相使用中华人民共和国的国旗、国歌、国徽，军旗、军歌、军徽；使用或者变相使用国家机关、国家机关工作人员的名义或者形象；使用“国家级”“最高级”“最佳”等用语；损害国家的尊严或者利益，泄露国家秘密；妨碍社会安定，损害社会公共利益；危害人身、财产安全，泄露个人隐私；妨碍社会公共秩序或者违背社会良好风尚；含有淫秽、色情、赌博、迷信、恐怖、暴力的内容；含有民族、种族、宗教、性别歧视的内容；妨碍环境、自然资源或者文化遗产保护；法律、行政法规规定禁止的其他情形。

②广告不得损害未成年人和残疾人的身心健康。

③未取得专利权的，不得在广告中谎称取得专利权。

④广告不得贬低其他生产经营者的商品或者服务。

⑤大众传播媒介不得以新闻报道形式变相发布广告。

⑥通过大众传播媒介发布的广告不得使消费者产生误解。

⑦麻醉药品、精神药品、医疗用毒性药品、放射性药品等特殊药品，药品类易制毒化学品，以及戒毒治疗的药品、医疗器械和治疗方法，不得作广告。

⑧医疗、药品、医疗器械广告不得含有下列内容：表示功效、安全性的断言或者保证；说明治愈率或者有效率；与其他药品、医疗器械的功效和安全性或者其他医疗机构比较；利用广告代言人作推荐、证明；法律、行政法规规定禁止的其他内容。

⑨药品广告的内容不得与国务院药品监督管理部门批准的说明书不一致。

⑩除医疗、药品、医疗器械广告外，不得使用医疗用语或者易使推销的商品与药品、医疗器械相混淆的用语。

⑪保健食品广告不得含有下列内容：表示功效、安全性的断言或者保证；涉及疾病预防、治疗功能；声称或者暗示广告商品为保障健康所必需；与药品、其他保健食品进行比较；利用广告代言人作推荐、证明；法律、行政法规规定禁止的其他内容。

⑫广播电台、电视台、报刊音像出版单位、互联网信息服务提供者不得以介绍健康、养生知

识等形式变相发布医疗、药品、医疗器械、保健食品广告。

⑬农药、兽药、饲料和饲料添加剂广告不得含有下列内容：表示功效、安全性的断言或者保证；利用科研单位、学术机构、技术推广机构、行业协会或者专业人士、用户的名义或者形象作推荐、证明；说明有效率；违反安全使用规程的文字、语言或者画面；法律、行政法规规定禁止的其他内容。

⑭烟草制品生产者或者销售者发布的迁址、更名、招聘等启事中，不得含有烟草制品名称、商标、包装、装潢以及类似内容。

⑮酒类广告不得含有下列内容：诱导、怂恿饮酒或者宣传无节制饮酒；出现饮酒的动作；表现驾驶车、船、飞机等活动；明示或者暗示饮酒有消除紧张和焦虑、增加体力等功效。

⑯教育、培训广告不得含有下列内容：对升学、通过考试、获得学位学历或者合格证书，或者对教育、培训的效果作出明示或者暗示的保证性承诺；明示或者暗示有相关考试机构或者其工作人员、考试命题人员参与教育、培训；利用科研单位、学术机构、教育机构、行业协会、专业人士、受益者的名义或者形象作推荐、证明。

⑰招商等有投资回报预期的商品或者服务广告不得含有下列内容：对未来效果、收益或者与其相关的情况作出保证性承诺，明示或者暗示保本、无风险或者保收益等，国家另有规定的除外；利用学术机构、行业协会、专业人士、受益者的名义或者形象作推荐、证明。

⑱房地产广告不得含有下列内容：升值或者投资回报的承诺；以项目到达某一具体参照物的所需时间表示项目位置；违反国家有关价格管理的规定；对规划或者建设中的交通、商业、文化教育设施以及其他市政条件作误导宣传。

⑲农作物种子、林木种子、草种子、种畜禽、水产苗种和种养殖广告不得含有下列内容：作科学上无法验证的断言；表示功效的断言或者保证；对经济效益进行分析、预测或者作保证性承诺；利用科研单位、学术机构、技术推广机构、行业协会或者专业人士、用户的名义或者形象作推荐、证明。

（3）6个“禁止”。

①禁止使用未授予专利权的专利申请和已经终止、撤销、无效的专利作广告。

②除医疗、药品、医疗器械广告外，禁止其他任何广告涉及疾病治疗功能，禁止在大众传播媒介或者公共场所发布声称全部或者部分替代母乳的婴儿乳制品、饮料和其他食品广告。

③禁止在大众传播媒介或者公共场所、公共交通工具、户外发布烟草广告。

④禁止向未成年人发送任何形式的烟草广告。

⑤禁止利用其他商品或者服务的广告、公益广告，宣传烟草制品名称、商标、包装、装潢以及类似内容。

4. 关于广告行为规范

（1）13个“应当”。

①广播电台、电视台、报刊出版单位从事广告发布业务的，应当设有专门从事广告业务的机构，配备必要的人员，具有与发布广告相适应的场所、设备，并向县级以上地方工商行政管理部门办理广告发布登记。

②广告主、广告经营者、广告发布者之间在广告活动中应当依法订立书面合同。

③广告主委托设计、制作、发布广告，应当委托具有合法经营资格的广告经营者、广告发布

者。

④广告主或者广告经营者在广告中使用他人名义或者形象的，应当事先取得其书面同意；使用无民事行为能力人、限制民事行为能力人的名义或者形象的，应当事先取得其监护人的书面同意。

⑤广告经营者、广告发布者应当按照国家有关规定，建立、健全广告业务的承接登记、审核、档案管理制度。

⑥广告经营者、广告发布者应当公布其收费标准和收费办法。

⑦广告发布者向广告主、广告经营者提供的覆盖率、收视率、点击率、发行量等资料应当真实。

⑧广告代言人在广告中对商品、服务作推荐、证明，应当依据事实，符合广告法和有关法律、行政法规规定。

⑨县级以上地方人民政府应当组织有关部门加强对利用户外场所、空间、设施等发布户外广告的监督管理，制定户外广告设置规划和安全要求。

⑩以电子信息方式发送广告的，应当明示发送者的真实身份和联系方式，并向接收者提供拒绝继续接收的方式。

⑪在互联网页面以弹出等形式发布的广告，应当显著标明关闭标志，确保一键关闭。

⑫公共场所的管理者或者电信业务经营者、互联网信息服务提供者对其明知或者应知的利用其场所或者信息传输、发布平台发送、发布违法广告的，应当予以制止。

(2) 15 个“不得”。

①广告主、广告经营者、广告发布者不得在广告活动中进行任何形式的不正当竞争。

②对内容不符或者证明文件不全的广告，广告经营者不得提供设计、制作、代理服务，广告发布者不得发布。

③法律、行政法规规定禁止生产、销售的产品或者提供的服务，以及禁止发布广告的商品或者服务，任何单位或者个人不得设计、制作、代理、发布广告。

④广告代言人在广告中对商品、服务作推荐、证明，不得为其未使用过的商品或者未接受过的服务作推荐、证明。

⑤不得利用不满十周岁的未成年人作为广告代言人。

⑥对在虚假广告中作推荐、证明受到行政处罚未满三年的自然人、法人或者非法人组织，不得利用其作为广告代言人。

⑦不得在中小学校、幼儿园内开展广告活动。

⑧不得利用中小学生和幼儿的教材、教辅材料、练习册、文具、教具、校服、校车等发布或者变相发布广告，但公益广告除外。

⑨在针对未成年人的大众传播媒介上不得发布医疗、药品、保健食品、医疗器械、化妆品、酒类、美容广告，以及不利于未成年人身心健康的网络游戏广告。

⑩针对不满十四周岁的未成年人的商品或者服务的广告不得含有下列内容：劝诱其要求家长购买广告商品或者服务；可能引发其模仿不安全行为。

⑪有下列情形之一的，不得设置户外广告：利用交通安全设施、交通标志的；影响市政公共设施、交通安全设施、交通标志、消防设施、消防安全标志使用的；妨碍生产或者人民生活，损害

市容市貌的；在国家机关、文物保护单位、风景名胜区等的建筑控制地带，或者县级以上地方人民政府禁止设置户外广告的区域设置的。

⑫任何单位或者个人未经当事人同意或者请求，不得向其住宅、交通工具等发送广告，也不得以电子信息方式向其发送广告。

⑬利用互联网发布、发送广告，不得影响用户正常使用网络。

四、广告文案的写法

（一）标题的写法

（1）直接标题，即标题直接展示商品或服务的名称，比如《中美合资康普电脑》。

（2）间接标题，即标题中暗含商品或服务的有关信息，比如长虹电器的广告文案标题——《天上彩虹，人间长虹》。

（3）复合标题，即用正副标题的形式提供商品或服务的有关信息，比如《几年不必对时——精工石英表》。

（二）正文的写法

（1）陈述体：用叙述的方法介绍商品或服务的信息。

（2）论说体：用议论的方法介绍商品或服务的信息。

（3）描写体：用描写的方法介绍商品或服务的信息。

（4）抒情体：用抒情的方法介绍商品或服务的信息。

（5）文艺体：用文艺的形式介绍商品或服务的信息。“文艺的形式”主要有诗歌、散文、故事、对联、相声、小品、快板等。

（6）对话体：用对话（问答）的形式介绍商品或服务的信息，也称“问答体”。

（7）目录体：用目录的形式介绍商品或服务的信息。多见于出版广告、演出广告等。

（8）图表体：用图表的形式介绍商品或服务的信息。

（9）证书体：用证书的形式介绍商品或服务的信息。“证书的形式”主要有资质证书、鉴定证书、获奖证书等。

（10）综合体：综合运用以上方法，介绍商品或服务的信息。

（三）标语的写法

（1）妙用成语。比如，牙刷的广告标语——一毛不拔；自行车的广告标语——“骑”乐无穷；洗衣机的广告标语——“闲”妻良母；康恩贝肠炎宁的广告标语——“肠”治久安。

（2）妙用熟语。比如，打字机的广告标语——不打不相识。

（3）妙用古诗。比如，宁红减肥茶的广告标语——衣带渐宽终不悔，常忆宁红减肥茶。

（4）运用对偶。比如，小灵通的广告标语——有线网络，无线服务；洋河大曲的广告标语——酒气冲天飞鸟闻香化凤，糟粕落地游鱼得味成龙。

（5）运用其他奇思妙想。比如，蚊香的广告标语——默默无“蚊”的奉献；矿泉水的广告标语——口服，心服；仲景牌六味地黄丸的广告标语——药材好，药才好；绵羊霜药用化妆品的广告标语——只要青春不要“痘”；“天仙”牌电扇的广告标语——实不相瞒，天仙的名气是吹出来的。

（四）注意事项

（1）要统筹。广告文案仅仅是广告的文字部分。广告文案的写作，要与绘画、摄影、音响

等事宜统筹考虑。多种要素互相配合，才能相得益彰。

(2) 要真实。广告文案里提供的“商品或服务信息”一定要真实，不能有虚假的成分，不能欺骗消费者。2009 年 11 月 1 日，中国广告协会通报：著名相声演员侯耀华代言“黄金九号”“澳鲨金”“胃肠益生元”“角燕 G 蛋白”“亚克口服液”“加拿大 V6 胶囊”“康大夫茶愈胶囊”“伯爵养生胶囊”“杜仲降压片”“方舟降压仪”等 10 个虚假广告，在社会上造成了恶劣影响。

(3) 要新颖。只有新颖的广告文案，才能吸引消费者的眼球，才能唤起消费者的购买欲望。

(4) 要合法。广告文案的写作，不能违反《中华人民共和国广告法》等有关法律法规规章的规定；如有违反，则需承担法律责任。

第三节　起　诉　状

一、起诉状的定义

起诉状是案件当事人向人民法院提起诉讼，要求追究对方当事人的法律责任以保护自身合法权益的书面请求。起诉状在北方民间称为“状子”。

与起诉状相关的概念是诉状。有人认为，起诉状和诉状是同一个概念，即诉状是起诉状的简称。有人认为，起诉状和诉状不是同一个概念，诉状应该包括起诉状、反诉状、上诉状、申诉状。编者同意后一种观点。

与起诉状类似的概念是起诉书。起诉书是人民检察院代表国家向人民法院提起诉讼，要求追究被告人的法律责任的书面请求。两个概念虽然只有一字之差但用途完全不同。

二、起诉状的种类

根据案件的性质，起诉状可分为刑事自诉状、民事起诉状和行政起诉状三种。

(一) 刑事自诉状

刑事自诉状是指自诉案件的被害人或其法定代理人直接向人民法院控告被告人，要求追究其刑事责任的书面请求。

自诉案件包括：①告诉才处理的案件(侮辱诽谤案、暴力干涉婚姻自由案、虐待案、侵占案)；②被害人有证据证明的轻微刑事案件(故意伤害案、非法侵入住宅案、侵犯通信自由案、重婚案、遗弃案、生产销售伪劣商品案、侵犯知识产权案、可能判处三年以下有期徒刑的案件)；③被害人有证据证明对被告人侵犯自己人身、财产权利的行为应当依法追究刑事责任，而公安机关或者人民检察院不予追究被告人刑事责任的案件。

法定代理人是诉讼代理人之一。下列人员可担任法定代理人：①父母；②养父母；③监护人；④负有保护责任的机关、团体的代表。

(二) 民事起诉状

民事起诉状是指民事诉讼的原告或其法定代理人因自己的或依法由自己保护的民事权益受到侵害或发生争议时，向人民法院提起诉讼，要求依法裁判的书面请求。

(三) 行政起诉状

行政起诉状是指行政诉讼的原告对行政机关的处理或处罚决定不服，或对上一级行政机

关复议决定不服，依法向人民法院提起诉讼以保护其合法权益的书面请求。

三、起诉状的格式

（一）刑事自诉状的格式

刑事自诉状

自诉人：（基本信息）＿＿＿＿＿＿＿＿＿＿＿＿

被告人：（基本信息）＿＿＿＿＿＿＿＿＿＿＿＿

案由和诉讼请求

＿＿＿＿＿＿＿＿＿＿＿＿＿＿＿＿＿＿＿＿

＿＿＿＿＿＿＿＿＿＿＿＿＿＿＿＿＿＿＿＿

事实与理由

＿＿＿＿＿＿＿＿＿＿＿＿＿＿＿＿＿＿＿＿

＿＿＿＿＿＿＿＿＿＿＿＿＿＿＿＿＿＿＿＿

证据和证据来源，证人姓名和住址

＿＿＿＿＿＿＿＿＿＿＿＿＿＿＿＿＿＿＿＿

＿＿＿＿＿＿＿＿＿＿＿＿＿＿＿＿＿＿＿＿

此致

×××人民法院

自诉人×××

代书人×××

20××年×月×日

（附：本诉状副本×份）

说明：

(1) 此格式根据司法部印发的从 2001 年 7 月 1 日起开始使用《刑事诉讼中律师使用文书格式》编制。

(2)《关于修改刑事诉讼文书格式的说明》指出，“由于律师在承办案件过程中面临的问题各不相同，有些文书格式难以做统一要求”，因此，对刑事自诉状等诉状“不再要求文书格式的统一”，“仍然沿用原格式样式”，此格式“仅作参考”。

(3) 自诉人的“基本信息”包括姓名、性别、出生年月日、民族、籍贯、职业（或工作单位和职务）、住址等。例如：

自诉人：郑××，女，19××年 8 月 9 日生，汉族，祖籍辽宁省宽甸县，农民，住×县×乡×村 4 组。

(4) 被告人的“基本信息”包括姓名、性别等情况，出生年月日不详者可写其年龄。

（二）民事起诉状的格式

民事起诉状

原告：（基本信息）＿＿＿＿＿＿＿＿＿＿＿＿

被告：（基本信息）＿＿＿＿＿＿＿＿＿＿＿＿

诉讼请求

____

____

事实和理由

____

____

证据和证据来源，证人姓名和住所

____

____

此致

×××人民法院

附：本起诉状副本×份

起诉人×××（签章）

20××年×月×日

说明：

（1）此格式根据最高人民法院制定的自2016年8月1日起施行的《人民法院民事裁判文书制作规范》《民事诉讼文书样式》编制。

（2）原告如系自然人，"基本信息"应写明姓名、性别、出生年月日、民族、工作单位和职务或职业、住所、联系方式。例如：

原告：杨××，男，1966年7月15日生，汉族，××银行职员，住××市××区××街道12组97号，联系方式：××××××。

（3）原告如系法人或者非法人组织，"基本信息"应写明名称、住所，以及法定代表人（或者主要负责人）的姓名、职务、联系方式。例如：

原告：×××，住所××××。

法定代表人：×××，××（职务），联系方式：××××××。

（4）被告"基本信息"包括姓名或者名称等。

（5）如有两个或两个以上原告（人）或被告（人），则应分别写明其基本信息。

（6）如有第三人，则应在原告（人）、被告（人）之后写明其基本信息。

（7）当事人有法定代理人或指定代理人的，应当在当事人之后另起一行写明其姓名、性别、职业或工作单位和职务、住所，并在姓名后用括号注明其与当事人的关系。代理人为单位的，写明其名称及其参加诉讼人员的基本信息。例如：

原告：杨××，男，1966年7月15日生，汉族，××银行职员，住××市××区××街道12组97号，联系方式：××××××。

法定代理人：×××（原告之父），男，××学校退休教师，住××市××区××街道12组97号。

（8）当事人有委托诉讼代理人的，应当在当事人之后另起一行写明为"委托诉讼代理人"，并写明委托诉讼代理人的姓名和其他基本情况。有两个委托诉讼代理人的，分行分别写明。例如：

原告：杨××，男，1966年7月15日生，汉族，××银行职员，住××市××区××街道12组97号，联系方式：××××××。

委托诉讼代理人：×××，××律师事务所律师。

（三）行政起诉状的格式

行政起诉状

原告（基本信息）

被告×××，地址×××。

法定代表人×××，×××，联系方式：××××××。

诉讼请求

事实和理由

此致

×××人民法院

原告：×××（签章）

20××年×月×日

附：

1. 起诉状副本×份
2. 被诉行政行为×份
3. 其他材料×份

说明：

（1）此格式根据2015年4月30日最高人民法院行政审判庭编写的《行政诉讼文书样式（试行）》编制。

（2）原告如系自然人，“基本信息”应写明姓名、性别、工作单位、住址、身份证号码、联系方式等。例如：

原告刘××，男，××公司职工，住××市××区××街道12组97号，身份证号码××××××，联系方式：××××××。

（3）原告如系法人或者非法人组织，“基本信息”应写明名称、住址，以及法定代表人（或者主要负责人）的姓名、职务、联系方式。例如：

原告×××，住址××××。

法定代表人×××，××（职务），联系方式：××××××。

（4）原告如有委托代理人，则应在原告项下写明姓名、工作单位等基本信息。

（5）如有其他当事人，则应在被告项下写明，参照原告基本信息写法。

四、起诉状的写法

（一）“诉讼请求”的写法

（1）刑事自诉案件“案由和诉讼请求”应写成“被告人×××犯××罪，请求人民法院依法惩处其犯罪行为”。

（2）民事案件“诉讼请求”应写明请求人民法院解决的民事权益争议的具体问题。

（3）行政案件“诉讼请求”应写成“要求撤销×××（行政机关名称）×年×月×日〔　〕×字第×号《关于×××的决定》，请你院依法审理”等。

（4）要明确、具体，不能含糊、笼统；要合理合法，切实可行。

（二）“事实和理由”的写法

（1）刑事案件。被告人犯罪的时间、地点、侵害的客体、动机、目的、情节、手段及造成的后果要写明。有附带民事诉讼内容的，在写明被告人的犯罪事实之后写清（具体写法有：自然顺序法、突出主罪法、突出主犯法、综合归纳法、先总后分法等）。理由应阐明被告人构成的罪名和法律依据。

（2）民事案件和行政案件。当事人之间法律关系发生的时间、地点和内容，产生纠纷的原因、经过、情节和后果要写明。

第四节　学术论文

一、学术论文的定义

学术论文是指对一定学科领域里的问题或现象进行科学研究后提出独创性见解的文章，也称“科学论文”“研究论文”。

这个定义有三个要点：第一，学术论文所表述的内容仅限于“一定学科领域”。若不是这一领域内的文章，就不能称为学术论文。第二，学术论文是对“科学研究”成果的记载、描述和总结。若离开了科学研究，就无所谓学术论文。第三，并非所有关于科学研究的文章都是学术论文。只有那些体现了作者“独创性见解”的文章，才能称为学术论文。

《科学技术报告、学位论文和学术论文的编写格式》(GB 7713—87)规定：“学术论文是某一学术课题在实验性、理论性或观测性上具有新的科学研究成果或创新见解和知识的科学记录；或是某种已知原理应用于实际中取得新进展的科学总结，用以提供学术会议上宣读、交流或讨论；或在学术刊物上发表；或作其他用途的书面文件”，“学术论文应提供新的科技信息，其内容应有所发现、有所发明、有所创造、有所前进，而不是重复、模仿、抄袭前人的工作”。

与其他文章相比，学术论文具有如下特点：

（一）学术性

所谓学术，是指较为专门、系统的学问。所谓学术性，是指研究、探讨的内容具有专门性和系统性，即是以科学领域里某一专业性问题作为研究对象。当然，有的学术问题，仅凭一个专业的知识解决不了，就会由两个或几个专业的专家联手合作研究，运用各自的专业知识，解决一个学术问题，写出学术论文。例如夏商周断代问题，单靠历史学家就解决不了，于是调集古

文字学家、天文学家、考古学家等多学科专家共同研究，再写出科学论著。

学术论文从选题上说有很强的专业性。如《唐代中书门下体制下的三省机构与职权》《中苏条约中的利益冲突及其解决》《论宋太宗》等，单从题目上看就有很强的专业性。相反，如《我所认识的启功先生》《假期：少儿看电视悠着点儿》等单从题目上看就没有专业性。

从内容上看，学术论文更具专业性。学术论文是作者运用他们系统的专业知识，去论证或解决专业性很强的学术问题。有时候，单纯从题目上还难以判断是否为学术论文，必须从内容上加以辨别。如 2001 年是辛亥革命 90 周年纪念，我国主要的报纸都发表社论，虽然它们也谈历史问题，但主要着眼于现实，这就不是学术论文，而是议论文、政论文。如果某个历史学专家从历史学的角度研究辛亥革命的某个问题就是学术论文了，如《历史研究》2002 年第 1 期发表的著名历史学家章开沅的文章《张汤交谊与辛亥革命》，分析立宪派的两位代表人物张謇与汤寿潜在辛亥革命时期在各项革新事业中的贡献，这就是学术论文了。再如，关于破除迷信的论题，可以写成政论文或思想评论，但如果由一位地理学家运用地理知识去论证“风水术”的古代科学与封建迷信并存一体的特点，这就不是一般的议论文，而是学术论文了。如果从心理学角度剖析“算命术”和“占卜术”，也很可能成为一篇心理学专业性较强的学术论文。所以从内容上看是否有明显的专业性是学术论文和一般议论文最重要的区别。

从语言表达来看，学术论文是运用专业术语和专业性图表符号表达内容的，它主要是写给同行看的，不在乎其他人是否看得懂，只为把学术问题表达得简洁、准确、规范，因此，专业术语用得很多。

（二）科学性

科学性是学术论文的特点，也是学术论文的生命和价值所在。开展学术研究，写作学术论文的目的，在于揭示事物发展的客观规律，探求客观真理，从而促进科学的繁荣和发展，这就决定了学术论文必须具有科学性。所谓科学性，是指研究、探讨的内容准确、思维严密、推理合乎逻辑。

学术论文要做到科学性，首先，研究态度要有科学性。这就是老老实实、实事求是的态度。我们要以严肃的态度、严谨的学风、严密的方法开展学术研究。从事社会科学研究，就必须从大量的材料出发，通过分析材料得出结论。而不能先有结论，再找材料去论证。从事实验研究，就应对课题进行系统的多方面的实验，从大量的实验数据中分析综合，得出正确的结论。现在为已经去世的人写传记之风很盛，尤其是当代人物，某位干部去世了，其子女就物色某个人，请他为其亲属写传记。有的人为尊者讳，任意拔高，违背史实，歪曲史实，这就不是科学的态度，用这种态度写出来的传记，必然科学性不强。态度的不端正主要表现为：有的人为了沽名钓誉，哗众取宠，故意歪曲事实，甚至伪造事实，提出所谓新观点。如英国一位曾经名扬四海的研究者，“深信理论无误而编造数据”；苏联的一位女科学家为了使自己声名显赫而虚构“细胞起源”的假实验。也有的人为了达到某种私人目的，窥测方向，看风写文章，不管真实情况如何，专门看权威者的意向，完全以某一权威的是非为是非，这也不是一种科学的态度。而没有科学的态度，就不可能写出具有科学性的文章来，例如毛泽东同志对李白与杜甫的态度不同，更喜爱李白而不太喜爱杜甫。郭沫若知道后，就在他的著作《李白与杜甫》中扬李抑杜，从而使这本著作的科学性打了折扣。

其次，研究方法要有科学性。也就是要运用马克思主义的立场、观点，用辩证唯物主义和历史唯物主义的方法进行科学探讨。科学性在思维方式上的重要表现就是逻辑性。王力在《谈谈写论文》中说："撰写论文，第一也是最重要的一点，就是要运用逻辑思维，如果没有科学头脑，就写不出科学论文，所谓科学头脑，也就是逻辑的头脑。"有些史学论文在评价历史人物时，用简单化的方法，好就是绝对的好，坏就是绝对的坏，这都是缺乏科学性的，因为这不符合事实。历史人物是复杂的，我们不能用简单的方法去评价他，一定要实事求是。有几分功就肯定几分功，有几分过就指出几分过，这才是科学的。研究方法的科学性，要先用归纳法，再用演绎法，而不能反过来。要从大量的具体材料中归纳，从个别到一般，以归纳为基础，再作分析，最后得出结论。对结论还要多设疑问，反复思考论证，凡是先有结论，再找材料的研究，都是反科学的研究。

最后，内容要有科学性。什么样的内容才符合科学性？那就是论点正确，概念明确，论据确凿充分，推理严密，语言准确。论点（观点）即学术研究的成果和结论，这个结论应能反映客观事物的本质规律，揭示客观真理，符合客观实际，经得起实践验证，经得起推敲和逻辑推理。论文中概念的外延、内涵要有明确性、准确性和确定性，不能模糊不清，也不能随意更换概念。论据要确凿充分，不能使用孤证就轻率得出结论，更不能歪曲材料，伪造材料。推理严密就是论据和论点有机联系而无懈可击，假想推断要有严密的逻辑性，有些考证需要类比，也要注意类比的可比性与可靠性。

（三）创新性

创新性被视为学术论文的特点之一，这是由科学发展的需要决定的。科学研究是对新知识的探求。如果科学研究只作继承，没有创造，那么人类文明就不会前进。人类的历史就是不断发现、不断发明、不断创新的历史。一个民族如果没有创新精神，这个民族就要衰亡。同样，一篇论文如果没有创新之处，它就毫无价值。学术论文的创新，主要表现在以下几个方面：

（1）填补空白的新发现、新发明、新理论。

人类的科研活动，主要是发现活动和发明活动。发现是认识世界的科学成就。把原来存在却未被人们认识的事物揭示出来，就是发现。如居里夫人发现镭，考古学家发现恐龙化石等。科学发现为人类的知识宝库增添财富，使科学得到发展。发明是改造世界的科技成就，是运用知识发明出对人类有用的新成果，是直接的生产力，如蒸汽机、电子计算机等。新理论是一种自成系统的学说，它对人类的实践具有巨大的理论指导意义，如马克思的《资本论》，李四光的"新华夏构造体系"等。

（2）在继承基础上发展、完善、创新。

创新离不开科学地继承。有不少研究成果，是在继承的基础上发展起来的。在继承的基础上的发展，也是一种创新。只有创新才能发展。如日本彩电，继承了三分欧洲技术、七分美国技术，在综合国际300多项高新技术的基础上，创造了更先进的日本技术。电子计算机也是经过一代又一代的继承、创新，不断发展，至今仍以日新月异的速度更新换代。邓小平理论也是在继承马列主义、毛泽东思想的基础上，结合中国国情，创造性地发展了社会主义理论。

（3）在众说纷纭中提出独立见解。

开展科学研究过程中，学术争鸣是不能避免的，参加学术争鸣切忌人云亦云，应对别人提出的观点和根据进行认真的思辨，并积极参与争鸣，大胆提出自己的独立见解和立论根据。对活跃思维和产生科学创见做出一点贡献，也是一种创造性。

（4）推翻前人定论。

人们在探究物质世界客观规律过程中，总是不能一下子穷尽其本质，任何学派的理论、学说，都不是尽善尽美的。研究者对研究对象的认识和研究者本人的知识结构，不可避免地存在着局限性，他们研究而得出来的结论，即使当时被认为是正确的，但随着历史发展，科学进步，研究手段的更新等，很可能也会存在问题。所以，对待前人的定论，我们提倡继承，但不迷信，若发现其错误，就要用科学的勇气去批判它、推翻它。科学史上这类例子太多了，这也是一种创新。

（5）对已有资料作出创造性综合。

这也是一种创新，就在于作者在综合过程中发现问题和提出问题，引导人们去解决问题。当今世界，信息丰富，文字浩瀚，对资料做分门别类的索引备受欢迎，这为科学研究做出了实实在在的贡献。而整理性论文，不仅提供了比索引更详细的资料，更可贵的是整理者在阅读大量的同类信息过程中，以他特有的专业眼光和专业思维，做出筛选归纳，其信息高度浓缩。整理者把散置在各篇文章中的学术精华较为系统地综合成既清晰又有条理的内容，明人眼目，这就是创造性综合。这种综合，与文摘有明显区别。这种综合需要专业特长，需要学术鉴赏水平，需用综合归纳能力，更需要具有发现学术价值的敏锐眼光。

我们应积极追求学术论文的创造性，为科学发展做出自己的贡献，我们应自觉抵制“人云亦云”或毫无新意的论文，也应自觉抵制为晋升而“急功近利”，重复那些别人写过的文章。将论文写作当作晋升的“敲门砖”，这是学术的悲哀。但是我们也要看到，一篇学术论文的创造性是有限的。惊人发现、伟大发明、填补空白，这些创造绝非轻而易举，每篇学术论文也不可能都有这种创造性，但只要有自己的独特见解，在现有的研究成果的基础上增添一点新的东西，提供一些人所不知的资料，从不同角度、不同方面对学术做出贡献，就可看作是一种创造。

（四）理论性

学术论文与科普读物、实践报告、科技情报之间最大的区别就在于其具有的理论性特征。所谓理论性，是指论文作者思维的理论性、论文结论的理论性和论文表达的论证性。

（1）思维的理论性。

即研究者对研究对象的思考，不是停留在零散的感性上，而是运用概念、判断、分析、归纳、推理等思辨的方法，深刻认识研究对象的本质和规律，经过高度概括和升华，使之成为理论。进行理论思维，把感性认识变成理性认识，实现认识上的飞跃，不是轻而易举可以做到的，这需要花大力气、下苦功夫。有的人因时间紧迫，或因畏惧艰难，在理论思维上却步，以致把学术论文变成现象罗列，就事论事，从而使学术论文失去理论色彩，其价值也就大打折扣了。

（2）结论的理论性。

学术论文的结论，不是心血来潮的激动之词，也不是天马行空般的幻想，也不是零散琐碎的感性偶得。学术论文的结论建立在充分的事实归纳上，通过理性思维，高度概括其本质和规律，使之升华为理论，理性思维水平越高，结论的理论价值就越高。

（3）表达的论证性。

除了思维的理论性和结论的理论性外，学术论文还必须对结论展开符合逻辑的、精密的论证，以达到无懈可击、不容置疑。

当今，世界上各种科技文献已超过 20 万种。有人估计，全世界每 30 秒钟就有一篇学术论文发表。每年仅在刊物上发表的学术论文有400万～500万篇。在我国，学术论文的写作已成为高等院校培养方案或教学计划中的重要内容；另外，专业技术职务的晋升、业务考核中，学术论文也都是重要的指标之一。可见，无论是从社会发展角度还是从作者个人角度来说，学术论文的写作都不能忽视。

二、学术论文的种类

（一）按学科性质分

按学科性质，可将学术论文分为分哲学社会科学论文和自然科学论文。

哲学社会科学论文是指哲学、社会学、文学、美学、政治学、语言学、历史学、法学、图书情报学等方面的学术论文。

自然科学论文是指理工科学、农业科学、医学等方面的学术论文。

（二）按研究对象的作用分

按研究对象的作用，可将学术论文分为基础理论研究论文和应用科技研究论文。

基础理论研究论文是指重在研究科学原理的学术论文。

应用科技研究论文是指重在研究科学能力的应用的学术论文。

（三）按读者对象分

按读者对象，可将学术论文分为交流性学术论文和普及性学术论文。

交流性学术论文是指一般供专业研究者交流最新成果的学术论文。

普及性学术论文是指一般面向大众普及某研究领域的成果所得的学术论文。

（四）按内容性质和结构形式的差别分

按内容性质和结构形式的差别，可将学术论文分为理论型学术论文、实验型学术论文、描述型学术论文和设计型学术论文。

理论型学术论文重点在于理论证明和分析。依研究对象可分两种：一种以抽象的理论问题为研究对象，其研究方法重于理论推导和运算；另一种则以客观事物和现象的观测数据以及有关的文献数据为对象，其研究方法是对有关数据进行分析、综合、概括及抽象化，并通过归纳、演绎、模拟等过程，提出某种新的理论和见解。一般说来，理论型学术论文正文结构形式灵活，没有固定格式，可将研究的对象或结果划分为若干有联系的层面，按一定逻辑逐层进行论述。

实验型学术论文重点在于设计实验以及对实验结果的观察和分析。它也可分两种：一种以介绍实验本身为目的，重在说明实验装置、方法和内容；另一种是通过对实验结果的分析和讨论，从而认识客观规律。实验型学术论文的正文结构与理论型论者不同，主要是由实验报告的结构演化而来，并已形成一定约定俗成的格式，一般有“材料和方法”“结果”和“讨论”等三部分。此三部分仍可做适当调整，其重点内容是对实验做说明和分析。

描述型学术论文的重点是对研究对象进行描述和说明，向读者介绍新发现的某种客观事物或现象，重在说明事物或现象。描述型学术论文通常由描述和讨论两大部分构成。如论述动物、微生物新物种，描述新发现的地质现象、新发明仪器等论文均属于描述型学术论文。

设计型学术论文是指对新产品、新工程等最佳方案进行全面论述的书面技术文件，一般由设计说明和设计图纸组织而成。其内容有理论或实验，也有设计的描述说明（包括图纸）。建

筑工程方面的论文属于设计型学术论文。

（五）按高等学校教学目的分

按高等学校教学目的，可将学术论文分为学年论文和毕业论文。

学年论文是指专科以上学生在某一学年撰写的学术论文。

毕业论文是指专科以上学生在毕业前夕撰写的学术论文。

（六）按高等学校学生获得的学位分

按高等学校学生获得的学位，可将学术论文分为学士论文、硕士论文和博士论文。

学士论文是指本科学生在毕业前夕为申请学士学位而撰写的学术论文。《科学技术报告、学位论文和学术论文的编写格式》规定："学士论文应能表明作者确已较好地掌握了本门学科的基础理论、专门知识和基本技能，并具有从事科学研究工作或担负专门技术工作的初步能力。"

硕士论文是指硕士研究生在毕业前夕为申请硕士学位而撰写的学术论文。《科学技术报告、学位论文和学术论文的编写格式》规定："硕士论文应能表明作者确已在本门学科上掌握了坚实的基础理论和系统的专门知识，并对所研究课题有新的见解，有从事科学研究工作成独立担负专门技术工作的能力。"

博士论文是指博士研究生在毕业前夕为申请博士学位而撰写的学术论文。《科学技术报告、学位论文和学术论文的编写格式》规定："博士论文应能表明作者确已在本门学科上掌握了坚实宽广的基础理论和系统深入的专门知识，并具有独立从事科学研究工作的能力，在科学或专门技术上做出了创造性的成果。"

三、学术论文的格式

××××××（题名）

×××（责任者姓名）

摘要：……

关键词：……

（引言）________

（正文）________

（结论）________

致谢

……

参考文献

……

说明：

（1）本格式图根据国家标准《科学技术报告、学位论文和学术论文的编写格式》(GB 7713-87)的规定绘制。

(2) 本格式图适用于短篇学术论文。

①题名。

题名是以最恰当、最简明的词语反映学术论文中最重要的特定内容的逻辑组合。

下列情况可以有副题名:题名语意未尽,用副题名补充说明学术论文中的特定内容;学术论文分册出版,或是一系列工作分几篇报道,或是分阶段的研究结果,各用不同副题名区别其特定内容;其他有必要用副题名作为引伸或说明者。

为了国际交流,学术论文应有外文(多用英文)题名。

中文题名一般不宜超过 20 字。外文题名一般不宜超过 10 个实词。

②责任者。

责任者主要是指学术论文的作者。

必要时,可注明个人责任者的职务、职称、学位、所在单位名称及地址;如责任者是单位、团体或小组,应写明全称和地址。

个人作者,只限于那些对于选定研究课题和制订研究方案、直接参加全部或主要部分研究工作并作出主要贡献,以及参加撰写论文并能对内容负责的人,按其贡献大小排列名次。至于参加部分工作的合作者、按研究计划分工负责具体小项的工作者、某一项测试的承担者,以及接受委托进行分析检验和观察的辅助人员等,均不列入。这些人可以作为参加工作的人员一一列入致谢部分,或排于脚注。如责任者有必要附注汉语拼音时,必须遵照国家规定,即姓在名前,名连成一词,不加连字符,不缩写。

为了国际交流,学术论文应有外文(多用英文)责任者。

③摘要。

摘要是对学术论文的内容不加注释和评论的简短陈述。

摘要一般置于题名和作者之后、正文之前;长篇学术论文(单行本),可以用另页置于题名页之后。

为了国际交流,学术论文应有外文(多用英文)摘要。

中文摘要一般不宜超过 200～300 字,外文摘要不宜超过 250 个实词。如遇特殊需要(如评审、参加学术会议等),字数可以略多。

④关键词。

关键词是为了文献标引工作从学术论文中选取出来用以表示全文主题内容信息款目的单词或术语。

关键词以显著的字符另起一行,排在摘要的左下方。

为了国际交流,学术论文应有外文(多用英文)关键词。

每篇学术论文,选取 3～8 个词作为关键词。

⑤引言(或绪论)。

引言(或绪论)应简要说明研究工作的目的、范围、相关领域的前人工作和知识空白、理论基础和分析、研究设想、研究方法和实验设计、预期结果和意义等。

⑥正文。

正文是学术论文的核心部分,占主要篇幅,可以包括调查对象、实验和观测方法、仪器设备、材料原料、实验和观测结果、计算方法和编程原理、数据资料、经过加工整理的图表、形成的

论点和导出的结论等。

研究工作涉及的学科、选题、研究方法、工作进程、结果表达方式等有很大的差异，因此对正文内容不能作统一的规定。

⑦结论。

结论是学术论文最终的、总体的结论，不是正文中各段的小结的简单重复。

如果不可能导出应有的结论，也可以没有结论而进行必要的讨论。可以在结论或讨论中提出建议、研究设想、仪器设备改进意见、尚待解决的问题等。

⑧致谢。

学术论文可以在正文后对下列方面表示感谢：国家科学基金、资助研究工作的奖学金基金、合同单位、资助或支持的企业、组织成个人；协助完成研究工作和提供便利条件的组织或个人；在研究工作中提出建议和提供帮助的人；给予转载和引用权的资料、图片、文献、研究思想和设想的所有者；其他应感谢的组织或个人。

（3）长篇学术论文（单行本），除题名、责任者、摘要、关键词外，还需以下“前置部分”。

①封面。

封面是学术论文的外表面，提供应有的信息，并起保护作用。

学术论文如作为期刊、书或其他出版物的一部分，无需封面；如作为预印本、抽印本等单行本时，可以有封面。

封面包括下列内容：

分类号：在左上角注明，便于信息交换和处理。一般应注明《中国图书资料分类法》的类号，同时应尽可能注明《国际十进分类法 UDC》的类号。

密级：视学术论文的内容，按国家规定的保密条例，在右上角注明。如系公开发行，不注密级。

题名和副题名或分册题名：用大号字标注于明显地位。

卷、分册、篇的序号和名称：如系全一册，无需此项。

版本：如草案、初稿、修订版等。如系初版，无需此项。

责任者：包括论文的作者、学位论文的导师、评阅人、答辩委员会主席，以及学位授予单位等。

申请学位级别：应按《中华人民共和国学位条例暂行实施办法》所规定的名称进行标注。

专业名称：系指学位论文作者主修专业的名称。

工作完成日期：包括学位论文提交日期，学位论文答辩日期，学位授予日期，出版部门收到日期（必要时）。

出版项：出版地及出版者名称，出版年、月、日（必要时）。

②题名页。

题名页是对学术论文进行著录的依据。

题名页置于封二和衬页之后，成为另页的右页。

学术论文如分装两册以上，每一分册均应各有其题名页。在题名页上注明分册名称和序号。

题名页除封面应有的内容并取得一致外，还应包括单位名称和地址，在封面上未列出的责

任者职务、职称、学位、单位名称和地址，参加部分工作的合作者姓名。

③变异本。

为了适应某种需要，学术论文除正式的全文正本以外，有时还要求有某种变异本，如节本、摘录本、为送请评审用的详细摘要本、为摘取所需内容的改写本等。

变异本的封面上必须标明“节本”“摘录本”“改写本”字样；其余应注明项目，参见封面的规定执行。

④序(或前言)。

学术论文的序(或前言)，一般是作者或他人对本篇学术论文基本特征的简介，如说明研究工作缘起、背景、宗旨、目的、意义、编写体例，以及资助、支持、协作经过等。

这些内容也可以在正文引言中说明，序(或前言)并非必要。

⑤目次页。

目次页由学术论文的篇、章、条、附录、题录等的序号、名称和页码组成，另页排在序(或前言)之后。

整套学术论文分卷编制时，每一分卷均应有全部论文内容的目次页。

⑥插图和附表清单。

学术论文中如插图和附表较多，可以分别列出清单，置于目次页之后。

插图清单应有序号、图题和页码。附表清单应有序号、表题和页码。

⑦符号、标志、缩略词、首字母缩写、计量单位、名词、术语等的注释说明汇集表应置于插图和附表清单之后。

(4) 长篇学术论文(单行本)，可能还需“附录部分”。

下列内容可以作为附录编于学术论文后，也可以另编成册：为了整篇学术论文材料的完整，但编入正文又有损于编排的条理和逻辑性，这一类材料包括比正文更为详尽的信息、研究方法和技术更深入的叙述，建议可以阅读的参考文献题录，对了解正文内容有用的补充信息等；由于篇幅过大或取材于复制品而不便于编入正文的材料；不便于编入正文的罕见珍贵资料；对一般读者并非必要阅读，但对本专业同行有参考价值的资料；某些重要的原始数据、数学推导、计算程序、框图、结构图、注释、统计表、计算机打印输出件等。

每一附录均另页起。如学术论文分装几册，凡属于某一册的附录应置于该册正文之后。

附录与正文连续编页码。

(5) 长篇学术论文(单行本)，必要时还需“结尾部分”。

结尾部分包括：为了将学术论文迅速存储入电子计算机而提供的有关输入数据；分类索引、著者索引、关键词索引等；封三和封底(包括版权页)。

四、学术论文的写法

(一) 对选题的要求

在学术上有理论意义，或在实际工作中有现实意义；摸清自己要研究的课题以前有人研究过没有，研究的成果如何，结论是什么，有哪些需要补充或修订，是不是还有遗留的问题需要进一步研究，从大量文献资料中看出自己的研究课题所要达到的“终点”，从而找到课题的“起点”；结合自己的知识结构，扬长避短，“小题大做”。

（二）题名的写法

题名所用每一词语必须考虑到有助于选定关键词和编制题录、索引等二次文献可以提供检索的特定实用信息；应该避免使用不常见的缩略词、首字母缩写字、字符、代号和公式等。

题名在整本学术论文中不同地方出现时，应完全相同；但眉题可以节略。

（三）摘要的写法

摘要应具有独立性和自明性，即不阅读论文的全文，就能获得必要的信息。摘要中有数据、有结论，是一篇完整的短文，可以独立使用，可以引用，可以用于工艺推广。摘要的内容应包含与论文同等量的主要信息，供读者确定有无必要阅读全文，也供文摘等二次文献采用。摘要一般应说明研究工作目的、实验方法、结果和最终结论等，而重点是结果和结论。

除了实在无变通办法可用以外，摘要中不用图、表、化学结构式、非公知公用的符号和术语。

（四）关键词的写法

如有可能，尽量用《汉语主题词表》等词表提供的规范词。

（五）引言（或绪论）的写法

引言（或绪论）应言简意赅，不要与摘要雷同，不要成为摘要的注释。一般教科书中有的知识，在引言（或绪论）中不必赘述。

引言（或绪论）可以只用小段文字；但是，为了反映作者确已掌握了坚实的基础理论和系统的专门知识，具有开阔的科学视野，对研究方案作了充分论证，因此，有关历史回顾和前人工作的综合评述，以及理论分析等，也可以单独成章，用足够的文字叙述。

（六）正文的写法

1. 层次划分和编排方法

正文是论文的主要组成部分，题序层次是文章结构的框架。一般来说，本科毕业论文目录按三级标题编写，目前通用的三级标题序次结构有以下三种：

第一种序次：第一章、第一节、一……

第二种序次：一、（一）、1……

第三种序次：1、1.1、1.1.1……

如果有前言或其他类似形式的章，可以不编序号，也可以编为“0”。

题序层次编排格式为：章条编号一律左顶格，编号后空一个字距，再写章条题名。题名下面的文字一般另起一行，也可在题名后，但要与题名空一个字距。如在条以下仍需分层，则通常用 a，b，……或 1），2），……编序，左空 2 个字距。

打印论文，论文题目用黑体一号字，居中放置，并且距下文双倍行距。第一级（章）题序和题名用黑体小二号字，第二级（条）题序和题名用黑体小三号字，第三级（条）题序和题名用黑体四号字，各级与上下文间均单倍行距。正文各层次内容用宋体小四号字（英文用新罗马体 12），单倍行距。

2. 图，表，数学、物理和化学式，计量单位，符号和缩略词

（1）图。

图包括曲线图、构造图、示意图、图解、框图、流程图、记录图、布置图、地图、照片、图版等。

图应具有自明性，即只看图、图题和图例，不阅读正文，就可理解图意。每一图应有简短确切的题名，连同图号置于图下。必要时，应将图上的符号、标记、代码，以及实验条件等，用最简练的文字，横排于图题下方，作为图例说明。

曲线图的纵横坐标必须标注“量、标准规定符号、单位”。此三者只有在不必要标明（如无量纲等）的情况下方可省略。坐标上标注的量的符号和缩略词必须与正文中一致。

照片图要求主题和主要显示部分的轮廓鲜明，便于制版。如用放大缩小的复制品，必须清晰，反差适中。照片上应该有表示目的物尺寸的标度。

（2）表。

表的编排，一般是内容和测试项目由左至右横读，数据依序竖排。表应有自明性。每一表应有简短确切的题名，连同表号置于表上。必要时应将表中的符号、标记、代码，以及需要说明事项，以最简练的文字，横排于表题下，作为表注，也可以附注于表下。表内附注的序号宜用小号阿拉伯数字并加圆括号置于被标注对象的右上角，不宜用星号“*”，以免与数学上共轭和物质转移的符号相混。表的各栏均应标明“量或测试项目、标准规定符号、单位”。只有在无必要标注的情况下方可省略。表中的缩略调和符号，必须与正文中一致。表内同一栏的数字必须上下对齐。表内不宜用“同上”“同左”和类似词，一律填入具体数字或文字。表内“空白”代表未测或无此项，“—”或“…”（因“—”可能与代表阴性反应相混）代表未发现，“0”代表实测结果确为零。

如数据已绘成曲线图，可不再列表。

（3）数学、物理和化学式。

正文中的公式、算式或方程式等应编排序号。序号标注于该式所在行（当有续行时，应标注于最后一行）的最右边。较长的式，另行居中横排。如式必须转行时，只能在＋，－，×，÷，＜，＞处转行。上下式尽可能在等号“＝”处对齐。小数点用“.”表示。大于999的整数和多于三位数的小数，一律用半个阿拉伯数字符的小间隔分开，不用千位撇。对于纯小数应将0列于小数点之前。

应注意区别各种字符，如拉丁文、希腊文、俄文、德文花体、草体；罗马数字和阿拉伯数字；字符的正斜体、黑白体、大小写、上下角标（特别是多层次，如“三踏步”）、上下偏差等。

（4）计量单位。

按《中华人民共和国法定计量单位》《中华人民共和国法定计量单位使用方法》的规定执行。

（5）符号和缩略词。

按有关国家标准执行。如无标准可循，可采纳中学科或本专业的权威性机构或学术固体所公布的规定；也可以采用全国自然科学名词审定委员会编印的各学科词汇的用词。如不得不引用某些不是公知公用的，且又不易为同行读者所理解的，或系作者自定的符号、记号、缩略词、首字母缩写字等时，均应在第一次出现时一一加以说明，给以明确的定义。

（七）结论的写法

结论应该准确、完整、明确、精练。

（八）注释的标注方法

采用“顺序编码制”，将阿拉伯数字置于圆圈内，在需注释的词语的右上角标引，并采用“脚注”方式。

(九)参考文献著录规则

按《信息与文献　参考文献著录规则》(GB/T 7714—2015)的规定执行。

1. 著录信息源

参考文献的著录信息源是被著录的信息资源本身。

专著、论文集、学位论文、报告、专利文献等可依据封面、题名页、版权页等主要信息资源著录;专著中的析出文献、连续出版物中的析出文献可依据参考文献本身著录析出文献的信息,并依据封面、题名页、版权页等主要信息源著录析出文献的出处;电子资源可依据特定网址中的信息著录。

2. 著录用文字

参考文献原则上要求用信息资源本身的语种著录。必要时,可采用双语著录。用双语著录时,首先应用信息资源的原语种著录,然后用其他语种著录。

著录数字时,应保持信息资源原有的形式;但是,版次、出版年、卷期号、引用日期、更新或修改日期、页码、顺序编码制的参考文献序号等,应用阿拉伯数字表示。外文书的版次,用序数词的缩写形式表示。

个人著者,其姓全部著录,字母全大写;名可缩写为首字母,如用首字母无法识别该人名时,则用全名。

出版项中附在出版地之后的国名、州名、省名等以及作为限定语的机关团体名称,可按国际公认的方法缩写。

西文期刊刊名的缩写可参照 ISO4 的规定。

著录西文文献时,大写字母的使用要符合信息资源本身文种的习惯用法。

3. 著录用符号

著录用符号为前置符。按“顺序编码制”组织的参考文献中的各篇文献序号,用方括号,如[1][2][3]……;按“著者-出版年制”组织的参考文献表中的第一个著录项目前,不使用任何标识符号。

著录用符号有:

.用于题名项、析出文献题名项、其他责任者、析出文献其他责任者、连续出版物的“年卷期或其他标识”项、版本项、出版项、连续出版物中析出文献的出处项、获取和访问路径以及数字对象唯一标识符前。每一条参考文献的结尾可用“.”号。

:用于其他题名信息、出版者、引文页码、析出文献的页码前。

,用于同一著作方式的责任者、“等”“译”字样、出版年、期刊年卷期标识中的年和卷号前。

;用于同一责任者的合订题名以及期刊后续的年卷期标识与页码前。

//用于专著中析出文献的出处项前。

(　)用于期刊年卷期标识中的期号、报纸的版次、电子资源的更新或修改日期以及非公元纪年的出版年。

[　]用于文献序号、文献类型标识、电子资源的引用日期以及自拟的信息。

/用于合期的期号间以及文献载体标识前。

-用于起讫序号和起讫页码间。

4. 文献类型标识和文献载体标识

文献类型标识：普通图书 M，会议录 C，汇编 G，报纸 N，期刊 J，学位论文 D，报告 R，标准 S，专利 P，数据库 DB，计算机程序 CP，电子公告 EB，档案 A，舆图 CM，数据集 DS，其他 Z。

文献载体标识：磁带 MT，磁盘 DK，光盘 CD，联机网络 OL。

5. 著录细则

(1) 主要责任者或其他责任者。

个人著者采用姓在前名在后的著录形式。欧美著者的名可用缩写字母，缩写名后省略缩写点。欧美著者的中译名只著录其姓；同姓不同名的欧美著者，其中译名不仅要著录其姓，还需著录其名的首字母。依据 GB/T 28039—2011 的规定，用汉语拼音书写的人名，姓全大写，其名可缩写，取每个汉字拼音的首字母。

著作方式相同的责任者不超过 3 个时，全部照录；超过 3 个时，只著录前 3 个责任者，其后加“，等”或与之相应的词。

无责任者或责任者情况不明的文献，“主要责任者”项应注明“佚名”或与之相应的词。凡采用“顺序编码制”组织的参考文献可省略此项，直接著录题名。

凡是对文献负责的机关团体名称，通常根据著录信息源著录。机关团体名称应由上至下分级著录，上下级间用“.”分隔，用汉字书写的机关团体名称除外。

(2) 题名。

题名包括书名、刊名、报纸名、专利题名、报告名、标准名、学位论文名、档案名、舆图名、析出的文献名等。题名按著录信息源所载的内容著录。

同一责任者的多个合订题名，著录前 3 个合订题名。对于不同责任者的多个合订题名，可只著录第一个或处于显要位置的合订题名。在参考文献中不著录并列题名。

文献类型标识和文献载体标识详见前文。电子资源既要著录文献类型标识，也要著录文献载体标识。

其他题名信息可根据文献外部特征的具体情况决定取舍。其他题目信息包括副题名，说明题名文字，多卷书的分卷书名、卷次、册次、专利号、报告号、标准号等。

(3) 版本。

第 1 版不著录，其他版本说明需著录。版本用阿拉伯数字、序数缩写形式或其他标识表示，如“2 版”“新 1 版”等。古籍的版本可著录“写本”“抄本”“刻本”“活字本”等。

(4) 出版项。

出版项应按出版地、出版者、出版年顺序著录。

①出版地。

出版地著录出版者所在地的城市名称。对同名异地或不为人们熟悉的城市名，宜在城市名后附国名、州名或省名等限定语。

文献中载有多个出版地，只著录第一个或处于显要位置的出版地。

无出版地的中文文献著录“出版地不详”，外文文献著录“S. I”，并置于方括号内。无出版地的电子资源可省略此项。

②出版者。

出版者可按著录信息源所载的形式著录，也可按国际公认的简化形式或缩写形式著录。

文献中载有多个出版者，只著录第一个或处于显要位置的出版者。

无出版者的中文文献著录“出版者不详”，外文文献著录“s. n.”，并置于方括号内。无出版者的电子资源可省略此项。

③出版年。

出版年采用公元纪年，并用阿拉伯数字著录。若有其他纪年形式，则将原有的纪年形式置于“(　)”内。

出版年无法确定时，可依次选用版权年、印刷年、估计的出版年。估计的出版年应置于方括号内。

报纸的出版日期按“YYYY-MM-DD”格式用阿拉伯数字著录。

公告日期、更新日期、引用日期

依据 GB/T 7408-2005，专利文献的公告日期或公开日期按“YYYY-MM-DD”格式用阿拉伯数字著录。

依据 GB/T 7408-2005，电子资源的更新或修改日期、引用日期按“YYYY-MM-DD”格式用阿拉伯数字著录。

(5) 页码。

专著或期刊中析出文献的页码或引文页码，应用阿拉伯数字著录；引自序言或扉页题词的页码，可按实际情况著录。

(6) 获取和访问路径。

应根据电子资源在互联网中的实际情况著录其获取和访问路径。

(7) 数字对象唯一标识符。

获取和访问路径中不含数字对象唯一标识符时，可依原文如实著录数字对象唯一标识符；否则，可省略数字对象唯一标识符。

(8) 析出文献。

凡是从专著中析出具有独立著者、独立篇名的文献，按后文“专著中的析出文献”的有关规定著录，其析出文献与源文献的关系用“//”表示；凡是从报刊中析出具有独立著者、独立篇名的文献，按后文“连续出版物中的析出文献”的有关规定著录，其析出文献与源文献的关系用“.”表示。

凡是从期刊中析出的文献，应在刊名之后注明其年份、卷、期、页码。阅读型参考文献的页码，著录文献的起讫页或起始页，引文参考文献的页码，著录引用信息所在页。

对从合期中析出的文献，按前段规则著录，并在圆括号内注明合期号。

凡是在同一期刊上连载的文献，其后续部分不必另行著录，可在原参考文献后直接注明后续部分的年、卷、期、页码等。

凡是从报纸中析出的文献，应在报纸名后著录其出版日期与版次。

6. 著录项目与著录格式

参考文献设必备项目与选择项目。凡是标注“任选”字样的著录项目系参考文献的选择项目，其余均为必备项目。

(1) 专著。

主要责任者. 题名：其他题名信息[文献类型标识/文献载体标识(任选)]. 其他责任者(任

选). 版本项. 出版地:出版者,出版年:引文页码[引用日期]. 获取和访问路径(电子资源必备). 数字对象唯一标识符(电子资源必备).

例如:陈登原. 国史旧闻:第 1 卷[M]. 北京:中国书局,2000:29.

(2) 专著中的析出文献。

析出文献主要责任者. 析出文献题名[文献类型标识/文献载体标识(任选)]. 析出文献其他责任者(任选)//专著主要责任者. 专著题名:其他题名信息. 版本项. 出版地:出版者,出版年:析出文献的页码[引用日期]. 获取和访问路径(电子资源必备). 数字对象唯一标识符(电子资源必备).

例如:周易外传:卷 5[M]//王夫之. 船山全书:第 6 册. 长沙:岳麓书社,2011:1109.

(3) 连续出版物。

主要责任者. 题名:其他题名信息[文献类型标识/文献载体标识(任选)]. 年,卷(期)-年,卷(期)(任选). 出版地:出版者,出版年[引用日期]. 获取和访问路径(电子资源必备). 数字对象唯一标识符(电子资源必备).

例如:中国图书馆学会. 图书馆学通讯[J]. 1957(1)-1990(4). 北京:北京图书馆,1957-1990.

(4) 连续出版物中的析出文献。

析出文献主要责任者. 析出文献题名[文献类型标识/文献载体标识(任选)]. 连续出版物题名:其他题名信息,年,卷(期):页码[引用日期]. 获取和访问路径(电子资源必备). 数字对象唯一标识符(电子资源必备).

例如:袁训来,陈哲,肖书海,等. 蓝天生物群:一个认识多细胞生物起源和早期演化的新窗口[J]. 科学通报,2012,57(34):3219.

(5) 专利文献。

专利申请者或所有者. 专利题名:专利号[文献类型标识/文献载体标识(任选)]. 公告日期或公开日期[引用日期]. 获取和访问路径(电子资源必备). 数字对象唯一标识符(电子资源必备).

例如:邓一刚. 全智能节电器:200610171314. 3[P]. 2006-12-13.

(6) 电子资源。

主要责任者. 题名:其他题名信息[文献类型标识/文献载体标识(任选)]. 出版地:出版者,出版年:引文页码(更新或修改日期)[引用日期]. 获取和访问路径. 数字对象唯一标识符.

例如:中国互联网络信息中心. 第 29 次中国互联网络发展现状统计报告[R/OL]. (2012-01-16)[2013-03-08]. http//www. cnnic. net. cn/hlwfzyj/hlwxzbg/201201/P020120709345264469680. pdf.

7. 参考文献表

参考文献表可以按“顺序编码制”组织,也可以按“著者-出版年制”组织。引文参考文献既可以集中著录在文后或书末,也可以分散著录在页下端;阅读型参考文献著录在文后、书的各章节后或书末。

(1) 顺序编码制。

参考文献表按“顺序编码制”组织时,各篇文献应按正文部分标注的序号依次列出。

（2）著者-出版年制。

参考文献表按“著者-出版年制”组织时，各篇文献首先按文种集中，可分为中文、日文、西文、俄文、其他文种5部分；然后按著者字顺和出版年排列。中文文献可以按著者汉语拼音字顺排列，也可以按著者的笔画笔顺排列。

8. 参考文献标注法

正文中引用的文献的标注方法可以采用“顺序编码制”，也可以采用“著者-出版年制”。

（1）顺序编码制。

“顺序编码制”是按正文中引用的文献出现的先后顺序连续编码，将序号置于方括号中。采用脚注方式时，序号可由计算机自动生成圈码。

同一处引用多篇文献时，应将各篇文献的序号在方括号内全部列出，各序号间用“，”。如遇连续序号，起讫序号间用短横线连接。此规则不适用于用计算机自动编码的序号。

多次引用同一著者的同一文献时，在正文中标注首次引用的文献序号，并在序号的“[ ]”外著录引文页码。用计算机自动编序号时，应重复著录参考文献，但参考文献表中的著录项目可简化为文献序号及引文页码。

（2）著者-出版年制。

正文中引用的文献采用“著者-出版年制”时，各篇文献的标注内容由著者姓氏与出版年构成，并置于“（ ）”内。倘若只标注著者姓氏无法识别该人名时，可标注著者姓名，例如中国人、韩国人、日本人用汉字书写的姓名。集体著者著述的文献可标注机关团体名称。倘若正文中已提及著者姓名，则在其后的“（ ）”内只著录出版年。

正文中引用多著者文献时，对欧美著者只需标注第一个著者的姓，其后附“etal.”；对中国著者应标注第一著者的姓名，其后附“等”字。姓氏与“et al.”“等”之间留适当空隙。

在参考文献表中著录同一著者在同一年出版的多篇文献时，出版年后应用小写字母a，b，c……区别。

多次引用同一著者的同一文献，在正文中标注著者与出版年，并在“（ ）”外以角标的形式著录引文页码。

例文分析

例文一：

房屋租赁合同

出租人魏××（以下简称甲方）。

承租人吴××（以下简称乙方）。

甲方自愿将坐落于××市黄龙住宅区（7区）临风6幢405室房屋1套（面积153平方米）租给乙方居住。为避免发生纠纷，经甲乙双方协商，订立本合同。

一、租期1年，从20××年11月10日起至20××年11月9日止。月租金1400.00元整。乙方必须于本合同签字之日付给甲方上半年租金共计8400.00元整。下半年租金共计8400.00元整，乙方必须于20××年5月9日之前一次付清。乙方是否付给租金，以甲方出具

的收据为准。

二、甲方若出售该房屋，则可提前收回该房屋，退给乙方剩余月份的租金，不赔偿乙方其他损失；除此之外，甲方不得以其他理由提前收回该房屋，每提前1天按60.00元整赔偿乙方损失。乙方必须于20××年11月9日24时之前无条件搬出该房屋，每滞留一天按60.00元整赔偿甲方损失；在同等租金下，乙方有优先续租权。

三、租期内，该房屋及其附属设施设备损坏，由乙方按价赔偿；该房屋的水电费、物业管理费、有线电视收视费、托管费等，均由乙方负责付清；因漏水等原因造成邻居财产损失，由乙方负责赔偿。甲方收取乙方房屋及其附属设施设备、水电、物业、有线电视收视等押金共计500.00元整。租期满后，该房屋及其附属设施设备完好，水电费、物业管理费、有线电视收视费等结清后，押金余款退还乙方。

四、因该房屋为乙方续租，故电费只收到20××年11月2日；该房屋20××年11月3日至20××年11月9日的电费，转至本租期内收取。电费、水费、物业管理费、有线电视收视费等缴纳情况，以有关部门出具的正规票据为准。

五、租期内，乙方不得利用该房屋从事非法活动，否则后果自负；乙方也不得将该房屋转租，否则甲方不予承认。

六、未尽事宜，甲乙双方协商解决。

七、本合同经甲乙双方签字后生效。

八、本合同一式两份，甲乙双方各执一份。

甲方　魏××(签字)

身份证号码××××××××××××××××××。

联系电话：130××××5051

乙方　吴××(签字)

身份证号码××××××××××××××××××。

联系电话：138××××7388

20××年11月8日

分析：

这是一份自然人之间签订的合同。其中，一至五为法定条款，六至八为约定条款。

例文二：

大理石装修效果

用××大理石瓷砖

九大发明

表面、通体媲美天然大理石

全国明码实价

节省顾客的金钱和时间

高档装修

不用大理石，就用××

××大理石瓷砖,出口意大利、法国等60多个国家

××旗舰店:××区半腰桥陶瓷品市场特区1号奥泰建材

服务热线:0×××-89708222(××)400105××××(全国)

分析:

这是一份商品广告文案,由标题、正文和随文三部分组成。其中,正文中间"高档装修/不用大理石,就用××"一句为广告标语,其余内容为商品信息。

例文三:

2015××县青少年××夏令营

点燃夏日激情　舞动精彩童年

享受阳光　拥抱海洋

因为专业　所以精彩

因为细心　所以安全

2015××县青少年××夏令营是由××区青少年宫主办、由××文洲教育精心筹备和组织的一次青少年暑期校外教育实践活动。

一、活动特色

为了丰富广大少年儿童的假期生活,着力培养孩子的自立、自理、自强的综合能力,让我们一起手拉手,点燃夏日激情,舞动精彩童年,玩转××,放飞梦想,感受××的无限魅力,领略海岛的无穷风情,体验海洋的灿烂文化。

二、活动时间

2015年7月1日—5日,5天。

三、招收对象及名额

全县2年级以上身体健康的小学生50名,额满为止。

四、报名时间

2015年6月6日—22日,上午8:00-11:30,下午2:00-5:00。

五、报名办法

1. 现场报名:××红蜻蜓大楼3楼(梦江酒店隔壁)文洲教育服务台,携带户口本复印件,现场填写报名表、交费。

2. 网上报名:在××网分类消息栏目下载附件(报名表),填写完整资料后发送至mys733@126.com邮箱。然后编辑短信"孩子姓名+夏令营报名"发送137××××4706手机号索取交费账号。报名成功以实际交费为准。

六、收费标准

2480元/人。

七、服务标准

1. 住宿:标准房,一间2床,1人1床。

2. 就餐:正餐300元/10人标准。

3. 交通:动车、豪华空调大巴,1人1座。

4. 保险：车辆每座保险50万/人，旅行责任险及意外险3万/人。

5. 装备：统一发放背包、上衣、帽子等价值数百元的装备。

6. 辅导：每10人全程配备1名优秀辅导员进行精心照顾和指导。

7. 奖励：举行颁奖仪式，颁发证书，价值上百元精美奖品一份。

八、咨询电话

0×××-67382788，67990999，137××××4706，137××××6701。

九、备注说明

1. 若出现动车票预定不到，则全程大巴往返。

2. 若遇到天气原因，活动内容进行适当调整，但总量不变。

3. 如遇台风等恶劣气候不可抗拒因素，举办方有权推迟或取消本次活动。

附件：1.《2015××县青少年××夏令营行程表》

（略）

2.《2015××县青少年××夏令营报名表》

（略）

分析：

这是一份服务广告文案，由标题、正文和附件三部分组成。编者略有改动。其中，正文开始“点燃夏日激情 舞动精彩童年”“享受阳光 拥抱海洋”“因为专业 所以精彩”“因为细心 所以安全”四句为广告标语，其余内容为服务信息。随文内容已融入正文。

例文四：

刑事自诉状

自诉人：×××，女，1973年2月1日生，汉族，××人，××市2501厂工人，住××市长安路2100号。

被告人：×××，男，27岁，汉族，××人，××市2501厂工人，住××市石小路100-15号。

案由和诉讼请求：

被告人×××犯侮辱罪、诽谤罪，要求依法追究其刑事责任。

事实与理由：

自诉人同被告人都是2501厂三车间工人，平时在工作上有一些联系，关系一般。20××年2月，被告人写信向自诉人求爱，遭到自诉人婉言拒绝，被告人仍不死心，又连续两次写信向自诉人求爱。为了摆脱被告人的纠缠，自诉人找被告人谈话，给予严肃警告，并告知被告人说：“我已有男朋友了，请勿自作多情。”谁知被告人便怀恨在心，伺机报复。20××年10月2日，被告人从车间主任赵××那里打听到自诉人与本市××厂工会干部秦××正在恋爱，便于10月6日上午，将一张侮辱自诉人人格的小字报贴在厂食堂门口醒目处，午饭时许多群众围观，轰动了全厂。被告人在小字报中捏造事实，无中生有地诽谤自诉人，胡说自诉人不讲道德，见异思迁，无情地割断了与被告人的恋爱关系。还造谣说自诉人与秦××建立恋爱关系是为了骗取钱财，才认识秦××几天就在××公园乱搞两性关系，当场被警察抓住，受到罚款处理。完全是胡编乱造，毫无事实根据。

10月6日下午，厂保卫科人员经过调查，很快掌握了可靠证据，证实了小字报是被告人自写自贴。于是，保卫人员对被告人进行了严厉的批评，被告人表示愿意在车间大会上向自诉人赔礼道歉。当日下午5时下班后，车间主任召开大会让被告人检查，被告人态度忽然蛮横起来，当众胡说八道："小字报说的是事实，绝对可靠！"并回过头来对自诉人破口大骂："破鞋！破鞋！"又一次公然侮辱、诽谤自诉人，其气焰之嚣张，实令人难以容忍！

以上事实说明，被告人为了报复，利用张贴小字报和车间大会等形式对自诉人造谣生事，肆意侮辱、诽谤，败坏自诉人的名誉，其行为已触犯了《中华人民共和国刑法》第246条之规定，构成侮辱罪和诽谤罪。自诉人认为拒绝被告人求爱是行使公民的权利，行为正当，无可非议，被告人因此怀恨在心，采取卑劣手段发泄私愤，故意把人搞臭，足见其灵魂肮脏；被告人表面上愿意在会上作检查，向自诉人赔礼道歉，实际上借开会之机，又一次在大庭广众之下对自诉人进行侮辱诽谤，其行为十分恶劣。被告人的行为侮辱了自诉人人格，败坏了自诉人的名誉，在精神上给自诉人很大的刺激，在不明真相的群众中造成了难以挽回的坏影响。故自诉人特提起诉讼，请依法追究被告人的刑事责任。

证据和证据来源，证人姓名和住址：

1. 被告人张贴的小字报影印件1份；

2. 厂保卫科调查材料复印件10份。

此致

××市××区人民法院

自诉人：×××

20××年10月30日

附：本诉状副本1份

分析：

这是一份刑事自诉状，编者略有改动。

例文五：

民事起诉状

原告：杨××，男，1966年7月15日生，汉族，××银行职员，住××市××区××街道12组97号。联系方式：×××××××。

被告：李××，男，住××市××区××街道18组12号。

诉讼请求：

1. 李××返还杨××欠款18000元人民币。

2. 诉讼费××元由李××承担。

事实与理由：

201×年1月1日，李××因经营资金紧张向杨××借款18000元用于周转，写下借条并约定6个月后一次还清欠款，利息按照银行利息支付。到期后，李××以没钱为由拒绝归还。

证据和证据来源，证人姓名和住址：

1. 李××所写欠条一张。

2. 见证人王××，××市甲区某街道司法所长。

此致

××市××区人民法院

附：本诉状副本 1 份

起诉人 杨××

201×年 12 月 10 日

分析：

这是一份民事起诉状，编者略有改动。

例文六：

行政起诉状

原告黄××，男，××××年 4 月×日出生，汉族，××人，系××省××市××厂干部，现住××省××市××区××街××号。

被告××市土地管理局，地址：××市××区××街××号。

法定代表人×××，局长，联系方式：×××××××××××。

诉讼请求：

一、撤销××市土地管理局的（××）行处字第××号行政处罚决定（见附件 1），根据事实和法律，正确裁决。

二、由被告承担本案的诉讼费用。

事实和理由：

××市土地管理局做出的（××）行处字第××号行政处罚决定（以下简称《决定》）是错误决定。这个《决定》不尊重客观事实，并且错误地援引了法律条款，因此应予撤销。理由如下：

一、《决定》认为，原告没办土地审批划拨手续就施工是违法的。触犯了土地管理法第十一条之规定，并据此作为处罚决定的主要理由。原告认为，这种认定是虚假的，不客观的。原告于××××年 9 月 29 日开始逐级向各级政府主管部门申请翻建住宅楼（见附件 2），面积为 300 平方米。××××年 10 月 17 日，××街道办事处已签批（见附件 3）。××××年 3 月 1 日，××市城建规划处签发建房通知单（见附件 4）。据此，原告动工翻建住宅楼，并于同年 8 月竣工。竣工后，由城规划处按建房通知单验收。验收合格后，于同月 15 日发放了第×号建筑许可证（见附件 5）。

原告认为，上述审批手续合法。城建规划处代表政府行使权力。其审批是有效的，合法的。据查，原告建房期间以及建房之前的审批工作，都由城建规划处负责。这是政府赋予的权力，其他单位和部门，无权干预。原告手持城建规划处的合法批文，并按建房通知单划定的范围施工建房，怎么会被认为“没有土地审批划拨手续”呢？违法又从何谈起呢？是城建规划处的批文违法，还是原告没按批文施工而违法？

二、《决定》本身自相矛盾，适用法律条款不当。《决定》第一自然段，清楚地说明了原告经××市城建规划处批准，翻建 300 平方米住宅，并且发给了第×号建筑许可证。而在第二自然段，又认为“没办土地审批划拨手续，多占地 112.6 平方米”。《决定》既然承认城建规划处的×

号批文，原告按该批文建房就是合法的，应当受到法律保护。如果否定规划处的批文，那么，否定的依据是什么？如果批文无效，应依《土地管理法》第48条规定，由规划处承担相应的民事责任，而不应当处罚原告。《决定》援引《土地管理法》第43条之规定也是不恰当的，此条款是针对全民所有制单位和集体所有制单位而言的，对个人建房并未作出具体规定。其次，《土地管理法》第53条明确规定："当事人对行政处罚决定不服的，可在接到处罚通知之日起30日内，向人民法院起诉"。而土地管理局却擅自将诉讼时效改为15日。因此，原告认为，《决定》并非依法成立。

综上所述，原告认为，《决定》认定的事实与实际不符，其裁决结果，与法律相悖。因此，请法院详查，依法撤销《决定》，尽快公正裁判。

此致

××省××市人民法院

起诉人：黄××

××××年×月×日

附：

1. ××市土地管理局处罚决定书1份
2. 建房申请书1份
3. ××街道办事处的批文
4. ××市城建处签发的建房通知单
5. 第×号建筑许可证

分析：

这是一份行政起诉状，编者略有改动。

例文七：

"辞采"考

魏成春

（温州大学人文学院　浙江温州　325035）

摘要："辞采"一词最早见于东汉刘珍等人编撰的《东观汉记》。辞采有四种不同的写法，即辞采、辞彩、词采和词彩。古代，辞采的含义主要有三个：一是专指华丽的辞藻或文采，二是泛指文辞的色彩或语言，三是特指词汇的色彩。如今，辞采是指语言表达中某个片段的语言特色。它是一个既不同于文采、辞藻，又不同于语体、修辞和语言风格的概念。

关键词：辞采；辞彩；词采；词彩；考证

在汉语中，有一个词使用频率较高，却只被《辞源》收录而未被《辞海》《古代汉语词典》《现代汉语词典》《现代汉语规范词典》《当代汉语词典》《汉语大词典》《中华汉语词典》《中华现代汉语词典》等收录，那就是"辞采"。

一、辞采的出处

据初步考证，"辞采"一词最早见于东汉刘珍等编撰的《东观汉记》。其卷十九列传十四载："陈忠为尚书令，数进忠言，辞采鸿丽，前后所奏悉上于官阁以为故事。"[1]从此，它便不断地变换着写法在我国古代文论以及现当代文论中频繁出现。

古代，以《四库全书》为例，通过上海人民出版社和迪志文化出版有限公司研发的“文渊阁四库全书电子版全文检索系统”，即检索出辞采 679 个。除《四库全书》收录的文献之外，还有许多文献也出现过“辞采”一词。例如：隋代刘善经的《四声论》，明代屠隆的《论诗文》、顾起纶的《国雅品》，清代李渔的《闲情偶寄》、王夫之的《夕堂永日绪论》、吴乔的《围炉诗话》、毛先舒的《诗辩坻》、章学诚的《文史通义》、刘开的《与阮芸台宫保论文书》、潘德舆的《养一斋诗话》、黄图珌的《看山阁集闲笔》、吴梅的《顾曲麈谈》等。

现当代，陈望道的《修辞学发凡》、龚自知的《文章学初编》、王伯熙的《文风简论》、南京大学南京师范大学杭州大学等编写的《古人论写作》、詹锳的《〈文心雕龙〉的风格学》、王凯符吴庚振徐江等编著的《古代文章学概论》、赵则诚张连弟毕万忱等主编的《中国古代文学理论辞典》、蔺羡璧主编的《文章学》等，也曾一次或多次使用过“辞采”一词。

特别应该指出的是，大型工具书《辞源》收录了“辞采”词条；清代李渔的《闲情偶寄》、清代黄图珌的《看山阁集闲笔》、龚自知的《文章学初编》、南京大学南京师范大学杭州大学等编写的《古人论写作》还曾分别将“辞采”单立成一个文论的条目或章节；杨振兰的《现代汉语词彩学》还将“词彩”用在了文献名称里。这说明，“辞采”作为一个专用术语已经得到了人们的格外注意。

二、辞采的写法

在古代汉语里，表示“言词”意思的“cí”有两个，一个是“辞”，另一个是“词”；表示“彩色”意思的“cǎi”也有两个，一个是“采”，另一个是“彩”。先秦以前，人们在表达“言词”和“彩色”这两个意思的时候，一般只说“辞”和“采”，不说“词”和“彩”；两汉以后，人们才逐渐以“词”代“辞”，以“彩”代“采”。于是“cí”和“cǎi”的组合，便形成了“cícǎi”的四种不同写法：辞采、辞彩、词采和词彩。以图示意：

在《四库全书》检索出的 679 个辞采中，写成“辞采”的有 199 个，写成“辞彩”的有 76 个，写成“词采”的有 284 个，写成“词彩”的有 120 个。

辞采的四种不同写法，有三种情况：一种是，同一时代，作者不同，写法不同。如同是南朝梁代，刘勰在《文心雕龙》里写成“辞采”，萧统在《陶渊明集序》里写成“辞彩”，沈约在《宋书》里写成“词采”，钟嵘在《诗品》里写成“词彩”等。一种是，同一作者，在不同的文献里，写法不同。如南朝梁代的萧统，在《文选序》里写成“辞采”，在《陶渊明集序》里写成“辞彩”，而在《昭明太子集》里则写成“词采”等。一种是，同一作者，在同一文献里，写法不同。如南朝梁代的沈约，在《宋书》，五次写成“辞采”，一次写成“词采”，一次写成“词彩”等。

由于“辞”和“词”在“言词”这个意义上可以通用，“采”和“彩”在“彩色”这个意义上也可以通用，因此，“辞采”“辞彩”“词采”和“词彩”从本质上讲是没有什么不同的。换句话说，在运用“辞采”这个概念的时候，采用哪一种写法，是无关紧要的。但是，考虑到“辞采”的术语化问题，笔者把“cícǎi”一律写成“辞采”。

三、辞采的定义

过去，由于“辞采”一词的术语化程度很低，因此人们对它的理解就不完全一致，甚至同一个人对它的理解也不完全一致。大体说来，辞采的含义主要有三个：

1. 专指华丽的辞藻或文采

南北朝梁代的沈约在《宋书》中说："瞻善于文章，辞采之美，与族叔混，族弟灵运相抗。"[2]169 意思是说：谢瞻善长写作，文采之美，与他的同族叔叔谢混和同族弟弟谢灵运不相上下。他在《宋书》中还说："延之与陈郡谢灵运俱以词彩齐名。"[2]366 意思是说：颜延之和谢灵运都是靠文采而享有同样的名望。隋代的刘善经在《四声论》中说："及太和任运，志在辞彩，上之化下，风俗俄移。"[3] 意思是说：到了太和年间，人们写文章都专注华丽的辞藻，上层影响下层，风气一下就变了。唐代的皎然在《诗式》中说："曩者，尝与诸公论康乐为文，真于情性，尚于作用，不顾词彩，而风流自然。"[4] 意思是说：过去，我曾经与朋友们一起评论康乐的创作，认为他的作品感情真挚，作用重大，不注重文采，却风流自然。明代的屠隆在《论诗文》中说："至我明之诗，则不患其不雅，而患其太袭；不患其无辞采，而患其鲜自得也。"[5] 意思是说：到了我们明代的诗歌，就不担忧它不高雅，而担忧它太因袭守旧；不担忧它没有文采，而担忧缺少得意之作。清代的潘德舆在《养一斋诗话》中说："概以质实为病，则浅者尚词采，高者讲风神，皆诗道之外心，有识者之所笑也。"[6] 意思是说：人们大都把质朴平实当作文病，于是浅薄的崇尚文采，高明一点的人讲究神韵，这些都是诗歌创作的外行，为有见识的人所耻笑。这里的"辞采"，都是指华丽的辞藻或文采。

南京大学、南京师范大学、杭州大学等编写的《古人论写作》说："'辞采'问题，历来是文章家争论不休的问题。有的重理轻文，有的则强调文采。其实，从内容和形式统一的观点看，讲究辞采，正是为了更好地表达情理。没有充实的内容，辞采也就无所附丽。"[7] 王凯符、吴庚振、徐江等在《古代文章学概论》中说："人们在写作中，十分讲究词采、声韵、对仗等等，而越来越忽视内容，离写作之'本'越来越厉害。"[8] 赵则诚、张连弟、毕万忱在《中国古代文学理论辞典》中说："文章是社会生活的记录，但有华、实之分，他（指明代王世贞）重视辞采，又反对过分追求辞藻。"[9]130 这里的"辞采"，也都是指华丽的辞藻或文采。

《辞源》对"辞采"的解释是"指文思、才藻"。[10] 这与辞采的这层含义是基本一致的。

2. 泛指文辞的色彩或语言

南北朝梁代的刘勰在《文心雕龙》中说："凡思绪初发，辞采苦杂，心非权衡，势必轻重。"[11]46 意思是说：凡处在构思的初级阶段，都苦于语言庞杂，人的心不是天平，对语言的运用势必或轻或重有所偏差。他在《文心雕龙》中又说："夫才量（童）学文，宜正体制：必以情志为神明，事义为骨髓，辞采为肌肤，宫商为声气。"[11]59 意思是说：有才华的儿童练习作文，应该确立体制：一定要把感情当作文章的精神，把思想当作文章的骨髓，把语言当作文章的肌肉和皮肤，把韵律当作文章的声音和气脉。他在《文心雕龙》中还说："蔚映十代，辞采九变。"[11]63 意思是说：文学兴盛，互相影响，已经过去了十个朝代，这期间，语言经历了多次变化。南北朝梁代的萧统在《陶渊明集原序》中说："其文章不群，辞彩精拔，跌荡昭彰，独超众类。"[12] 意思是说：陶渊明的文章不同凡响，语言精粹突出，跌荡起伏的特点十分明显，超过一般作家。明代的顾起纶在《国雅品》中说："浦合人长源：词彩秀润。"[13] 意思是说：浦合人长源，语言秀丽温润。清代的李渔在《闲情偶寄》中说："曲文之词采，与诗文之词采非但不同，且要判然相反。何也？诗文之词采贵典雅而贱粗俗，宜蕴藉而忌分明。"[14] 意思是说：曲文的语言与诗文的语言不但不同，而且要截然相反。为什么？因为诗文的语言，重视典雅而鄙视粗俗，应该含蓄而禁忌直露。清代的章学诚在《文史通义》中说："陈琳为袁绍草檄，声曹操之罪状，辞采未尝不壮烈也。"[15] 意

思是说:陈琳为袁绍起草檄文,声讨曹操的罪状,语言是慷慨激昂的。这里的"辞采",都是指文辞的色彩或语言。

陈望道在《修辞学发凡》中说:"人又往往以为文言可以做美文,口语只能做应用文。而所谓美文者,又大抵是指辞采美富而说。其实文言的辞采,口语大抵都是可以做到的。"[16]詹锳在《〈文心雕龙〉的风格学》中说:"写章表奏议,可以运用种种不同的辞采,但必须以'典雅'的风格为'准的',不能离格太远。"[17]蔺美璧在《文章学》中说:"文色指的是什么呢?它并不是指那种呈现着赤、橙、黄、绿、青、蓝、紫状态的物理颜色,而是指遣词造句呈现出的一种特殊色泽,即词彩。"[18]117 赵则诚、张连弟、毕万忱在《中国古代文学理论辞典》中说:"司马相如的赋体制宏伟,铺陈写物,辞采华艳。"[10]302 这里的"辞采",也都是指文辞的色彩或语言。

3. 特指词汇的色彩

通常写成"词采"或"词彩",而很少写成"辞采"或"辞彩"。这时,"词"特指词汇;"采"或"彩"取本义,特指"色彩"。蔺美璧在《文章学》中指出,"文色一般可分为两大类,即绚烂与平淡。或者说浓华与朴淡";紧接着,在分析清代的刘咸炘在《文学述林》中提到的"次、声、色、势"四字时更加明确地指出,"'色',即文章的词采,需有'浓淡'"[18]121。杨振兰的《现代汉语词彩学》共分九章:第一章"绪论"从整体上分析和论述了词的色彩意义的含义、特点、类型、作用、存在方式等基本理论问题,第二至第八章分别对词的"感情色彩""形象色彩""风格色彩""时代色彩""外来色彩""民族色彩"和"地方色彩"七种色彩义进行了分析和描写。[19]显然,这里的"词采"或"词彩",都是特指词汇的色彩。

根据以上的分析,笔者为辞采作如下定义:辞采是指语言表达中某个片段的语言特色。常见的辞采有简练、丰腴、质朴、华丽、平实、奇妙、通俗、典雅、自然、精工、明快、含蓄、直率、委婉、庄重、幽默、豪放、婉约、疏放、谨严等。简言之,辞采就是文辞或语辞的色彩。在这里,"文辞"或"语辞"不是指语言表达中所用的词汇或句子,也不是指整个语言表达,而是指语言表达中的某个片段(段落、层次、语段、语篇)——"文辞"即书面语言表达中的某个片段,"语辞"即口头语言表达中的某个片段;"色彩"不取本义而取喻义,即指语言特色。

四、辞采与其他

为了很好地理解辞采的含义,我们有必要将与辞采相关的几个概念提出来,分别和辞采做一下辨异。

1. 辞采与文采

根据《现代汉语词典》的解释,文采有两层含义:一是指华丽的色彩,一是指文艺方面的才华。[20]如果文采是指文艺方面的才华,那么这时辞采和文采就是并列的两个概念:一个针对语言而言,一个针对人而言。比如:你可以说"这个人很有文采",却不能说"这个人很有辞采"。

2. 辞采与辞藻

辞藻是指文章的藻饰,如典故、成语、华丽的词语等;而辞采则是指文辞或语辞的色彩,如简练、丰腴、质朴、华丽等。这就是说,辞藻是一种词汇;而辞采则是运用一定词汇所显现出的语言特色(运用一定的辞藻,便可构成华丽、典雅等辞采)。

古时候,人们常把辞采等同于辞藻;如今,我们确定辞采和辞藻是截然不同的两个概念。

3. 辞采与语体

语体是根据一系列运用语言材料的特点而划分的语言表达体系。它包括“口头语体”和“书面语体”两大类。“书面语体”又包括“文学语体”“科学语体”“政论语体”和“公文语体”四种类型。每一种语体都有其特定的语言运用规律。“语体对使用语言的人是有制约性的”。[21]244

辞采与语体的联系：它们都是根据运用语言（书面语言和口头语言）材料的特点而划分的。

辞采与语体的区别：语体是由同一交际环境下的一系列语言材料构成的，如一切文学作品的语言构成了“文学语体”、一切公文的语言构成了“公文语体”等；而每一篇文章的每一个段落或层次的语言都可构成一种或数种辞采——一篇文章往往具有多种辞采；文章不同，辞采往往不同。

辞采与语体互相依赖、互相制约。一方面，运用不同的辞采，可构成不同的语体；另一方面，在一个特定的语体内，又必须运用相应的辞采。例如：运用简练、质朴、明快、庄重等辞采，可构成“公文语体”；而在撰写公文时，就必须运用简练、质朴、明快、庄重等辞采，至于华丽、含蓄、幽默等辞采则不能运用。

4. 辞采与修辞

修辞是调整或修饰语言以便增强语言表达效果的一种方法，而辞采则是通过修辞所呈现出的语言特色。

辞采与修辞的联系：修辞是手段，而辞采是结果。修辞，是为了创造某种辞采（用以表现特定的内容）。运用不同的修辞手法，可创造出不同的辞采。比如：运用比喻等修辞手法，可创造出华丽的辞采；运用排比等修辞手法，可创造出豪放的辞采等。宋振华、吴士文、张国庆等在《现代汉语修辞学》中指出：“风格是语言实践的总的格调。它是建筑在语法、词汇和修辞的基础上的更高一级的概念。因为它是综合了语言的音和义、词汇和语法及修辞之后才形成的。”[21]9 这就准确地揭示了辞采（语言风格的“分子”）和修辞的关系。

辞采与修辞的区别：修辞针对的是句子，而辞采针对的则是句群（语段）。

5. 辞采与语言风格

语言风格是作家在其一系列文学作品中所体现出来的语言特色；而辞采则是指语言表达中某个片段的语言特色。

辞采与语言风格的联系：对文学作品来说，辞采是构成语言风格的基本单位。或者说，语言风格是由辞采构成的。一种或数种辞采，可构成一种语言风格。如果把语言风格比作“分子”的话，那么辞采就是构成这个“分子”的“原子”。例如，鲁迅的语言风格是“简练、含蓄、幽默、犀利”，这是一个“分子”；而“简练”“含蓄”“幽默”“犀利”就是四种辞采，四个“原子”。

辞采与语言风格的区别：第一，语言风格只针对文学作品而言，而辞采则针对所有的语言表达（包括文学作品）而言。第二，语言风格是“复合体”——它是某作家一系列文学作品的语言个性特点的总和；而辞采则是“单一体”——任何语言表达的任何一个片段都会呈现出一种或数种辞采。

通过以上的辨异，可以看出：辞采是一个既不同于文采、辞藻，又不同于语体、修辞和语言风格的概念。辞采有其特定的内涵和外延。对“语言表达中某个片段的语言特色”的命名或称谓，辞采具有一定的不可替代性。

参考文献

[1] 刘珍,等.东观汉记[C]//文渊阁四库全书:第370册.上海:上海古籍出版社,2003:193.
[2] 沈约.宋书[C]//文渊阁四库全书:第258册.上海:上海古籍出版社,2003.
[3] 刘善经.四声论[C]//郭绍虞.中国历代文论选:第1册.上海:上海古籍出版社,1979:226.
[4] 陶宗仪.说郛[C]//文渊阁四库全书:第880册.上海:上海古籍出版社,2003:399.
[5] 屠隆.论诗文[C]//郭绍虞.中国历代文论选:第3册.上海:上海古籍出版社,1980:148.
[6] 潘德舆.养一斋诗话[C]//郭绍虞.清诗话续编:下.上海:上海古籍出版社,1983:2006-2167.
[7] 南京大学,南京师范大学,杭州大学,等.古人论写作[M].长春:吉林人民出版社,1981:267.
[8] 王凯符,吴庚振,徐江,等.古代文章学概论[M].武昌:武汉大学出版社,1983:50.
[9] 赵则诚,张连弟,毕万忱.中国古代文学理论辞典[M].长春:吉林文史出版社,1985.
[10] 广东广西湖南河南辞源修订组,商务印书馆编辑部.辞源:下册[M].修订本.北京:商务印书馆,2004:3042.
[11] 刘勰.文心雕龙[C]//文渊阁四库全书:第1478册.上海:上海古籍出版社,2003.
[12] 萧统.陶渊明集原序[C]//文渊阁四库全书:第1063册.上海:上海古籍出版社,2003:469.
[13] 顾起纶.国雅品[C]//丁福保.历代诗话续编:下.北京:中华书局,1983:1090-1132.
[14] 李渔.闲情偶寄[C]//俞为民,孙蓉蓉.历代曲话汇编:新编中国古典戏曲论著集成(清代编):第1集.合肥:黄山书社,2008:279.
[15] 章学诚.文史通义[M]//叶瑛.文史通义校注:上.上海:上海古籍出版社,1994:185.
[16] 陈望道.修辞学发凡[M].上海:上海教育出版社,1979:18.
[17] 詹锳.《文心雕龙》的风格学[M].北京:人民文学出版社,1982:71.
[18] 蔺羡璧.文章学[M].天津:南开大学出版社,1985.
[19] 杨振兰.现代汉语词彩学[M].济南:山东大学出版社,1996:1-306.
[20] 中国社会科学院语言研究所词典编辑室.现代汉语词典[M].5版.北京:商务印书馆,2005:1426.
[21] 宋振华,吴士文,张国庆,等.现代汉语修辞学[M].长春:吉林人民出版社,1984.

Textual Research of "CI CAI"

Wei Chengchun

(College of Humanities, Wen Zhou University, Wen Zhou, Zhe Jiang, 325035)

Abstract: the earliest record of the word "CI CAI" is in "DONG GUAN HAN JI", compiled by Liu Zhen of Eastern Han Dynasty. There are four ways to written "CI CAI" in Chinese: 辞采、辞彩、词采 and 词彩. In ancient times, CI CAI has three meanings: firstly, it refers specifically to or nate rhetoric or aptitude for writing; secondly, it generally refers to diction flavour or language; thirdly, it specifically refers to vocabulary flavour. Nowadays, CI CAI refers to linguistic features that a fragment of expressing have. It is a concept, which is

different from aptitude for writing、ornate rhetoric, and also different from the type of writing、rhetoric or language style.

Keywords：辞采；辞彩；词采；词彩；textual research

（选自《温州大学学报（社会科学版）》2012 年第 25 卷第 5 期）

分析：

本文标题、作者、摘要、关键词和参考文献处理得比较规范；正文第一自然段为绪论，本论阐释了四个问题“辞采的出处”“辞采的写法”“辞采的定义”“辞采与其他”，最后一个自然段为结论。

实践训练

一、改错题

1. 请修改下面的合同。

合　同

立合同单位：××大学（我方）

××建筑公司（你方）

为建筑××大学学生活动中心，经双方协商，订立本合同。

一、甲方委托乙方建筑大学生活动中心。

二、全部建筑费（包括材料、人工）共计 1000 万元。

三、甲方在签订合同后先交 500 万元建造费，其余在宿舍建成后抓紧归还所欠部分款。

四、工期待乙方筹备就绪后立即开始，力争今年底开工，争取明年 8 月左右建成移交使用。

五、建筑材料由乙方全面负责筹备。

六、本合用一式两份，双方各执一份。

××大学（公章）　　　　　　××建筑公司（公章）

校长：李××（私章）　　　　　　经理：张××（私章）

2016 年 7 月 1 日

2. 请修改下面的广告文案。

知鸟招聘启事：文案编辑 & 手绘

我们没有高速的电梯，只有 99 步石梯

我们没有高大的写字楼宇，只有前庭后院的一抹平房

天晴时，我们在树荫下荡着秋千

落雨时，我们在火盆旁烤着红薯

是啊，我们最近常常加班

但我们苦逼并快乐的工作着

如果你心动了，就来游乐园里的知鸟策划吧

我们找会工作、会生活的人

简历投递：53724323@qq.com（请附上您的得意之作，我满心期待）

上班地点：会展中心

工资：面议

内容运营文案 4 名

手绘/平面设计 2 名

内容运营文案职位描述：

1-负责撰写相关项目的文案，包括软文、新闻稿、策划案、品牌文案等。2-负责搜集整理项目所涉及的各类资料，包括广告、文案的搜集，并建立资料库。3-负责线上微博、微信、论坛内容运营。4-参与项目创意讨论以及延展。

你需要具备这些技能：

1-中文、新闻相关专业，2 年以上工作经验。2-有扎实的文字功底和较深的广告素养，视野开阔。3-对广告策略有良好的洞察力、控制力和同理心。4-能独立思考和撰写文案，并具有良好的团队协作能力。5-良好的沟通能力。6-熟练掌握专业工具及创作流程。7-对常见的门户网、大型论坛等网络媒体实体的媒体属性、受众群体的熟悉，常见合作形式的熟悉。

手绘插画师职位描述：

1-微信内容插图绘制。2-配合团队进度和要求，进行手绘作品的创作。3-参与项目创意讨论以及延展。

你需要具备这些技能：

1-平面设计、美术以及手绘相关专业，2 年以上工作经验。2-有扎实的美术功底和较深的广告素养，视野开阔，良好的色彩感觉。3-熟练使用手写绘版以及相关设计软件（AI、PS 等）。4-能独立思考，并具有良好的团队协作和沟通能力。

3. 请修改下面的刑事自诉状。

刑事自诉状

自诉人雷×，女，1980 年 1 月 26 日出生，汉族，住所地××省××市××××，电话 139××××××××。

被告人陈×，女，1976 年 8 月 27 日出生，汉族，住所地××省××市××××，电话 158××××××××。

案由：诽谤罪。

诉讼请求：

一、请求法院依法惩处被告人诽谤自诉人的犯罪行为；

二、判决被告人公开向自诉人赔礼道歉、澄清事实，消除其言行造成的恶劣影响；

三、判决被告人赔偿自诉人因被告人的犯罪行为所造成损失 10000 元。

事实与理由：

自诉人与宋××（被告人前夫）20××年 2 月 8 日在世纪佳缘网站认识，交往 2 个月后确定恋爱关系才得知宋××离异 9 个月且有育有一女由被告人代管。自诉人同宋××交往 6 个月后，被告人以宋××“妻子”的身份介入了本人的生活，多次发短息污蔑自诉人是“小三”“贱女人”等等。

20××年 3 月自诉人同宋××恋爱关系的逐渐稳定，被告人更加变本加厉的发短信辱骂

污蔑、恐吓自诉人。20××年10月随着自诉人同宋××婚期的临近，被告人以各种身份或通过他人，打电话到自诉人公司进行私人信息的了解，以应聘者的身份套取公司地址及查询自诉人私人信息，如自诉人在公司的职位，是否在××居住、QQ、微博等等。2××0年1月1日被告人闯入自诉人的同事及好友空间，并发布公告污蔑、辱骂、诽谤自诉人。阅览过此公告的多达100多人全是自诉人的亲朋、好友、同事。

被告人单方面认为能同宋××复合，在与同宋××离婚之后，为了破坏自诉人同宋××恋爱、结婚，故意多次利用手机短信、网络捏造、散播谣言恶意中伤自诉人。被告人对自诉人反复多次通过多种途径辱骂、恐吓、骚扰。其疯狂的举动、下作到极点的行为，给自诉人的生活、工作、名誉、人格尊严造成严重的负面影响，给自诉人心灵造成了无法愈合的伤痛。

为此自诉人请求贵院根据《中华人民共和国刑法》第246条关于诽谤罪的规定、《中华人民共和国刑事诉讼法》204条、205条之规定对被告人进行惩处，维护自诉人的合法权益。

此致

××经济开发区人民法院

自诉人：×××

20××年×月×日

附证据：手机短息及通话记录、QQ空间截图、证人证言等。

4. 请修改下面的民事起诉状。

民事起诉状

原告：王兴，男，××年××月出生，北京市惠诚律师事务所执业律师，住××市××××，手机：136×××× 2655

被告：吕银华，男，××省××市双峰县人民法院副院长，住该院

案由：名誉权纠纷

诉讼请求：

1. 判令被告向原告公开赔礼道歉，消除影响；

2. 判令被告赔偿原告精神损失费人民币一元。

事实与理由：

原告系执业律师，依法接受被告人家属陈芳委托，并经被告人刘勇（老勇，注：因该案另有一同名被告人，为便于区分，以其小名代指）同意，作为其辩护人，参与了由××省××市双峰县人民法院审理的刘义柏等三十六名被告人涉嫌黑社会性质组织犯罪等一案的一审审理。

在参与该案的过程中，原告严格依据《刑事诉讼法》、《律师法》以及律师执业规范的要求，严谨勤勉履行辩护职责，维护被告人的合法权益。在办理该案之前亦未曾因执业活动不当而遭到当事人投诉或行业主管部门惩戒。

但是，在该案一审宣判后尚处于二审期间，该案一审合议庭成员、审判长，双峰县人民法院副院长吕银华（即本案被告），在其名为“脑残审判长”的新浪博客中以《断狱记》为名发表连载文章，对该案的庭审过程进行评点。因其文章涉及该案审理诸多幕后消息以及对多位辩护人的主观评论而引起舆论关注，造成较大影响。后其博客相关博文被加密。

更为甚者，在其《断狱记》第十九篇《拒绝裁定的审判长》中，被告对原告进行了毫无依据的污蔑诽谤。其原文为“从这一天起，张磊大律师要到其他法院走穴，搞点外快，没有出庭，《双峰

记》由王兴大律师来写，王兴大律师很谦虚，将张大律师比作曹雪芹，但称自己不如高鹗。许是王大律师相对年轻，收被告人不干净的银子尚不够多，心还没有完全染黑，记述相对比张大律师要公道，对我“眼花”的言论也没有做什么文章，更没有写毁灭国家之类的咒语。”被告将原告记述“相对公道”的原因归结为原告“收被告人不干净的银子尚不够多，心还没完全染黑”，是一种毫无依据的恶毒攻击。严重损害了原告的职业声誉和社会评价。

其一，原告所在律师事务所与委托人依法签订委托代理协议，收取费用，并指派原告依法提供法律服务，是完全合法的民事行为。刑事被告人家属支付的律师费和民事诉讼当事人交给人民法院的诉讼费在性质上并无不同，完全不存在“干不干净”的问题。而要认定一个公民的收入为非法的“脏钱”，需要严格的法律程序。被告作为具有刑事审判职责的法官，本应具有相当的法律素养和中立审判的公正立场，但其却对刑事被告人充满敌视和偏见，毫无依据地将不特定的刑事被告人的财产认定为“不干净”，已经构成对所有刑事被告人以及可能会成为刑事被告人的所有公民的侮辱和贬低。

其二，原告作为律师，因提供法律服务而收取费用，凭自己本事吃饭，天经地义堂堂正正。收取费用多少完全基于律师事务所与委托人两个民事主体之间自愿平等的合意，受市场规律的支配，实在是不需别人置喙的。被告没有任何事实依据的情况下，无端认定原告收“脏钱”在先，又认为原告因“年轻”而收钱没有同行多，字里行间又对原告业务能力及创收能力进行了贬损。

其三，最恶劣的是，被告作为代表国家行使审判权力的法官，以审判长的名义发表评论文章，却直接污称辩护人“心黑”，实在是恶劣之极。即便依其字面意思理解，原告“心还不够黑”，至少也是在说原告的心“一定程度上已经黑了”。被告此言论，对原告不仅诽谤，更是侮辱。《中华人民共和国法官职业道德基本准则》第四十五条规定，“法官发表文章或者接受媒体采访时，应当保持谨慎的态度，不得针对具体案件和当事人进行不适当的评论，避免因言语不当使公众对司法公正产生合理的怀疑。”《中华人民共和国法官行为规范》第八十三条也规定了“在写作、授课过程中，应当避免对具体案件和有关当事人进行评论，不披露或者使用在工作中获得的国家秘密、商业秘密、个人隐私及其他非公开信息。”但被告无视法官职业要求，没有在判决书中充分、认真、严谨地说理释法，反而在案外针对未审结案件进行大量带有强烈主观偏见的评论，不仅严重干扰了案件的二审审理，更令公众对法院独立行使审判权及审判人员的公正性产生怀疑。而其以在职司法人员的身份所发表的明显侮辱性言论，也造成一定范围内的公众对原告职业声誉的误解及负面评价，使原告的名誉遭受侵害。

基于以上理由，原告特依法诉至贵院，请贵院依法受理或指定其他法院公正审理该案，维护原告的合法权益。谢谢。

此致

××省××市中级人民法院

具状人：王兴

2013年11月19日

附：证据目录

1. 原告身份证明
2. 双峰县法院刑事判决书，证明原告辩护人身份
3. 被告博客文章《断狱记》截图及文字稿

5. 请修改下面的文后参考文献。

[1] 吴承明:“经济史:历史观与方法论”,《中国经济史研究》2001年第三期。

[2] 李伯重:“历史上的经济革命与经济史的研究方法”,《中国社会科学》2001年,第六期。

[3] 熊彼特:《经济分析史》,商务印书馆,1996年。

[4] 李屏南、马伯钧、唐未兵、吴家庆著:《什么是资本主义 怎样对待资本主义》,湖南教育出版社2000年版。

[5] 中共中央文献编辑委员会:《毛泽东选集》第1-4卷,人民出版社1991年版。

[6] 中共中央文献研究室编:《十三大以来重要文献选编(上 下)》,人民出版社1991年版。

[7] (唐)吴兢著:《贞观政要》,内蒙古人民出版社1998年版。

[8] 约翰·希克斯:《经济史理论》,商务印书馆,1987。

[9] 道格拉斯·诺斯著、厉以平译:《西方世界的兴起》,华夏出版社,1999年。

[10] 哈贝马斯著、曹卫东等译:《公共领域的结构转型》,学林出版社,1999年。

二、制作题

1. 请根据下面的材料,拟写一份合同。

××县食品公司拟向××县××乡××村村民王××购买生猪10头、菜牛2头、菜羊20只、家禽100只、鲜蛋500公斤。根据商业部颁发的《生猪、鲜蛋、菜牛、菜羊、家禽购销合同实施办法》的规定,双方经协商签订了一份合同。合同规定了产品的名称(品种)和数量,产品的等级、质量和检疫办法,产品的价格、货款结算与奖售办法,交货期限、地点和方式。合同规定了××县食品公司的违约责任:①未按合同收购或在合同期中退货的,应按未收或退货部分货款总值的10%,向村民王××偿付违约金。②如需提前收购,商得村民王××同意变更合同的,应给村民王××提前收购货款总值的10%的补偿,因特殊原因必须逾期收购的,除比照中国人民银行有关延期付款的规定,按逾期收购部分货款总值计算向村民王××偿付违约金外,还应承担村民王××在此期间所支付的保管费或饲养费,并承担因此而造成的其它实际损失。③对通过银行结算而未按期付款的,应按中国人民银行有关延期付款的规定,向村民王××偿付延期付款的违约金。④村民王××按合同规定交货,无正当理由拒收的,除按拒收部分货款总值的10%向村民王××偿付违约金外,还应承担村民王××因此而造成的实际损失和费用。合同规定了村民王××的违约责任:①逾期交货或交货少于合同规定的,如××县食品公司仍然需要的,应如数补交,并应向××县食品公司偿付逾期不交或少交部分货物总值的10%的违约金;如××县食品公司不需要的,应按逾期或应交部分货款总值的10%付违约金。②交货时间比合同规定提前,经有关部门证明理由正当的,××县食品公司可考虑同意接收,并按合同规定付款;无正当理由提前交货的,××县食品公司有权拒收。③交售的产品规格、卫生质量标准与合同规定不符时,××县食品公司可以拒收。如经有关部门证明确有正当理由,××县食品公司仍然需要村民王××交货的,村民王××可以延迟交货,不按违约处理。合同还规定,合同执行期内,如发生自然灾害或其他不可抗力的原因,致使当事人一方不能履行、不能完全履行或不能适当履行合同的,应向对方当事人通报理由,经有关主管部门证实后,不负违约责任,并允许变更或解除合同。

2. 请根据下面的材料，拟写一句广告标语。

药品名称	通用名称：安宫牛黄丸 汉语拼音：Angong Niuhuang Wan
剂型	丸剂（大蜜丸）
性状	本品为包金衣的大蜜丸，除去金衣显黄橙色至红褐色；气芳香浓郁，味微苦
主要成份	牛黄、水牛角浓缩粉、人工麝香、珍珠、朱砂、雄黄、黄连、黄芩、栀子、郁金、冰片
适应症	清热解毒，镇惊开窍。本品用于热病，邪入心包，高热惊厥，神昏谵语；中风昏迷及脑炎、脑膜炎、中毒性脑病、脑出血、败血症
规格	3g*1丸
不良反应	有文献报道不当使用本品致体温过低，亦有个别患者引起过敏反应
用法用量	口服。1. 一次1丸，一日1次；2. 小儿三岁以内一次1/4丸；3. 四岁至六岁一次1/2丸，一日1次；4. 或遵医嘱
禁忌	尚未明确
注意事项	1. 本品为热闭神昏所设，寒闭神昏不得使用； 2. 本品处方中含麝香，芳香走窜，有损胎气，孕妇慎用； 3. 服药期间饮食宜清淡，忌食辛辣油腻之品，以免助火生痰； 4. 本品处方中含朱砂、雄黄，不宜过量久服，肝肾功能不全者慎用； 5. 在治疗过程中如出现肢寒畏冷，面色苍白，冷汗不止，脉微欲绝，由闭证变为脱证时，应立即停药； 6. 高热神昏、中风昏迷等口服本品困难者，当鼻饲给药； 7. 孕妇及哺乳期妇女、儿童、老年人使用本品应遵医嘱； 8. 过敏体质者慎用； 9. 儿童必须在成人的监护下使用； 10. 如正在服用其他药品，使用本品前请咨询医师； 11. 服用前应除去蜡皮、塑料球壳及玻璃纸，本品不可整丸吞服
孕妇及哺乳期妇女用药	孕妇及哺乳期妇女在医师的指导下使用
儿童用药	儿童必须在成人的监护下使用
老人用药	老人应在专业医师指导下使用
药物相互作用	如与其他药物同时使用可能会发生药物相互作用，详情请咨询医师或药师
药理毒理	1. 清热作用； 2. 对中枢神经系统具有明显的镇静作用； 3. 复苏及脑保护用； 4. 抗惊厥作用

续表

药品名称	通用名称：安宫牛黄丸 汉语拼音：Angong Niuhuang Wan
药代动力学	未进行该项试验且无可靠参考文献
贮藏	密封
有效期	60个月
执行标准	《中华人民共和国药典》2005年版一部
批准文号	国药准字Z11020959
生产企业	北京同仁堂科技发展股份有限公司制药厂（国产）

3. 请根据下面的材料，拟写一份起诉状。

20××年7月8日15时许，何××（男，19××年×月×日出生，××市北湖区人，住××市北湖区鲁塘镇××村6组，系湘L××号肇事车辆驾驶员。联系电话：138××××）驾驶张××（男，××市北湖区人，住××市北湖区鲁塘镇××村5组，系湘L××号肇事车辆车主。联系电话：186××××）所有的湘L××××号重型自卸货车沿S322线由东向西行驶，行驶至开发区工业路段时，与由南向北横路的行人廖××（男，19××年×月×日出生，××市苏仙区人，住××市苏仙区××村×栋×单元×号。联系电话××××）相撞，造成廖××受伤的道路交通事故。事故发生后，廖××被送往中国人民解放军第一九八医院住院治疗，后因伤情严重转至××市第一人民医院继续住院治疗。廖××前后共住院68天，共花医疗费45497元，出院诊断为：1. 右足毁损伤；2. 全身多处软组织挫伤；3. 头皮挫裂伤。经司法鉴定，廖××的伤情构成六级伤残。2010年7月19日，××市公安局交通警察支队二大队对该起事故依法作出×公交认字(2010)第A084号道路交通事故认定书，认定何××负事故的主要责任，廖××负事故的次要责任。张××为其所有的湘L××号货车在中国人民财产保险股份有限公司××市分公司（住所地××市飞虹路18号。联系电话××××。法定代表人徐郴范，系该公司总经理）处投保了交强险，保险限额为12.2万元，事故发生在该保险合同期限内。

4. 请列出毕业论文《浅议“网络文学”》的写作提纲。

第三编

新闻写作

第十一章　新闻写作概述

第一节　新闻的定义

一、新闻的定义

“新闻”一词，最早见于唐代。《新唐书·隐逸》中记载了唐初文人孙处玄的这样一句话：“恨天下无书以广新闻。”当时，武周和李唐争权激烈，传闻颇多，孙处玄希望能有书籍记载传闻以广视听。

什么是新闻呢？新闻是个含义非常丰富的概念。“新闻”一词在实际运用中有多层含义。

第一，新信息，《新唐书·隐逸》中的“新闻”实际上就是指新信息。在日常生活中，我们会听到这样的话，“整份报纸三十多版，但是感觉没有新闻”，这里的“新闻”也是指新信息。

第二，有价值的可刊载于媒体的新的事实、社会现象或者活动。这里讲的“新闻”是指被人们关注的新鲜事实或向社会公众传递的新鲜信息。

第三，文体，是新闻报道的总称，包括消息、通讯、特写、调查报告、图片等。

第四，行业，比如“我是干新闻的”。

第五，专业，比如“我是学新闻的。”

第六，消息，狭义的新闻指消息。

在新闻的这些含义中，其他意义实际上很明了，只有第二种意义我们需要深入了解，而且它恰恰在不同的文化背景和意识形态下，有着不同的答案。

达纳（19世纪中期主管过《纽约太阳报》）认为，新闻是“社会上大多数人感兴趣，而且在此以前从未对它注意过的那些事情”。“狗咬人，不是新闻；人咬狗，才是新闻。”这就是他对新闻的经典性概括。斯坦利·瓦利克尔（20世纪30年代初期《纽约先驱论坛报》的采编部主任）认为，新闻建立在三个“W”的基础上：妇女（woman）、金钱（wampum）和坏事（wrong doing）。

普利策认为，新闻的内容应该是“使人耳目一新的，显要的，富有戏剧性和浪漫色彩的，离奇独特的，奇异的，幽默的，能使人议论的”。布莱尔（美国威斯康星大学新闻学院教授）认为，新闻是新近发生的能引起人兴趣的事实。爱德华（美国《环球报》主编）认为，能让女人喊一声“哎呀，我的天哪”的东西，就是新闻。

徐宝璜认为，新闻者，乃多数阅者所注意之最近事实也。邵飘萍认为，新闻者，最近时间内所发生，认识一切关系社会人生的兴味、实益之事物现象也。范长江认为，新闻是广大受众欲知、应知而未知的重要事实。王中认为，新闻是新近变动的事实的传播。宁树藩认为，新闻就是即时公开传播的非指令性信息。

中外关于新闻的种种定义，尽管在文字表述上不尽一致，也立足于不同的方位和层次，对

新闻进行了多种界定，但基本上都承认以下几点。第一，新闻的本源是客观事实。新闻是事实的报道。事实是第一性的，新闻是第二性的，先有事实，然后才会有新闻。第二，新闻要具有新鲜性。新闻不是对陈旧的、过时的事实的报道，不是对任何时候的事实都进行报道，而是对新近发生的新鲜的事实进行报道。第三，新闻具有公开性。所以新闻不是"有闻必录"，而是选择广大群众所关心的、有社会意义的、重要的事实进行报道。只有有传播价值的足以公开让人了解的事实才是新闻。第四，新闻不是事实本身，新闻具有主、客观的统一性。新闻是记者对事实的报道。事实，是客观存在的；报道，是一种主观性很强的活动，渗透着主观的色彩。后面讲的"新闻用事实说话"中"用事实"就是客观的，"说话"就是主观的了。

从这些角度来看，陆定一关于新闻的定义"新闻是新近发生的事实的报道"，之所以受到新闻界普遍认同，是因为它反映了新闻的本来面目。

二、新闻的要素

新闻要素是指构成新闻的必需的事实材料。关于新闻要素，先有"新闻五要素"之说，后有"新闻六要素"之说。新闻五要素是指：发生新闻的主角（何人）、发生了什么事情（何事）、发生于什么时间（何时）、发生于什么地点（何地）、事情发生的原因是什么（何因）。这五个要素用英文表达分别为 who、what、when、where、why，它们都以 W 开头，所以，新闻五要素在国际上又简称为新闻的五个"W"。新闻六要素则是在五要素的基础上又增加了一个要素——结果"如何"（how），简称"五个 W 和一个 H"。

新闻五要素的说法最先出现于美国，是 19 世纪 80 年代，美联社率先提出来的。据说，美联社记者约翰·唐宁在 1886 年 3 月 30 日发了一条消息，是报道一场风暴灾难的，在它的第一自然段中，时间、地点、人物、事件、原因都被十分简略清楚地表述出来，后来，这篇消息被视为要素完备的典范之作。1898 年，美联社主编又把新闻要素归纳为六个，增加了一个"H"。从此对新闻要素的认识就这样被固定下来了。

人们阅读新闻，就是想知道什么时间什么地点发生了什么事情，都涉及了哪些人物，发生的原因是什么，最后结果如何等。这些要素交代不全，就会让人产生阅读障碍，无法清晰明白地了解整个事件，所以确定新闻六要素具有重要意义。新闻六要素还有助于新闻记者在采访的时候迅速弄清每个事实要点，有助于记者迅速地抓住新闻重点，尤其在导语写作中，能很容易地做到全面、简洁。

新闻要素的运用并不是僵硬的、一成不变的。比如新闻导语中运用这六要素就经历了一番变化。早期，新闻界认为，新闻要素要全部在导语中出现，但在实践中，人们逐渐认识到，这种方法并不是任何时候都是可取的。这种六要素都浓缩在一个段落里的导语，虽然可以让读者在短时间内明白整个事件的全貌，但其短处也很明显：主次不分，有时候读者最感兴趣或者事件中最重要的部分也淹没在导语中，所以现在具体到不同的新闻中，作者可以选择使用不同的新闻要素，我们要想办法突出新闻六要素中最重要、最有意义、最让读者感兴趣的事实。新闻导语也从第一代的"全要素导语"发展到第二代的"部分要素导语"到现在的第三代的"丰富型导语"。

第二节 新闻的分类

按不同的分类标准，可把新闻分成不同的类别。

一、按新闻题材分

按新闻题材，可将新闻分成政治新闻、经济新闻、文教新闻、科技新闻、法制新闻、体育新闻、社会新闻等。

综合性日报往往成立要闻部、政法部、经济部、教卫部、体育部等。不同部门对记者的知识结构和采写能力有特定要求。有些报纸版面也以此为标准进行划分。

二、按新闻发生地分

按新闻发生地，可将新闻分成地方新闻、国内新闻、国际新闻等。

随着人们阅读需求和新闻竞争的变化，地方新闻又可进一步细化成市区新闻、县市新闻、社区新闻等。地方新闻媒体，一般把新闻分为三大块：国际新闻，全国新闻，地方新闻。

报纸往往按版面来划分。不同的媒体按此分类标准而设置的版面比例也各不相同，比如上海的《解放日报》，每天出 16 个版，新闻有 6 个版，除去第 1 版为要闻版外，其余 5 个版中，国际新闻 2 版，全国新闻 1 版，本地新闻 2 版(1999 年《解放日报》版面设置)。地方性报纸《温州都市报》共有 24 个版，其中新闻版面有 13 个版，地方新闻有 9 个版，中国新闻 2 个版，世界新闻 2 个版(2007 年《温州都市报》版面设置)。

三、按新闻事实的感应特征或者按新闻事件的不同性质分

按新闻事实的感应特征或者按新闻事件的不同性质，可将新闻分成硬新闻和软新闻两大类。

硬新闻指题材严肃、具有一定时效性的客观事实报道。这种新闻时效性强，一般是报道一些比较重大的事件或者突发性事件，重在迅速传递消息，基本上采用倒金字塔结构。一般关系到国计民生以及人们切身利益的新闻都是硬新闻，比如党和国家重大方针的发布、政策的制定和改变、政局变化、市场行情、疾病流行、重大灾难事故、自然灾害、突发性事故等。

软新闻指时效性不强又不以重要性取胜，而通常以趣味性、知识性、人性味取胜的新闻。软新闻情感味浓，写作方法自由，语言较为轻松幽默，文体自由，不注重时效性。它注重引起读者兴趣和情感呼应，更多地强调人们的兴趣爱好。在西方新闻学中，它基本包括“简明软消息”和“特写”。

硬新闻和软新闻都是新闻，都具备新闻的真实性、新鲜性、重要性、客观性等共性；但两者也存在区别。

第一，要求重点不同。硬新闻重在迅速传递信息，强调时间性，这类新闻为人们的政治、经济、工作、日常生活的决策提供依据；软新闻重在引起读者兴趣和情感呼应，富有人情味，是纯知识、纯趣味的新闻，它和人们的切身利益并无直接关系，主要是向受众提供娱乐，开阔眼界，

增长见识，陶冶情操，或供人们茶余饭后当谈资。

第二，注重的新闻价值不同。相比较而言，硬新闻更看重重要性、新鲜性，软新闻更看重接近性、趣味性。

第三，写作方法不同。硬新闻在大多数情况下采用倒金字塔结构，软新闻则不拘一格。硬新闻写作一般直截了当，语言简明扼要；软新闻则复杂多了，注重细节描写和展现感情色彩，所以也有人认为写作软新闻要巧妙运用散文笔法。

第四，新闻导语不同。硬新闻将最重要的事实放在最前面，要求开门见山，直入主题；软新闻一般是延缓式新闻，导语自由灵活。

总之，区分硬、软新闻的关键在于其时间性和重要性，而时间性是区别二者的首要因素。从总体上说，人类必须在硬新闻获得满足以后才会需要软新闻，新闻媒介也是以传播硬新闻作为生存、发展的基础。当然不同的媒体，对硬新闻、软新闻的倚重不同，不同的新闻媒介对新闻有不同需要。一般说来，严肃的高级报纸（在中国以党报为代表）以刊登硬新闻为主，大众化的通俗报纸（在中国以晚报为代表）则有更多的软新闻。

四、按新闻体裁分

著名记者艾丰在《新闻写作方法论》里按新闻体裁把新闻分成五大类。

（一）典型的新闻

典型的新闻，包括消息、简讯、通讯、特写、速写、述评等十余种文体。

（二）边缘性或杂交性新闻

边缘性或杂交性新闻，指报告文学、调查报告、座谈纪要等。这些不是纯粹的新闻，是由新闻与文学等其他形式杂交而来的。

（三）报刊其他文体

报刊其他文体，指出现在报刊上的其他文章，包括评论、编者按、署名文章、杂文等。

（四）广播电视特殊体裁

广播电视特殊体裁，指出现在广播电视上的新闻形式，如录音报道、配乐广播、口头报道、现场直播、录音访问、广播讲话、主持人节目等。

（五）探索性新闻

探索性新闻，指近年来新闻媒介工作者所探索出的新的新闻形式，如日记式新闻、书信式新闻、视觉式新闻、对话式新闻、预测式新闻、散文式新闻等。

这种分类的方法，过于笼统，有些方面不够合理，如把述评和消息并列。这种分类方法也不够简练，所以现在一般按新闻体裁分类，往往提到的是三分法，即新闻分为消息、通讯和深度报道。消息，是新闻报道中最常用的体裁，按照篇幅长短，又可以划分为标题新闻、简讯、短消息、长消息等。通讯是中国特有的新闻体裁，按照报道内容又可以划分为人物通讯、工作通讯、风貌通讯等。王韬的《法国观战记》被视为中国近代最早的通讯，黄远生则是中国现代新闻通讯的奠基人。深度报道是借鉴西方的深度报道方式而形成的，包括解释性报道、调查性报道等。

五、其他分类

按新闻的时间，可以把新闻分为两大类：突发性新闻、延缓性新闻。突发性新闻是对出乎

人们预料而突然爆发的事件的报道，这类新闻常常是新闻媒介的主角。延缓性新闻是对逐步发生变化的事情的报道，如人们的生活水平好起来了，天气逐渐变化、环境逐渐恶化等。

按新闻事实是否具有“事件性”特征，可以把新闻分为事件性新闻和非事件性新闻两大类。事件性新闻指对某一具体新闻事件的报道，可以是对新闻事件整个过程的报道，也可以是对新闻事件发展变化的某一个环节动态的报道。事件性新闻时效性较强。非事件性新闻通过对一定时间或者空间范围内的多个事件或多种情况的归纳，报道事实渐变过程中带有规律性的内容，以主题思想的深广新颖取胜，一般不详述某一个事实。非事件性新闻时效性相对较弱。

西方一些新闻工作者认为，新闻有三种类型：现场新闻报道、新闻特稿、特稿。现场新闻报道即包含重要的材料，需要立即向公众报道的新闻。新闻特稿则主要是提供突发性新闻事件背后人的因素，或通过解释、解说提供背景，为现场新闻补充信息。特稿旨在通过娱乐或者侧重于通过讲故事来提供信息。

当前，新的新闻类别形式层出不穷，出现了实录性新闻、社区新闻、服务新闻、通感新闻、立体新闻、套餐式新闻、模块式新闻等。新的新闻类别形式运用越来越广泛，而短新闻、花絮式新闻、连续报道、民生新闻等也越来越得到人们的青睐。虽然新闻类别形式越来越繁杂，但是我们依然可以发现新闻类别形式发展的趋势：第一是浓缩化和快捷化，也就是向短和快发展。第二是实用化和服务化。新闻的发展趋向于务实，说教味逐渐淡化，出现了不少服务性栏目。如杭州《都市快报》第 37 版的消费热线，《温州都市报》第 8 版的实用新闻，这些版面都为受众所喜爱，前者还被评为都市快报“最受消费者喜爱的栏目”。第三是视觉化和特写化。特写性新闻、视觉新闻、实录性新闻、通感新闻、立体新闻……这些新闻称呼名目繁多，实则相近，都反映了新闻向视觉化、特写化、镜头化发展的趋势。甚至是以文字新闻为主体的报纸上也出现了大量的新闻图片、图表、图例、图示等，让人们大呼“读图”时代、“浅阅读”时代已经到来。第四是连续化和深刻化。解释性报道、调查性报道等深度报道大行其道，套餐式报道、模块式报道、链接报道等形式在媒体上也越来越多。连续报道、组合报道和系列报道也是深度报道的几种形式。

第三节　新闻的特征

一、新闻的基本特征

新闻与生俱来的基本特征是两个：一是真实，二是新鲜。这两点是新闻最基本、最核心的规律。新闻为什么必须真实和迅速？这不是某个人的硬性规定，而是人类求生存、求发展的需要。人作为群居动物，需要了解周围环境的变动，以便及时进行决策，采取行动，所以得到的信息必须是真实的、及时的。可以说真实、新鲜决定了新闻工作的方向，是新闻媒介发展必须遵循的规律。我们知道新闻传播经历了口头新闻、书信新闻、新闻书、新闻周刊、日报、电台、电视台、互联网这样的演变过程。到了现在，之所以电子媒介的扩张速度越来越快，正是因为电子媒介传播速度快，传播内容详细，同时，可采用比文字传播更具有真实感的声音和画面以及视频等多种手段。

（一）真实

真实是新闻的生命，新闻写作必须完全真实，这是由新闻的本质决定的。陆定一在《我们对于新闻学的基本观点》中说："新闻的本源是事实，新闻是事实的报道，事实是第一性的，新闻是第二性的，事实在先，新闻（报道）在后。"

新闻真实性是指新闻具有这样一种性质，即新闻传播的信息和社会新近变动的信息本身是一致的。我们知道，社会变动是新闻的本源，变动产生新闻，变动是新闻之母。所以新闻的写作对象实际上是事实，事实的基本特性就是客观性。真实性的要求就是要准确地反映这种客观性。没有真实性，事实不成其为事实，新闻也就不成其为新闻。新闻具有多种社会作用，如传递信息、舆论监督、教育民众等，这些作用的发挥，都依赖于新闻的真实性。

新闻的真实性表现在多个方面，具体来说，主要有下面几点：

第一，新闻报道的六要素必须是真实的。这些要素是构成新闻的基本材料，这些材料是真实的，新闻就确有其事，否则的话就会出现假新闻或者是新闻失实的情形。姑且不论假新闻，即使新闻事件是真实的，六要素出现错误也会产生不利影响。当前媒体在报道新闻的时候对这些重要要素重视不够，不同媒体报道同一件事实，结果出现时间不一致、主要人物姓名出现偏差等情况，这种情况被有心的读者注意到，往往会让其对新闻的真实性，甚至对新闻媒体的公信力产生怀疑。美国新闻业巨子普利策对采编人员的一个重要规定就是："准确、准确、准确。"他们要求对于重要事实，记者在采访中要进行核实。同时这六个要素也不是完全并列的，而是有层次的。其中"何事、何人、何时、何地"四个要素为第一层。这一层主要是描述事实，是事实的自然要素。这四个要素是一种纯客观的存在，它们从不同方面反映事实的基本状态，是客观的、不变的，构成事实的浅层内容。而"为何、如何"这两个是第二层。第二层是解释事实，是事实的社会因素。这两个要素是主观的，每一个人按自己的理解来解释，它们受到作者立场、观点、思想方法和认识水平的影响。记者水平高低和观念差异由此可见。

第二，新闻事件发生的环境、条件、过程必须真实，报道中的每一个具体事实必须真实，完全符合客观实际，新闻报道中的人物语言、动作和心理活动以及一些细节描写都必须真实。对于新闻具体事实写作，大多数人能做到真实，但是对于细节描写、人物语言、心理活动等常常会出现失真情况。新闻要写得生动，常常表现在对细节的处理上。记者为了让细节生动起来，就会使用各种技巧，一不留神，就造成报道失实。《解放日报》曾报道过一位叫陈燕飞的女同志怀孕5个月下苏州河救人的事迹。在参加"全国好新闻奖"的评选时，就因为细节失真而与奖项失之交臂。该记者未经核实，把陈燕飞从河边小铁梯走下去救人写成跳下去救人。一些报道中，记者对人物语言也主观想象、任意发挥，这样的报道既让当事人反感，也让受众不信任。例如，一名战士从河里救起一名12岁的儿童，小孩两眼噙着泪花说："解放军叔叔，是你给了我第二次生命。"这样明显脱离生活真实的语言，显然是记者"造"出来的。这样的语言不但不利于表现人物，而且会让人对新闻的真实性产生怀疑。不仅如此，有些不合理的想象甚至会给记者和报社带来无妄之灾。1999年1月16日，某报周末版刊发了一篇题为《炮制"假博导"的背后》的报道。不久，报社即收到法院传票。该报道的基本事实都是真的，这起官司的重点是，报道对人物的心理描写失真。

第三，新闻报道引用的资料必须真实。资料主要有数据、史料、背景、题材等。在新闻稿件中，引用的资料如果出现差错，也会降低新闻的可信度。

第四，新闻报道的真实必须是全面的。新闻报道真实不仅仅体现在单个事实上，而且体现在全面上，要防止片面性、绝对化。新闻真实不仅要做到现象真实，还要做到本质真实。我们知道，现象可能是对本质的歪曲反映，新闻报道更重视本质真实，认为本质真实就是对符合事物发展的规律的反映，就是透过现象看本质。新闻真实不仅要做到微观真实，还要做到宏观真实。微观真实，指的是每一篇新闻的真实。宏观真实指的是新闻报道从总体上要求达到对社会发展主流的真实反映。

（二）新鲜

新鲜性被看成新闻的第二生命。这里的新鲜有两层含义，一指时间上的新，有别于历史纪实；一指内容上的新，有别于事物常态。时间上的新鲜性即新闻事件必须是新近发生或正在发生、发展的，是对新闻在时间上的一种规定性。新闻界常常说新闻是“易碎品”，怕压，不耐压，就是指新闻作品在时间上怕压，怕拖拖拉拉。

新闻强调时效，这要求新闻报道必须做到以下几点：

第一，要做到第一时间报道，即在第一时间报道一切新闻，第一个把新闻传播给受众。

第二，最小化传播时差，缩短报道和受阅的相隔时间，也就是说要“抢新闻”。过去，在很长一段时间里，我们偏激地把“抢新闻”指责为西方资产阶级记者的错误观念和工作作风，结果我们的报纸上充斥着大量“近来”“不久前”“前些日子”的新闻，令受众十分不满。而现在情况则完全不同了，我们的记者也有了很强的时效观。2003 年 3 月 20 日凌晨，美国在巴格达上空持续轰炸，新华社驻巴格达记者第一个把新闻发回北京，领先西方媒体 10 秒，该记者也因此获得了新华社的特别奖。

第三，选择新闻事实中最新鲜的事实，重视受众的首选效应。内容上的新鲜性即新闻事件在内容和形式两方面呈现新意，给读者以新颖、鲜活的阅读感受。在内容上挖掘“新”的时候，不仅要搜寻“新事”，还要注意“新意”，即新内涵、新观点、新意见等。一般说来，由于现代生活节奏加快，受众没有太多时间接触新闻，新闻写作必须把最有价值、最具“卖点”的要素，用最鲜明的形式展现在受众面前。首先在内容上，要突出新闻中最新鲜的信息。其次从形式上看，新闻写作要推出适宜的新颖的表达形式。近年来，不少记者在新闻写作形式上进行了不少探索。他们不再采用传统新闻的经典写作方式，而代之以故事化、情景化和悬念化的新闻叙述，以求“以新闻打动人心”。

二、新闻的延伸特征

（一）事件性

事件不等于事物，事件是指有具体时间、地点、场景的具体的事物的运动过程。事物是静态的存在，而事件是动态的。事件的本质特征是反映社会变动，变动才能出新闻。太阳不会产生新闻，但是太阳黑子活动加剧，引起气候异常，影响到人们日常生活、工作时，就成为新闻。飞机不是新闻，但飞机在某个机场降落的时候，突然冲出机场跑道，穿过马路，撞向一个仓库，引起多人伤亡，就成为新闻。森马广告不是新闻，但是森马广告中的“我管不了全球变暖，但至少我好看”引起人们争议，甚至网友在网上对其进行集体声讨，森马因此登广告向消费者致歉时，这些就可以成为新闻。（见《中国青年报》2007 年 9 月 16 日、9 月 17 日）

那如何解释大量的非事件性新闻呢？非事件性新闻实际上是指“非事件性新闻作品”，也

就是说新闻作品不是由通常意义上的一个完整的新闻事件组成，而是利用概括和综合等表达方式，用多个事件来说明问题，非事件新闻中虽然一般没有具体的时间、地点，但仍然有事件。现在出现的"心态新闻"，表达人的思想、情绪、感情等的新闻，也是用具体事件来表达的，而不是直接宣泄思想、情绪和感情。

新闻具有事件性，所以我们要学会用事实说话，而不是在新闻中直接抒发情感、表达观点、发表议论。华中科技大学的孙发友教授把用事实说话称为"哑巴语言"。哑巴卖刀，从来不大声吆喝。他只在地上放块铁板，再拿起菜刀在铁板上砍铁丝，手起刀落。我的刀锋利不锋利？请看事实。记者表达自己的观点、态度、情趣，不是直接表达，而是通过选择事实和事实的不同侧面来表达。

(二) 广泛关注性

不是所有的事件都可以成为新闻，新闻是那些能引起广大受众关注的事件、对受众有知悉意义的事件，也只有这样的事件才有传播的价值。新闻一旦离开传播，其社会价值就不能实现。从这个角度说：第一，新闻作品要适于传播，新闻事件要能很恰当地在媒介上反映出来；第二，新闻作品要能广泛传播，要通俗、贴近公众，传播的范围越广，效果越好；第三，新闻作品要适合快速传播，因此新闻作品必须通俗易懂、简洁明了。"说新闻"正是在这种背景下出现的。"说新闻"是以口语化的叙述，连贯地讲述新闻，让观众比较轻松地了解国内外大事，这种方式无疑更有利于新闻的传播。

(三) 可读性

所谓可读性，是指新闻作品适合于阅读的程度，同时也是评判新闻作品是否吸引读者、是否便于阅读的标准。可读性的实质是吸引公众阅读新闻并顺利接受信息。要使新闻作品更为受众所接受，可在以下几个方面努力。第一，在内容上人性化，也就是说文章要写得有人情味。第二，在表达方式上要适应受众的阅读心理。第三，在语言上要易读。在西方新闻界，罗伯特·根宁提出了3条可读性标准：句子的形成，句子越单纯，其可读性越强；迷雾系数，即词汇抽象和深奥难懂的程度，迷雾系数越大，其可读性越差；人情味成分，新闻语言中含人情味成分越多，其可读性越强。

第四节　新闻的作用

在谈新闻的作用之前，我们先解决一个问题：嘴巴有什么用处？似乎这是个多余的问题，嘴巴是用来吃饭、讲话的呗！是不是仅仅这样？不是，对此新闻学家王中有一个趣谈。王中说，事实上，嘴巴的作用何止吃饭、讲话呢！当鼻子塞住后，可用嘴巴来呼吸；嘴巴还可以用来接吻，传递爱情；撇嘴、龇牙咧嘴等可以用来表示情绪；在进出火车站的时候，两手拎着行李，只好用嘴巴咬住车票，递给检票员。嘴巴的作用还有很多，在特定的情况下还会有特定的作用，比如没有了手的人用嘴写字等，但是这诸多作用是不可以等量齐观的，显然，吃饭、讲话是嘴巴最主要的、基本的作用。新闻也是这样，新闻的诸多作用的层次区别也是客观存在的，它也存在基本作用、派生作用之分，我们不能一概论之，而应该对这些作用区别论述，这样才符合事物的本来面目。

一、新闻的基本作用

新闻的基本作用是传播信息。新闻报道是为了满足人类社会的信息传播需要而产生的。远古时代，没有语言和文字时，人类靠手势、声音、表情和实物（如结绳、划痕、堆石子等）传递信息。这些信息传递行为当然不是今天真正意义上的新闻传播，但现代的新闻传播活动正是脱胎于这种原始传播，是原始传播的扩展与提高。

作为近代报刊的雏形，手抄小报的出现也是出于当时信息传播的需要。手抄小报首先出现于意大利的威尼斯，因为当时处于贸易中心的威尼斯商人、手工业主、航海界人士十分关心商品的销路、各地物价、来往的船只等信息，于是有人专门打听这些消息，抄写后出售。所以手抄小报的主要内容就是商品的行情、船期和交通信息，间或有报道政局变化、战事消息和灾祸事情，因为这些都会影响贸易和交通。其后随着社会政治经济变动的加剧，社会信息量以及对信息需求的增长，物质技术条件的逐步改进，原来的手抄小报改为印刷出版，又从半年定期到周定期到现在的日定期，现代新闻事业才真正诞生。

可见，新闻业和新闻报道的产生、发展都是为了满足人类信息传播的需要。新闻报道的基本作用是传播信息，这一点在理论上我们都很清楚，但在实践中，会出现大量说教、议论的新闻，可见，对新闻的基本作用更重要的认知不在于理论上，而在于实践。

在当代社会中，只有新闻媒介才能担当起为全社会传播信息的工作，以便社会成员随时都能了解自己周围的环境变化，进行判断，调整行为。

二、新闻的派生作用

（一）宣传作用

在我国，新闻报道的宣传作用尤为重要。目前，我国的报社、电台、电视台等各级媒体都是党和政府主办的。即使已经加入了 WTO，我们对外资进入仍然抱有谨慎的态度。党和政府创办这些宣传机构干什么？其中一个原因就是要宣传自己的主张，发表自己的意见。这正如毛泽东同志在《对晋绥日报编辑人员的谈话》中所说："报纸的作用和力量，就在它能使党的纲领路线、方针政策、工作任务和工作方法，最迅速最广泛地同群众见面。"

其实，在任何社会中，新闻都担负着报道政令、法律和社会规范的任务，使社会管理机构的指令能及时传达到老百姓那里。

（二）舆论监督作用

没有监督的权力必然导致腐败，这是政治学的规律。北欧五国是世界上较廉政的地区，在国际有关廉政评比中一直处于较廉政的十个国家之列。但北欧也是对腐败处刑较轻的地区之一，如芬兰对腐败犯罪的最高刑罚为有期徒刑四年。为什么处罚轻，国家的官员却仍廉政呢？正是因为监督，全方位的监督体系是北欧廉政建设的保证。北欧国家普遍建立起了议会监督、政党监督、专门机构监督、舆论监督、群众监督五位一体的监督体系，尤其是它们的舆论监督和群众监督，织起了一道严密的法网，做到了有罪必罚，打消了贪官的侥幸心理。在北欧，新闻媒体的监督作用十分重要。2002 年 5 月，芬兰《晚报》披露，文化部长苏维·林登利用职务之便批准向其拥有股份的一家高尔夫公司提供 17 万欧元的政府赞助，引起有关部门调查。一周之内，林登便被迫辞职。

我们熟知美国前总统尼克松因《华盛顿邮报》揭露的“水门事件”而辞职，而不知道的是日本政绩辉煌的政治家田中角荣从首相之位落马，也是媒介舆论监督所致。当时日本的畅销杂志《文艺春秋》刊登了两篇文章《田中角荣研究——他的金脉和人脉》和《寂寞的越山女王》，在其中以大量的事实披露了田中角荣巨额政治资金的诸多疑点以及其不正当的男女暧昧关系，最后，田中角荣在舆论谴责中不得不辞职下台。

舆论监督实际上不仅仅是监督官员行为，舆论监督的范围是广泛的。它监督法律条文的制定和政府决策民主化和科学化的程度；监督国家政令和政府纲领的执行和实施；监督国家所有公务员是否遵纪守法、勤政廉政；监督市场运行的公开、公正、公平。同时，它也监督社会的不正常秩序、工作失措和不良风气。

我国也重视新闻的舆论监督作用，1998 年，朱镕基总理到中央电视台《焦点访谈》节目组视察的时候，就强调新闻的监督作用，在发表施政纲领的时候，也呼吁“向我开炮”。

（三）教育作用

新闻介绍有用的知识，尽量做到通俗、生动和形象，这成为传播知识最有利的手段。媒体每日大量报道的新情况、新经验、新成果、新思想，介绍与此有关的历史、地理、人物等，涉及的政治、经济、外交、军事等为一般人所不知道、不熟悉的背景，都有可能为受众提供各种知识，扩展受众的视野。

（四）服务作用

新闻媒介还提供大量信息指导人们的日常生活，为人类生活提供各种服务，告诉人们如何购物、饮食、治病、旅游、锻炼身体等。如《温州都市报》的实用新闻版，包括政务通知、路障报告、考证提醒、免费讲座以及各种活动通知等。服务新闻的宗旨是为受众服务，所以新闻写作往往遵循贴近受众、贴近生活的原则。如下一则新闻：

中秋之夜月儿明

据省气象台报告，中秋之夜，月明无雨，天空会有一些白云，并伴有微微的东北风。如要到白云山和其他高地赏月，会有阵阵小北风，半夜气温可降到摄氏 19 度到 21 度。要注意带一件外衣，以御半夜秋凉。

（羊城晚报）

这则气象预告消息打破了那种干巴巴的预告调，如亲朋好友般告诉受众不要受凉，使受众在知晓中秋之夜天气情况的同时，又产生了一种温馨的亲切感。

（五）经济促进作用

新闻的经济作用随着经济建设的发展日益凸显。媒介每日每时为社会公众提供大量的经济信息，反映社会经济生活、经济工作及其发展变化状况。媒介上还有大量的经济评论、深度报道，宣传和阐释经济政策，分析经济形势，干预经济生活，对经济工作和经济生活进行指导和引导。

（六）娱乐作用

当前媒体安排了相当的版面或时间发表文艺作品、漫画、游戏、趣闻和体育竞赛，充实人们的生活，让人们的身心得到快乐，即使是其他的很大一部分传媒的内容也涂上了娱乐的色彩，力图使人们产生愉悦，缓解人们的精神压力。

三、新闻的连动作用

连动作用是指新闻信息在告之受众后，对受众的思维和行为产生的连锁影响。它是一种隐性作用，主要体现在长期的效益中。新闻的连动作用主要体现在社会整合和对人的社会化上。

（一）社会整合

所谓社会整合，也就是一个特定社会的成员通过某些方式而凝聚在作为社会核心的价值观、信念周围，彼此结成紧密关系，并在行为方式上基本保持一致。社会整合有多种方式，如政治的整合、经济的整合、文化的整合、宗教信仰的整合等。所有整合都要通过传播进行。如果没有汉密尔顿、麦迪逊等在《独立日报》《纽约邮报》上为新宪法所进行的有力的论述，民主的观念也许不会如此深入美国人的心灵，美国的政治制度也不会如此稳固。没有近代陈独秀、李大钊等在报纸上宣传民主和科学，我国人民思想解放还要向后推移，甚至没有以《新青年》为代表的一批进步报刊支持白话文革命，我们的书面文字会依然处在"之乎者也"阶段。所以新闻有社会整合作用。

（二）社会化

在政治观念、人生、伦理、恋爱、家庭方面，许多报道不断给人们提供行为规范，通过具体事例提倡爱国爱民、舍己为人、尊老爱幼，反对损人利己、蔑视道德法纪和沉沦颓废。在这种氛围的熏陶中，受众逐渐从内心适应、接受这样一种文化规范，从而达到社会化的结果。

第十二章 消　息

第一节 消息的定义

"消息"一词最早见于《易经》。《易经·丰卦》载:"日中则昃,月盈则食,天地盈虚,与时消息。"这里的"消""息"二字是动词。"消"即消失、消融,"息"即繁殖、增长。"消""息"即一消一长、互为更替的意思。

直到东汉,消息才有了作为名词"音讯"的含义,如蔡文姬的《悲愤诗》:"有客从外来,闻之常欢喜。迎问其消息,辄复非乡里。"在唐代古诗中,消息还指代音讯,如杜甫《述怀》诗:"自寄一封书,今已十月后。反畏消息来,寸心亦何有。"到了宋明时代,消息和新闻颇为接近,如明代冯梦龙《醒世恒言》:"……必定有人走漏消息,这狗奴才去报新闻。不然,何以晓得我们的隐事。"

中国古代报纸中并没有形成一种独立的新闻体裁。19 世纪初,消息作为新闻文体的称谓诞生于近代中文报刊。据考证,中国近代新闻史上第一篇消息作品为《察世俗每月统记传》第二期上的《月食》,只有三句话:"照查天文,推算今年十一月十六日晚上,该有月食。始蚀于酉时约六刻,复原于亥时约初刻之间。若此晚天色晴朗,呷地诸人俱可见之。"

我国早期的新闻报道主要有四个特点。第一,叙述新闻事实的方式比较呆板,大都采取从头说起的顺叙方式。这种结构形式不利于突出新闻价值和新闻主题。第二,对新闻事实的叙述多采用概括叙述,常常人物不确定,地点不详,事件不清,这影响了新闻的准确性和真实性。第三,忽视表现新闻的新,使新闻失去应有的时效性。第四,注重故事性,大量运用文学语言,以致影响了新闻的精确性。五四新文化运动以后,消息报道体裁日趋成熟,开始重视新闻要素的交代,基本上和其他新闻体裁有了显著的不同。

那么,什么是消息呢?消息即狭义的新闻。它是对新近发生的有社会意义并引起公众兴趣的事实的简短报道。因此,真实性、时效性、文字少、篇幅小,便成为消息的基本特征。消息是新闻写作最基本、最重要的一种体裁,也是新闻媒介经常采用的主要报道形式。

第二节 消息的分类

按不同的写作形式、写作特点,消息可以分为四大类。

一、动态消息

动态消息也称纯新闻。这种消息迅速、及时地报道国内国际正在发生或新近发生的重大事件。动态消息中有不少是简讯(短讯、简明新闻),内容更加单一,文字更加精简,常常一事一讯,只有几行文字。动态消息的特点是:能给人以动态感,强调反映事物的最新动态;讲究"时间”要素,特别注重时效;一事一报。

二、综合消息

综合消息也称综合新闻。这是指围绕一个主题思想,从不同侧面概括反映某个事件、问题的全局性情况,或综合报道不同地区、单位具有同类性质又各有特点的多件新闻事实的消息报道。综合消息的特点是:不受空间的限制,由多地、多件新闻事实组成;从不同的侧面表现共同的主题;报道面广,声势大。

三、经验性消息

经验性消息也称经验性新闻。这是对某一部门或某一单位的典型经验或成功做法的集中报道,用以带动全局,指导一般。经验性消息的特点是:突出最主要、最具有特色的经验;用事实阐述经验;适当地表现实际效果;力求写得亲切易懂、生动活泼。

四、述评消息

述评消息也称新闻述评。它除具有动态消息的一般特征外,还往往在叙述新闻事实的同时,由作者直接发出一些必要的议论,简明地表示作者的观点。述评消息以述为主,边述边评,夹叙夹议。述评消息主要有形势述评、工作述评和思想述评三种。述评消息的特点是:以报道事实为主,以评述事实为目的;述评结合,夹叙夹议;针对性强,富有思想性。

第三节 消息的格式

消息一般由标题、消息头、导语、主体和结尾组成,并在文中穿插背景材料。

一、标题

标题就是消息的题目。它是消息内容高度而又形象的概括。

标题必须简明、准确地概括消息内容,帮助读者理解报道的事实。它不像文学作品的标题,不能“含而不露”;相反,它往往要求“一语破的”,点明消息精髓所在,令编辑与读者“一目了然”。

标题有以下几个方面的作用:概括内容(充当索引、提供简要信息);评价内容(选择内容、安排不同位置、利用编排手段、使用不同词句、直接发表议论);激发兴趣;美化版面;体现风格。

标题有单行标题、双行标题和多行标题三种。双行标题和多行标题一般由主标题和辅题组成。主标题,也有人称之为“正题”。它是标题中最主要的部分,所用的字号最大,居于最显著的地位,一般用来点明消息中最主要的事实或观点。辅题又包括引题和副题两部分。引题在主标题之上而字号较小,因而又被人形象地称为“肩题”或“眉题”,它主要是从一个侧面对主标题进行引导、说明、烘托或渲染。副题是置于主标题之后的次要标题,过去也叫次题、子题,字号最小,它主要起补充、注释作用。

二、消息头

消息头是指消息正文前对消息来源、发稿单位,甚至时间、地点、类别的交代。

消息头有以下几个方面的作用：是“版权所有”的一种标志；表明新闻来源；体现媒体的责任和品牌；便于读者阅读。

三、导语

导语是指一篇消息的第一自然段或第一句话。它用简明生动的文字，写出消息中最主要、最新鲜的事实，鲜明地提示消息的主题思想。

第一代导语：最早出现的导语，也称全要素导语。它要求把一个新闻事件的五要素即人物、时间、地点、事件经过和原因，一个不落地写进去，像晒衣服似的，一件件都挂在绳子上，所以也称为“晒衣绳式导语”。

第二代导语：《纽约时报》总编辑在编辑部内贴出布告宣布，“我们认为没有必要，也许永远没有必要，把传统的五个 W 写在一个句子或一个段落里了”。

第三代导语 ：“丰富型导语”。这种导语的特点是在保持新闻报道特色的前提下，更多地运用一些文学笔法，写法上可以不拘一格，可以把导语写得更引人入胜。美国新闻学家麦尔文·曼彻尔在《新闻报道与写作》一书中介绍的“延缓性导语”，就属于第三代导语，这种导语“通常用来设置一种现场或创造一种气氛”，再引出最重要的事实。延缓性导语并不立即把新闻的主要事实展示在读者眼前，但也不允许“离题万里”；这种导语更适用于特写性新闻，尤其是趣味性较强的“软新闻”。

四、主体

主体是消息的主干部分。它紧接导语之后，对导语进行具体全面深入的阐述，具体展开事实或进一步突出中心，从而写出导语所概括的内容，表现全篇消息的主题思想。

主体有以下几个方面的作用：解释、深化和拓展导语；补充新的事实。

五、结尾

对于消息写到哪里结束，没有明确的规定，因此结尾问题也就不突出。但是，这并不是说结尾不重要。

六、背景

背景是指事件的历史背景、周围环境及与其他方面的联系等。写消息有时要交代背景，目的在于帮助读者深刻理解新闻的内容和价值，起到衬托、深化主题的作用，也就是回答五个“W”中的 why（为什么）。

西方新闻学认为背景就是对新闻事件所进行的解释。美国新闻学家赖斯特说得很清楚：“我看不出新闻背景与解释有什么区别。”“解释，在我看来，就是新闻报道的深入化。就是把单一的新闻事件放到一系列的事件中去写”，“就是提供新闻的背景知识，从而使读者能够对新闻事件有客观的判断”。但是“解释”不是议论，解释本身就是事实，也就是说用事实去解释，所以新闻背景又称为“事实背景”。

背景有以下几个方面的作用：说明新闻事件的起因；显示或帮助读者理解新闻事件的重要性；突出消息的新闻价值；表明记者的观点（记者是不允许在消息中发表议论的，但是，谁也无

法禁止记者通过自己写的消息去表达自己的立场和看法。纯客观的报道是不存在的)。

第四节　消息的写法

一、标题的写法

标题是消息的眼睛。标题拟写得好,可以吸引读者;标题拟写得差,一篇好消息也会被埋没。

(一)基本要领

(1)要有一个完整的概念。如:

国务院新闻办公室发表(引题)

西藏的《主权归属与人权状况》白皮书(主题)

全文37 000字,以大量翔实的材料,帮助了解

所谓"西藏问题"的真实情况(副题)

就西藏的主权归属与人权状况(引题)

国务院新闻办公室发表白皮书(主题)

旨在帮助海内外人士了解所谓"西藏问题"的真实情况(副题)

(2)重大时政类新闻标题宜概述。如:

50响礼炮庆贺母亲50岁生日　50万军民欢呼祖国50年成就

首都隆重举行新中国成立50周年庆典

江泽民在庆祝大会上发表重要讲话,向全世界宣布:

中华民族将以更加强劲的英姿屹立世界民族之林

歌如海　乐如潮　赏名曲　度良宵

江泽民等同首都群众共庆祖国生日

(3)一般新闻的标题应尽量细化。如:

蓬勃发展的中国旅游业

只缘口袋渐丰实

中国旅游业阔步前行

黑龙江省电力局领导班子廉洁自律

管好车子　教好孩子

不争房子　不贪票子

(4)社会类新闻可适度挥洒。如:

春红拔山如拔葱

三项纪录都作古

长春雪后正风寒　直把隆冬做春天

白发重温少年梦　晴空凛凛放飞莺

如织游人兴味高　冰城忘却涌寒潮
妖娆岂止唯春夏　雪岛犹如“雪在烧”

瓯北一旅馆发生命案
女子客死房内　男子摔死阳台

聊着聊着手机费悄悄溜到她手中
小心！网络美眉温柔一刀

会哭　会笑　会吹号
中国玩具说话了

甬台温高速乐清段11起汽车追尾相撞
省市领导亲临现场指挥抢救

“砰砰砰”高速公路乐清段47辆车相撞
共造成11人死亡，37人受伤
省市领导亲临现场指挥抢救

甬台温高速公路乐清段今晨发生特大事故　数十辆车追尾相撞
截至发稿时　已证实有9人死亡　31人受伤

（二）基本要求

（1）要传神。消息的标题应从新闻事件中抽筋取髓，使读者望题而知文意；不能题不对文，更不能歪曲和虚构。

（2）要具体确切。消息的标题应包含若干新闻要素，一般应将何人何事在标题上明白交代。

（3）要简练生动。消息的标题应字少意明，朗朗上口，最好能使人一见即为之怦然心动，激发起阅读此条新闻的兴趣。

二、消息头的写法

消息头的模式有三种。

（1）本报讯（记者×××报道）。
本报北京（记者×××报道）3月15日专讯。
本报杭州（记者×××报道）3月18日专电。

（2）新华社纽约3月1日电。
中新社北京3月2日供本报专电（特稿）。

（3）据美联社华盛顿3月8日电。

据《温州日报》3月20日报道。

三、导语的写法

(一)导语模式

1. 叙述型导语

(1)直叙式导语。开门见山,把最有价值的新闻事实告诉读者。例如:

上海地质学会8位年逾花甲的教授、高级工程师,自掏腰包筹资30多万元,在东海万顷碧波中的小洋岛上开发建立了本市第一个青少年科普夏令营基地。昨天,他们迎来了今年暑假第一批青少年——长宁区少科站的40多位学生。

(2)概括式导语。例如:

积压在仙居县百货公司两年的两千双女带鞋,和农民见面后,竟变成了畅销货。

山西省大寨大队也不吃大锅饭了。今天,他们将860亩耕地全部分给了120户农民承包,实行大包干责任制。

(3)对比式导语。例如:

新中国成立前没有一公里公路,在狭窄险道上全靠牦牛、毛驴驮运或人背的西藏,今天已有一万五千八百公里的公路通车。

2. 描写型导语

多么威武神气的猫头鹰!一对大眼睛正在扫射着什么,翅膀微微耸起,看来它准备振翼飞扑过去 ,抓住那狡猾的大田鼠。这只由棕榈树桩因材施艺而雕琢成的猫头鹰,最近飞越太平洋,在美国旧金山的"中国上海民间艺术展览会"上栖息。

3. 议论型导语

(1)引语式导语。例如:

"啊,'新娘子',让我亲亲你的脸蛋吧!"正在中国访问的大平首相夫人大平志华子,七日下午访问北京动物园,看望赠送给日本的熊猫"欢欢"。

中美双方学者都认为是"高水平的""富有成果的"史学讨论会,今天在这里圆满闭幕了。

(2)设问式导语。例如:

长江究竟有多长?源头在哪里?经长江流域规划办公室……

(3)评论式导语。例如:

长春解放是锦州战争胜利的结果。

这是八一电影制片厂治理影片洗印污水取得的成果。

(二)基本要求

(1)导语要开门见"新"。向读者报道新闻,应该直截了当,开门见山,但要使读者见到的"山"是"新"的。①开门不见山——空洞。对什么是新闻的"重中之重"没把握住,就会说不到

点子，废话连篇。②开门“一片山”。好多导语试图把一件事讲全，结果“淹没了导语”。③开门见“旧”山——穿鞋戴帽“遮新”。

(2) 导语要简短明白。导语的存在价值，就是便于读者阅读。好的导语必定是简短而明白的，只用三言两语，几十个字，便把消息的精华写出，又能使读者一目了然。关键是要“概要”，而不是“简介”。为了突出重点，必须选择最重要的新闻要素。①突出“何时”；②突出“何人”；③突出“何事”；④突出“何因”；⑤突出“何地”。“最重要”是对读者而言的 。

四、主体的写法

(一) 结构模式

(1) 倒金字塔式结构。突出导语，把最重要、最新鲜和最精彩的新闻事实放在消息的开端，即按照新闻事件重要性递减的顺序来安排材料的结构形式。

(2) 时间顺序式结构(编年体式结构)。它没有导语，只是自然而然地按照事情发展的时间顺序来写。

(3) 悬念式结构。它是对上面两种结构取长补短的一种新结构，按照倒金字塔式结构来写导语，按照时间顺序展开新闻内容。

(4) 并列式结构。它采用一个提纲挈领式的概括性导语，随后的几个段落基本上都是并列关系，从不同的角度或方面来展开导语。

(二) 基本要求

(1) 对导语中没有出现或概括的内容进行补充，但这并不是随意的，必须紧紧围绕同一新闻话题的内容展开。

(2) 拓展或补充的内容和要素，应该具体、充实，真切地再现事件的本来面目和现场气氛，使受众有一个比较完整的了解。

(3) 叙述应变化起伏，紧扣读者的注意力。导语的作用是吸引读者，接下去的展开部分，就应该继续激起读者的兴趣，吸引读者读下去。

(4) 新闻报道要生动，往往离不开新闻细节。

(5) 可以采用叙述、描写、引语等多种表现手法。

(6) 层次段落要分明，起承转合要自然。每个自然段一层意思，不要把两层不同的意思放在一个自然段。

五、结尾的写法

(一) 结尾方法

(1) 自然结尾法。按照新闻报道的结构顺序，把必要的新闻内容、事件、新闻要素交代完毕，全文结束水到渠成。

(2) 拾遗补阙法。用一个明显的段落或几句话，补充新闻导语和主体部分未提到的新闻要素或有关背景材料，使新闻报道更加完整、充实、可信。

(3) 卒章见义法。在行文的结束处用几句话或一个段落突出主旨，总括全文，使之起画龙点睛的作用。

(4) 别开生面法。这种结尾，往往不拘一格，别出一层，补充题蕴，耐人寻味。

(二) 基本要求

(1) 结尾是消息的组成部分，要紧扣报道主题。对与报道主题无关的内容，应十分慎重，以免画蛇添足。

(2) 结尾要以叙事为主，切忌空泛议论。

(3) 结尾应力求简练、不重复。

(4) 结尾应力求使人印象深刻。

六、背景的写法

(一) 背景模式

(1) 对比性背景材料。

《"袖珍姑娘"圆了大学梦》有两段对比性的背景材料：

……去年，她的高考成绩是574分，超出了河南本科录取分数线，可班上过线的11人中，只有她一个人被拒大学门外。

今年她仅考了565分，以几分之差落榜，但这次，姑娘交了好运，郑州大学升达经贸管理学院的创办人王广亚先生听到这一情况后，破格录取了她。

(2) 注释性背景材料。

《羊水中注射脂肪酸可防治胎儿发育迟缓》中的背景材料：

这种脂肪酸是胎儿发育过程中必需的一种营养物质，对于胎儿大脑神经末梢、眼睛和其他器官的形成具有重要的作用。缺少这种物质就会导致胎儿发育迟缓，其中三分之一的早产儿与这种物质有关。目前，胎儿补充这种营养物质的来源仅是母亲吃饭时摄入的脂肪酸。

(3) 说明性背景材料。

《就是不涨这一分钱》中的背景材料：

在上海，经济实惠的大众化食品阳春面，与大饼油条、豆浆、粢饭同属小吃，却被誉为饮食业的"四大金刚"，一年要销售一亿二千多碗。

(二) 基本要求

(1) 运用背景材料要防止喧宾夺主。

(2) 运用背景材料要有针对性，要回答读者关心的问题。

(3) 要灵活穿插背景材料。

例文分析

例文：

市委书记当红娘　本报和双拥办搭平台

兵哥哥开心寻觅意中人

本报讯（记者　余海鸥）又一个“七夕”节，又一个相亲会。昨晚，由本报和市双拥办联合举办的军营相亲会在台州军分区招待所大礼堂举行，驻台各部队的105名单身军官和137名台州单身姑娘，喜气洋洋地寻找着自己的另一半。

今年第一个“七夕”，本报主办了首届台州相亲大会，引起市委书记蔡奇的高度重视。7月31日，蔡奇在刊有相亲大会消息的《台州晚报》上批示，建议主办方再举办一个军营相亲活动。本报与市双拥办协商后，决定在今年的第二个“七夕”举办这一活动。

彩带，气球，还有人们的笑脸，昨晚的军分区招待所大礼堂很温馨。淡蓝色的相亲牌是年轻的军官们的，姑娘们的则是淡淡的粉红色。相亲牌前，是围得严严实实的军官和姑娘们。“部队的官兵们大胆些，地方的女青年都是好样的。”军营相亲会的倡议者、市委书记蔡奇也来到现场为姑娘小伙们鼓气。他说，台州是“双拥”模范城，相亲活动不仅为部队官兵解决了个人的终身大事，也为“双拥”工作增添了新的篇章。“希望你们一个人走进来，成双成对走出去。”

来自台州军分区的001号军官颇受姑娘们的青睐。一位姑娘刚刚在相亲牌后填完自己的手机号码，另一位姑娘又凑了上去。9点不到，这张相亲牌后面就留下了19位姑娘的资料。女儿没找到对象，当妈的最是着急。专程从临海赶到椒江的楼大妈对记者说，女儿比较内向，终身大事就拖下来了。“不管这次能否成功，都要感谢晚报为我们提供了这么一个好机会。”仿佛是印证蔡奇书记的话，8点半左右，记者在礼堂门口看到，两位兵哥哥先后领着相中的姑娘出去散步了。

“这么旺的人气，出乎我们的意料。”市双拥办一位负责人说，通过军营相亲活动，能解决驻台官兵们的后顾之忧，使他们安心在台州工作。

分析：

这则消息的标题是一个双行题，由引题加主题构成，引题引出了两个重要信息：一是地方党委和政府对解放军的关心和爱护；二是消息事件的缘起。主标题标出了新闻当事人及当事人的心情。

消息头采用第一种形式：本报讯（记者×××报道），标明了消息来源和版权，保证了消息的真实性。

导语用语比较简洁，既写出了新闻的由头，又标明了新闻事件发生的时间、地点、人物和事件，用“喜气洋洋”印证主标题中的“开心”氛围，二者结合十分紧密。

主体部分采用倒金字塔结构和时序结构相结合的方式，对导语部分进行深化和展开，并直接引用当地党委书记的话，既补充了背景材料，又提升了新闻的价值。

结尾部分引用新闻事件主办单位的一位负责人的话，说明事件的作用、意义，并评述了事件的价值。

整篇消息文字简短，语言通顺，结构合理，要素齐全，抓住了新闻的价值。

实践训练

一、请捕捉发生在学校及其周边地区的新闻事件，写一则消息。

二、请根据下面的材料，写一则消息。

近年来，一到高考成绩公布，一些企业就开始“炒”高考“状元”，或给巨奖，或送补品，或让“状元”们为产品做广告。

王晓文说，文理科前三名不一定是全省高考成绩中最好的，更不能说他们就是学得最好的学生。今年浙江省有600多位学生被保送直接进入大学，他们没有参加高考，或是参加高考后成绩被注销，公布高考成绩，认定谁是“状元”，对这些品学兼优的保送生是不公平的。

王晓文认为，高考不过是学生能进入大学继续学习的一种途径，那些带有强烈商业气息的“炒作”容易让人们产生骄傲自满的情绪，对青年学生的身心健康成长是不利的。

谁是高考“状元”？这个一年一度的热门话题，今年却在浙江省消失了。浙江省教委、省招办日前明文规定：今年将不对各学校的高考成绩进行排队，也不公布全省高考文理科成绩前三名的名单。

浙江省招办主任王晓文在接受记者采访时说，对高考成绩进行排队，公布所谓的高考“状元”，有宣扬“应试教育”的倾向。如今不这么搞，正是根据学校教育要从应试教育向素质教育转变的要求提出来的，同时也是为了更好地体现公平、公正的原则。

本报讯（记者×××报道）

参考文献

[1] 别林斯基.别林斯基论文学[M].梁真,译.上海:新文艺出版社,1958.
[2] 鲁迅.鲁迅全集[M].北京:人民文学出版社,1973.
[3] 沙汀.短篇小说我见[J].人民文学,1977(12).
[4] 朱光潜.朱光潜美学文学论文选集[M].长沙:湖南人民出版社,1980.
[5] 山东师范学院中文系文艺理论教研室.中国现代作家谈创作经验[M].济南:山东人民出版社,1980.
[6] 黑格尔.美学(第三卷)[M].北京:商务印书馆,1981.
[7] 巴伟.中青年作家创作经验谈[M].杭州:浙江文艺出版社,1983.
[8] 朱克玲.悲剧与喜剧[M].北京:文化艺术出版社,1985.
[9] 杨振铎,等.文学理论基础[M].上海:上海文艺出版社,1985.
[10] 王凯符,孙移山.写作概论[M].北京:光明日报出版社,1986.
[11] 杨为珍.写作[M].上海:华东师范大学出版社,1989.
[12] 周姬昌.写作学高级教程[M].武汉:武汉大学出版社,1989.
[13] 叶凤源.文学概论[M].上海:华东师范大学出版社,1990.
[14] 陈军,王哲平.艺术审美简论[M].南昌:江西美术出版社,1990.
[15] 陈登报.论写作感知中情感的作用及双重属性[J].信阳师范学院学报,1991(4).
[16] 艾丰.新闻写作方法论[M].北京:人民日报出版社,1991.
[17] 史明周.写作概论[M].西安:陕西师范大学出版社,1991.
[18] 邓嗣明.弥漫着氛围气的抒情美文[J].文学评论,1992(3).
[19] 董桥.这一代的事[M].北京:生活·读书·新知三联书店,1992.
[20] 陈雷.戏剧创作漫谈[M].福州:福建人民出版社,1992.
[21] 胡裕树.大学写作[M].北京:高等教育出版社,1993.
[22] 芮必锋.新闻理论趣谈[M].北京:新华出版社,1993.
[23] 汪曾祺.汪曾祺文集·文论卷[M].南京:江苏文艺出版社,1993.
[24] 路德庆.普通写作学教程[M].北京:高等教育出版社,1994.
[25] 蒋凡,郁沅.中国古代文论教程[M].北京:中国书籍出版社,1994.
[26] 石杰.和谐:汪曾祺小说的艺术生命[J].中国人民大学学报,1995,9(1).
[27] 马正平.写的智慧[M].重庆:西南大学出版社,1995.
[28] 陈佳民.文体写作[M].广州:广东人民出版社,1997.
[29] 吴伯威.基础写作教程[M].太原:山西教育出版社,1997.
[30] 娄胜亚,沈顺祥.写作学基础[M].上海:华东理工大学出版社,1997.
[31] 刘忠惠.写作[M].长春:东北师范大学出版社,1997.
[32] 童庆炳.文学理论教程[M].北京:高等教育出版社,1998.

[33] 谈彦廷. 写作[M]. 北京:高等教育出版社,1999.
[34] 陈家生. 写作[M]. 北京:高等教育出版社,1999.
[35] 朱栋霖,丁帆,朱晓进. 中国现代文学史 1917—1997(下册)[M]. 北京:高等教育出版社,1999.
[36] 刘玉学. 大学写作[M]. 北京:中国政法大学出版社,1999.
[37] 陆贵山,周忠厚. 马克思主义文艺论著选讲[M]. 北京:中国人民大学出版社,1999.
[38] 刘叔成,夏之放. 美学基本原理[M]. 上海:上海人民出版社,1999.
[39] 胡裕树. 大学写作[M]. 上海:复旦大学出版社,1999.
[40] 陈思和. 中国当代文学史教程[M]. 上海:复旦大学出版社,1999.
[41] 蒋孔阳,朱立元. 西方美学通史[M]. 上海:上海文艺出版社,1999.
[42] 潘大华. 大学写作基础[M]. 武汉:华中科技大学出版社,1999.
[43] 董小玉. 现代写作教程[M]. 北京:高等教育出版社,2000.
[44] 汤世英. 新闻通讯写作[M]. 北京:中国人民大学出版社,2000.
[45] 周淼龙. 现代写作论稿[M]. 天津:天津人民出版社,2000.
[46] 金汉. 中国当代小说艺术演变史[M]. 浙江:浙江大学出版社,2000.
[47] 张默. 新闻采访写作[M]. 武汉:武汉大学出版社,2000.
[48] 潘大华. 构思与创造[M]. 武汉:华中理工大学出版社,2000.
[49] 周剑,郭农声. 写作教程[M]. 武汉:华中师范大学出版社,2000.
[50] 程世寿,刘洁. 现代新闻传播学[M]. 武汉:华中科技大学出版社,2000.
[51] 路德庆. 普通写作学教程[M]. 3 版. 北京:高等教育出版社,2001.
[52] 廖大国. 写作导学[M]. 北京:北京大学出版社,2001.
[53] 尹得刚,周胜. 当代新闻写作[M]. 上海:复旦大学出版社,2001.
[54] 谢亚非. 写作[M]. 上海:华东师范大学出版社,2001.
[55] 马正平. 高等写作学引论[M]. 北京:中国人民大学出版社,2002.
[56] 马正平. 高等写作思维训练教程[M]. 北京:中国人民大学出版社,2002.
[57] 刘建明. 当代新闻学原理[M]. 北京:清华大学出版社,2003.
[58] 司红霞. 语言艺术与写作[M]. 北京:北京广播学院出版社,2002.
[59] 朱柄文,刘绍本. 现代写作学新稿[M]. 2 版. 北京:学苑出版社,2002.
[60] 陈果安. 现代写作学导论[M]. 长沙:中南大学出版社,2002.
[61] 汪曾祺. 汪曾祺自述[M]. 郑州:大象出版社,2002.
[62] 梁中杰. 现代基础写作学[M]. 成都:四川大学出版社,2002.
[63] 谢智晴. 向沈从文先生学习文章修改[J]. 初中生,2003(26).
[64] 余国瑞,彭光芒. 实用写作[M]. 北京:高等教育出版社,2003.
[65] 马正平. 中学写作教学新思路[M]. 北京:中国人民大学出版社,2003.
[66] 梅尔文·门彻. 新闻报道与写作[M]. 北京:华夏出版社,2003.
[67] 陈家生. 写作训练指导[M]. 上海:华东师范大学出版社,2003.
[68] 吴俊. 大学写作[M]. 上海:华东师范大学出版社,2003.
[69] 陈建新. 大学写作[M]. 杭州:浙江大学出版社,2003.

[70] 陈妙云.大学写作教程[M].南宁:广西人民出版社,2003.

[71] 路德庆.普通写作学教程[M].北京:高等教育出版社,2004.

[72] 段轩如,杨杰.写作学教程[M].北京:中国人民大学出版社,2004.

[73] 康文久.实用新闻写作[M].北京:新华出版社,2004.

[74] 程道才.西方新闻写作概论[M].北京:新华出版社,2004.

[75] 谢丽尔·吉布斯,汤姆·瓦霍沃.新闻采写教程[M].北京:新华出版社,2004.

[76] 玉国.新编新闻写作技巧与范例[M].北京:蓝天出版社,2004.

[77] 金健人,陈建新.写作概论[M].杭州:浙江大学出版社,2004.

[78] 戴振雯.当代新闻写作教程[M].合肥:合肥工业大学出版社,2004.

[79] 陈国恩.中国现代话剧名作导读[M].武汉:长江文艺出版社,2004.

[80] 李弗不.谈谈吕叔湘先生对文章的修改[J].中学语文教学,2005(7).

[81] 贾平凹.美文欣赏[M].北京:人民日报出版社,2005.

[82] 黄炜.新闻采访写作[M].上海:上海大学出版社,2005.

[83] 巨浪.新编新闻写作[M].杭州:浙江大学出版社,2005.

[84] 桑义燐.新闻报道学[M].杭州:浙江大学出版社,2005.

[85] 周胜林.高级新闻采访与写作[M].上海:复旦大学出版社,2006.

[86] 孙有康.文章是怎样写成的[M].广州:暨南大学出版社,2006.

[87] 张达芝.应用写作教程[M].杭州:浙江大学出版社,2006.

[88] 邵志择.新闻学概论[M].杭州:浙江大学出版社,2006.

[89] 徐国源.当代新闻采访写作[M].苏州:苏州大学出版社,2006.

[90] 孙发友.新闻报道写作通论[M].北京:人民出版社,2007.

[91] 乌纳穆诺.生命的悲剧意识[M].段继承,译.广州:花城出版社,2007.

[92] 李波,刘芳.现代应用文写作[M].南昌:江西高校出版社,2007.

后 记

2007 年 5 月，为了编写一本实用的大学写作教材，我们组建了一支编写队伍；同年 6 月，确定了编写提纲，明确了编写分工，提出了编写要求，并开始分头编写；同年 8—9 月，初稿陆续完成；同年 10 月，统稿完成（定稿）。

本书编写分工如下：魏成春，负责统稿和编写提纲、前言、后记、第十章、第十一章、第十二章；韩雷，负责编写第一章；向友，负责编写第二章；黄春慧，负责编写第三章；彭小明，负责编写第四章；赵钡钡，负责编写第五章；熊国太，负责编写第六章；俞磊、赵金文，负责编写第七章；陈建光，负责编写第八章；尹邦才，负责编写第九章；周亨友，负责编写第十三章；颜志香，负责编写第十四章；黄良奇，负责编写第十五章。各章文责自负。

在编写过程中，我们参考了大量的资料。如果没有这些研究成果，我们就无法完成编写任务。在此，我们要向本书涉及的所有研究成果的拥有者表示崇高的敬意和衷心的感谢！

本书的出版，得力于华中科技大学出版社的青睐和运作。在此，我们表示衷心的感谢！

由于编者水平有限，本书存在错误在所难免，我们愿意虚心接受读者的批评。联系方式：wcc@wzu.edu.cn。

编　者

2008 年 1 月

第二版后记

2012年7月1日,《党政机关公文处理工作条例》和《党政机关公文格式》的施行,宣布了《大学写作实用教程》"通用公文写作——法定公文"一章的"死刑"。《大学写作实用教程(第二版)》让《大学写作实用教程》浴火重生。

《大学写作实用教程(第二版)》的主要变化是:①删除了前言《关于"大学写作"课程教学问题的思考》。②将"第一编基础写作"的四章合并为"第一章绪论",并进行了大幅度压缩。③根据《党政机关公文处理工作条例》和《党政机关公文格式》,改写了"通用公文写作——法定公文"一章;增加了"报告",并使之与"请示"合并为"报请类公文";增加了一节"函"。④改写了"通用公文写作——非法定公文"一章;将"计划"改为"计划类公文";增加了一节"规范类公文"。⑤改写了"专用公文"一章,增加了两节"广告文案"和"学术论文"。⑥对其他章节的部分文字进行了修改。

从2007年《大学写作实用教程》着手编写到2017年《大学写作实用教程(第二版)》的修订,整整间隔了10年。这10年里,参编人员的变化很大,有的工作岗位已调动,有的甚至已不在人世。于是,我们对参编人员进行了调整。

《大学写作实用教程(第二版)》各章编写分工如下:

第一章绪论:魏成春、韩雷、向友、黄春慧、彭小明。

第二章文学写作概述:赵钡钡。

第三章诗歌:熊国太。

第四章小说:陈建光。

第五章剧本:尹邦才。

第六章散文:魏成春、俞磊、赵金文。

第七章公文写作概述:魏成春。

第八章通用公文——法定公文:魏成春。

第九章通用公文——非法定公文:魏成春。

第十章专用公文:魏成春。

第十一章新闻写作概述:颜志香。

第十二章消息:黄良奇。

我们煞费苦心所做的这一切,只有一个目的,那就是希望《大学写作实用教程(第二版)》再次焕发生命的光彩!

编　者

2017年6月